國家政策下
京劇歌仔戲之發展

蘇桂枝 著

文史哲出版社印行

本書獲台北市政府文化局補助出版

序 一

維德教授吾兄：

蘇桂枝小姐的博士論文《國家主義下的藝文政策》已審閱完畢。結論是：極具學術價值，通過。

茲將評語抄錄如下：

蘇桂枝〈Su Kuei-Chih〉，以《國家主義下的藝文政策》為題探討台灣解嚴前後京劇、歌仔戲之遭遇與發展狀況，從而提出此後京劇與歌仔戲如何指出向上之道。

本人認為其論題雖非新創，但其所涵蓋之經驗、見解、廣度與深度，乃至資訊之完備，則非前輩時賢所能望其項背。因之，本論文可資作為半世紀以來，台灣京劇與歌仔戲之歷史和生態來觀照，兼具縱剖面與橫剖面的互動關係。而其行文暢達，如數家珍，引人入勝；其證據確鑿，條舉百家，不可置疑；實為一部可公諸海內外之五十年來台灣重要戲曲變遷史。至若論其所以如此，蓋緣於著者長年從事台灣戲曲行政業務，深入中央與地方，身體力行；又能將留學美國之學養，與乎進修荷蘭歐陸之體悟，融而為一，發為見解而有以致之也。

雖然，以責備賢者而言，尚有些許微憾，請求參考：

其一，因電腦打字，同音之錯別字或漏字，請補正。

其二，本人亦長年關注台灣之京劇與歌仔戲，有以下幾篇文章：

1.台灣歌仔戲之近況及其因應之道〈收入拙著《論說戲

曲》，台北聯經，一九九七年三月出版〉。

2.從戲曲論說「中國現代歌劇」〈收入中研院文哲所《明清戲曲國際研討會論文集》，一九九八年〉。

3.缺憾還諸天地──我編寫京劇劇本《鄭成功與台灣》〈見一九九八‧十二‧廿九《中國時報‧人間副刊》〉。

這三篇文章有我對京劇和歌仔戲的看法，如能參閱，對本論文的結論或許會有所幫助。

謹此，敬請

教安

弟 曾永義 謹上

2002 年 4 月 16 日

以上是我去年寫給伊維德教授〈Prof. Wilt Idema〉的一封信，他曾擔任荷蘭萊頓大學教授兼文學院長，蘇桂枝是他指導的學生。我被聘為校外博士論文審查委員，對桂枝的博士論文，提出了上述的評語和建議，桂枝也遵照我的建議，對論文有所補充和修改。現在她的博士論文就要出版了，要我寫序，我將這封信全文錄出，一方面為她保存「文獻」，一方面也表現我對她論文的看法。

桂枝在大學時上過我的課，後來她在文建會和國光藝校服務，常和我有所接觸。我欣賞她熱心誠懇、好學敏求。一九九八年暑假，伊維德教授請我到萊頓訪問兩個月，以便彼此切磋。那時桂枝獲得政府公費出國進修的機會，我鄭重地將她推薦在伊維德門下，到了秋天，她就負笈歐陸了。從此她花了三、四年的時間完成學位，而更令人高興的是，其間她認識漢樂逸教授〈Dr. Lloyd Haft〉，結為婚姻，伉儷相得；有如古人「洞房

花燭夜，金榜題名時」二美兼具那樣的喜悅。

　　行文至此，忽然發現不像在作「序」，但對桂枝而言，應是生命中最值得懷念的事，就此搪塞吧！

曾永義

序於台大長興街宿舍

2003 年 10 月 21 日

序 二

Preface

Whether ritual, entertainment, or art, theater always is a social activity. A performance not only requires actors and actresses, musicians, and stage-hands, but also company-directors and organizers, sponsors and patrons. Costumes have to be made and stage-settings have to be produced. A temporary or permanent stage has to be erected, or even a theater building with seats for the spectators. Audiences have to be found and accommodated, and their orderly conduct has to be ensured. Sizable amounts of money change hands, audiences can turn into unruly crowds, and the plays performed may through their contents either confirm the public in its values or endeavor to teach them new ideas and ideologies. It should therefore cause no surprise that from an early date all over the world local and national authorities have taken an active interest in the theater. In East and West, the state has been one of the important social factors affecting the development of theater through the ages.

The role of the state in the development of the theater is never a simple one. First of all, the state itself never is a simple organization as it consists of many layers of authority and many functionally different sections, often at loggerheads with each other. Moreover, the state's organizations are made up of individuals, often with their own agendas. It is only very rarely indeed that any state operates as a unified entity; more often its various agencies each pursue quite different objectives. Depending on the structure of the state organization, it may at one moment allow considerable scope for the expression of the personal hobbies of some powerful official, and at other times become a more or less cooperative instrument in the hands of pressure groups inside and outside the bureaucracy. As a result, state policies may change very quickly, and as soon as they change the state tends to forget it ever embraced a different policy from the one currently espoused.

Katie Su's monograph presents a fascinating study of how government policies on Taiwan towards traditional Chinese theater evolved during the second half of the twentieth century. Following a sketch of the government policies (and the attitude of intellectuals) towards traditional theater during the period of Japanese rule of the island, she explores in depth the evolving government policies towards traditional theater from 1945 onwards, focusing especially on the government policies towards Peking opera and those towards Taiwanese opera. Tracing the growing and then dwindling support for Peking opera, and contrasting it with the initially negative and later increasingly positive attitude towards Taiwanese opera, she links these changes to the social, cultural, and political changes in Taiwanese society from the imposition of Guomindang rule through the abolishment of martial law in 1987 to the current situation of multi-party politics. Her extensive background in cultural administration and her passion for the theater enliven her study with a rarely paralleled richness of detail, while her vivid narration makes it a pleasure to read throughout.

Through subsidies, programs and regulations the state at its various levels will continue to have an influence on the development of the theater. This look at the history of state policies concerning the theater therefore contains many lessons for the future. While the state at some times in the past may have appeared all-powerful, its actual capability to transform theater turns out to have been limited. The effectiveness of government policies clearly depends on the one hand on how well they have been designed and how consistently they are pursued, and on the other on the development of society as a whole, which to a large extent is beyond the state's control. While the state, for better or worse, cannot but play a role in the development of the theater, it is, after all, only one player.

Wilt L. Idema
Department of East Asian Languages and Civilizations/Fairbank Center for East Asian Studies, Harvard University

June 14, 2003

序 三

　　藝文政策是主導文化發展的指標與藍圖，任何國家的藝文政策都難以避免地受到政治立場的影響與作用，在台灣這種情況似乎特別顯著並且值得探討。台灣由於特殊、複雜的歷史情境，從荷據、鄭氏、清廷、日治到民國時期，每個階段的主政者都有不同的政治思考與政策，無論是放任、引導、干預或是強制，都對文化發展產生了深刻與長遠的影響。因此，要一窺今日台灣文化的全貌，勢必要從上述歷史範疇多面向檢視，才能不失客觀和公允。

　　就傳統戲曲而言，從早期壓制本土劇種，獨尊京劇，以為正統文化的代表，到近年本土意識滋長，使得土生土長的歌仔戲受到更多的重視與鼓勵，有凌駕各劇種之勢。這一路的發展脈絡，處處可見政治思惟影響戲曲發展的痕跡；而作者的這本「國家藝文政策下京劇歌仔戲之發展」，正是以此觀點出發，探討藝文政策制定、形成與轉變的經過，並且以解嚴前後台灣京劇、歌仔戲的興衰消長為主要闡述分析的論題。

　　國內近年來已累積不少傳統戲曲的研究成果，但是仍多以單一劇種的音樂、劇本、表演藝術或是營運管理等議題為主，較少從政策面向切入，探討在不同階段的政治思潮下，政府藝文政策對於劇種發展的影響。作者以長期完整的行政歷練，多年參與文化政策規劃與執行的豐富經驗，表現在這一題目的論述與見解確是遊刃有餘。本書的最大特點是一般難見的政策性

資料非常充實，顯示在資料取得、蒐集與分析方面的優勢與用心，由此更加強了本書的準確性。此外，在剖析藝文政策轉型以及戲曲生態變遷等，也有非常深入的看法與客觀公正的意見，這不僅與作者資深的行政閱歷有關，更是來自於長期對藝文發展的觀察與關懷，而這些中肯的建議和想法，正是目前國內文化研究以及政策研擬制定方面極為需要的參考良方。

本人與作者為多年的工作夥伴，從文建會到教育部的國光劇團及國光藝校，她除了在工作態度與表現上認真積極外，對於教學與學術研究也有亮麗的成績。一九九八年遠赴舉世聞名的歐洲漢學研究重鎮荷蘭萊頓大學深造，並且在短短四年之間取得博士學位，可見其破釜沉舟的毅力與決心。本人在此除了恭喜作者學業有成，達到人生的另一番境界之外，更期待繼本書之後，能持續不輟地生產新作，為文化研究注入新鮮活水，更為藝文發展提供寶貴的建言。

國立傳統藝術中心主任

柯 基 良

2003 年 10 月 20 日

自　序

　　本書出版前夕正值回到多年來撰寫博士論文的荷蘭。在小閣樓上，遠可眺望教堂，俯視則可見夏日裸著身子、在後院曬陽光的鄰居。在這極為民主的領土上，幾個寒暑裡思索著台灣政治戒嚴、解嚴下的藝文發展狀況，倍覺環境自由的可貴。

　　1998 年在曾師永義的引薦下，得以隨知名漢學家 Wilt Idema 教授學習研究，依維德老師專精中國文史哲領域，戲曲方面自諸宮調至大戲無不專精。是年正值渠接掌萊頓大學文學院長職務，行政與學術兩忙，而對跟隨之研究生關注、鼓勵絲毫不減，對我這異國學生更在一年的時光中，以二十一次的個別指導與會談，並督促完成博士論文大綱，奠定撰寫基礎，尤屬厚愛。猶記撰寫之初，依維德老師曾一語驚嚇來自台灣的我，他叮嚀「教育部之所以不願接下國防部三軍劇團這『燙手山竽』，應該研究其原因何在」。其學術和行政雙方面的敏銳見解一而再的衝擊與提示著我對問題現象的思考，論文雖然完成，而這般學術研究的態度將深植於心。同樣在萊頓大學任教的 Tak-Win Ngo（ 吳德榮 ）教授，扮演著良師益友，對台灣的政治與經濟發展瞭如指掌，對我每一章節撰寫動機與發展途徑總是抽絲剝繭找尋理路，挽救我這藝文工作者，免於陷入泥沼中，針砭之情，衷心銘謝。

　　回首這幾年的研究裏，除了將多年於文教單位之行政觀察理出頭緒外，對於台灣的歷史以及五十年來政治、經濟的發展

能有機會思考與釐清一向含糊的觀念，深感愉快，而對於藝術學校僅重藝術課程忽略社會學層面的接觸亦表遺憾。在這長達十七萬餘字的論述中，每一章節的敘述無不牽涉到政治經濟如何影響戲曲發展的思考，無不深思政府的政策到底著力於何處。專制與自由，戒嚴與解嚴所關懷的是人民還是政黨利益？層層煎熬的左思考右取證結果仍不離「政府的施政是加強國家機構的意識型態，以便在更普及的範圍與更深層的意識中達成甚至凌駕全民利益的目標」。而這本書的出版直接取名「國家政策下京劇歌仔戲之發展」以取代原本加上副題之冗長題目，乃意識到幾乎台灣政府所擬定的政策尚不能脫離原論文所依從 Manuel Castells 「國家主義」的觀念，意識型態的政策作風從論文取材終止年限的 1997 年至今 2003 年尚無所變更，戲曲在這五年間的發展受到意識型態主導，更有過之而無不及，國家政策宛如「國家主義」政策了。論文完成至今已經一年又半載，假如以更積極的態度論及出版，理應重新整理，再加強論述一番，惟返回國內後諸事繁瑣，層出無窮的新事值得關懷，決定就此讓研究心得早日付梓，就教於各方。

　　在撰寫論文與成書期間，銘感於心之事諸多：立法院文化教育委員會慨然應允我數個月間自由進出找尋資料；國家文化藝術基金會贊助我研究費用；國家圖書館莊館長對我資料的蒐集提供便捷之處；前漢學院院長，現任副校長之梁兆兵教授經常幽默人生，化我悲憤為力量；公務生涯中一路提攜我的好長官好朋友傳藝中心的主任柯基良及副主任方芷絮、國光劇團團長陳兆虎不停的給我傳送溫馨信函；林谷芳教授、李國俊教授對論文初稿提供不少指點；柯健華兄幫我編輯、陳婉容老師、

林欽惠老師幫我校對，家瑋、曉蕾、雲玉、姿瑩、逸倫均是有求必應，姐弟妹們數十載不變的親情與融洽更讓我安慰有加。

至於我在萊頓大學任教的「愛人」Lloyd Haft（漢樂逸），則在我煎熬的日子裡，總以他那詩人本色，浪漫、寫意的化解我的憂慮，更多年來無條件的準備早餐，以充實我白天的精力，期盼下半輩子的生命中，以「執子之手，與子偕老」相知相惜為報。

最後，默默的，對我近年往生的雙親致上最高的謝意，我樂觀進取的精神來自爸爸，我忍辱負重的態度來自媽媽的美德，在半百之年完成博士學位與出書，並非僅只我個人的造化。

蘇桂枝

2003 年 10 月 30 日

國家政策下京劇歌仔戲之發展

目　錄

第一章 緒 論

第一節 研究動機

　　任何一民族國家文化軌跡的追溯，文化現象的觀察，勢必蘊含著不同社會特性與趨勢的價值規範，相對的，探討其政策的制定也因而存在著相當大的思辨與討論空間。個人因工作與教學雙方面經驗和文化政策制定關係密切，得以近距離觀察變化，因之引起研究動機。

　　個人於 1979 年首度服務於政府機關，期間，因為聯繫業務之需而前往市議會，目睹民意代表問政及與官方之間的衝突、協調過程。這是我第一次對「政府政策制定以及民意代表監督」之互動有所體認。1983 年初前往美國進修，1984 年底獲戲劇碩士後返回台灣。1985 年起任職行政院文化建設委員會，從事文藝戲劇工作之策劃與推動業務。此後十年間，不斷參與該領域之政策制定與執行，也因過往之經驗影響，除專任業務外，再度協助辦理文建會與立法院間之聯繫工作，即所謂「國會聯絡人」，對政策規劃環境、執行環境、評估環境有更深刻的認識，更體會到政治力量對藝文政策制定的左右，意識形態對政策決策的影響；同時亦兼任「新聞聯絡人」，對政策宣佈以及媒體、輿論反應有較為強烈認知。1995 年 2 月，從文建會調職至教育部，參與原屬國防部海、陸、空三軍之國劇隊解散，重組新劇

團並改隸教育部之籌備工作。由於京劇在近代中國戲曲史中被奉為戲曲之最,在台灣更具有中國文化代表之形象,卻在極富有意識形態時空下被裁撤,而後重新整合為一新劇團,參與這項工作立下我對政治與藝文關係探索的基點。籌備工作在既定政策下進行,以短短五個月時間完成改隸工作,7 月 1 日正式成立新劇團--國立國光劇團及國立國光藝術戲劇學校,自此留任學校擔任教職。

轉任教職後仍因兼任行政工作,充分介入傳統戲曲振興發展的轉折地帶,參與重建劇團、學校管理制度並編列預算。面對來自民間團體、學者、民意代表等不同層次面向的鼓勵與責難,以及多次陪同長官赴立法院爭取經費預算,而與各黨派立法委員、委員助理有過爭執、衝突、協調、達成共識等不同經歷,對民意代表扮演監督政府政策之職責或無理責難之態度進一步清晰的認識,對不同立場及意識形態的立法委員如何處理同一事件也有更確切的觀察。1998 年再度出國進修,隨著年齡的增長,經驗的累積,進修過程的嚴謹思考,對文化本身的主體性強烈的受到經濟、政治因素以及社會結構的影響,或淪為國家、政黨施政工具,喪失文化存在生活之特質特別感到難過。尤其 1987 年在台灣已然 38 年的國民黨政府宣佈解除動員戡亂時期戒嚴令以後,本土意識由檯面下出頭,整個社會在「中原的中華文化」與「邊陲的台灣文化」下作拉鋸戰,文化政策制定的觀念混淆,而傳統戲曲中,代表中華文化的京劇與代表台灣文化的歌仔戲自然而然成為孰重孰輕的爭執焦點。從這觀點出發,解嚴前、後傳統戲曲的興衰除社會環境變遷因素之外,如何受到人為政策及其意識形態所造就出來的影響,則十分耐人尋味。

　　由於擔任公職期間，亦有機會兼任大學戲劇課程，與學術界之來往不斷，深知台灣戲劇學術界，研究西洋戲劇理論及表演或劇場技術者不乏其人，傳統戲曲方面之研究，早期偏向於古典戲曲的研究，1980 年代以後則以當代戲曲發展為主之研究漸多，但多為單一劇種，如或為京劇、或為歌仔戲、或為布袋戲等戲曲本身演出風格之變化、劇團營運問提的探討，論及文化政策與戲曲關係者間或有之，但是尚未經系統性整理分析。涉及意識形態影響、且以兩劇種相互比較者，則更是止於言談中之事件而已。在這樣的認知之下，加以 1987 年解嚴，一向在中國文化的戲曲中具有代表性地位的京劇，突然受到扶植與重視與否的質疑，歌仔戲在台灣雖然有其觀眾群，但是藝術地位尚未建立的階段也被抬高地位，兩者成為政界與學界重視的傳統戲曲，其牽涉到政治觀點則是很明顯的事實，進一步也因藝文政策上的變化，讓這兩劇種凸顯其時代重要性。

　　在工作與教學上獲得的觀察，思考到一個國家在施政觀念上，為了整個國家利益，或有犧牲個人利益的時候，而假如真正為了整個國家全民的利益，尚可以言之成理，而假如忽略民眾利益，而只是為了執政黨本身利益，那麼，這樣的施政方針則有待檢討與改進。五十餘年來執政的國民黨，對京劇的支持與對歌仔戲的態度，到底出於何理念？現今傳統戲曲的凋零狀況是否歸咎於政策實施不當？上述的省思構成我暫時停下教學工作，進行研究的動機。論文主題朝向國家主義下的藝文發展，乃有意深入了解一個國家為加強其擁有的勢力及發揮權威所採取的手段為何？針對自有美學標準內涵的文學藝術會有何影響？而為落實研究，以文化中的藝文政策作為論述焦點。

第二節　研究目的

　　本論文的撰寫，試圖藉由研究分析，了解在「國家主義」影響下，文教單位主政者對藝文觀念及戲曲推動的想法，民間戲曲團體如何與政府藝文推動產生互動，藝人本身如何看待自身的技藝，大眾輿論的支持與批評等。也即是政府藝文政策的動機、形成與轉變脈絡的探討。政策制定首要者乃為前瞻性的規劃文化環境，次之者，滿足不同需求應運而生，以解決問題為最終目標，而正因為文化牽涉民族集合體的經驗累積，其藝文政策之制定稍一不慎，動輒得咎，或有破壞傳統之嫌或是損及倫理道德，或違背民主風範，甚至於有淪為崇洋文化次殖民國之議論。

　　觀察台灣自有漢人居民的紀錄以來，在統治者國家利益為主的「國家主義」心態之下，藝文政策制定與實施總是影響戲劇生存條件，而自二十世紀中葉五十年來，台灣在國民黨政府治理之下，又是復興中華文化，又是本土化，又是中國大陸與台灣海峽兩岸交流及至國際化進展等，一連串經濟改革、社會轉型、民主運動，農村變城鎮、佃農變為企業家，鄉野俚俗歌謠也揚聲國際，文化變遷與政治、經濟異動相互衝擊，醞釀成不同階級、不同價值觀之多面向社會。在文化多元化與國家利益衝突的環境下，文化主體性認知的渴求，及如何以宏觀視野尋求定位的省思，在在挑戰政策當局的應對。而在不同時期「國家主義」領銜下的藝文生態及戲曲活動也各自有它的命運發展。

　　論及傳統戲曲的範圍，無庸置疑只要中華文化為根基，從小戲到大戲，從宋、元、明雜劇、傳奇到京、崑戲曲、各種大

陸地方戲曲以及存在台灣的歌仔戲、北管戲、採茶戲、車鼓戲、
布袋戲、皮影戲、傀儡戲等均可稱謂之，在學術研究的領域裡
未曾聞及不可涉獵者，然而當提及以政府立場加以扶植補助
時，則孰重孰輕之議論紛起。之所以有此現象，或許如林谷芳
先生所提「**不外乎台灣的文化建構倚賴於政治力量的一種顯
現，七十年代以前台灣社會在文化上思考的中心概念是「中
國」，但到了八十年代則輪到「本土」的概念來引領風騷**」[1]。
京劇爲「中國」之代表戲曲，歌仔戲顯然爲「台灣本土」之代
表，雖二者皆彌足珍貴之傳統戲曲文化，但其在台灣政治掛帥
的意識形態下，時時淪爲被舉例論戰，爭取資源的工具，自然
影響了戲曲本身之文化藝術價值及發展空間。兩者在臺灣的文
化生態中，由於他們各自的代表性角色，凸顯時代變遷下各種
因素影響而動盪消長。

　　再進一步觀察同時存在臺灣這一塊領土的京劇和歌仔戲兩
種傳統戲曲，或因爲主觀戲劇藝術本質變化的因素，或因客觀
環境因素如政治介入問題、經濟建設導致傳統社群生活變遷問
題、藝文政策執行問題、觀眾流失問題等，而有了不同發展；
其受政府與民間重視的程度，亦非能等量齊觀。針對同爲臺灣
重要文化資產的傳統藝術瑰寶，以比較戲劇的方式著手[2]，對同
一階段，同一政治體系，兩者對政策的反應做分析，對其相互
刺激、相互啓迪及其消長的現象做一研究，並探究兩種戲曲的
興衰關乎時代性的需要或是政策性的因果關係。而因爲政策的

---

1 林谷芳，〈超越中心與邊陲、中原與本土的二分思考〉，文訊雜
　誌 1996 年 11 月，頁 39。
2 劉厚生，〈中國需要比較戲劇——代序〉，《比較戲劇論文集》，
　中國戲劇出版社，1988，12 月，頁 3。

是非與戲曲藝術的優劣經常在不同領域人士的看法中均有其特殊性，剖析其客觀社會環境的影響或人為意識形態的主宰等因素，則當有助於了解藝術本質及與社會環境互動的現象，並可從中再求傳統藝術發展的契機。

第三節　文獻回顧

　　有關藝文政策的思考隨著時代變遷均有不同基調與論述出現，如民國三十年代曾任教育部政務次長張道藩先生提出〈我們所需要的文藝政策〉[3]，主張三民主義的文藝，以文藝作為建國的推動力，而當七十年代陳奇祿先生當文建會主任委員時文化政策觀念是「文化是應該保存在我們的日常生活裡，精緻文化應予普及化，而常民文化應予精緻化」[4]，以充實國民文化修養為要。與戲曲藝術或史料相關者多有專門書籍出版如王士儀教授《戲劇論文集-議題與爭議》、陳建銘先生《野台鑼鼓》等。針對當時爭論性較大之戲曲議題文章在報章雜誌上時而可見，如政府是否該成立國家國劇團或歌仔戲團、劇本審查制度批評、京劇與歌仔戲社會資源分配等。在反映戲曲與環境的論述中如曾永義教授的《台灣歌仔戲的發展與變遷》、王安祈教授的《傳統戲曲的現代表現》、《傳統與創新的迴旋之路－台灣京劇五十年》、邱坤良教授的《台灣劇場與文化變遷》，蔡欣

---

3 張道藩，〈我們所需要的文藝政策〉，仙人掌雜誌第十二號，頁18。
4 陳奇祿，〈文化資產的保存與維護〉，《台灣光復四十年專輯——文化建設篇，教育文化的發展與展望》，台中市：台灣省政府新聞處，1985 年，頁 254。

欣教授的〈台灣劇場歌仔戲邁向現代化的發展〉等專書、文章，多方涉及文化政策對於戲曲發展的影響，對於政策與戲曲間互動觀念的啓發提供良好思考方向。

至於論文研究中，黃才郎先生的《文化政策影響下的藝術贊助》一文分析中央集權主控文化政策的利弊，認爲藝術無論精緻或常民的，尚需政府或企業贊助，然則「**從當政者的利益看文化藝術，所規範的藝術贊助容易造成政治導向**」[5]，其研究雖然以五十年代政策與畫壇爲主，卻仍舊適用於目前的現象，可見得同一政治體系下的施政模式。高小仙 1991 年碩士論文《從三民主義文化建設論我國文藝發展—以 1950 年-1990 年我國國劇發展爲實例》，肯定以三民主義倫理、民主、科學的精神做爲文化建設根基，有助於國劇發展，其中彙集諸多軍中劇隊發展及培植人才資料，是當代京劇發展有限參考資料之一。周慧玲女士 1994 年發表的《「國劇」、「國家主義」與「文化政策」》改寫其 1989 年完成的碩士論文英文稿，係以國劇流變說明其與「國家主義」論述的特色吻合，引申國民黨政府藉之以鞏固其代表中華文化道統地位，與本論文內容有所關聯，然而本論文定義之國家主義乃以政府施政手段而言，討論在這方式下所訂定的藝文政策如何與京劇、歌仔戲產生互動，有不同範圍與採證方式。而黃國禎先生 1998 年完成的論文《文化政策、認同政治與地域實踐-以九十年代宜蘭爲例》，將文化政策的思考由一向以中央爲主的論述轉移至以地方爲主的文化政策，彰顯出當中央與地方執政者政治立場不同時，政策方向有別，「國家」

---

5 黃才郎，《文化政策影響下的藝術贊助》，中國文化大學藝術研究所碩士論文，1992 年 6 月，頁 14。

不再是權威的現象也在解嚴後明顯化，尤其論文中舉證該宜蘭縣成立「蘭陽（歌仔戲）戲劇團」係「地方政府透過政治干預文化過程而成立的文化機構」[6]，這樣的論述提供一種思索，即國民黨政府時期的「國家主義」意識，在政黨政治體系轉移後，亦可能同樣由其他黨派執政黨運用，意識形態介入文化的現象，在五十年代和二十一世紀初的異同，有待進一步分析觀察。鍾寶善 1999 年出版的《公營京劇團隊之回顧與展望－經由國立國光劇團之設置與營運探究藝文政策與京劇團隊之走向》，針對國光京劇團運作三年的實務性探討，研究藝文政策，有其前瞻性看法。另外諸多以京劇或歌仔戲為研究對象的論文，或以人類學角度，或著重田野調查，雖亦涉及社會變遷種種影響，惟內容大多偏重於戲曲本身藝術之流變或經營方式。涉及意識形態與藝文政策關係，又介入京劇與歌仔戲發展的比較，或多或少出現在戲曲研討會討論發言或立法院公聽會爭論，尤其當三軍劇隊裁撤擬訂成立國家京劇團時，討論較為頻繁，民生報記者紀慧玲〈劇種興衰關鍵作為？〉[7]一系列專題報導可以提供參考，目前為止該類論述未有專論出版。然而前人諸多論點亦足以提供咀嚼思考，奠定撰寫基礎。在國外資訊方面，京劇、歌仔戲最常被敘述的也是屬於賞析及發展過程，Nancy A. Guy 所撰寫的〈台灣所謂「國劇」的京劇〉一文敘述國民黨政府以重視國劇做為對中共文革的諷刺，觀點與一般國人認知無甚差別，Stevan Harrell 與 Huang Chün-chieh 編輯的《戰後台灣的文

---

6 黃國禎，《文化政策、認同政治與地域實踐－以九十年代宜蘭為例》，國立台灣大學建築與城鄉研究所碩士論文，1998 年 6 月，頁 94。
7 紀慧玲，〈傳統戲曲的前景與迷思〉，民生報 1996 年 10 月 15 日。

化變遷》（Cultural Change in Postwar Taiwan）認爲台灣經濟奇
蹟或政治民主化不單是個別政策的成就，整體文化函化過程促
成台灣印象，其中文化政策影響不容忽略，亦是本論文撰寫時
值得加以研討者。另外參酌西歐文化政策以及戲劇相關書籍，
像 M. Wolf Perez 編輯的《歐洲文化行政和文化政策－42 國簡
介》（Cultural Policy and Cultural Administration in Europe）、
H. Van Maanen and S.E. Wilmer 編輯的《戲劇世界動脈》
（Theatre Worlds in Motion）等間接對思考的廣度與深度幫助不
少。

第四節　研究範圍

　　由於本論文重點在於藉由傳統戲曲中的京劇、歌仔戲興衰
變化，探討國民黨執政期間 1945-1997 年藝文政策脈絡，因之京
劇、歌仔戲發展必然是關注的範圍，相對的，藝文政策變化，
影響兩劇種消長，而造成藝文政策變化的原因則是必須追究：
意識形態之爭、政治解嚴變化、經濟社會變遷下的戲曲生態、
文教政策形成與執行過程的人爲因素，也即藝文、戲曲政策問
題發生必有其特定原因，而政策制定也必須分析社會環境及民
眾需求，於是過程中主政者立場、學者專家觀念、民間藝人、
團體反映、立法委員問政情形等，皆可能影響方案目標與實施
方法及其成效。因之在論述各章節中有必要探索：
　　1、每一階段政治、經濟、社會型態在「國家主義」下的轉
變及其對文化環境以及藝文政策制定的影響。
　　2、在藝文政策形成中，官僚體系的態度與民間社會包含學

者專家、藝人以及民意代表間的互動為何？京劇、歌仔戲在其
支持下的發展情況又如何？

　　3、兩戲曲相關藝術家、團體配合藝文政策的執行下，是否
充分發揮戲曲的普及性及藝術的自由性？

　　當然藝文政策下產生的劇團經營問題、劇藝美學問題以及
環境變遷觀眾流失與復得之可變性，戲劇教育與劇藝薪傳研究
發展措施之各種利弊得失，均是觀察探討的範圍對象，俾比較
兩戲曲在同一期間所受到的待遇。研究範圍雖然是國民黨政府
治理台灣期間藝文政策的制定與實施對京劇、歌仔戲發展的影
響為主，但因兩種戲曲在台灣的發展遠比國民黨政府抵台灣
早，在歷史社會變遷過程仍具有消長現象，仔細觀察，也同樣
在異族的「國家主義」思想中遭到壓抑與迫害，而長期間戲曲
在農業社會中廟會酬神與娛樂的盛況或許也是現今社會忽略的
現象之一。因此國民黨政府治理台灣前的戲曲環境背景也有必
要列入研究範圍，讓戲曲在台灣的發展脈絡有根可尋，也可避
免比較時產生的偏差。另外解嚴前後一、二十年間，台灣政治
經濟變化造成社會結構的大變動，文化型態的多樣化也讓這兩
種傳統戲曲起了生命底層的震撼，其在與社會環境互動情形、
劇種衰落原因、藝術本質之發掘及未來發展可能性等諸多觀點
上有強烈的衝突性，另則，適巧筆者本身也在這潮流中參與變
革，值得多增篇幅探討之。

第五節　研究方法及架構

　　由於本身經歷藝文政策制定過程，也多少了解戲曲在台灣

發展的盛衰，而政策與戲曲間的互動，及其受到整體國家意識
形態影響的狀況從前人的文章中亦探知之一、二，在此基礎下
撰寫論文，認為以研讀分析，印證時代變遷影響的虛實，架構
起明辨是非的基準較為適切。研究京劇的學者認為京劇受到國
家政策的保護有其時代意義，研究歌仔戲的學者則謂，政府讓
本土戲曲自生自滅。何以保護？何以忽略？這兩種戲曲是否即
由於政府「國家主義」的觀念影響消長？研究的目的是釐清事
實，讓政策真正輔助戲曲發展，因之，置身於歷史情境中，透
過政治、經濟、社會與文化等相關資料的研讀分析、文獻考證，
藉由客觀、外在、以及實際發生的現象了解發展瓶頸及因果關
係，達成有效印證存在的戲曲困境。

　　在這種思考下，除了前往國立國家圖書館、文建會圖書室、
國立中正文化中心兩廳院表演藝術圖書館等地查閱民俗戲曲專
家、文化社會學家、公共政策專家以及政治經濟發展等之論著、
及相關期刊、博碩士論文外，返回母體，經由倡導這兩種戲曲
的相關單位搜尋執行計劃第一手資料是非常重要的。而像中華
民國教育年鑑、立法院公報、文化統計、政府相關施政報告、
經費預算總決算說明等檔案文獻必不可少。尤其 1987 年以後不
同政治黨派立法委員對戲曲的論政資料、公聽會記錄均有相當
程度的參考價值；再者，政策公佈或方案實施後媒體的報導、
輿論的反映、各相關座談會的紀錄都為良好見證資料，透過這
些資料分析當可以更加明確辨別京劇、歌仔戲在發展過程與環
境的互動現象，更重要的是，政策擬訂是否所謂量身定做，達
到預期效果。再者，解嚴前後約略二十年間，台灣由於經濟起
飛、政治型態轉變，國際視聽加強，研究台灣文化的外國學者
也日益增多，對當代戲曲在台灣發展的論述篇章雖然不多，但

仍舊是可以藉以了解國外人士觀點的途徑，而外國學者對其本國文化的認知當更值得參酌比較。

　　為加強分析與印證，本論文以藝文政策為主體，以台灣政治解嚴前後京劇、歌仔戲的發展為實例，整體敘述牽涉到「國家主義」意識形態，其間的藝文政策制訂環境、執行者、劇團、藝人互動構成之戲曲生態均在研究討論中，而兩劇種的評比所要呼應的則又回歸於政策思考的方向與制定方案的良窳，追溯其受國家主政者意識形態的影響程度。撰寫結構約略如次：

第一章　緒　論，包含：研究動機、研究目的、文獻回顧、研究範圍、研究方法與架構等五節。

第二章　「國家主義」觀念與藝文政策，包含：「國家主義」觀念、文化政策之依據與執行單位、藝文政策實施程序等三節。主要定義本論文「國家主義」概念，並簡介與本論文相關之台灣藝文推動機構，及實務性程序問題，奠定對往後篇章中認識藝文政策變化的基礎。

第三章　台灣在國民黨政府治理前之藝文發展環境，包含：台灣移民社會型態與戲劇的呈現、政策引導下之京劇、歌仔戲活動、兩劇種相互影響之層面。試圖了解戲曲本質上具有的娛樂功能及商業機制在當時社會型態如何存在，日治時期皇民化政策對戲曲的態度是否影響國民黨治台方針，而當時台灣知識份子對歌仔戲的看法如何，歌仔戲被詆毀為低俗，是否有台灣人與外省人態度上之區別。

第四章　反共與復興中華文化時代（1945-1977），包含：政經社會之變遷、文教生態之經營、文教政策與戲

曲活動之互動、本階段戲曲發展之省思等四節。由於跨越 30 年之久，爲了掌握主題，在第三節，就戲曲中足以證明受到意識形態影響的七個重點加以分析，追究藝文政策在這階段的可行性及必要性。

第五章　解嚴前的文教環境與戲曲生態（1977-1987），包含：「國家主義」施政面臨挑戰與衝擊、文化建設、文化意識形態與戲曲建構、戲曲生態中之傳統與創新等四節。由於這時期國家政體已然朝向民主化進展，文化方面，地方文化中心設立、文化建設委員會的成立、文化資產保存法訂定等。然而在社會轉型中，既得利益者與新社會精英的衝突日盛，則文化環境價值觀越是混淆，傳統文化開始受到重視的同時，也就是受現代化侵蝕厲害的階段，此時文化政策以「傳統與創新」帶動文化熱潮，是否爲解嚴後的文化民主性暖身，提振常民文化的可見度？這段時期文化政策的擬訂與實施是否爲日後立下良好基礎，是不可忽略的探討目標。

第六章　解嚴後本土文化政策的啓航（1987-1997），包含 1987 年解嚴後台灣社會環境之變化、轉折中之藝文發展生態、京劇與歌仔戲在文化環境變遷中之爭執、京劇、歌仔戲曲藝之變化。解嚴後的國民黨政府大致是由李登輝執政，強調立足台灣，一切以本土化優先並進軍國際，李登輝並兼國民黨主席，雖然以本土文化爲宣示，但是黨內國家利益主張分歧，解嚴早期仍是以中華文化爲依歸，至 1996 年當選全民直選第一任總統後才直呼加強建設台灣文

化。現實的是，這之前已經造成中原文化與本土文化孰重孰輕之爭。在這一章中則將探討政治與環境變遷雙重壓力下，京劇的變化以及與歌仔戲是否因逢政策重視本土之優勢，在劇本創作上與演出形態自由而多樣，而在野台廟會的演出的劇團生機又如何。

第七章　京劇與歌仔戲現階段之消長，包含，歌仔戲之波動、國家級京劇團之成立、轉機與危機共三節。這一章主要敘述分析 1987 年至 1997 年十年間，因為解嚴而產生之文化政策變化對兩劇種具體而重大的影響。此時期兩劇種的地位顛倒，歌仔戲受到重視，列入學校教育體系，政府成立傳統藝術中心，其中有關歌仔戲的保存研習日益增多；京劇卻一直縮減人員編制，目前兩團還需要面對合併的考量。整個環境看似不利於京劇，但或許是京劇更能回歸 200 年前通俗而擁有廣大群眾的機會，歌仔戲在受重視之餘，如何在自由多元創作中不失台灣歌仔戲本色，均有待研究。

第八章　結論與建議，在結論中擬針對探討國民黨政府 1945 年至 1997 年間藝文發展脈絡、戲曲活動狀況結果，做政策轉變原因之歸納；在建議部分，擬藉著研究地點在荷蘭國之地利關係，從聽聞與資料閱讀中，分析西歐國家戲劇施政觀念及歐洲聯盟文化政策，期望對本論文研究有更深一層之見解，最後提出對台灣戲曲政策建議。

第二章 「國家主義」觀念與藝文政策

　　本論文研究目的已然在上一章有所敘述，主要以傳統戲曲的京劇和歌仔戲作為研究範圍，探討國民黨政府在台灣執政期間之藝文政策，在國家主義主導下的發展。有關戲曲研究，以往多為針對戲曲藝術流變、環境變遷下演出型態變化、藝人生活及劇團營運田野調查等，這些均有助於對戲曲生態的了解，然而由於台灣 1987 年解嚴後，國家政體結構上的變化，讓國民更清楚看到自己生活上的權利與自由，有識者也進一步了解藝文知識領域擴張的可能，以及戲曲在台灣文化發展脈絡中，如何受到國家資源分配上主導性機制影響，而有不同面向的成果。本論文的探討雖不是以政治為主，但長期來台灣文化環境受制於政治、經濟變遷，傳統戲曲生態也是在權力運作下，呈現不同階段性變化，其間之資源分配不均也影響京劇和歌仔戲發展。

　　本章首先說明本論文對「國家主義」的詮釋，再則因為研究重點是透過傳統戲曲發展省思藝文政策制定，所以將就藝文政策的擬訂與實施單位做一介紹，俾利於了解形成藝文組織機關背後之思考理念，對往後章節中所提及國家主義觀念與文藝實施間的辯證有所助益。而戲曲計劃如何構成藝文政策中之一環，自然也在本章做一交代。

第一節　「國家主義」觀念

　　本論文所定義的「國家主義」，是指政府的施政完全以國家利益為取向，甚至凌駕個人利益以及全民福利。在台灣的情況下，由於國民黨長期執政，國家利益實質上就變成由國民黨所界定。國民黨政府為了鞏固政權，促進運作，在行政過程中，利用威權，以政府資源籠絡不同階級社會人士，統合監督民間團體或士農工商相關結社，進行其所認定之國家利益。西方學者 Manuel Castells 也提到「國家主義是增強權力建構（Statism is oriented toward power-maximizing），是加強國家機構的軍事或意識形態，以便在更普及的範圍與更深層的意識中達成他們的目標」[1]。國民黨在台灣的統治政策不出這樣的思考模式，尤其因戒嚴法的執行，更使得權力高度集中，在國家利益的前提下延續其統治地位。

　　論及國民黨以國家主義施政，統治中華民國台灣，或者有其思考來源。在國共內戰失敗後，國民黨歸咎失敗源於創國之初容許不同的政治黨派存在，造成抗日傷痕尚未復原，即又產生黨派主張不一的內亂[2]。又當時在台灣也因 1947 年「228 事件」發生[3]，國民黨政府與台灣人民之間的信任默契已然破壞，國共鬥爭激烈之際，於 1949 年 5 月 20 日發佈實施戒嚴令，或許是

1　Manuel Castells, End of Millennium, Oxford, Blackwell, 1998, p. 7.
2　彭懷恩，《認識台灣─台灣政治變遷五十年》，台北市：風雲論壇出版社，1997 年，頁 13。
3　依法設置之教育文化基金及產業，應予以保障。然而文化預算一直在這比例之下，中央政府 1989-1998 年平均為 1.04%。（見文化白皮書，文建會 1998 年，頁 292。）

國民黨想在統治方法上做徹底變革的方式之一[4]，也是實施國家主義具體方法之一。以本論文所探討的目標而言，藝文發展，貴在自由創作與民主內涵的發揮，戲曲是生活歷史與精神歷史的結晶，也必有其時代地域的民風特色，但是 1949 年國民黨政府播遷台灣以來，本應該依據 1947 年 12 月 25 日開始施行之中華民國憲法，給予人民言論、講學、著作及出版之自由[5]，卻反而在 1949 年 5 月 20 日實施戒嚴令起，以各種不同法規做相當程度的限制，如除戒嚴令本身規定，管制言論、出版、結社、通訊、行動等自由外，相關行政命令者如；「台灣省戒嚴期間新聞紙雜誌圖書管制辦法」、「台灣省縣市文化工作處理重點事項」、「檢查取締違禁書報雜誌影劇歌曲實施辦法」等，隨之，配合黨國三民主義思想、復興中華文化為特定目標的藝文政策，不勝枚舉，戲曲方面即有「國劇劇本審查辦法」。這些辦法並透過以黨國元老組成的「中華文化復興運動委員會」，以及國內 3776 個、國外 46 個分支機構，有效監督下執行[6]，藝文發展自然受到阻礙。再者，未能遵照憲法規定，給予充分的文化教育預算以改善藝文環境[7]，亦是國民黨政府所謂的「國家利益」優先考量。以政治考量為主，忽略文化的不當措施，多

---

4 同彭懷恩，《認識台灣——台灣政治變遷五十年》，頁 71。

5 中華民國憲法第十一條。

6 谷鳳翔，《中華文化復興運動的實踐與展望》，台北市： 文復會，1977 年，頁 22。

7 依據憲法第 164 條規定：教育、科學、文化之經費，在中央不得少於其預算總額百分之十五，在省不得少於其預算總額之百分之二十五，在市縣不得少於其預算總額之百分之三十五。其依法設置之教育文化基金及產業，應予以保障。然而文化預算一直在這比例之下，中央政府 1989-1998 年平均為 1.04%。（見文化白皮書，文建會 1998 年，頁 292。）

重的干預，使得國家文化的立足點在統治五十年後有失根的現
象呈現。在這階段的統治中，「國家主義」的實行有嚴謹與舒
緩之階段性變化，從嚴到緩，其間不知多少的藝術創作已然受
到斲傷摧殘。

　　雖然戒嚴令的實施有以考量國家安全、社會安定、人民安
康之說[8]，然而全盤的考量及施政卻是取決於國民黨，而不是經
過健全的立法體制及國民大會決議。國民黨政府掌握戒嚴令（及
相關辦法），亦如同掌控國家，數十年間，黨政輪替的現象無
法形成，長期施政卻又缺乏監控的民意機關，以至於一黨獨大、
黨政合一，黨的威權意志凌駕政府體制之上的指責不斷。

　　本論文對藝文政策的探討，以上述「國家主義」觀點為基
礎，並進一步認為在台灣特殊的黨國一體情況下，「國家主義」
的行使，可以是一個黨的意志、也可能是一群人權力的結集，
更可以是最高主政者的意識形態。在國民黨政府的成長歷史
中，蔣中正、蔣經國以及李登輝均是身兼總統及黨總裁（主席），
在黨國體制合一之下，其個人意志足以左右國家整體方向。論
述的過程也就著重國家意識形態與主政者意識型態的互動及其
運用在藝文領域的施政，其結果或與政治範疇的利弊有所差別。

第二節　文化政策之依據與執行單位

　　本論文的撰寫為了集中焦點，將廣泛文教政策的範圍縮小
為藝文政策，內容所指不外於軟性方面的藝術文學，以別於古

---

8 薛月順等，《戰後台灣民主運動史料彙編㈠從戒嚴道解嚴》，台北市：
　國史館，2000 年，頁 242。

蹟古物的硬體保存或推廣，藝文之實施自不外於整體的文教政策理念之下，論述中或用藝文、文藝、文教、文化，所指均不出藝術、文學與戲曲相關之範圍。這節將就國民黨政府在台灣實施文教政策依據與執行單位層級略作介紹，並說明其在黨政合一的體制下，如何行使「國家主義」觀念形成制式的執行機構。至於其運作方式所形成的文化活動指標、對文化內涵與本質產生不同的變化、以及對戲曲的影響則將在各章節中詳述。

民國成立以後，教育部正式成立社會教育司，其中實施的平民教育運動就以五四新文化運動為背景，實施文藝教育，充實精神生活，豐富性靈。1937 年對日抗戰發生，加強社會教育被視為抗敵制勝的重要條件之一，藝術教育及提高文化水準則又是其中的重要措施[9]。1949 年國民黨政府遷台，更以實施三民主義作為建設台灣的根本國策，如蔣中正總統抵台後於 1950 年〔雙十節告全國同胞書〕中明白表示[10]：

今年五月，政府撤退了海南和舟山國軍的時候，當時我把政府決定的根本大計和步驟，用四句話來對大陸同胞說明：「第一是集中一切的兵力，第二是確保台灣基地，第三是拯救大陸同胞，第四是復興中華民國。

又在 1950 年主持的革命實踐研究院第九期開學典禮講詞也提到[11]：

我們很慚愧，直到現在為止，全國大、中小學，還沒有

---

9 教育部，《第五次中華民國教育年鑑》，台北市：正中書局，1987 年，頁 1039-1040。

10黃才郎，《文化政策影響下的藝術贊助》，中國文化大學藝術研究所碩士論文，1992 年 6 月，頁 14。

11同黃才郎，《文化政策影響下的藝術贊助》，頁 34。

　　一套標準教科書；尤其過去二十餘年，沒有三民主義的
哲學思想，融會貫通在各種課程之內；以致一般青年受
了教育，對於國家民族，不但沒有好處，而且對於主義
的觀點不同，思想分歧，意志薄弱，亦受邪說的引誘，
就形成了空前未有的混亂局面，和此次革命的失敗。

　　故將三民主義教育文化思想列列入憲法第 158 條至第 169
條共十二條中，以為政府及國民共遵的準則，乃無可置疑[12]。而
三民主義之所以和藝文產生密切關係，固然循著國民黨政府於
民國 18 年公佈的「中華民國教育宗旨及其實施方針」[13]，國民
黨政府建立以來參與教育、藝文政策極多的張道藩，則更認為
三民主義可以徹底革新人民的思想與意識，他提及[14]：

---

12 依據中華民國憲法第十三章「基本國策」中第五節專以規定教育文化
　的國家政策。按第 158 條：教育文化，應發展國民之民族精神，自治
　精神，國民道德，健全體格，科學及生活智能。第 162 條：全國公私
　立之教育文化機關，依法律受國家之監督。第 163 條：國家應注重各
　地區教育之均衡發展，並推行社會教育，以提高一般國民之文化水準，
　邊遠及貧瘠地區之教育文化經費，由國庫補助之。其重要之教育文化
　事業得由中央辦理或補助之。第 164 條：教育、科學、文化之經費，
　在中央不得少於其預算總額百分之十五，在省不得少於其預算總額之
　百分之二十五，在市縣不得少於其預算總額之百分之三十五。其依法
　設置之教育文化基金及產業，應予以保障。第 165 條：國家應保障教
　育、科學、藝術工作者之生活，並依國民經濟之進展，隨時提高其待
　遇。第 166 條：國家應獎勵科學之發明與創造，並保護有關歷史文化
　藝術之古蹟古物。

13 按「中華民國教育宗旨及其實施方針」表示，中華民國之教育，根據
　三民主義，以充實人民生活，扶植社會生存，發展國民生計，延續民
　族生命，務期民族獨立、民權普遍、民生發展，以促進世界大同。

14 張道藩，〔我們所需要的文藝政策〕，仙人掌雜誌第十二號，頁 18。
　依據國家圖書館名錄記載張道藩，1897 年生，1968 年卒，英國倫敦
　大學美術部思乃德學院畢業，曾任國民政府浙江省政府教育廳廳長
　（1930.12-），中國國民黨中央執行委員（1932.11-），國民政府中央

封建社會，資本主義，共產社會都有它們獨特的文藝，那麼，較之它們完美的三民主義社會既是另一樣社會的意識形態，為什麼不能建立自己的文藝呢？封建，資本，共產社會都利用文藝作為組織民眾，統一民眾意識的工具，那麼，我們為什麼不能也拿文藝作為建國的推動力呢？

又，當時教育部長程天放向立法院所做的文化政策報告也說「加強民族精神教育：舉辦三民主義論文比賽，以引起一般青年研究三民主義的興趣」[15]。而在蔣中正 1953 年著述 《民生主義育樂兩篇補述》指示「三民主義社會的文藝建設必須與民族文化精神相融合」[16]後，運用文藝作為復國建國的行動付諸實行，三民主義教育文化政策因之透過不同管道加強實施，歷經蔣經國時代至李登輝時代仍舊指出「所謂台灣經驗，自然依據三民主義的指導原則」[17]。本論文論述重點以政府單位為主，將就政府文教設施機構架構敘述，惟因黨政合一體制下，必有假手其他非官方單位者，也一併陳述。

中華民國政府文教機構在中央政府包含教育部（文化局）、文化建設委員會，省政府包含台灣省教育廳，縣市政府則有教育局，另外，社教機構如國父紀念館、國立藝術教育館、各縣

文化事業計畫委員會副主任委員（1935.11-），中華文藝獎金委員會創辦人（1950.03-），中國國民黨中央宣傳部部長，中國國民黨海外部部長等等黨政要職。

15 黃才郎，《文化政策影響下的藝術贊助》，中國文化大學藝術研究所碩士論文，1992 年 6 月，頁 54。

16 教育部教育年鑑編纂委員會《中華民國第四次年鑑》 ，台北市：正中書局，1974 年，頁 991。

17 李登輝，〔1989 年元旦文告〕，聯合報 1989 年 1 月 1 日。

市文化中心以及 1987 年才成立的國家劇院均是提供戲曲演出可能的場所。民間單位主要有中華文化復興運動推行委員會,僅就這些單位中與藝文戲曲相關者分述如下:

一、教育部

教育部雖早就設立社教司辦理文化事務,但是並無明文規定,直至民國 62 年(1973)7 月 25 日修正公佈之教育部組織法第一條規定:「教育部主管全國學術、文化及教育行政事務。」[18]其第十一條規定社會教育司職掌,第十五條規定國際文化事業處職掌。據此可知教育部主管之文化事業分國內與國際兩部分。惟在這之前,曾設立「教育部文化局」,先行敘述該文化局職掌。

(一)文化局

由於文化範圍廣泛,教育部長期於社教單位中實行文化業務之推廣,有欠周詳,也基於政府首長認爲教育主要功能在發揚文化,在教育部設置文化局可讓教育與文化工作獲得密切聯繫[19],再則負有民族復興與文化復興之國家政策使命,於 1967 年 11 月 10 日成立文化局,分爲四處推動業務,第一處掌管文化運動與文化活動的推動,第二處爲文藝活動的倡導獎助,第三處爲廣播電視的管理輔導,第四處則爲電影的管理輔導。第二處與文學、藝術、戲曲相關,大致與鼓勵創作及補助相關[20]。

---

18 同教育部,《第五次中華民國教育年鑑》,頁 1194。
19 同《中華民國第四次年鑑》,頁 989。
20 同教育部,《第四次中華民國教育年鑑》,頁 989。有關第二處職掌爲:
　　1、關於文學、美術、戲劇、舞蹈、攝影等各項文藝之輔導事項。2、

在第二處業務中所列之戲劇，由實際推動的工作中了解，係以國劇（京劇）為主，並列為重要施政之一，從培養青年對國劇的興趣與熱愛著手，輔導各大專院校普遍成立青年國劇社，並制定衣箱全套[21]，協助演出，也請專家學者整理舊劇本，創作新劇本等，與文復會功能雷同。地方戲劇的保存與改良則以大陸劇種的評劇、粵劇、越劇、楚漢劇等為原則。至於台灣地方戲劇輔導工作，認為本省閩南語劇、歌仔戲及掌中戲，為在鄉村間最受歡迎之大眾娛樂，如善加運用，實為最佳之社教工具[22]，但實際執行時，可能因屬於地方政府權限，僅配合台灣省市教育廳、局聯合辦理[23]。

文化局成立五年八個月後裁撤，第二處藝文相關業務，除了國際活動事項由教育部國際文化教育事業處接管外，餘皆由教育部社會教育司接辦。有關三、四處廣播、電影部分則由行政院新聞局辦理，這也為文建會成立後，文化業務職掌不能統籌，埋下了伏筆。

關於各種文藝機構、團體之管理及輔導事項。3、關於各種文藝活動之倡導與獎助事項。4、關於各種文藝創作及作家之活動獎助事項。5、關於各種文藝之國際活動事項。

21 係指生、旦、淨、丑演員之頭飾、服裝、鞋靴等行頭。

22 同教育部，《第四次中華民國教育年鑑》，頁 992。

23 劉昌博〔綻開的文藝花朵〕《我們曾是文化園丁/紀念文化局成立三十週年專輯》，台北市：紀念教育部文化局成立三十週年專輯編輯委員會自印，1997 年，頁 66。該書係當年任職於文化局工作人員仍健在於世者，認為必須將當時努力史實記載，為僅六年的文化局留下文化發展見證。

（二）社會教育司

1、教育部社教司辦理之文化事業事項包含[24]：

民族文化之復興與宣揚：包含大專院校文化復興運動之督導考核、社教機構推行中華文化復興運動之策劃督導，文化活動之策劃輔導及聯繫推進。這裡社教機構所指凡圖書館、博物館、科學館、藝術館、音樂廳、戲劇院、紀念館、體育場所甚至動物園等均屬之。而所謂民族文化則依據中華文化復興運動委員會之基本精神-發揚倫理、民主、科學之三民主義為主。

2、藝文活動之倡導與推廣：

內容包含文學、音樂、美術、建築、戲劇、舞蹈等，輔導文藝社團工作、倡導文藝活動、獎勵各種文藝創作等均屬文藝工作範圍。

3、文化團體之輔導：

教育部在執行這項文化業務時認為政府限於人力、物力，有必要做重點之倡導，結合民間共同參與、合作推展，方能使文化根植於基層，於是對文化團體之輔導分為一般性、領導性與政策性以及獎助性三種。國劇欣賞會、中華民國編劇協會、中國話劇欣賞會等戲劇組織列為一般性；中國青年反共救國團及中華文化復興運動推行委員會則列為領導性與政策性，該二單位也從事國劇研習、國劇研究推行等活動。獎助性文化團體最重要者為直接由教育部編列預算掌管的國家文藝基金會，於

---

24 同教育部，《第五次中華民國教育年鑑》，頁 1194-1197。

1974 年成立,而在 1996 年財團法人國家文化藝術基金會成立時撤銷,編列之基金運用於補助文藝創作、文藝作品翻譯、文藝活動以及國際文藝交流等多項工作,當然其中也都包含京劇的推展活動。

4、推動文化建設:

主要根源乃針對 1966 年大陸發動「文化大革命」,國民黨政府則積極倡導復興文化,興起三民主義文化建設,具體作為則是籌建各地文化中心、興建大型專門性之海洋博物館、工藝博物館、自然科學博物館及充實各地圖書館社等。

有關國際文藝交流部分,民國 62 年(1973)教育部文化局裁撤後轉由國際文化教育事業處(簡稱國際文教處)負責,主要以文化藝術人士之交互訪問以及各種文化藝術活動之往來為主。戲曲方面有如「國立復興劇校組國劇團赴韓國為慶祝韓國獨立三十週年紀念演出」、「中華國劇團訪問歐洲、中南美及美國」等[25]。

二、行政院文化建設委員會

行政院文化建設委員會(簡稱文建會)之成立,依據文獻記載如下[26]:

民國六十六年九月二十三日蔣經國於行政院長任內,向立法院做施政報告,鄭重宣佈政府在十項建設完成後進行新的十二項建設時,加入文化建設。於六十七年二月十一日施政報告

---

25 同教育部,《第五次中華民國教育年鑑》,頁 1647。
26 同教育部,《第五次中華民國教育年鑑》,頁 1193。

又說：「建立一個現代化的國家，不單要使國民能有富足的物質生活，同時也要使國民能有健康的精神生活。因此我們在十二項建設之中特別列入文化建設一項，計劃在五年之內，分區完成每一縣市的文化中心，再推動長期性的綜合性的文化建設計劃，使我們國民在精神上都有良好的舒展，使中華文化在復興基地日益發揚光大。」行政院為貫徹總統指示，於民國六十七年十二月所策定「加強文化及育樂活動方案」中擬議設置文化建設專管機構，繼之草擬該會組織條例，於民國七十年七月三十一日明令核定設立「行政院文化建設委員會」，該會遂於同年十一月十一日正式成立，由陳奇祿出任首任主任委員。

又依據文建會組織條例中第一條規定文建會的任務有三，一為統籌規劃國家建設，二為發揚中華文化，三為提高國民精神生活。條例中第二條也敘述了職掌範圍共九條[27]，主要著重於策劃、審議、推動、考評。而其組織型態，為委員制，以陳奇祿擔任首任主任委員，由行政院遴聘有關部會局及機關首長、與學者專家及文化界人士 15-19 人擔任委員，並因業務諮詢需要，設置文化資產、語文圖書、文藝、影劇傳播、音樂、表演藝術等專業委員會。而就文化實踐範圍而言，雖然兼及條例中

---

27 同教育部，《第五次中華民國教育年鑑》，頁 1193。該九條為㈠、文化建設基本方針及重要措施之研擬事項。㈡、文化建設統籌規劃及推動事項。㈢、文化建設方案與有關施政之計劃之審議及其執行之協調、聯繫、考評事項。㈣、文化建設人才培育，獎掖之策劃及推動事項。㈤、文化交流、合作之策劃、審議、推動及考評事項。㈥、文化資產保存、文化傳播與發揚之策劃、審議、推動及考評事項。㈦、重要文化活動與對敵文化作戰之策劃及推動事項。㈧、文化建設資料之蒐集、整理及研究事項。㈨、其他有關文化建設及行政院交辦事項。

的基本文化，但陳奇祿認為以高度文化為主體[28]。其業務的執行分成三個單位以作為委員會與專家學者之間的橋樑，第一處主管文化政策、文化法規、文化資產，第二處主管文藝影劇、大眾傳播、文化作戰等，第三處主管音樂、美術、表演藝術、藝術交流等。

　　文建會在成立之初就組織及架構而言，定位在統整全國文化政策制定及各部會執行文化之統合協調層級，不做執行推動工作，如當時之行政院長孫運璿於文建會成立典禮致詞時指出：……文建會所負責，有關文化建設的政策、發展方向的策劃、擬訂、協調、推動和對於負責這些工作的各個單位、各級政府的追蹤、考核」[29]。惟成立之後，實際執行時並不能真正掌控與協調各部會之業務，換言之，內政部、外交部、教育部、新聞局、國防部、交通部觀光局等牽涉文物古蹟、文化輸出、藝術教育、戲曲表演、民俗節慶觀光等各文化有關單位有其本位立場，並不見得「聽」文建會的意見。而文建會為展現文化政策推行績效，不斷的以「示範」性為由推展活動，儘管二十年來累積的成果非凡，仍舊有「最會辦活動的單位」之譏，言下之意，沒有就整體政策面考量。多年來有成立文化部之議，至今尚未成形。

---

28 陳奇祿，《文化建設的推展/全國第三次文藝會談議實錄》，全國第三次文藝會談籌備委員會發行，1982 年 12 月，頁 104。
29 同教育部，《第五次中華民國教育年鑑》，頁 1193。

三、台灣省（市）政府教育廳（局）及縣（市）教育局

　　誠如上述，在國民黨政府體系中文化與教育是一體兩面，文化之行政主管機構自始一直列於教育機構中，直至文建會成立，仍舊是業務重疊。因之文化之執行在中央除了教育部社教司、國際文教處外，地方則有以社會教育為主體的省（市）政府教育廳（局），以及縣（市）教育局。省政府教育廳的社會教育工作由第五科掌理，有關藝術方面的工作計劃與審議在第一股，共列有十六條，其中第三條關於影劇院、影片商、劇團及音樂、舞蹈藝術團體申請設立之審議事項，第四條各類劇本之審查及上演登記之核發事項，與戲曲劇本及演出有直接關係，餘則為藝術電化教育或空中教學等相關事項。

　　屬於院轄市層級的台北市政府以及高雄市政府教育局第四科第一股亦同樣辦理關於藝術教育工作之策劃、擬辦事項，戲劇劇本審查事項，演員資料調查分析與管理等業務。至於各縣市教育局亦有社會教育課之編制，一般職掌亦包含戲劇團體之管理及演出內容之審查事項。1997 年以後，各縣市陸續成立文化局，職掌與教育局仍有重疊之處，惟不在本論文研究期間之範圍，不再贅敘。

四、社會教育機構

　　社會教育機構一般而言兼備資料、文物展覽室及演講或演出空間之文化教育用途，至目前為止仍舊屬於教育部社教司掌管的中央單位有如國父紀念館、國立台灣藝術館、國家戲劇院、國家音樂廳；屬於院轄市者有台北市政府社會教育館、中山堂

及高雄市中正文化中心、社教館；由教育廳及各地方縣市政府
負責的有各縣市文化中心；至於台北市國軍文藝中心則由國防
部管理。

　　這裡特別提出全台灣文化中心共有 25 處，係同上述依據，
於 1978 年蔣經國於行政院長任內宣佈第十二項建設之中的文化
建設，計劃在五年之內，分區完成每一縣市文化中心。在當時
並強調[30]：

　　　　今日復興基地的台灣地區，實為匯我中華文化精神
　　的唯一寶庫。因之，文化建設工作必須配合反共國策，
　　以三民主義為中心思想，發揚固有文化，光大民族遺產，
　　把握時代精神，適應社會需要。故今後每一縣市文化中
　　心的各項藝文學術活動，均應植根於民族文化的土壤
　　中，以表現國家民族的精神、特色與歷史的光榮。

文化中心於 1979 年陸續展開建造，以圖書館為主，包括文
物陳列室畫廊或美術展覽室。並依各縣市社會、經濟活動需要
建立多目標之演藝集會場所，以增進音樂、舞蹈、戲劇等活動。
由於該項計劃係在文建會成立以前即由教育部規劃籌設並以圖
書展覽為主要功能，因之，人事、經費均由教育體系調配運用，
這在往後文建會、教育部體系（教育廳、各縣市教育局）與文
化中心三者之間造成諸多協調與管理上的問題，容後敘述。

五、中華文化復興運動推行委員會

　　1966 年 11 月 12 日，國父孫中山先生一百晉一誕辰，座落
於台北陽明山的中山樓正式落成，蔣中正發表〈中山樓中華文

---

30 同教育部，《第五次中華民國教育年鑑》，頁 1098。

化堂落成紀念文〉，闡揚以三民主義及倫理、民族、科學做為復興中華文化的理論基礎與行動指標。當時與會的一千五百餘人建議訂定此「國父誕辰紀念日」為「中華文化復興節」，行政院隨即接受這項建議，並由總統明令實施。而中華文化復興運動推行委員會（簡稱文復會）即在翌年（1967）由國民黨中央委員會、救國團、教育部等單位成立籌備處，於 7 月 28 日舉行成立大會，由蔣中正為會長，孫科（時任考試院長）、王雲五（時任商務印書館董事長）、陳立夫（總統府資政）三人為副會長[31]

　　該會主要宗旨為「中華民國各界，為促進中華文化復興，發展三民主義建設。」其任務共有五項[32]，以提倡民族文化之研究發揚民族道德為主。在組織系統中列有教育改革、國民生活輔導、學術研究出版研究、文藝研究、基金、中國科學與文明編譯、中國科學技術研究發明獎助、國劇研究推廣、研究設計等九個特別委員會以推行中華文化[33]。至於該會在京劇上的推動，如 1974 年成立「國劇研究推行委員會」設立編審出版組、研究教育組、演出推行組、財務及國家劇院籌劃組等。1987 年解嚴以後，在野政治團體對文復會定位及財源問題產生質疑，

---

31 教育部，《第四次中華民國教育年鑑》，頁 984。
32 按五項任務依該會組織章程記載為㈠、提倡民族文化之研究，創造並推行以倫理、民主、科學為本質之文化建設。㈡、鼓勵公私立之文化學術機構，從思想上、學術上，宏揚中華傳統優良文化。㈢、協助推行民族精神教育，增進民族智能，發揚民族道德，蔚為正義磅礡之民族人格。㈣、行國民生活規範，加強國民生活教育，並研訂文物典章禮俗制度。
33 詹哲裕，《民權、人權與文化建設》，台北市：大航家 企業出版，1999年，頁 261。

加以抨擊，經黨政高層協商於 1991 年正式向內政部立案爲「中
華文化復興運動總會」，會長爲總統李登輝、副會長則爲當時
之行政院長郝柏村、卸任之第一屆文建會主委陳奇祿以及中研
院院士陳榮捷，其文化顧問或委員仍舊以黨政要員居多。文復
會或文化總會，雖都以人民團體自稱，事實上其經費來源、組
織成員均可說充滿黨政色彩，是國民黨政府執行職權的另一管
道。

六、國防部

　　針對京劇推動，尙有國防部下屬之總政治作戰部，其第五
處負責指揮監督各軍種部藝工大隊轄屬之國劇隊。故陸軍總
部、海軍總部、空軍總部均設有藝工大隊，聯勤總部則有明駝
國劇隊。藝工大隊形成主要針對軍中康樂之需，因之大隊內演
藝類型或隨著需求而調整，如閩南語劇隊 1965 年設立於陸光藝
工大隊中，1970 年即裁撤[34]。陸、海、空三藝工大隊亦均設國
劇隊以及培訓京劇演員、音樂人才之戲劇實驗班，即一般所稱
之小陸光、小海光、小大鵬。經費除由國防部編列每隊約新台
幣 2500 萬元之外，軍中各劇隊將勞軍演出、輪檔公演售票收入，
明定比例分別繳交各軍總部 20%、大隊 30%，作爲採購專業器
材專款，劇隊留用約 50%作爲夜宵、激勵獎金、年節福利、外
縣市演出之開銷等用途[35]。

　　有關京劇團爲何存在國防部中並有三個以上京劇隊作爲勞

---

34 劉先昌《論軍中劇隊在台灣京劇史上的影響——以陸光國劇隊爲析論範
　圍》，文化大學藝術研究所碩士論文，1998 年，頁 31。
35 鍾寶善，《公營京劇團隊之回顧與展望——經由國立國光劇團之設置與
　營運探究藝文政策與京劇團隊之走向》。台北市：樂韻出版社，頁 40。

軍功能等情節將在相關章節討論之。其與教育部、文建會、日後業務重疊之種種糾葛亦將一併論述，以見京劇之興衰、消長始末。

　　由上述教育部、文化局、文建會、文復會以及文化中心等文教單位的形成，充分顯現出均為因應時代背景需要，功能如出一轍。更可以進一步說，國民黨政府在台灣總體建設自始即以三民主義為最高指導原則，無論有形硬體建設或者無形文化教育施政方向，均為達成復國建國、發揚中華民族文化為目標，在這般強調一元文化「國家主義」統整環境下，自然，另類文化如西方文化、台灣本土文化、甚至東洋文化的產生也必須有一定條件支持，這些客觀因素包含政治、經濟、社會變遷影響，隨著時代的需求，1987 年之後多元文化於是焉形成。

第三節　藝文政策實施程序

　　一個機構的成立有其需求與目標，藝文政策或配合文化運作的戲曲推動方案之形成，亦同樣有其制定的環境，及制定的理念。而理念必須透過國家認可的程序制度，使成為可實施之政策內容。在本節中之所以特別提出實施程序的問題，乃因為計劃方案之擬訂過程中，有可能因為使用國家至上之「威權」通過議案形成政策。這種「威權」的使用下，自機關裡的業務單位主管，上至立法院審議議案時黨派透過組織、動員和介入等方式使議案通過。國民黨政府治理台灣期間，正面而言，善用政治資源以達成國家發展目標，對反對黨而言，或許就是專權的表現。早期國民黨政府一黨獨大，程序上的問題不造成困

擾，凡事上層指示後一路順風通過議案或形成政策，在戲曲資源方面獨尊京劇，也沒有異議。但是解嚴後政治生態變化，在野黨立法委員也開始運用政治資源影響程序，刪減京劇經費預算，呼籲提倡歌仔戲等時有所聞，在此，先行說明決策流程，有益於明白京劇、歌仔戲發展中如何受到國民黨政府「國家主義」威權運用下的影響，另一方面也更清楚在野黨企圖掌握程序之動機。

在政府機關內，所運用的經費是全民納稅所得，也即是公共資源，一但涉及公共資源，則依照行政院所屬各機關年度施政計畫編審辦法第三條：「中央各機關與省（市）政府應分別依據施政方針或施政綱要，並配合中長程計畫及年度業務發展需要，訂定施政目標及重點，據以編訂年度施政計畫及預算」[36]。國民黨政府在 2000 年以前每年的 7 月 1 日至隔年的 6 月 30 日為一個會計年度，每一機關每一年度的施政計劃均提前一年規劃送該機關最高單位（如行政院轄下有八部二會）彙整後於每年的 9 月至 12 月由行政院長率各部會首長向民意最高單位的立法院做施政報告，翌年 2 至 5 月為預算審查，總預算通過後於 7 月起實施，每一年通過的施政報告也可說是政策的表徵，每單位也就依據所通過的施政報告執行業務。

整體而言，以文建會為例，施政方向依據國家政策（國民黨政府則先行通過黨內中央常務委員會議認同）擬訂後，先行向立法院做施政方針報告，而後編列經費，再送行政院審定後，送立法院審查，審查期間，文建會的首長必須接受立法委員的

---

36 〔研考會行政院所屬各機關年度施政計畫編審辦法〕，中華民國八十年十月九日行政院臺八十研綜字第五四九六號令修正發布。

質詢，無異議才准予通過。而通過的預算，在年度內分別由業務單位執行，並每年分兩次向立法院做施政工作報告。不同黨派立法委員主要就利用這施政方針報告、預算審查、施政工作報告三階段，向文建會首長提出質詢，爭取對自己黨派的認同或個人政治利益。有如文建會第五任主委林澄枝提出「心靈改革」方案，支持執政黨的國民黨籍羅傳進立委主張增加預算，在野黨的民進黨籍則提出刪減，認為不因連戰行政院長或李登輝總統的交代而編列預算[37]。有關於京劇與歌仔戲方面的爭執則將陸續在不同章節中討論。

其次，在行政體制下，每一位業務專職人員依施政方向及通過之預算分配，擬訂方案，一個方案形成有如下步驟：

1、專職人員就個人學養及經驗先擬訂方案實施計劃要點[38]，計畫擬訂後依程序由本單位之各級主管審稿，如不合乎其觀念與做法則再行修改至滿意為止；

2、其他相關科室會稿（知會所擬訂之計劃，徵詢意見或認可），如會計室、法規單位、與推動該業務相關之處室；

3、上呈主任秘書、副主任委員、主任委員或次長、部長（教育部等，不同組織架構有不同之稱謂）。

在這過程中如有必要則延聘專家學者針對所擬計畫開會商

---

37 立法院公報，〔八十七年度中央政府總預算案〕，1997 年 4 月 7 日第七組第四次會議記錄，頁 216 及 228。

38 要點中包含計劃主旨、實施計劃時間、實施計劃方法、實施計劃目標、實施計劃預期成效、實計劃評估、實施計劃人力配合措施、實施計劃硬體配合設施、實施計劃經費預算、撥款方式、如需簽訂合約書則加擬合約內容等項目。

議，至於專家學者為何人，則通常仍由承辦人員先擬訂若干人選，由該處主管核閱，主管有適當人選則依主管意見，最後人選仍需由單位最高首長核定之。一般而言，單一方案的實施原則上是依據政策方向而擬訂，故不需再送呈更高層級的行政院審定即可公佈實施。

　　依據上述的程序觀念，則可以了解有關本論述中提及的「國劇推展計劃」或「地方戲曲推展計劃」形成過程。惟在這般體制下談及藝文政策或戲曲計劃，可以想像過程中行政體系特質與執行人員心理意向，以及參與者的互動、溝通與順從機能均足以影響政策的實踐[39]，也就是戲曲計劃擬訂之行政人員對戲曲發展的態度及認知、邀請參與會議之專家學者學養意向、機關首長對戲曲發展的觀念等，這些人物的政治意識形態強烈的話，則通常就有不同的決策結果。

　　事實上許多公共政策，即使是透過分析研究並依照國家憲法規定送請民意最高單位的立法院三讀通過編列預算執行，仍可能產生制定政策是一回事，執行政策又是一回事的現象。雖然有所謂政策評估、計劃評估項目，但是缺失檢討後經常會是人員調動或經費不足等總總因素而改進緩慢。政策目標之無法達成，或許因為政策本身是根據一套不合理的因果關係理論而規劃擬訂，如八、九十年代國民黨政府對於推行文化復興工作的堅持已經不太為年輕的文化行政人員接受，以致對京劇活動推動與補助頗有微詞，影響成長績效[40]。柯三吉教授認為：「政

---

39 林永芳，〔現階段文化政策執行之研究〕，國立中山大學學術研究所碩士論文，1987 年 7 月，頁 16。

40 筆者於八、九十年度任職於文建會時所觀察之氣氛及目睹之情況。

策執行環境應和政策制定環境、政策評估環境透過聯結關係形成一系統的政策過程而相互影響。在每一政策環境都有許多場合供法定執行者和政策利害關係人依自身利益、意向和策略互相運作以達成政策目標成績」[41]。可惜的是，台灣的文化無論在戒嚴或解嚴時期，一向處在弱勢情勢，直至 1981 年才成立文建會為文化專責單位，但組織架構不完整，尚有文化相關事務依附在其他單位中，業務重疊（附錄一）。而所謂文化政策向來是國家公共政策的附屬品，被監督與討論的機會多半逢政府預算分配或各項民選活動時才突顯片刻。因之，政策制定環境不良，政策制定的過程並不嚴謹，民眾（藝人）、利益團體（劇團及政治黨派）及有關的政策參與者（學者專家）對政策問題的解釋往往基於意識型態或價值觀不同而論斷，文化本身主體性遂強烈受到經濟因素、政治因素以及社會結構的影響，或淪為國家、政黨施政工具，喪失文化存在生活之特質，其中以傳統戲曲劇種保存及推展，牽涉意識型態的情形更為複雜，也因此值得研究，作為本論文的論述焦點。

---

41 柯三吉，〔環境保護政策執行之研究——墾丁國家公園的個案分析〕台
　　北：五南圖書公司，1986 年，頁 22

第三章　台灣在國民黨政府之治理前藝文發展環境

　　本論文的撰寫雖然以國民黨治理台灣時期為主，但是台灣本島，有漢人居民紀錄，大致是明朝末葉，荷蘭人創設殖民地前夕開始[1]；之前，除原住民外，只有一些征討者、漂流者、海盜、漁民、商人，穿梭於澎湖、台灣與大陸沿海之間罷了。一旦有居民，就有風俗習慣的形成，有鑒於戲曲本身與人民生活習俗的娛樂或宗教信仰自古有密切關係，其所形成的社會文化當然不容忽略，才可以知道戲曲在其間流變之始末；更重要的，有統治管理者也就會發生人民與管理階層間之互動關係，兩者間的理想與需求可能和諧，亦可能是以上欺下，民不聊生。而台灣自有居民開始至國民黨政府治理前，歷經荷蘭人的統治、明末鄭氏階段的經營、清廷的管轄以及為日本殖民地達五十一年；在漫長的三、四世紀中，各時期的統治者看待台灣的態度，或者是荷蘭人作為貿易轉運站、或者是鄭成功做為反清復明基地，或者作為清廷戰略之地，或者作為日本人內地的經濟支援。台灣，一個孤懸於中國大陸東南之島嶼，卻從莠民倭寇窩藏之地成為具有政治、經濟價值，且發展藝文教育的環境，各時期的統治者與人民之間，必定歷經不少的鬥爭與妥協，而戲曲在

---

1 史明，《台灣人四百年史—漢文版》，美國加州：蓬萊文化公司，1980年，頁42。

這等環境中也扮演著不同角色功能,在戲曲發展史上不無影響日後的消長。

本章則就該時期的社會環境稍加敘述,而重點將在觀察每時期的統治者是否施展其「國家主義」觀念營造文教設施,以及戲曲在這社會環境中的價值與功能。而京劇以及歌仔戲的出現是否如同現今一般代表精緻文化和通俗常民文化?帶給居民多少生活上的意義?又帶給社會高階層者,何等榮耀?並論及兩者間的互動情形。

第一節 台灣移民社會型態與戲劇之呈現

一、荷據時期

荷蘭人佔領台灣後,發揮其本國內正提倡的「重商主義」(Mercantilism)[2],企圖生產大量的米、糖輸售外洋,賺取利益。恰在此時,中國大陸正逢明清鼎革之交,連年兵亂,又在崇禎年間(1628 年-),福建大旱,社會動盪農村疲憊,華南一代充滿著飢荒和流亡農民,漢人移往南洋謀生者日益增多。荷蘭人趁勢招募大批漢人農民,乘著東印度公司的船抵台灣,進行開墾,漢人人口並因而增至 10 萬左右[3]。另外,福建泉州府人士鄭芝龍,一向稱霸於台灣海峽及華南海岸一帶,招集流亡台灣的漢人,從事打劫海上商船並武裝走私販運,在福建大旱時,亦

---

2 同史明,《台灣人四百年史—漢文版》,頁 87。
3 曹永和,《台灣文化論文集 1—荷蘭嶼西班牙佔據時期的台灣》,台北:中華文化出版事業委員會,1954 年,頁 121。

有建議當時福建巡撫熊文燦招集饑民數萬人，人給三兩，三人給牛一頭，運載到台灣開發荒地之說[4]。

　　荷據時期尚無規模性的移民，但依據曾學文、陳耕之著作引康熙年間陳文達編修的【台南縣誌】，記述在此時期「台灣就修有『大道公廟』，即閩南人創造的神明之一『保生大帝』吳本」[5]，而閩南的習俗，於神明誕日、歲首、七月普渡等節慶，除了牲禮供奉之外，還需廟口演戲[6]。【東瀛識略】也敘述：「台民皆徙自閩之漳州、泉州，粵之潮州、嘉應州，其起居服飾，祀祭婚喪，悉本土風，與內地無甚差異」[7]。這些移民，開疆拓土期間，漸次的移植農業生產技術，建立村落、寺廟，把閩南文化帶到台灣是有可能的。而於 1664 年死於澎湖的明末遺老同安人盧若騰（1599-1664）晚年有「觀戲偶作」敘及[8]「老人年來愛看戲，看到三更不渴睡…無數矮人場前觀，優孟居然叔敖類，插科打諢態轉新，竟是牧場成底事…祇應飽看梨園戲，潦倒數杯陶然醉。」更進一步地提供當時戲曲存在的可能性。

　　除了風俗習慣影響戲劇的形成外，個人的喜好也增進戲劇的發展。在台灣省通志卷六學藝志藝術篇，引《台灣外誌》記

4　曾永義，《台灣歌仔戲的發展與變遷》，台北：聯經出版事業公司，1997年，頁 1。

5　陳耕、曾學文，《百年坎坷歌仔戲》，台北：幼獅文化事業有限公司，1995 年，頁 16。

6　同陳耕、曾學文，《百年坎坷歌仔戲》，頁 16。

7　《台灣省通志》，卷二人民志禮俗篇，台北：台灣省文獻委員會，1971年，頁 4。

8　邱坤良，《台灣的開發與戲曲活動的興起》，民俗曲藝第 17 期，台北市：施合鄭民俗文化基金會，1982 年，頁 13。按邱引此文以為明鄭時代台灣民間戲曲活動的一個例證，惟以盧若騰之生年，將之形容荷據時期之狀況似乎更為恰當。

荷蘭時代之通事何斌，有云：「這何斌每年亦有數萬兩銀入手，不喜娶妻，廣造住宅花園，…家中又造下兩座戲台；又使人入內地，買二班官音戲童及戲箱戲服，若遇朋友到家，備酒食看戲或小唱觀玩。」[9]。由此尚可推測台灣之戲劇活動在荷據時期的 1624 年至 1661 年間，不僅一般農民生活中存在禮俗戲劇演出，私人富豪自備戲班者亦有所聞。

二、鄭氏階段

鄭成功由荷蘭人手中收復台灣後，仍以台灣為基地，積極籌劃反清復明事宜，並為了調度在中國本土所急需的軍事開支，對外振興和日本、南洋各地之間的貿易，對內加強農民島內的土地開拓，及將大軍分駐各地開始寓兵於農。他的幕僚沈光文，為了台灣民眾，從中國南方招聘劇團到台灣演出，以加強精神慰藉及娛樂需求[10]。對於這些十七世紀來自閩南沿海地區的饑民、移民或隨鄭氏部隊前來者而言，因當時交通尚未發達，且被明、清當政者烙下違反出海禁令的罪令，已斷然不可能回到故鄉，因之在農耕或南征北討之餘，戲劇成為最好的娛樂。亦可看出戲劇早在十七世紀的台灣即和部隊發生關係，已然具有勞軍功能。而明鄭時期漢人廟宇已由荷據時期的一座「保生大帝」增加至三十五座[11]，可推測居民的信仰與生活結合，與神聖誕辰演戲之風俗亦不可分。

---

9 同《台灣省通志》，卷六學藝志藝術篇，頁 1。

10 呂訴上，《台灣文化論文集 3—台灣的戲劇》，台北：中華文化出版事業委員會，1954 年，頁 402。

11 同邱坤良，《台灣的開發與戲曲活動的興起》，頁 17。

三、清廷階段

　　清廷在康熙二十二年（1684）結束明朝後，起初是要封鎖鄭氏的海上交通，並阻止對於金、廈的軍事補給，才禁止漢人往來台灣、澎湖。但是，鄭氏投降，台灣正式列入版圖後，卻以杜絕流亡者在台居住爲藉口，反比過去更加嚴禁漢人來往台澎兩地。惟當時中國社會相繼在兵亂中，社會不安，經濟崩潰，因之，不管有否禁令，漳、泉二州出身的移民照常接踵而來，廣東嘉應的移民也隨之而至。1885 年 9 月 5 日（光緒 11 年），台灣由福建省台灣道升格爲台灣省，首任巡撫劉銘傳。依據劉銘傳之調查，當時台灣人口約爲 2,545,731 人[12]。又再依據 1905年（日本明治 38 年），日本的台灣總督府施行台灣人職業調查結果推測，清朝統治末期的漢人系台灣人口職業人口，本業者約略爲農業 73.14%，工業 6.44%、商業交通業 8.69%、公務員及自由業 2.25%、其他 9.84%；副業以農工爲主者亦有 74.37%之比例[13]，由此數據可見，台灣在移民時期中，係屬務農的社會型態，對節令祭祀以及寺廟慶典無疑是特別著重，也因酬神儀式的舉行，加速戲劇活動的興盛。又晚清，台灣社會經濟發展形成相當多的商人階級。也出現「郊」及小資產階級的貿易商[14]，對戲曲娛樂的需求相對增高。

　　台灣在這段清廷治理二百餘年期間，由於農田漸次開發，社群生活也組成，寺廟活動更是移民社會的具體表徵，有關戲

---

12 同史明，《台灣人四百年史-漢文版》，頁 133。
13 同史明，《台灣人四百年史-漢文版》，頁 139。
14 彭懷恩，《認識台灣：台灣政治變遷五十年》，台北市：風雲論壇出版社，頁 49。

曲活動的記載也多。在這時期雖然歌仔戲尚未成形，但京劇（平劇）已然被奉為上座。當時稱為京戲或「正音戲」或「外江戲」。據呂訴上之說法，滿清時代，台灣巡撫劉銘傳於壽誕之際，特由北京延攬京班來台灣上演[15]，光緒 20 年正月唐景崧之三少君為慶賀其子彌月，曾在天后宮聘演閩班京戲[16]。可見京劇除在中國大陸受到宮廷之歡迎外，在台灣與高官上位交往之淵源其來有自。康熙三十七年，仁和諸生郁永河來台探硫，所作「台灣竹枝詞」：「肩披鬌髮耳垂璫，粉面朱唇似女郎，馬祖宮前鑼鼓鬧，侏離唱出下南腔。」以及乾隆三十四年，海防同知朱景英於其所著《海東雜記》：「里巷靡日不演戲，鼓樂喧闐相續於道。演唱多，發聲詰屈不可解，譜以絲竹，別有宮商，名約下南腔。又有潮班音，調排場亦有殊異，郡中樂部，殆不下數十云。」，「土班小部」乃謂省人創辦之小戲班，「樂部」乃謂戲班。薛約「台灣竹枝詞」：「演戲迎神遠近譁，艷粧處處競登車；阿郎推挽出門去，指點紅塵十里賒。」[17]可見康熙中葉，已有職業戲班在寺廟演戲供人觀賞，而台灣府志或地方縣志等文獻亦多記載乾隆、道光、同治、光緒年間演戲景觀，表現出台灣居民的戲劇活動，頗見昌盛[18]。

四、日治時期

　　清廷與日本於 1894 年中日甲午戰爭後的翌年四月簽訂「馬關條約」，割地賠款，將台灣拱手讓與日本。對日本而言，台

---

15 同呂訴上，《台灣文化論文集 3-台灣的戲劇》，頁 407。
16 同《台灣省通志》，卷六學藝志藝術篇，頁 10。
17 同邱坤良，《台灣的開發與戲曲活動的興起》，頁 21。
18 同曾永義，《台灣歌仔戲的發展與變遷》，頁 5。

灣具有戰略上的重要地理位置，「……欲向南方擴張大日本帝
國之版圖，必須先經此門戶。由此而達海峽諸半島及南洋群島。」
[19]，同時帶來經濟效益，台灣蔗糖等經濟作物，正好提供日本資
本主義工業化之需[20]。佔領台灣後，設置台灣總督，支配台灣全
島，總督並掌理司法、行政、軍事、經濟、文化、社會、學術、
教育、宗教等一切權限。五十年的獨裁專制中更換十九任總督，
惟其壓迫台灣人民之伎倆，並未改變，始終是為日本本國利益
服務之資本主義思想[21]。在軍政、經濟領銜的前提下，在文化思
想方面，則公佈〔台灣出版規則〕，極端壓制台灣人自由言論
及文藝創作，半世紀中，日本人所經營的報社共有二十餘家，
但是台灣人被允許辦理者僅有一家「台灣日報」，而該報從 1927
年出現於台灣，到 1940 年代即被日本人所創辦的總督府御用報
紙「台灣日日新報」併吞[22]。

　　日本統治期間，對戲劇活動最直接的影響莫過於「皇民化
運動」[23]。寺廟整治為皇民化實施方式之一，係 1938 年在新竹
州召開「州下國民精神總動員參與會」，與會二百餘人，一致
通過執行「寺廟整理」[24]案：

　　　　依據本島統治之根本方針，而舉島民皇民化之實，為最

---

19 邱坤良，《舊劇與新劇：日據時期台灣戲劇之研究 1985-1945》，台北
　市：自立晚報社文化出版部，1992 年，頁 24。
20 同彭懷恩，《認識台灣：台灣政治變遷五十年》，頁 53。
21 同史明，《台灣人四百年史—漢文版》，頁 268。
22 同史明，《台灣人四百年史—漢文版》，頁 288。
23 按日人在 1937 年七七事變以後，深恐台灣人作亂，因此極力推行皇民
　化運動，這個運動主要目的無非是想改造台灣人，成為「皇國子民」，
　如強制人民各家在其正廳奉祀「神宮大麻」-日本國家神道崇拜的天照
　大臣，以為皇民之義務。
24 同《台灣省通志》，卷二人民志宗教篇第十章通俗信仰，頁 292。

緊要之事項。鑒於本島原有之寺廟、神明會、及祖公會等為島中精神生活之中樞，將其改善，時為皇民教化之一大根蒂。善能指導其適正之信仰生活，是為確立百年教化之要諦。

中壢郡率先執行，郡首日人宮崎直勝氏並為文認為[25]：

明末清初之際，由福建、廣東兩省渡海之移民多數為無知無學之下層人民，信仰程度極低，但求多福、多壽、多男子之三多，目的不過是現實生活求現世利益，為利己本位的信仰，寺廟又無教師、教禮、教義，以靈驗為中心，往往與淫祠邪教難分，多為迷信之類，與其日本宗教意識相離背馳。

於是郡下全數 119 寺廟等團體均予廢棄。所幸寺廟整理運動發端不久後，日台灣總督府顧及民情，通飭禁止嚴苛執行，因之未波及全島。

寺廟保存對台灣人之所以重要，在於寺廟中之神像包含福德正神（土地公）、開漳聖王、關聖帝君、三官大帝、天上聖母（媽祖）、五穀神農大帝、義民爺、玉皇大帝、保生大帝、三山國王、大眾爺等，這些神祇基本上都是移民們渡海求生，終日墾殖精神所寄託者，在神誕之日，到處演戲盛祀，以為酬神報恩之表現。神明誕辰之迎神賽會，俗稱「迎熱鬧」，其最大行事為奉神繞行境內之遊行，遊行隊伍通常為神輿、東西各種樂隊、子弟陣頭（業餘音樂演戲團體）……等[26]。而省通志有

---

25 同《台灣省通志》，卷二人民志宗教篇，頁 292-294。

26 同《台灣省通志》，卷二人民志禮俗篇，第八章祭祀與紀念，頁 40。香火較盛廟宇，則前兩天有較小規模之「暗訪」遊行，遊行隊伍較大者，常蜿蜒數十華里，歷時三四小時，沿途兩側舖戶，除張燈結綵外，

關祭祀之記載描述「遊行隊伍中之子弟陣，原係指闔家子弟所組成之業餘音樂演戲團體，後漸變為有興趣之組織，中樂有南管、北管（四平、亂彈、平劇）、什音、十三音、歌仔戲等之分」[27]。由此觀之，寺廟一旦遭煨，慶典活動不能舉行，間接的，對戲劇發展阻礙很大，而藉著慶典而建立的鄉族關係與社會關係也隨之淡然。依據日治時期臺灣演劇協會設立之初統計，全省大小職業劇團在百團以上，經皇民化運動約六年間，加以統制，減至四十三團，臺灣光復後才又相繼復業成團[28]。此外，對尚存的戲劇團體而言，僅可以演出皇民劇，亦是影響台灣戲劇發展的重要因素，於後節再論。

第二節　政策引導下之京劇、歌仔戲活動

由第一節引證中，十七世紀荷據時期，十八世紀清領時期，戲劇活動即存在台灣乃無庸置疑，惟從現有研究資料裡，似乎可以辨明當時流傳者並非屬於歌仔戲或京劇這兩劇種。如荷人之翻譯官何斌所買官音戲童，台灣省通志解為泉州之七子班，即「小梨園」，郁永河、朱景英所指「下南腔」，亦指為盛行於泉州之七子班、漳州之九甲班[29]。因之本節將對歌仔戲在台灣之形成，舉例說明，並對有歌仔戲以來，統治者給予之態度做探討，再者論及京劇此時之社會地位。

並設置香桌、供鮮果牲醴，燒香點燭，遊行隊伍至，則鳴炮焚金紙以迎。

27 同《台灣省通志》，卷二人民志禮俗篇，頁 47。

28 同《台灣省通志》，卷六學藝志藝術篇，頁 2。

29 同《台灣省通志》，卷六學藝志藝術篇，頁 3。

一、有關歌仔戲在台灣形成之說

有關歌仔戲源於台灣本土的說法已有許多研究證實，至於其形成時間與創始者的問題則爭議較多。依據戰後研究戲劇的呂訴上、台灣知名戲曲研究學者曾永義及邱坤良的說法如下：

呂訴上[30]：

> 歌仔戲的興起原在民國初年，歌仔即是歌謠的意思、發生於宜蘭的民間曲調（即是山歌），傳入台北後，日漸受歡迎，歌詞從片段擴展而成了一段完整故事。…歌仔戲劇團是由宜蘭歌仔調流行到台北以後，有愛好歌仔戲者集合業餘票友組成。

曾永義：引〔台灣省通志〕卷六學藝志藝術篇第一章第八節「歌仔戲」[31]：

> 民國初年，有員山結頭分人歌仔助者，不詳其姓，以善歌得名。暇時常以山歌，佐以大殼絃，自拉自唱，以自遣興。…後，歌仔助將山歌改編為有劇情之歌詞，傳授門下，試為演出，博得佳評，遂有人出而組織劇團，名之約「歌仔戲」。

邱坤良：引宜蘭縣志卷二，人民志禮俗篇「戲劇」，記載歌仔戲形成經過[32]：

> 歌仔戲原係宜蘭地方一種民謠曲調，距今六十年前，有員山結頭份人名阿助者，傳者忘其姓氏，阿助幼好樂曲，每日農作之餘，輒提大殼絃、月琴、簫、笛等伴奏，並

---

30 同呂訴上，《台灣文化論文集3—台灣的戲劇》，頁416。
31 同曾永義，《台灣歌仔戲的發展與變遷》，頁29。
32 同邱坤良，《舊劇與新劇》，頁184。

有對白，當時號稱歌仔戲。

惟，王順隆於其論文【台灣歌仔戲的形成年代及創始者問題】中引用日人片岡巖於 1921 年撰寫的【台灣風俗誌─台灣の演劇】，以及 1925 年 3 月上山儀作的調查報告【「台灣劇に對する考察─台灣劇の變遷】，表示 1921 年至 1926 年之間都不曾出現「歌仔戲」一詞，直至 1927 年 1 月 9 日的〔台灣民報〕第 139 號〔歌仔戲怎樣要禁？〕一文，方才出現[33]：

> 現在又再發生一種歌仔戲，這個和舊劇比較起來，所取的材料雖是昔時的故事，但多是如孟姜女、山伯英台、陳三五娘等的與民眾的傳說最有關係的有趣的材料又且所說的科白也是用台灣白話，不像舊戲說那種不明不白的，對這兩點說來卻是勝於舊戲。但是歌仔戲的發生是出自下流社會，所以其中的缺陷和弊害很多，現在要禁的聲浪很高了。

事實上，文建會國立傳統藝術中心籌備處 1999 年出版之《蕭守梨生命史》，紀錄蕭守梨的談話，回憶 1924 年他十四歲時投身嘉義的復興社劇團，而復興社與當時很多劇團一樣日演平劇，夜演歌仔戲[34]。

至於誰為創始者的問題，原有歐來助之傳說，惟民俗研究者宜蘭市人陳健銘考證調查發現文獻中不詳其名的「歌仔助」本名歐陽來助（1871-1920），生於宜蘭員山庄結頭分堡。因當時日本人不許本省同胞有四個字的名字，所以改為歐來助，從

---

33 王順隆，〈台灣歌仔戲的形成年代及創始者的問題〉，台灣風物四十七卷一期，1997 年，頁 47。
34 吳紹蜜、王佩迪，《蕭守梨生命史》，台北市：國立傳統藝術中心籌備處，1999 年，頁 9。

小隨父母遷到宜蘭市定居[35]，約四十歲左右，應出生地父老的邀請回故鄉教本地歌仔〈山伯英台〉，據其田野調查，同時距離結頭分約四公里處的山仔前，也正由從二結來的簡四云和楊順枝教一班山上燒木炭的年輕人學唱〈陳三五娘〉[36]，並歸結說，在歐來助之前，宜蘭的歌仔戲風氣已盛行[37]。台灣大學陳秀娟碩士論文並研究或為「貓仔源」[38]。研究者王順隆也表示遍查所有僅知的戰前日人所著專書及調查報告，如 1943 年竹內治的《台灣演劇誌》及 1931 年陳鏡波的〔台灣の歌仔戲の實際的考察と地方青年男女に及ほす影響〕等都未發現任何文字深入追究這個問題，因此論定台灣社會當時已經存在著許多傳統戲曲的演出，歌仔戲之形成就如同中國歷來的地方戲一樣，循著「就地取材」和「逐漸進化」的原則發展，難以認定誰是開山始祖[39]。

　　無論歌仔戲的開山始祖是誰，由「歌仔」的演唱到「老歌仔」以至業餘歌仔戲，進而至專業劇團的形成，大多是在日本統治台灣時期（1895-1945）發生[40]，其整個的政策環境足以影

---

35 鄭桂平，〈講起歌仔戲，陳建銘如數家珍〉，中時晚報，1994 年 7 月 17 日。
36 陳健銘，《野台鑼鼓》，台北市：稻香出版社，1989 年，頁 8。二結為宜蘭縣地名。
37 同陳健銘，《野台鑼鼓》，頁 8。
38 陳秀娟，《台灣歌仔戲的演變過程——項人類學的研究》，台大人類學研究所碩士論文，1987 年，頁 38。
39 同王順隆，〈台灣歌仔戲的形成年代及創始者的問題〉，
40 依據曾永義教授聯合報 1993/3/10〈精緻歌仔戲：從野台到國家劇院〉一文，提出「歌仔陣」約於民國前二十年左右，「老歌仔戲」約於民國初年前後，其後陳如三改良可稱「野台歌仔戲」約於民國初年，野台歌仔戲於民國十二年又向平劇學習，14 年進入內台成為內台歌仔戲，38-45 為黃金時期，63 年內台歌仔戲完全絕跡，51 年 10 月進入台視為「電視歌仔戲」。

響歌仔戲的發展。

二、日治時期之藝文政策與戲曲活動

日治時期，日本為改善居住環境以適合日人移住為考量，主張改良台灣的衛生及公共建設，甚至房屋式樣，使台灣成為日本人居住的新天地。而實際上執行困難加以財力不及，且台灣軍民頑強抵抗，於是頒佈〔關於實施於台灣之法令的法律〕授權台灣總督「得於轄區發佈具有法律效令之命令」[41]。在法律基礎下，承認台灣之特殊性，並基於殖民統治之需要，採取與日本本土相異的特別立法主義，對於民事法制，以承認「舊慣」為原則[42]。該項同化政策的執行基本上以其本國經濟利益及統治方便為考量，而非真正顧及台灣人的文化教育權益，曾永義對這般同化政策認為大抵可以分為三個時期：1895-1918 二十三年間為第一個時期，此時台灣抗日風潮四起，日本政府除制止一切抗日活動外，完全採取「安撫政策」；1918-1937 為第二時期，此時正值第一次世界大戰之後，日本國勢增強，而台灣人民因時代與社會變遷，再加上教育普及，因而民智大開；日本政府對台灣政策轉為同化的方式，高唱「內臺如一」（即台灣與日本本土處於相等地位）。1937 年蘆溝橋事變至 1945 年台灣光復八年之間為第三個時期，此時日本侵略中國，發動太平洋戰爭，日本及台灣皆投入戰爭的行列，日本政府為促使台灣人民全力支持戰爭，在台灣大力推行皇民化運動[43]。由於曾永義所提的三

41 同邱坤良，《舊劇與新劇》，頁 25。
42 同邱坤良，《舊劇與新劇》，頁 26。
43 同曾永義，《台灣歌仔戲的發展與變遷》，頁 63。

時期，從政策的觀點來看台灣戲曲發展，均有其特殊性，謹依
其分期，進行探討。

(一) 第一時期

擔任台灣總督者有樺山資紀、桂太郎、乃木希、兒玉源太
郎、佐九間左馬太、安東貞美、明石元二郎等七位，多為陸海
將軍。其中兒玉源太郎擔任第四任總督時，任用後藤新平為政
務長官，提倡「生物學政治論之殖民政策」[44]，認為光靠武力鎮
壓解決不了問題，就立即改變方針，宣稱必須先以科學方法解
剖台灣舊有的人情、風俗、制度等人文生活側面，然後才有可
能對症下藥，確立合乎台灣社會狀況的統治政策。於是在 1900
年策劃成立「台灣慣習研究會」任用後藤新平為副會長、伊能
嘉矩為總幹事，並於 1901 年起七年間，每月發行〔台灣慣習紀
事〕，對台灣文化多所了解，對習俗戲劇的搬演有一定程度的
寬容與支持，使得民間社會活動力在傳統的基礎上尚得以延續
[45]。

在這時期雖然歌仔戲尚未成形，但京劇（平劇）已然被奉
為上座。當時稱為京戲或「正音戲」或「外江戲」。據前所提，
京劇除在中國大陸受到宮廷之歡迎外，在台灣與高官上位交往
之淵源其來有自，後來，更因為日治時期對台統治態度，一向
以推動經濟貿易發展賺取利益為優先，因此商業型都市逐漸興
盛，提供高官、富商做為娛樂場所的酒樓、戲院便逐一建立，
京劇在此時就成為促進雙方交誼的媒介。如前所述兒玉源太郎

---

44 同史明，《台灣人四百年史—漢文版》，頁 270。
45 同邱坤良，《舊劇與新劇》，頁 28。

於「淡水館」舉行「揚文會」，招待全台舉人、貢生、廩生，以爲籠絡；會後，熱愛京劇的富紳辜顯榮的「鹽務組合」就在該館開筵席招待與會人士，「總統府、民政長官、台北、台南、台中知事、法院諸長官駕臨就席……宴罷，上樓觀劇。一般菊部、檀板笙歌、響過行雲。」[46]辜顯榮從日人手中買下「淡水戲館」，改名「新舞台」後，來自上海、福州的京班即經常在此演出，1907-1908 年間「三慶班」曾前往台灣南部的「南座」演出，1911 年「京都鴻福班」亦曾到台南「大舞台」演出，此外，1916 年「上海上天先京班」也在台北「新舞台」演出。其風靡之盛，甚至影響原本流行於酒樓藝旦曲，紛紛自南管改習京調，並從而搬演京劇，流傳台灣南北各地甚廣[47]。1916 年前後，台南出現由「台南新報」記者陳渭川和刑事王岳、王水合股組織的「小羅天童伶京班」職業京班，經常在台南市的廟寺神誕佛會，及民間的喜慶堂會演出。由其他劇種改演京劇者如「金寶興」、「遏雲軒」，成立京劇子弟團者如良皇宮「雅成社」、元和宮「振樂社」普濟殿「鏞鏗社」等，好不熱鬧[48]。

(二) 第二時期

1918-1937 年間，正當爲日本「大正民主時代」（1918-1931）。1918 年 9 月，日本內閣改組，原敬內閣誕生，原敬曾任台灣殖民統治的中央主管機關—「台灣事務局」委員，參與策劃殖民地統治政策，主張台灣總督應由文官擔任。自此，1919 年 10 月

---

46 同邱坤良，《舊劇與新劇》，頁 164。
47 同曾永義《台灣歌仔戲的發展與變遷》，頁 69；及邱坤良，《舊劇與新劇》，頁 80。
48 邱坤良，《舊劇與新劇》，頁 167。

底就任的第八任總督田健治郎至 1936 年卸任的第十六任總督中山健藏，前後約十七年均由文官擔任[49]。文官擔任總督與第一時期由海陸將軍擔任最大的差別在於，著重內政，增設學校，改善台灣人教育環境，企圖以教育力量同化台灣人，儘管真正的目的在於更多的經濟利益，但此時對台灣存在的傳統文化而言，因循著兒玉源太郎多了解台灣民情與風俗習慣的原則，仍不過於強制干涉。

大約在 1925 年，歌仔戲已經成為最受歡迎的劇種，從台北到台南，歌仔戲及子弟班紛紛成立，邱坤良根據 1928 年台灣總督府文教局社會課的調查報告，在全台 111 團戲班中歌仔戲班有十四團（正音班『京劇』有十團）[50]。然而歌仔戲此時雖參與蓬勃的廟會活動及內台戲的娛樂演出，它的命運一開始就被烙下「低俗」的記號，不免受到文化有識之士，針對其演出內容型態加以杯葛，與地方上的警察法制單位聯合抵制其發展，被禁演的紀錄似乎不曾中斷過。由邱坤良調查「台灣民報」、「台灣新民報」1928 年至 1936 年刊載各地歌仔戲演出情形報導，可了解其被宣稱妨礙風化的指控[51]。經進一步分析該報導，可以將歌仔戲被禁演的現象，歸納為二類，一為官方禁止，但或經關說仍進行演出者，另一為當局罔聞，民意反映強烈者，茲擇要分別陳述如下：

　1、官方禁止，或經關說仍進行演出者：

● 台灣日報，191 號，1928 年 1 月 15 日（台南報導）：

---

49 邱坤良，《舊劇與新劇》，頁 32。
50 同邱坤良，《舊劇與新劇》，頁 186。
51 同邱坤良，《舊劇與新劇》，頁 188-201。

……已被台灣有識階級認定為傷風敗俗的歌仔戲丹桂社在這舞台開演了、這班歌仔戲是大舞台園丁蔡某主辦、本來官廳方面亦曾禁止歌仔戲的開演。這回不曉得是什麼原因才允許自初一開演到現在，是否蔡某是園丁即有了這種特權利用了這新曆正月而官廳方面便允許呢？…

- 台灣日報，203 號，1928 年 4 月 8 日（宜蘭報導）：
  宜蘭當局向來對於歌仔戲、頗嚴禁其開演、至於近來卻取消前的方針…那劇員、一上台、就獻出種種動人情處的醜態、以秋波迷人、故此青年男女、容易被誘惑入迷途，故此郡當局對這歌仔戲的取締、須加一番考慮才好了。

- 台灣日報，221 號，1928 年 8 月 12 日（竹南報導）：
  蓬萊社這回在頭份輕便發著所開演十天..在舞台上生與旦時演傷風敗俗的癡態，至被臨監警官喚到郡役所拘留三天、所以地方有識者們對於警察這樣的取締，說大有裨益於地方云。

- 台灣日報，282 號，1929 年 10 月 13 日（西螺報導）：
  虎尾郡西螺街之警官、頗順民意、此番嚴禁歌仔戲之開演、凡有歌仔戲欲來該地開演者、皆不許可、是故一般人民、頗頌該地警官之賢明。

- 台灣新民報，323 號，1930 年 7 月 26 日（大溪報導）：
  大溪街某戲團、這番由某請來一班的歌仔戲，公然開演。…所演藝題…皆猥褻淫辭，不堪入耳。…當局者雖知有害地方。而公然許他開演。未識作何勾當，誠令人費解。

- 台灣新民報 403 號,1932 年 2 月 20 日(新竹報導):
  「新竹市大演歌仔戲、各處多有反對之聲,主催者之中有方面委員、也有文化運動人士...這回反對歌仔戲最著力的要算新竹戲園主,會到警察局質問當局如何打破向來對歌仔戲的不許可主義。

  2、當局罔聞,民意反映強烈者:

- 台灣日報,261 號,1929 年 5 月 19 日(埔里報導):
  能高座開演中之歌劇(指歌仔戲)、現出狎褻醜態、……演場中雖有警吏之臨監……亦不加以取締……地方人甚望當局對於敗壞風俗之點、嚴格取締、則地方幸甚云。

- 台灣日報,265 號,1929 年 6 月 16 日(斗六報導):
  斗六不改舊觀、現時所演、亦以歌仔戲為最、以致風俗傾頹、此有心人所深報憂痛、願地方民眾稍加注意、而當局以取締上計、略加從嚴取締……。

- 台灣日報,279 號,1929 年 9 月 22 日(清水報導):
  歌仔戲的流毒人莫不視為蛇蠍...而當局每裝聾作痴、未加以嚴禁或取締、此有關乎地方風俗、清水民眾黨、現擬聯絡商工各界、積極進行打破、以其掃清敗類……。

- 台灣日報,279 號,1929 年 9 月 22 日(埔里報導):
  埔里能高座自本月九日起再來了一班傷風敗俗的歌仔戲在此開演了。原來地方有智者對這樣歌仔戲的開演、莫不倡首反對並極力對當局陳情嚴重取締。然當局皆視若罔聞、任其肆行發揮歌仔戲的本領。...聞對此傷風敗俗的歌仔戲倘當局若不加以嚴重取締、地方有心人或將開反對大會亦未可知云。

● 台灣新民報，333 號，1930 年 10 月 4 日（汐止報導）：

　　汐止街某戲園，自前得分局許可開演現在的歌仔戲以
　　來，每夜皆滿員，……開演的表情處處都以極猥褻的行
　　動和唱念不堪入耳的淫辭，已敗壞地方風紀，而現場的
　　臨監都置之罔聞云。

● 台灣新民報，374 號，1931 年 5 月 16 日（大溪報導）：

　　最近大溪和桃園方面戲園，天天繼續開演（歌仔戲）聞
　　有數十名的無恥婦女遭其毒牙……街民咸謂當局若不嚴
　　重取締，將要大起攻擊云。

　　此外，政黨的介入，在此時亦有所聞，如 1927 年，「台灣
民眾黨」成立，是台灣人組成的第一個政黨，當時是為凝聚民
眾力量，以對抗日本政府，提昇台灣人的政治地位[52]。該黨特地
開演講會排斥歌仔戲的演出，依據台灣民報的記載[53]：

　　台灣民眾黨竹南支部、這回鑑及在該地繼續開演中的歌仔
戲、頗有傷風敗俗之嫌、故此該支部於去三日午後八時起、在
中港媽祖功內開排斥歌仔戲的演講會。首由翁啟楓君述開場
辭、次辨士陳九、陳萬濡、林江俊、蔡國查諸君、繼續登場發
揮雄辯、聽眾十分感動、至十時頃在盛況裡畢會云。黨派人士
或台灣民眾知識分子對於歌仔戲之微詞，由此可見。除了上述
的報導外，1931 年 12 月 24 日（廈門時報）亦記載：「…據台
灣客稱云，自今春以來，此種歌仔戲，在台則被當局制止演唱，
並禁令人民不得喊唱此種歌調，是以全台歌仔戲，一齊出發西

---

52 薛月順等，《戰後台灣民主運動史料彙編㈠從戒嚴到解嚴》，台北市：
　　國史館，2000 年，頁 II。
53 同邱坤良，《舊劇與新劇》，頁 192。

來…」[54]。

　　歌仔戲被視為流毒，由文化界的衛道者串聯民眾、日本警察群起而攻訐，看是危機，卻愈禁愈盛，觀者如堵。當時亦有部份文化界人士懷疑，日據時期嚴於徵求稅款、取締言論，但卻縱容歌仔戲的演出，顯然是以愚民政策，用來打擊民族運動者的工具；識者張維賢則認為由於新劇、文化劇勃興[55]，受到社會大眾的歡迎，日政府禁止不得，故意提倡歌仔戲，用來打擊、壓制文化劇的氣勢；民眾黨成立時，面對歌仔戲在民間風行的情況，竟把「反對歌仔戲」列為綱領[56]，這類以政治意識型態來詮釋歌仔戲興盛者，特別足以顯示台灣社會長久被統治的悲情，亦影響到日後歌仔戲與政爭的糾葛。

　　歌仔戲的風行，不單在台灣本島，所謂回饋故鄉至廈門、漳州、泉州者不在少數，造成轟動的情況不亞於台灣；前往東南亞的新加坡、馬來西亞演出慰勞華僑者亦絡繹不絕。之所以在本島被嚴禁演出或廈門等地亦呼籲早日嚴禁的原因，恐怕是知識分子過於衛道，認為其內容淫穢、動作猥褻、挑逗青年男女情慾，禍害社會。事實上另有正面看法如竹內治〔台灣演劇志〕中一段「風靡全島的歌仔戲」[57]：

---

54 同陳耕、曾學文，《百年坎坷歌仔戲》，頁 84。
55 按呂訴上在《台灣文化論集——台灣的戲劇》一書中說明，文化戲或稱文明戲，民國 12 年 12 月，在彰化是由周天啓、楊松茂、吳滄洲等人受祖國文明戲運動之影響，而組織「鼎新社」為台灣話劇界開始先驅之工作，因參加者均是當時文化運動者，即被稱為文化劇；新劇則為話劇。而邱坤良在《日治時期台灣戲劇之研究》頁 302，認為新劇是慨念性的分類，在台灣，新劇幾乎可以涵蓋所有非傳統戲曲型式的戲劇，而且不同時期所謂的新劇，可能指不同的演出特色。
56 同邱坤良，《舊劇與新劇》，頁 209。
57 同邱坤良，《舊劇與新劇》，頁 204。

來台的移民，長久以來與中國大陸隔絕，亦缺乏往來，慢慢的產生生活習慣及語言差異，自成另一種獨特型態。因此，中國傳統戲曲一直無法使台灣民眾感同身受，融入戲劇的氣氛中。而對於新發展出來獨特的歌仔戲，倒是全面的激賞，相當能夠接受，其猛烈的氣勢，風靡台灣全島。

陳耕、曾學文所述[58]：

歌仔戲是一種極為通俗的戲曲形式，它的語言、音樂基礎乃是閩台觀眾熟悉的方言、民歌，……輕鬆活潑的內容與型式，與生活極為貼切的表現方式，很自然受到觀眾的喜愛。

邱坤良也表示[59]：

歌仔戲的戲劇特色在於從生活性的表演基礎上，承續京劇及其他大劇種的大戲特質，成為中國戲劇的一環，卻又能以其活潑的戲劇特性彰顯台灣本地文化……在講究機關佈景的劇場裡，歌仔戲的年輕女演員以華麗的服飾，用台灣聲腔、語言演出傳統的劇目及新編的連臺好戲或社會事件，自然使觀眾耳目一新。

這時期的京劇，不消說，在經貿繁榮鼎盛之際，仍是官商喜好者。1918 年以後陸續來台之京劇團有「京都鴻福班」、「京都天勝班」（1919），「上海餘慶班」、「上海天班」、「京都復勝班」（1920），「京都三慶班」、「上海天升班」（1921），「上海如意班」、「醒鐘安京班」（1922），「舊賽樂」、「京

---

58 同邱坤良，《舊劇與新劇》，頁 87。

59 同邱坤良，《舊劇與新劇》，頁 206。

都德勝班」（1923），「樂勝京班」、「廣東宜人園」、「上海聯合京班」、「上海復盛京班」（1924），「義福連男女京班」（1925），「上海德記永勝和京班」、「慶昇京班」（1926），「乾坤大京班」（1927），「上海儀和陞京班」（1931），「上海鳳儀京班」、「天蟾大京班」、「福州京班」（1935）[60]。特別是 1935 年，日本當局爲慶祝「始政四十週年紀念」，於十月十日至十一月二十八日的五十日之間，舉行台灣博覽會，特以高酬邀請著名的京劇演員小三麻子一行近百五十人來台，在博覽會「南方館」開演。這次活動爲日治時期台灣的京劇活動帶來熱潮，戰前民間京劇子弟團在 1935 年至 37 年間也增加不少[61]。除日本官方籠絡政策，以京劇演出結交富商鉅子，富豪亦以能邀聘京劇團抵台顯現聲勢外，福州京劇班應在台福州人團體的邀請前來演出，亦是造成京劇蓬勃的原因之一，據吳文星「日據時期在台華僑研究」，1938 年在台華僑總戶數 10,345 戶，福州人 4581 戶，幾近半數，其鄉親聯誼也不外於舊有風俗習慣，以觀賞戲劇演出爲最佳選擇[62]。

(三) 第三時期

　　1937 年至 1945 年間的第三時期起，結束自 1919 年以來十七年的文官總督統治，由武官小林躋造擔任第十七任的台灣總督，長谷川清、安藤利吉分別爲第十八任和最後的第十九任，意味著台灣開始戰時體制時期。由於 1930 年代以後，日本與中

---

60 同曾永義，《台灣歌仔戲的發展與變遷》，頁 70。另，台灣省通志卷六學藝志藝術篇第一章第七節「平劇」中，來台者尚列有「福州京班」。
61 同邱坤良，《舊劇與新劇》，頁 169。
62 同邱坤良，《舊劇與新劇》，頁 166。

國關係緊張，小林總督就任後，立即主張三大政策，一為台灣人民皇民化；二為台灣工業化；三為加強南進政策[63]。因之，加強台灣工業，整頓交通系統及港灣，取代一向以農業為主的經濟體制。

　　此時的歌仔戲開始流離失所。在皇民化初期，台灣總督府設置臨時情報委員會，執行文宣及言論統治政策，禁止台灣人的舊文化、風俗，強制台灣接受日本人之宗教、文化及生活習俗。當然不可避免的，認為帶有中國色彩的宗教信仰及戲曲表演就更需全面改革。宗教方面的寺廟整頓活動也直接影響戲曲的演出，台灣傳統劇團演出機會銳減，演出型式被限制，劇團被強制解散，大部份的藝人也轉行從事其他勞力工作，如藝人陳秀枝回憶她哥哥的歌仔戲劇團被解散改行做「王祿仙」，其他想繼續演歌仔戲者，就必須變妝[64]：

> 不能演戲，被迫做賣藥的王祿仙。如果演歌仔戲，要準備兩種應變，日本警察來要趕快變妝，變現代，改唱流行歌。

　　又如蕭守梨原擔任「新舞台—新舞社劇團」總管，然「新舞台」在小林躋造接任總督後，很快的宣佈改演新劇，蕭守梨只好離開另行組團[65]。

　　為加速皇民化的進行，1941 年 4 月 19 日成立「皇民奉公會」，其目的在建立大東亞共榮圈，徹底實踐皇民精神，為日本帝國效忠。而所謂「大東亞共榮圈」，即如當時在台灣指導

---

63 同邱坤良，《舊劇與新劇》，頁 326。
64 同吳紹蜜、王佩迪，《蕭守梨生命史》，頁 36。
65 同吳紹蜜、王佩迪，《蕭守梨生命史》，頁 28。

皇民劇的松居桃樓秉承「皇民奉公會」中央意旨所發表的「台灣演劇論」[66]一文中所指，日本為「大東亞文化共榮圈」指導者，惟日本偏北，而台灣由於地理位置與東南亞諸民族較近，文化層次亦較高，台灣的戲劇負有皇民化的使命，「假如能創造出台灣大眾喜愛的戲劇，必能引起海峽對岸的廈門、廣東及居住在馬來半島華僑的喜好，不僅如此甚至泰國、菲律賓、印尼的居民，也會引起共鳴。」可見當時的政策對台灣實行皇民化的野心與企圖。

在「皇民奉公會」中的娛樂委員會負責戲劇、音樂與歌謠等項目，他們所秉持的原則是：㈠，以鼓勵演唱日本歌曲為主，完全禁止台語的演唱。㈡，戲劇上演的條件必須符合日本的要求，亦即演唱日文歌、穿日本和服等，然後再經警察的批准才可以上演[67]。而「皇民奉公會」成立之後，不僅有中央機構，在五洲二廳各置支部，市郡置支會，街莊置分會；市支會下社區會，街莊分會下設部落會，最下層設奉公班，其總數達 68,334 個之多，法網密佈[68]，因之劇團如尚演出傳統戲劇，實在難逃其監督，一但被文化官員查獲，就勒令解散。全台灣的歌仔戲團到 1941 年，由二百多個歌仔戲團解散剩下約三十團[69]，也僅能依皇民化要求，以「改良劇」型式苦撐著[70]。1942 年 1 月，更

---

66 同邱坤良，《舊劇與新劇》，頁 330。該論文邱坤良引自台灣時報 1942 年 1 月，曾永義在《台灣歌仔戲的發展與變遷》頁 64，引自 1942 年 7 月台灣時報第 26 卷第 7 號。
67 同曾永義，《台灣歌仔戲的發展與變遷》，頁 63。
68 同邱坤良，《舊劇與新劇》，頁 329。
69 同陳耕、曾學文，《百年坎坷歌仔戲》，頁 101。
70 按改良劇起源於日本新演劇，與上海文明劇雷同，出現在 1920 年初期，以商業演出為目的。

在「皇民奉公會」的指導下成立「台灣演劇協會」，旨在藉由娛樂，發揚日本精神，進而徹底了解時局，改善台灣水準，當然也藉之嚴格管制劇團。同時，亦設立「台灣興行統制株式會社」，將演藝場所改以配給方式處理，而唯有經其審核合格的劇團才有被指派演出機會[71]，用盡辦法剷除漢民族文化。雖在層層的箝制之下，較具韌性的傳統戲曲仍有變通的技巧，如前往偏遠山區演出。蕭守梨的「武勝社劇團」在蘇澳被勒令解散後，把全團帶到花蓮，改名「光劇團」，因為「後山」（按台東、花蓮在台灣東部，昔稱後山）偏遠，法網寬鬆，所以「光劇團」也就明裡演「胡撇仔戲」，暗裡演歌仔戲，存活過來[72]。在這種高壓的政策下，台灣歌仔戲自然遭到百般摧殘，但其草根性與鮮活的生命力，卻能在「變更地方演出」、「變更型式演出」，等變變變的應變中，繼續發揚。

至於京劇也漸次黯淡，1937 年中日七七事變，中日關係惡化，來台京班因之斷絕，日本人在台灣加強實施皇民化政策，所有中國色彩的戲劇均遭禁演。京劇，雖然貴為滿清時期朝廷、民間寵愛，為台灣富商、文化界人士抬舉，以及日本官方藉之以籠絡上層社會人士的重要演藝，但，仍不能倖免於這一波壓制。此期間唯有如文明劇、文化劇、新劇、話劇等形式，其內容也必須與日本官方所提倡「文化向上」目標一致的演劇，才勉強有獲准演出的機會，即便風行於全台的歌仔戲也不得不變妝或遠走窮鄉僻壤，更遑論京劇了。當時除了在中國大陸本土

---

71 同邱坤良，《舊劇與新劇》，頁 330。
72 同註 29，頁 39。另「胡撇仔戲」，或為 opera 之音譯，指演出歌仔戲，但演員穿著日本和服、綁頭帶、拿武士刀，後來演變為加入西式樂器、流行曲調，華麗時裝及倫理愛情復仇故事情節等。

之京劇團不再前來外,現有在台的少數職業京班或因班員婚姻問題,或因所唱白均為北音,解者不多,終告解散。日治時期五十年間,由大陸前來台演出者,依呂訴上【台灣電影戲劇史】及【台灣省五十一年來統計提要】[73],自 1911 年的京都鴻福班至 1935 年的天蟾大京班,共計十八班抵台。京班數量雖不多,但流傳於上層社會,對其他劇種的演出形式、內容、技藝產生很大的影響,對歌仔戲的風流一時,助益不在話下。

第三節　兩劇種相互影響之層面

京劇受到清朝慈禧太后的青睞,於秉政時期,經常令昇平署傳戲,內監不足,即傳外學藝人入宮當差,並影響同治、光緒兩帝對京劇之喜好。其從民間進入宮廷後,綜合各種聲調所長,發展新腔,藝人因往來民間與宮廷,武功身段等技藝不斷創新,以博取官府喜悅,相對也影響民間演出技巧,至於劇本、服裝、道具更求新穎精緻,並亦使用新奇之機關佈景。因此凡應邀到台灣演出的京劇班,基本上是聲名顯著,陣容浩大,更是高雅精緻藝術的表徵,其風靡全省也就不足為怪了。各地青年繼相奮起,組織北管音樂團體,延師教授京曲,於是蔚成風氣,酒樓妓院,呼妓侑酒,亦以京曲是尚,因此妓女學北曲者日增[74],而取代原來之南管。

來自上海、福州的京劇班對日治時期台灣戲劇發展有密切關係,尤其以機關佈景取勝的連台戲演出方式及武戲的表演程

---

73 同邱坤良,《舊劇與新劇》,,頁 80。
74 同《台灣省通志》,卷六學藝志藝術篇,第一章戲劇第七節。

式，都使得南管戲、歌仔戲、布袋戲受到甚大的影響。歌仔戲
從京劇學習之技藝略可分爲下列方面：

一、加入武戲表演

　　1923 年以前，各歌仔戲班所吸收的演員，大部份是亂彈戲、
九甲戲的班底，當時有「日唱南管，夜唱歌仔」或「日唱歌仔，
夜唱北管」的現象，此時所演的歌仔戲全屬文戲；之後，來台
表演的閩班和上海京班的留台班底，紛紛被歌仔戲班吸收來指
導武戲，從此歌仔戲開始加入武戲劇目[75]。從《蕭守梨生命史》
一書更清晰的知道，京劇對歌仔戲的影響恐怕以武戲的指導傳
播爲最普遍，蕭守梨本身即是習京劇武生，於 1921 年隨福州「舊
賽樂」到台灣公演，三年後，「舊賽樂」返回福州，他本人留
滯台灣，後另組歌仔戲團。他在台期間跟隨之師傅王秋甫原是
上海名的京劇紅生和武生，亦留台教授諸多生徒[76]，此外，原福
州「三賽樂」京班武二花趙福奎亦應桃園林澄波「天樂社」之
聘進行班員訓練，將業餘劇團性質改爲職業劇團。

二、增設舞台佈景

　　1921 年前後，有閩班舊樂社、京班新賽樂、三賽樂等，來
台表演京劇，具備各種華麗佈景，各地歌仔戲班爭相仿製，種
類如金鑾殿、公堂、花廳、監獄、茅舍、荒山、大海等十數景。
至 1931 年前後，各種舞台裝置由平面改爲立體，並裝設種種機
關佈景，如彰化縣賽牡丹俱樂團之班主，特聘上海明星電影公

---

75 同曾永義，《台灣歌仔戲的發展與變遷》，頁 56。
76 同吳紹蜜、王佩迪，《蕭守梨生命史》，頁 14。

司之工匠三人，來台設計製作，費時半年完成，其所排演〈荒村劍俠〉改編之〈男人生子〉，有生產嬰兒之變景，新異手法，加深觀眾印象[77]。

三、豐富演出劇目

歌仔戲由最初演唱單純的歌謠，進而融合車鼓陣為歌仔陣，選取〈陳三五娘〉、〈山伯英台〉故事中滑稽詼諧部份，以「落地掃」的方式演出；當由平地步上舞臺後，開始受到台灣當時各種大戲如四平、南管、高甲、亂彈等影響，學習這些大戲中的妝扮、身段、對白以及音樂。而直至京劇不斷前來台灣演出，始加強劇目上的變化，足以演出像〈九美圖〉、〈九美奪夫〉、〈慈雲走國〉、〈劉世春救主〉等連臺好戲[78]。

京劇以精緻戲曲的姿態在演出內容、表演型式、舞台景觀方面給與歌仔戲諸多的養分，而歌仔戲憑著語言的流通易懂、故事本身為大眾熟悉的傳統民間故事，以及音樂曲調的本土化，這些天時地利人和的條件，迫使京劇團聲勢漸次減弱，加以 1937 年後的皇民化運動，自然在台灣銷聲匿跡。兩劇種間的互動，幾乎是由京劇往歌仔戲，一面倒的方式傾注藝能。但我們仍不得不說，京劇唯有體會到這種戲曲與環境的關係，在日後的創作裡，才更能深思發展方向，博取更多的觀眾認同，這種影響乃屬於深遠而無形的。

至於京劇 1937 年以後雖然不再來台灣演出，但在中國大陸本土卻響應抗日活動，藝人紛紛組成聯合會舉辦勸募廣播演

---

77 同《台灣省通志》，卷六學藝志藝術篇，頁 15。
78 同《台灣省通志》，卷六學藝志藝術篇，頁 3。

唱，梅蘭芳、周信芳、金素琴均參與支持；上海文化界也組成
「救亡協會」，並設歌劇部，表示要以京劇藝術作爲武器，積
極參加抗日救亡活動；又在武漢成立「中華全國戲劇界抗敵活
動」，聯合各劇種期以戲劇藝術作爲國際宣傳工具以獲世界各
國的同情與支援；民間藝人流亡西安組成「夏聲劇校」，國民
政府也積極推動戲劇教育，成立巡迴戲劇教育隊，以戲劇救國
的行動似乎不曾停止。雖則抗日中期以後，全國處境險惡，藝
人如梅蘭芳蓄鬚明志不願爲敵軍演出、程硯秋隱居務農、北平
三大科班富連成、鳴春社、榮春社先後宣告解散，一旦抗戰勝
利，各地京劇藝人重返舞台再度現演祝賀，盛況空前[79]。此外，
依據劉先昌論文研究，抗戰期間「好多國軍部隊的將士，包含
眷屬都嗜好皮黃，因之類似小型劇團的劇社、票房隨著部隊調
防，可說到處皆有。」[80]其又舉例台灣之名老生楊傳英，當年在
大陸亦逢青年軍 205 師國劇隊在青島召訓青年，他因興趣而報
考，從此終身在京劇界演出直至退休。這是大陸時期軍中有國
劇隊之明證，而另外也因爲空軍王叔銘將軍特別熱愛京劇，只
要他擔任指揮官之基地如漢中、四川等也就設有業餘國劇社，
開啓往後京劇在台灣設於軍中勞軍之先例[81]。

　　台灣相繼在荷蘭、明、清、日本的統治下，島國的政治體

---

79 毛家華，《京劇二百年史話》，台北市：行政院文化建設委員會，1995
　　年，頁 89-106。
80 劉先昌《論軍中劇隊在台灣京劇史上的影響-以陸光國劇對爲析論範
　　圍》，文化大學藝術研究所碩士論文，1998 年，頁 13。
81 同劉先昌《論軍中劇隊在台灣京劇史上的影響-以陸光國劇對爲析論範
　　圍》，頁 14。

制也於光緒 13 年劉銘傳首任巡撫時建省告成，以爲中國大陸閩南沿海屏障；農業經濟由未開發之貧瘠島國進而爲東南沿海商業貿易據點；教育方面亦提倡儒學、廣設書院、義塾和社學，移民社會也隨著時代的變更而落地生根，自成特有文化屬性。日本殖民時期對已然形成的歌仔戲抑制多於鼓勵，對於京劇則在商業貿易環境中展現它的蓬勃生機。戲劇在這流變中形成，亦可以反映出一來受到社會型態之影響，二來受到統治者之藝文政策的牽制，三則受到道學之壓抑：

(一) 社會型態之影響

　　台灣居民多爲華南閩粵漁民、農人爲求生計，橫渡台灣海峽，移民而來。在明清時期宮廷數度實行海禁，得以偷渡成功並經得起墾殖期間生老病死者，端賴神明保佑。是故，籌資建廟，每逢神明誕辰，以酬神、驅邪、喜慶等各項理由依閩南習俗演戲娛神，並表示酬謝庇佑及祝賀之意。寺廟由荷據時期的一座至 1938 年日本皇民化之初的三千七百餘座[82]，可見台灣移民社會與宗教寺廟關係之密切，演戲活動興盛與廟會活動之不可分也顯然可見。一般民眾循著祭祀節令、寺廟慶典而有各種參與戲劇活動的機會，事實上，富豪高官或鄉紳堂會亦不能免俗的援引此項風尚，如荷治時期的何斌，買官音戲童，於自宅宴客歡娛；日治時期，首任總督華山資紀於 1895-96 年在台灣各地巡視時，某些地方就以臨時演戲方式予以歡迎，兒玉源太郎爲安撫台灣鄉紳而舉辦的「揚文會」也安排台灣戲劇的演出，台灣士紳如辜顯榮每當政務長官後藤新平自日返台時，就在其

---

[82] 同《台灣省通志》，卷二人民志宗教篇，頁 293。

宅第演戲招待民眾以資慶祝等等[83]。

(二) 統治者藝文政策之牽制

日治時期，對台灣逐步採行「安撫政策」、「同化政策」、以及「皇民化政策」，最終目的不脫帝國主義的經濟侵略。所幸第四任總督兒玉源太郎，成立「台灣慣習研究會」，對台灣文化多所了解，對習俗戲劇的搬演有一定程度的寬容與支持，使得社群間的聯繫足以延續。而反觀由武官再度任職總督，台灣即進入戰時體制，進而實施皇民化，藉由語言、文學、戲曲以及思想教育，全面執行符合日本利益、易於統治之「殖民國家主義」政策，對台灣文化的斲傷難以言喻。

(三) 有識之士戲劇觀之影響

京劇，一開始，就是由高社會階層與富商以高級文化的認定延請前來台灣演出，娛樂性與技藝性均高於歌仔戲一等也是戲曲界的共識，藝人之間倒還彼此學習。然而有識者卻枉顧歌仔戲的通俗性，反以各種理由迫害。日治時期，不僅日人官方對歌仔戲頗有微詞，台灣本土人士更有舉發敗俗、迷信、低俗等等事例，而呼籲抑制廟會活動，禁止演戲。日人在皇民化期間，認為漢人之寺廟信仰，係以靈驗為中心之原始信仰，往往與淫祠邪教難分，阻礙文化之向上，應予廢止。是以漢人在警察單位嚴苛執行下，或縮小做醮規模，或偷偷祭拜祖先，敬奉神明，酬神戲甚至改在午夜後演出。多數劇團在這期間被迫解散或改演皇民劇苟延殘喘[84]。衛道者則認為在廟庭或曠野演戲

---

83 邱坤良，《舊劇與新劇》，頁 42。
84 林勃仲、劉還月，《變遷中的台閩戲曲與文化》，台北市：臺原出版社，1990 年，頁 67。

時，男女雜處，再經戲曲內容男歡女愛情節影響，不無發生越禮情事；另，多有耗資辦理祈福酬神者，奢靡現象敗壞純樸風尚。除個人不滿外，以協會或黨派出面阻止者也存在。邱坤良提及，日治時期反對迎神賽會的社會運動潮流，最早由台灣文化協會[85]、民眾黨等團體所發動，起初僅以打破迷信立場，反對民眾舉辦祭典，後來轉變為反對日人統治的手段，他們認為各地盛行迎神賽會，是統治者採用愚民政策，任民眾裝神弄鬼，浪費錢財。這類「反對迎神賽會」、「破除迷信」運動於 1920-30 年代普遍在台灣各地展開，民間戲劇常被視為與迷信是一體兩面之事，受到反對乃必然之事，而歌仔戲因極速發展，成為台灣省代表劇種，故首攖其鋒，而遭禁演[86]。

　　戲劇活動因受信仰之箝制或戲劇本身之優劣，為文人詬病的情況自古有之，而被轉化為政治因素者少聞，台灣卻在日治時期已然發生，被運用作為政治宣傳工具，與二十世紀中葉後，戲曲時被政黨意識型態操控，頗有異曲同工之妙，而京劇是高級文化、歌仔戲是低俗文化的認定也已經為戲曲的發展埋下長久不可解的伏筆。

---

85 台灣文化協會由蔣渭水倡議於 1921 年成立，其真正目的，不外是要喚醒台灣同胞的政治覺悟，造成民族自覺的氣運，最後企圖爭取台灣獨立。參閱史明，頁 503。
86 同呂訴上，《台灣文化論文集 3─台灣的戲劇》，頁 105-106。

第四章　反共與復興中華文化
時代（1945—1977）

　　1943—1949 年間，在中國社會是一個過渡時期，抗日戰爭雖然勝利，但第三次「國內戰爭」正在進行中，亦即是國民黨與共產黨對中國領導權的抗爭，1943 年在開羅會議後，蔣介石所領導的國民黨政府隨即於 1944 年 4 月 17 日「中央設計局」之內設立「台灣調查委員會」，並任命前福建省主席陳儀為主任委員，著手研究台灣的軍事、政治、經濟及擬訂接收計劃。1945 年 8 月 15 日日軍投降後，國民黨政府即於 9 月 1 日在重慶公佈「台灣省行政長官公署組織大綱」，並任命陳儀為「台灣省行政長官兼台灣警備總司令」，10 月 5 日，台灣行政公署秘書長兼台灣警備總司令前進指揮所主任葛敬恩中將，率領幕僚一行八十餘人搭機抵達台北先行作業，25 日上午十時在台北市中山堂由陳儀主持舉行「中國戰區台灣省受降典禮」，台灣及台灣人自此即結束被日本的統治[1]。

　　有關台灣問題，無論在政治、經濟、社會、人文各方面，四百年來在中國本土官方觀點上，一直是「邊疆」意識，認為唯有海盜、賤民才會流竄該地，任人宰割、利用、剝削的歷史一再重演，但 1951 年 9 月 8 日，美、英二國邀請世界上的 48

1 史明，《台灣人四百年史》，美國加州：蓬萊文化公司，1980 年，頁699-701。

個國家在舊金山（San Francisco）舉行「對日和平條約簽署會議」，有關台灣等事僅在「對日和平條約」第二條規定「**日本國應放棄對於台灣及澎湖群島的領有權及請求權**」，該合約並未明確規定台灣應屬中國或其他特定國的任何條款[2]，因之，在國民黨政府退據台灣後，自然為中華民國政府所在地。而這樣的主權問題，至今數十年仍舊困擾台灣整體意識的形成，國家安定與否也直接影響國際政、經關係的演變。

　　在這一章中，擬探討國民黨政府執政台灣至解嚴前十年之1976年，約三十餘年時間，如何透過戒嚴法的實施，行使「國家主義」，達成維護國家安全以及鞏固國民黨政權的目的，如何藉由黨政結合的藝文政策，發揚三民主義的國策。而接續著第三章的思考，藝文中的戲曲，不管是高度文化或低俗文化，本有其社會、民眾的需求，教育、娛樂也自然孕育其中。而漫長的時光裡，京劇技藝與藝術是否仍為官商喜好？歌仔戲商業性質的劇場演出以及廟會酬神活動是否還是蓬勃發展？在三民主義文教施政下，發揮屬於中華文化之一的戲曲，是國民黨政府的願望，戲曲中的自由、民主、科學也戲曲界人士及民眾的願望，兩者間願望是否謀合，也即是政策所要評估的。京劇與歌仔戲在不同的社會需求中成長，如何面對同一政體政策，發揮反共與復興中華文化思想，論文中將歸納七項不同子題分別分析。而台灣從四、五十年代至七十年代，由農業邁向新興工業國，由鄉村社會轉為至都市型人口密集，由專權體制漸次鬆綁，與戲曲的成長生態關係密切，自然應該就此先行了解。

---

2 同史明，《台灣人四百年史》，頁 698。

第一節 政經社會之變遷

一、戒嚴之形成

台灣光復之初，仍舊殘留戰後斷垣絕壁現象，原被日本徵調至海外作戰的三十萬青年，都歷盡艱辛才陸續回到家鄉，這些青年回來後幾乎完全失業；加上糧食生產不足，工廠未恢復生產力，造成嚴重的物質缺乏和通貨膨脹，物價大幅度在持續攀升，蕭條的經濟頻臨崩潰[3]，而在 1947 年 2 月 28 日，台北民眾為抗議「菸酒專賣局」台北分局查緝員及台北市警察大隊警官，不當開槍打死台灣人，引發由北至南的抗爭事件，直至 3 月 17 日方才停止。由於事態極其嚴重，當時的國防部長白崇禧攜同蔣經國從南京飛抵台北，發表「228 事件處理原則」，將行政長官公署改組為省政府，且把參與 228 事件的台灣人團體被視為「叛亂」團體，予以解散，對參與者亦實行重大措施，也即是槍斃三百餘個所謂「奸匪暴徒」的台灣人[4]。這件台灣史上的「228 事件」，可說是台灣人與來自中國大陸的中國人產生藩籬的開端，也是對國民黨政府的領導統治信心動搖的前奏。

此時國民黨與共產黨之政權衝突持續著，為了因應內戰，身為總統，又是國民黨總裁的蔣中正即任命陳誠先生為台灣省政府主席，於 1949 年 1 月 5 日就職，銳意經營台灣，期能厚植台灣實力。惟當時「大陸動盪不安，戰火連連，國民黨持續失

---

3 焦桐，《台灣戰後初期的戲劇》，台北市：臺原出版社，1990 年，頁 30。

4 同史明，《台灣人四百年史》，頁 790。

利，台灣內部不安擴大，台幣貶值迅速、物價以驚人的速度上揚，為確保台灣的治安秩序，台灣省宣佈自 5 月 20 日起，全省實施戒嚴」[5]。不久，於 1949 年的 10 月 1 日，中共在北京成立中華人民共和國，「台灣也被劃定為戒嚴接佔地域，有關接佔地域內的權限都屬軍事機關，人民權益受到極大的管制」[6]，而國民黨政府在 1949 年 12 月 7 日宣佈將政府遷設台北。

經由台灣省政府台灣省警備總司令部 1949 年 5 月 19 日戒字第一號佈告的戒嚴令共五條十八款[7]（附錄二），重點主要為戒嚴期間，出入台灣均需辦證並接受檢查；嚴禁聚眾集會、罷工、罷市、罷課及遊行請願活動；嚴禁人民攜帶槍彈武器或危險物品聚眾暴動；擾亂金融、搶劫或搶奪財物、鼓動學潮或煽惑他人犯罪、破壞交通通信或竊盜交通器材等，依法處以死刑。執行單位為警察總司令部，警察為第一線工作者，凡突擊檢查有違抗行為者，格殺勿論。戒嚴令雖然用意在嚴防共產黨潛入台灣，進行破壞工作，對內加強整肅親共分子，但因限制至廣，同時鼓勵檢舉，全台一時風聲鶴唳，人人自危，學術界和思想界活潑的氣息頓時銷聲匿跡，諸多精英也因此緘口，對政府施政的不當也不敢建言，以防別人誣陷或誤認為奸匪[8]。

---

5 李貌華，〈戒嚴的實施〉，歷史月刊，第二十三期，1989 年，頁 89。
6 薛月順等，《戰後台灣民主運動史料彙編㈠從戒嚴道解嚴》，台北市：國史館，2000 年，頁 IV。
7 見附錄《台灣省政府台灣省警備總司令部戒嚴令佈告》，按 1987 年解嚴〈者係解除該戒嚴令〉。
8 同李貌華，〈戒嚴的實施〉，頁 90。

二、政權鞏固之開端

　　台灣社會長期在殖民體系中求取生存，原本就是缺乏政治精英分子，也沒有任何足以掌握政治領導權的勢力。國民黨政府抵台後，政府單位的領導人物多爲隨國民黨政府前來之大陸籍人士所佔有，對工作、環境比較熟悉的本省人被認爲受了日本的奴化教育，需要再訓練、再教育，仍然居於下階層，種種差別待遇和歧視，省籍間的摩擦與衝突日益顯現。在歷經 228 事件後，富有台灣民族意識的少數精英，被視同叛亂分子而藉機清剿[9]，「台灣人」、「外省人」的省籍情結與政治意識型態自此萌生。國民黨對內爲鞏固政權，於 1950 年 9 月 1 日通過〔中國國民黨現階段政治主張〕，其重點有三：（一）在民族方面，恢復我中華民國領土主權的完整。（二）在民生方面，實行民生主義的經濟措施。（三）在民權方面，完成三民主義的民主政體。 希望藉著黨政的配合，積極達成建設台灣和反攻大陸的任務[10]。

　　國民黨政府治理台灣之初，確實反省在大陸遭到挫敗的原因，有心以三民主義實行推動富強康樂之境域，然而執行時，配合戒嚴的宣佈，以軍事安全與政治安全爲首要目標，恢復戰時體制，徒有實施憲政法制之名，卻在政治干預威權統治之下，形成中國國民黨黨國不分，黨高於政，全面支配的威權體制時代[11]，如：抑制雷震新黨派的成立，維持一黨獨大的格局；漠視

---

9 蕭阿勤，《國民黨政權的文化與道德論述》，台灣大學社會學研究所碩士論文，1991 年，頁 74。

10同史明，《台灣人四百年史》，頁 30。

11薛月順等，《戰後台灣民主運動史料彙編㈠從戒嚴道解嚴》，頁 IV。

法治，黨的組織遍佈政府單位；如軍隊黨化，以黨領軍，包括
國防安全會議指揮軍隊、運用軍隊協助黨籍候選人參選、強制
軍校學生入黨、軍事國防預算不需送達立法院審查；教育、財
經、司法各部門，亦均有黨員人事編制，置教育、司法獨立自
主於不顧，甚則並干預地方選舉與地方政治，明顯黨化現象，
違反憲政[12]。三十年間之政治體制，由於戒嚴的約束，在野黨勢
力，有如長老教會在 1971 年的「國是聲明」，要求台灣前途應
由住民自覺的主張，以回應由尼克森訪問中國而產生的台灣地
位危機，以及 1975 年黨外政論雜誌推出，呼籲國民黨解除戒嚴，
恢復人權等等[13]，均在國民黨政府運用權勢下，加以平息，整個
國民黨體制仍安然地在台灣執行。

　　在對內鞏固政體的同時，由於韓戰發生（1950～6），形成
東西冷戰的國際情勢下，美國與中華民國台灣簽訂「中美協防
條約」，將台灣列入太平洋戰略體系中，為東亞反共圍堵防線
之一，恢復對華援助（China Aid Act of 1948），開始對台灣進
行「軍事與經濟援助」（其中的軍事援助稱為軍援，經濟援助
則通稱美援）[14]。由於台灣國際角色的確定，國民黨執政的中華
民國政權被西方集團國家肯定，加以美援前後持續 15 年，平均
一年達一億美元的援助，對台灣的經濟提振不少，間接的對台
灣文化西化也產生莫大的影響，五、六十年代國民黨政權的維
持以及台灣政治的穩定，不可謂不得利於美國之助。然而至此，

---

12 毛之礪，《台灣戒嚴初期民主政論的初探─以雷震與『自由中國』半
　　月刊為例》，國立政治大學歷史學報第 13 期，1996 年 4 月，頁 114–115。
13 吳若予，《戰後台灣公營事業之政經分析》，台北市：業強出版社，
　　1992 年，頁 185。
14 同史明，《台灣人四百年史》，頁 995。

國民黨政府與中共之間仍存在嚴重的對峙情形，直至 1977 年中共文化大革命結束，1979 年美國正式與其建交，政府迫於情勢，將原反攻大陸口號改爲光復大陸，並提出「三分軍事，七分政治；三分敵前，七分敵後」的方針，減少軍事行動[15]。70 年代中，也由於政治策略的更張，1973 年蔣經國先生在行政院長任內宣佈十大建設以經濟及交通爲主，其後又繼續十二項建設，締造台灣以經濟取向之形象，加強在國際上的經濟地位。

三、經濟社會之奠定

　　經濟方面，50 年代的台灣，農村的人口占 61%，雖然前有日本人對農作物的品種改良有一定的貢獻，但以殖民地態度對農民，獲利了結，對農民的生活並無進一步的改善。民國之後則依據國父遺教採三七五減租、公地放領、耕者有其田實施了土地改革政策。1947 年台灣佃農占農民民百分之三十九，1957 年降到百分之十七；1974 年降到百分之九，這對台灣農業發展的貢獻最大。經過此一改革後，大多數農地都不超過三畝，在 1950 年代卻極利於勞工密集的耕耘。到了 1960 年的時候，農民的收益增加了 3.9 倍[16]。至於原爲地主身分者，一部份轉向工商事業，另一部份轉向各種行業，脫離依賴土地的生產，改爲以城鎮爲主的工商活動。如此一來，城鎮的商店欲開愈多，分散在各地區的小型工廠也如雨後春筍地設立，亦即所謂的「中小」企業，奠定台灣六、七十年代的經濟。

---

15 同蕭阿勤，《國民黨政權的文化與道德論述》，頁 77。
16 黃才郎，《文化政策影響下的藝術贊助》，中國文化大學藝術研究所碩士論文，1992 年 6 月，頁 17。

　　土地改革後的台灣經濟發展可分爲兩階段，一是大約到
1960 年止的「進口替代工業化階段」，佔台灣人口半數的農村
更成爲工業產品的重要市場，刺激工業的提高。而政府這時期
因控制美援的分配，更享有突出的自主性，掌握大部分的國營
事業，強化政府資本。第二階段爲 1960—1970 年代的「出口導
向工業階段」，並鼓勵私營企業，如將從日本人手中接受的水
泥、紙製品公司轉移爲私人經營，政府把公司股票發給地主，
作爲土地改革計劃中徵收農地的補償。這也是造成私營企業蓬
勃發展的原因之一，勞工階級和新中產階級因此應運而生[17]。這
樣的轉變，自然讓農村原本的生活習慣隨之變異，歌仔戲以農
閒爲主要表演時序的現象因著新市鎮、新社會階層的成立，而
有不同娛樂時間型態的挑戰。

　　美國軍經援款，是五、六十年代台灣建設發展的重要資源，
雖然美元的投入著重交通、水電、農經、教育等，但對文化西
化影響深遠，儘管在七十年代呈現鄉土文學運動、中西文化論
戰，但也僅能說對逐日失去本國傳統思想及文化，稍作彌補罷
了。無論如何，台灣在她的歷史中，以政治、軍事、經濟爲首
的傳承，數百年來，直到民國時期仍未見變更，也就是說，教
育文化的動向仍舊屈就於國家政經策略之下，教育，是以反共
抗俄、三民主義建國思想爲出發的課程；文化，是發揚民族精
神、復興中華文化爲根基，文教政令均不出於戰略政策的教導。
略加觀察三十年來文教施政方向，自然可以明白主、從關係的
存在。

---

17 同蕭阿勤，《國民黨政權的文化與道德論述》，頁 77。

第二節 文教生態之經營

　　1949 年政府遷台，台灣即成為復國建國的主要基地。政府之決策與施政，莫不以「建設台灣、光復大陸」為唯一、也是最高的目標。迄 1980 年代無論政治、經濟、社會、與教育方面的建設、都是朝著「建設台灣為三民主義的模範省」這一目標而努力邁進，以期達到以三民主義統一中國的神聖使命，有關教育政策也依據此而訂定之，此時期並經由教育部、教育部文化局、教育廳及所屬各鄉鎮單位、以及文復會等單位執行。

一、教育政策方針—實行三民主義

　　台灣光復，以國民黨政府的立場而論，在教育上的意義，不僅只是領土與主權的光復，也是文化與精神的光復，更指著洗滌台灣居民 51 年日本奴化教育，重新接受民族文化的光輝。因之，擬定的教育政策即面對兩個課題：一方面要「除舊」，把日本教育的毒素徹底消除；另一方面又要「佈新」，將祖國自由民主的教育建立起來[18]。在這兩大課題之下，政府首先改變學制，並廢除皇民化教育場所。再則積極推行國語，在台灣省行政長官公署（1947 年改組為省政府）教育處（後為教育廳）內，設國語推行委員會，各縣市設立國語推行所。

　　政府遷台初期，以檢討過去在大陸教育失敗的原因為，未能徹底實行三民主義教育政策之故，是以教育部於 1950 年 6 月

---

18 羅森棟，《台灣光復四十年專輯（文化建設篇）——教育文化的發展與展望》，台中市：台灣省政府新聞處，1985 年，頁 37。

訂頒「戡亂建國教育實施綱要」加強民族精神教育、生產勞動教育，與文武合一教育，而台灣省亦配合中央教育政策，通過「教育改策方案」通令實施。歷經數年的調整與改進後，教育政策進一步於 1968 年起，國民教育由六年延長爲九年，並依據「復興基地重要建設方針－文化建設的目標與策略」發展職業教育，以配合國家整體經濟建設需求[19]。

二、文化認知方向－宣揚民族文化

由於文化工作在五十年代初期，仍舊併於教育政策內，而執政黨的教育綱領中包含「加強樹立以三民主義爲中心之教育思想，闡揚固有道德，整理文化遺產」、「提倡文學、美術、戲劇、音樂、體育等活動，藉以展開三民主義文化運動」，正是主導文化走向的陳述[20]。1954 年，蔣中正完成 <民生主義育樂兩篇補述>，亦爲文化建設訂下活動措施的指標。該篇補述所提之「樂」，包含康樂的環境、心理的康樂及身體的康樂三個要項。康樂的環境，主要討論內容爲城鄉發展、景觀、觀光；身體的康樂主要爲體育，而當時相關文化工作的討論，則集中在「心理的康樂」此一項目，其主要內容即爲文藝，旨在藉著文藝做爲精神作戰武器，彰顯文學代替政治的功能[21]。在強調危亡意識的五、六十年代裏，無論文藝，或其他各項文化活動，

---

19 同羅森棟，《台灣光復四十年專輯（文化建設篇）－教育文化的發展與展望》，頁 38–46。
20 教育部教育年鑑編纂委員會《中華民國第四次教育年鑑》，台北市：正中書局，1974 年，頁 898。
21 蘇昭英等，《文化生活圈之調查研究－「縣市文化藝術發展計劃」規劃研究報告：臺灣縣市文化藝術發展－理念與實務》，台北市，行政院文化建設委員會，1999 年，頁 13。

目標均以上述宣揚民族文化，達成三民主義建國爲首，其時代
氣氛蘊釀而成的抗戰文學、反共抗俄劇本也就不足爲奇了。遺
憾的是政局對文化藝術的影響，特別是當時的威權氣息從上而
下的政策形成方式，更具有絕對的左右力量，而少數的政治精
英視文化爲維持信仰的系統與主張也是明顯的事實[22]，如 1960
年 3 月 10 日國民大會期間，通過有關文學藝術方面提案三件，
一是馮著唐領銜提出的「促請政府重視文藝，建立國家劇院，
培育藝術人才案」；二是魏希文領銜提出的「促請政府加強海
內外文化交流工作，協助國內作家著作出口，以利海外文化作
戰」；三是王藍領銜提的「請政府從速設立專司機構，或將教
育部改爲文教部，裨能依據憲法 163 條、164 條、165 條、167
條之明文規定，切實負起專責，推動、獎勵、保障、辦理、發
展全國文化藝術工作與事業（包含文學、美術、音樂、影劇），以利
復國建國案。」[23]

三、文復會之成立─強調文化道統

　　1966 年，中共發動文化大革命，試圖摧毀中華文化，而此
間於中華民國台灣，不斷的強調民族文化與倫理道德，形同兩
極。該年 11 月 12 日由總統明令將「國父誕辰紀念日」爲「中
華文化復興節」，自此以後，每年十一月十二日之前即已展開
許多文化復興相關活動，尤其以孔孟學說及國劇（京劇）的發
揚最能顯現出對民族倫理的眷顧。翌年（1967）7 月 28 日成立
中華文化復興運動推行委員會（簡稱文復會），7 月 30 日台灣

---

22 同黃才郎，《文化政策影響下的藝術贊助》，頁 44。
23 同黃才郎，《文化政策影響下的藝術贊助》，頁 167。

省分會亦即刻成立，各縣市紛紛響應，鄉鎮及各級學校以及國外，均有分會或支會。至 1977 年止，國內共有 3776 個、國外有 46 個分支機構[24]。至於文復會的任務則在三民主義的基礎下提倡學術研究、發展文藝、促進教育改革、輔導國民生活及對中共政權文化統戰，另因應工作需要而增設五種研究委員會，國劇研究推行委員會即爲其一。其實文復會，以民間團體的名義成立，其領導地位凌駕政府單位的教育部及其相關部會之上，其本身僅擔任規劃，所有的具體工作均交由黨、政、軍各級機構，學校及公私立研究機構、文化社團執行，所需經費則由國民黨中央黨部協調政府相關部會編列預算支援。

由文復會的組成時機、推動內容、推動方式而論，一個國家的執政黨固然有權也有必要依據黨的思考方針謀定施政策略，但是一個國家的組成，亦有憲法做爲國策依據，終歸以全民的福祉爲目標。文復會推動的項目，不可否認的是文化範疇，但狹隘的以三民主義爲國家主義，文藝所指爲反共戰鬥文藝；學術研究以孔孟獨尊；重整倫理道德本是關乎人性的探討，卻反而指向對抗共產政權；戲劇活動則以國劇（京劇）爲代表；藝術繪畫則題材又是大陸山川河流。而其組織分支分布之廣，在時空上已達全民運動，很明顯的是國民黨政府透過這個表面上非政府單位的組織，聯繫社會各階層，以達「國家主義」威權之鞏固。遺憾的是幾乎忽略台灣本地人民生活習俗風格，官方和民間對文化的認知產生差距，以致推廣愈多，遭致反感愈盛，尤其在知識界，埋下日後批判的主要目標，也造成數十年

---

24 谷鳳翔，《中華文化復興運動的實踐與展望》，台北市：文復會，1977年，頁 22。

來黨、政不分,政治干涉文化的的弊病。

四、教育部文化局之成立—宣誓政府傳揚中華文化

　　教育部文化局於民間性質的文復會成立不久,即於同年 11
月成立。其組織功能已於第二章描述。就其業務實際執行內容
觀之,如發展國劇、成立「中華樂府」以宣揚國樂、改進祭孔
禮樂、配合「國民生活須知」推行製作國民生活歌曲,在廣播
方面則宣稱對匪心理作戰,與文復會的業務方向不謀而合,均
以文化復興為主體[25]。由此可見國民黨政府本有心利用更多的資
源加強文化建設,對中共的摧毀中華文化產生制衡的作用,體
現中華道統在台灣的形象。然而不可思議的,文化局竟然在 1973
年 8 月被裁撤,距其成立上不滿六年。據蕭阿勤訪問當時局長
王洪鈞表示「文化局的結束,是權力鬥爭的結果,與思想理念
無關」[26]。而這權力鬥爭指的是,文化局的成立僅是呼應當時國
家政策,對全世界及中共宣示中華民國政府重視中華文化,維
護傳統。對於文化如何發展、文化局組織如何建構並未深入規
劃,導致成立後與政府其他部會的業務仍舊重疊,執掌權責不
分之下的衝突頻起,最後只好由當時的行政院長蔣經國與教育
部、新聞局、警備總部等單位首長會商後裁撤,而王洪鈞回顧
表示文化局「夭折在三、五位政客手中」[27]。

---

25 李雨生,〈我參加文化局工作點滴〉,《我們曾是文化園丁/紀念文化
　局成立三十週年專輯》,台北市:紀念教育部文化局成立三十週年專
　輯編輯委員會自印,1997 年。
26 同蕭阿勤,《國民黨政權的文化與道德論述》,頁 105。
27 王洪鈞,〈文化復興工程奠基〉,《我們曾是文化園丁/紀念文化局成
　立三十週年專輯》,頁 23。

五、中原文化與台灣文化之孕育

　　國際情勢歷經五、六十年代美國、蘇聯為代表的兩極化冷戰階段後，於七十年代有了新的轉折。1969 年世界龍首的美國由尼克森當選總統，開始展開與中共關係的正常化，中華民國台灣在國際上的合法地位受到衝擊，緊接著的釣魚台事件、退出聯合國、美國與中共建交、中華民國與日本斷交等造成台灣在外交上的日漸孤立。政府面臨外交困境的同時，內政激起一陣革新氣象，如蔣經國於 1972 年的組閣，即選拔在台灣成長的新生代進入領導階層，破除中央政府選用大陸籍人士，而地方政府選用台灣籍人士的兩元政策，「本土化」政策正式在政府行政體系中形成[28]。除了政治危機外，全球的經濟危機也一度在七十年代初期影響台灣的經濟成長，政府同樣的化險為夷，以十項建設重新推動國內的產業發展。在這危機中社會感受到救亡圖存、自立自強的迫切，刺激了知識分子對政治環境及社會文化的全面反省，長期受西方文化宰制的價值觀念有了大幅度的修正與調整。於是許多知識分子在五、六十年代中國與西洋、傳統與現代、復古與西化的兩極對峙外，萌生了關懷本土社會，回歸現實環境的意識，大批的海外留學生回國投入以民族為本位的文化與藝術工作行列，許多人重新檢視傳統藝術及本土文化，並且發展成一股回歸鄉土的文化潮流，成為文化界不可輕忽的力量，本土戲曲就是在當時的文化氛圍中受到知識界前所未有的關注，對它的參與研究逐漸展開[29]。中原文化所代表的道

---

28 彭懷恩，《認識台灣──台灣政治變遷五十年》，台北市：風雲論壇出版社，1997 年，頁 120。
29 邱坤良，《台灣劇場與文化變遷──歷史記憶與民眾觀點》，頁 206，台北市：台原出版社，1997 年。

統與台灣文化所呈現的鄉土文學就此產生爭議與論戰並延續影響至八十年代及九十年代的的文教政策。

第三節　文教政策與戲曲活動之互動

台灣光復後，在整體國家政策以三民主義、反攻大陸、復興中華文化的前提下、政府任何的施政方針必以此為最終目標，戲曲推動在這三十年內，也不例外的隨著藝文政策的指標擬定，其活動的成效除了戲曲本身技藝優劣外，同時也牽涉到外在人為因素的影響以及政經社會變遷的因素。

在第三章已然論述日本治理台灣時，傳統戲曲生態的變化，京劇因在大陸的盛勢影響在台官商的喜好，經常受邀來台演出；而台灣本地的歌仔戲反因偏於俚俗為文人雅士鄙視，時有遭禁演出之憂，最終兩者因 1937 年中日戰爭興起，京劇未再組團前來，而歌仔戲遠離都市，斷續於鄉間僻野非法演出，苟延殘喘。直至 1945 年光復初期，臺灣傳統戲劇再度興起，在日治末年被禁錮的戲劇也紛紛重現，一時之間戲劇藝術百花齊放。隨著國民黨在大陸的軍事失利、行政長官公署在台灣的失去民心，主任委員陳儀愈來愈箝制言論和戲劇的自由，鑒於傳統戲曲與民間生活息息相關，乃大力整飭，寄望將之變為宣傳反攻政策之工具，隨即展開干預措施。其干預方式如實施劇團成立與演出之限制、實施劇本內容之管制，設立地方戲劇促進會有效監控活動的辦理。50 年代中期以後，台灣的地方戲曲才逐漸復甦，1958 年台灣省教育廳公佈的歌仔戲團數量為 235 團、京劇團有 15 團。歌仔戲的數量與演出狀況跟戰前的盛況相

比，仍有一段明顯的差距[30]。如上節所述，台灣 60 年代之前的社會，完全以農業為動脈，居民的生活仍舊寒傖辛苦，但是精神上卻相當豐盈，「每當地方上的神祇生日或廟宇節慶食，家人聚在廟宇的前庭，共同觀賞布袋戲或皮影戲，⋯⋯透過這類迎神賽會或宗教活動使得民俗曲藝得以發揚」[31]。進入 60 年代，外來的壓力逐漸減緩，政治日趨穩定，社會在安定中求成長，但 60 年代中葉至 70 年代中葉之間，則面臨農、工、商交替的尷尬年代，為了應付中、輕級工業發展及與日俱增的對外貿易需求，社會的腳步開始加速，經濟活動也由原本的直接交易轉趨多元的商業來往。這些轉變讓文化、教育、人口結構、消費習性都受到影響，傳統的民俗信仰也避免不了受到衝擊[32]，而歌仔戲與傳統民俗活動密切關聯，自然遭受的影響不小，至於京劇則因為政府政策保護，生存攸關的經濟條件上並未受到折衝，至於技藝方面及與民眾間的互動，當又是另一考驗，值得探討。

　　在這一節裏，將就三十年間，京劇與歌仔戲這兩種傳統戲曲，因政策關係產生的變化分為七點敘述，其為：一、制定規則－強化劇團管理，二、劇團形成－強調道統意義，三、人才培育－薪火相傳使命，四、勞軍活動－服務鄉親觀念，五、戲劇比賽－傳達反共意識，六、語言限制－闡揚文化道統，七、廣電傳播－反映市場機制。在這七點中，仍舊討論政策對京劇、

---

30 林勃仲、劉還月，《變遷中的台閩戲曲與文化》，台北市：台原出版社，1990 年，頁 103。

31 黃俊傑，《台灣意識與台灣文化》，台北市：正中書局，2000 年，頁 150。

32 同林勃仲、劉還月，《變遷中的台閩戲曲與文化》，頁 83。

歌仔戲支持的狀況以及政府給予資源的多寡，俾更清晰了解政府戒嚴體制下的思考模式以及種種設施限制對戲曲的影響，也藉以比較兩劇種所受的差別待遇。

一、制定規則—強化劇團管理

強化劇團管理，事實上有三層意義存在，一來約束組團，二來掌控演出劇本形式內容，其三為透過組織，從事反共與宣揚三民主義國策，現分別就歌仔戲與京劇作分析：

(一) 歌仔戲

1945 年台灣光復，台灣省行政長官公署即於十月二十五日成立，並設立三個委員會，其中之一為宣傳委員會，掌理圖書出版、報紙雜誌發行、廣播電影戲劇演出指導、新聞發布及文化宣傳事宜，由夏濤聲擔任主任委員，是戲劇行政機構的第一任最高主管。當時有關戲劇管理法令，依照原有辦法而已，但是對於日本政府所禁演的中國舊劇（包括地方戲）都開禁准演了，所以歌仔戲及各種外台戲都相繼出現[33]。對回到「祖國」懷抱的台灣人而言充滿欣喜與期盼，能再使用「自己的民族語言」演戲、看戲更是台灣戲劇界的盛事[34]。傳統戲劇的藝人紛紛組團，大小城鎮演戲情況蓬勃再生，然而當時政府對待歌仔戲的態度似乎仍存著「表演情節猥褻不堪、或晦淫晦盜有損社會風化」的觀念，隨即於 1946 年 8 月 22 日，由長官公署制定「台

---

33 呂訴上，《國立北京大學中國民俗協會民俗叢刊──台灣電影戲劇史》，台北市：東方文化書局，1961 年，頁 333。

34 邱坤良，《台灣劇場與文化變遷──歷史記憶與民眾觀點》，台北市：台原出版社，1997 年，頁 174。

灣省劇團管理規則」[35]，以約束劇團的演出。劇本審查制度雖然於 1945 年 8 月 15 日日本無條件投降時，無形解除了，也一度經由行政院 1946 年 2 月 9 日節陸字第 3853 號訓令發表劇本毋庸再審查[36]，但僅幾個月之間，卻又有上述劇團管理規則出現，並藉由戲劇比賽的舉辦，控制劇團演出執照的發放，這方面將在本節的另一項中討論，而這些措施並未考慮戲劇文化本身真正的需求與發展。

由規定內容也間接反映出言論不自由，封鎖思想及禁錮創造力的官僚氣息。在這規定之後又於翌年由臺灣省行政長官公署宣傳委員會限定准演舊劇 104 齣[37]，1954 年省政府頒布核准演出劇目 縮減為 29 種，且幾乎都是忠貞愛國類戲碼，至 1958 年省教育廳再增加 22 種，准演劇本僅 51 齣。 此外，政府為「改良」戲劇自 1951 年起，由教育廳指導歌仔戲、布袋戲劇團演出「反共抗俄劇」，傳統戲劇表演〈女匪幹〉〈投奔光明〉〈望中央〉〈大義滅親〉等劇目，以示反共抗俄劇團總動員[38]。至

---

35 同呂訴上，《國立北京大學中國民俗協會民俗叢刊——台灣電影戲劇史》，頁 338。其中第三條規定「凡欲在本省組織劇團者，需由主持人向宣傳委員會申請登記，經核准發給登記證後，方准在本省境內演出，其在本規則實施前已成立之劇團，應於本規則實施後二十日內埔行登記」；第四條載「劇團登記，分成立登記及上演登記」；第六條「劇團申請上演登記時應記載左列各事項包括劇本名稱、著者姓名及著作時間、上演地點與時間；劇團如欲上演無劇本之舊劇時，應附具劇情及對白之說明書」；第八條「劇團違反本規則規定不申請登記者，除禁止演劇外，並得處主持人以七日以下之拘留，或五十元以下罰緩。」

36 呂訴上，《國立北京大學中國民俗協會民俗叢刊——台灣電影戲劇史》，頁 567。

37 呂訴上，《國立北京大學中國民俗協會民俗叢刊——台灣電影戲劇史》，頁 347。

38 引自 tico@TWserv (tico)，台灣文化資訊站，8/26 01:57:55 1997。

1958 年教育廳調查資料顯示，當時臺灣的傳統劇團約有五百二十五個歌劇團體，其中歌仔戲有 235 團居冠。而歌仔戲在這段期間是在內台演出的黃金時期，各地戲院均為其搬演地盤，惟演出劇目均在政府掌控中，在劇本內容創作上未能有所突破。

　　另一項配合執行政令，由政府主導成立的組織為台灣省地方戲劇協進會，有如日治時期的「台灣演劇協會」，想藉由娛樂，改善台灣演藝水準，當然也藉之嚴格管制劇團。台灣省地方戲劇協進會係於 1952 年 3 月 6 日正式成立，起源於 1950 年 12 月 13 日，由國民黨中央黨部（時稱改造委員會）邀請教育部、國防部總政治部、台灣省黨部、省教育廳、省新聞處、中國廣播公司、中國文藝協會、台灣省文化協進會、台北市黨部舉行會議，討論歌仔戲禁止及改良等問題，據呂訴上本人撰文表示，因其「竭力陳詞，中央始重視歌仔戲，並決予改良」[39]。經此會議後，持續召集全省歌仔戲負責人研商，終於形成籌組協會共識。由該會的組織章程第二條「本會以團結全省地方戲劇工作者，遵照反共抗俄國策，從事改良地方戲劇、發揚民族意識，促進社會教育為宗旨」明顯易見，係配合國策行事，其任務之一為「有關地方戲劇內容，及演出技術之改進事項、有關反攻抗俄宣傳，適合教育目標劇本之編選及演出事項」；至於其工作計劃中提及的整理各類舊有劇本則以「教育廳原核准之劇名為原則」，均不難想像，當時從民間興起的歌仔戲團必須如何辛苦的面對國民黨及各級政府的要求，一來，演出必須取得核准，二來還得編撰富有反共思想的完整劇本，取代以往之大綱

---

[39] 同呂訴上，《國立北京大學中國民俗協會民俗叢刊——台灣電影戲劇史》，頁 505。

形式，以及講究演出之各種舞台技術。

(二) 京　劇

　　有關歌仔戲受到約制的情形如此，而京劇於光復之後在政府心目中的地位為何呢？事實上，京劇當時仗著具有二百年歷史上的聲勢以及早已有服務於軍中，做勞軍演出的經驗，1949年隨國民黨政府軍隊前來，順理成章就已經有生存之道，當然京劇此時，比起以往在大陸或在台灣的盛況，也有它坎坷之處。京劇團於光復後 1945 年首先組團公演者有台灣客家人組成的「宜人京班」，1946 年由大陸來台公演完後旋即返回的「新國風劇團」、陸軍九十五師官兵所屬的「振軍劇團」，隨之於 1948年後陸續由大陸前來並滯留於台灣者有「顧劇團」、「戴綺霞劇團」、「中國劇團」、「正義劇團」、「勞山劇團」等民間劇團，以及飛虎等十數個軍中劇隊，劇團的總數量屈指可數，與歌仔戲劇團可說是十數倍之差。但是對戲曲的認知，則已然因劇種本身藝術條件差異而有孰優孰劣之分，輔導上也因主其事者的態度，產生不同的待遇。戲曲學者王安祈教授表示「京劇是來自大陸的軍中官兵們主要的娛樂，軍中劇隊即在『軍中康樂隊』的基礎之上，經由一些高級將領的推動而逐步成立。」[40]從京劇團在台灣的組團情形及任務，不難知道其自抵台開始即受到政府資助的狀況。

　　早在 1950 年 3 月 1 日由政府成立「中華文藝獎學金委員會」[41]，主任委員張道藩。委員多為教育部長、次長、教育廳長、居

---

40 王安祈，《傳統戲曲的現代表現》，台北市：里仁書局，1996 年，頁194。

41 同黃才郎，《文化政策影響下的藝術贊助》，頁 164。該會由九位委員

國民黨要職者。該會每年分兩次徵求文藝創作，範圍包括：詩歌、曲譜、小說、話劇、平劇、文藝理論、宣傳畫、漫畫及木刻、鼓詞小談等。辦法上明訂：「**本會徵求之各類文藝創作，以能運用多方面技巧發揚國家民族意識及具有反共抗俄之意義者為原則。**」[42]這個由黨、政單位官員組成之委員會，戲劇中有話劇與平劇，未含台灣戲曲的發揚，堪稱奇異，而不脫離文化意識型態的獎勵，也值得爭議。至於與京劇稍有關聯的「台灣省劇藝協會」遲至 1955 年 8 月 6 日才成立，其宗旨亦不外發揚民族意識、促進社會教育為目標[43]，其功能似乎僅為其他大陸劇種的藝人爭取福利或配合政府舉辦年節慶祝活動罷了。由於京劇隸屬於軍中者為多，國防部總政戰部也設立了「振興國劇研究發展委員會」、陸軍總部有「國劇研究發展委員會」，空軍總部有「大鵬劇校編纂委員會」等。陸續成立的政府或民間組織迄 1976 年止有：1963 年「國劇欣賞演出委員會」，由教育部藝術教育活動指導會報遴聘國劇界人士 25 人組成，其中立法委員吳延環先生熟諳國劇，對教育部推動國劇方面的經費編列遭立法院異議的機會較少。1964 年成立之「中華國劇研究會」、1972 年成立之「中華國劇學會」目的均不外為加強推行中華文化復興運動，宏揚國粹藝術，1974 年成立之「國劇劇本整理委

組成：張道藩、程天放、陳雪屏、狄膺、羅家倫、張其昀、胡建中、陳紀瀅、李曼魁。

42 同黃才郎，《文化政策影響下的藝術贊助》，頁 164。

43 同呂訴上，《國立北京大學中國民俗協會民俗叢刊——台灣電影戲劇史》，頁 492。該協會由朱良、馬繼良、衛鳴岐等人發起，比「台灣省地方戲劇協進會」於 1952 年成立晚三年。結合大陸各地各種劇藝的協會，會員三百餘人，包含京劇、話劇、魔術、相聲、各劇藝界之從業人員

員會」務期主題意識皆符合三民主義之立國精神，發揚傳統民族文化，而該會的主任委員更由教育部長兼任，常務委員由有關機關代表擔任，整理委員則由教育部視需要聘請有關專家擔任之[44]。

另外有關劇本審查的組織，教育部 1966 年之前即邀請專蒐集舊有劇本，擇其較普遍者予以審查，並於 1966 年 12 月公佈准演劇目 593 種，凡主題意識有誨淫、誨盜、違反倫常或有失敗主義色彩者及怪僻劇目，均予禁唱。教育部文化局於 1967 年 11 月成立後，即成立劇本審查小組，對新編劇本予以審查，合格者由教育部列入准演劇目[45]。1981 年 1 月 5 日發布「國劇劇本審查辦法」，依據該辦法也設「國劇劇本審查委員會」，由教育部聘請對國劇有研究之專家、學者及資深演員 15 至 21 人為委員，成立審查小組行之。社教司司長為小組召集人，委員任期三年，任期屆滿得以續聘[46]。審查辦法第三條規定，創作國劇劇本應符合之準則為[47]：

1、主題正確而具有教育意義者。

2、闡揚傳統文化、民族精神者。

3、倡導善良風俗，破除荒誕邪說，有益世道人心者。

4、場次安排、內容結構、唱念文詞，均適合於國劇演出者。

---

44 教育部教育年鑑編纂委員會，《第四次中華民國教育年鑑》，第十二編——文化，第三章文藝與藝術，台北市：正中書局，1974 年，頁 1021。

45 同《第四次中華民國教育年鑑》，頁 1026。

46 教育部教育年鑑編纂委員會，《第五次中華民國教育年鑑》，第玖編—文化，第三章文藝與藝術，台北市：正中書局，1983 年，頁 1218。

47 陳奇祿，《文化法規彙編》，頁 873，台北市：行政院文建會，1983 年。

　　至於改編國劇審查準則，除應合上述規定外，並應提出修改理由以及修改要點。

　　從這些組織以及相關規定中，顯現出政府單位主導戲曲活動的政策，係以弘揚三民主義為依歸，對准演劇本的審查方向亦是倫理道德為首，無論京劇或歌仔戲均籠罩在維護中華文化道統的氣氛中，充分執行黨國意識形態。只是京劇被認定是「國劇」，由國家支持，歌仔戲是「地方戲劇」，屬民俗範圍，需視表現優劣情況論定關懷程度，兩者是有差別的。

二、劇團形成─強調道統意義

　　其實戲曲劇團隨著軍隊演出的現象，在大陸本土對日抗戰時期即有之，1949年軍隊跟隨國民黨政府播遷來台，依附在軍中海、陸、空各種不同軍種及部隊的劇隊十來個，依需要而演出，未有固定酬勞。直至空軍正式成立劇團後，其他軍種紛紛效法成立，並給予軍職士官或聘僱人員之正式編制與薪資，而從事京劇表演工作，於是軍中提倡國劇，設立國劇隊，自此開始[48]。如王安祈教授所提，軍中劇隊係經由一些高級將領的推動而成[49]，所謂的高級將領，最早當屬空軍的總司令周志柔將軍及副總司令王叔銘將軍，尤其王將軍，其在抗日期間即有提供京劇娛樂，振奮軍心之記載[50]，來台時，以當時軍人多為大陸人士，

---

48 劉先昌《論軍中劇隊在台灣京劇史上的影響──以陸光國劇對為析論範圍》，頁12，文化大學藝術研究所碩士論文，1998年。
49 同王安祈，《傳統戲曲的現代表現》，頁88。
50 同劉先昌，頁13。劉先昌引自李澤浩「忠勇劇社簡介」，提及王叔銘將軍特別愛護國劇，抗日戰爭時在陝南、漢中、四川成都擔任基地指揮官，就有業餘國劇社，聘請老師教導官士眷屬唱戲，可以說開軍中設票房之先。

京劇為精神食糧，又為反映蔣中正保存中國舊有文化，抵制共產黨之國策[51]，遂於 1950 年 5 月 1 日組成空軍大鵬國劇隊，整編隨軍來台的京劇藝人，以及收容原於光復初期來台，票房不佳後解散的民間劇團藝人，安排勞軍演出。除了高級將領的支持外，亦有經專家學者大力鼓吹之說。周慧玲曾撰文表示[52]：

> 大鵬成立的背景，主要是齊如山巧遇徐露，發現她是可造之材，因此多方為其尋求師資與學習的環境。當時不少京劇藝人隨軍隊撤退來台，繼續對官兵提供娛樂。加以空軍將領王叔銘個人獨好京劇……齊氏之所以能令軍方插手京劇教育，與他早年在大陸推廣和創新京劇所享有的盛名有關……。

　　無論高官顯達，或學者專家的呼籲，最重要的當是一國元首的認知，所付諸實行的國策，在背後支持吧[53]！其後，各級將領確實呼應，海軍於 1954 年成立海光劇隊，幾位總司令都很支持；陸軍於 1958 年 9 月成立陸光劇隊，其餘前後成立者尚有明駝國劇隊、大宛國劇隊、龍吟國劇隊、干城國劇隊等。另一方面，最初軍中劇隊的組成，演員平均年齡約 27、8 歲，經數年後，因演員轉行或年齡漸大無法在舞台上演出等因素影響，劇

---

51 齊如山，《五十年來的國劇》，台北市：現代中國文藝史叢書，1962年，頁 126。

52 周慧玲，〈「國劇」、「國家主義」與文化政策〉，台北市：「當代」雜誌 107 期，1995 年 3 月 1 日，頁 51。

53 張誌偉等〈戲劇的踐行者——人物專訪：與哈元章老師一席談〉，頁 74，中國戲劇集刊第二集，1982 年 6 月。該訪問談中哈先生提到，蔣中正於 1949 年之前一段退隱期間處於奉化縣溪口，王叔銘先生跟隨他，「先總統就交代他（指王叔銘）說國劇是中國的文化，有機會要特別注意這個問題。於是他就想成立劇團」。

團興起辦理劇校，傳承技藝。同樣的，劇校的成立也是得利於
有力人士的支持以及國家政策的時勢因素。惟經時代的進步，
娛樂的多元化及觀賞人口的日漸減少，劇團、劇校經幾度裁併，
又因 1984 年國防部實施「國軍義工團隊整編」案，於 1985 年
止僅存「大鵬」、「海光」、「陸光」三劇隊，所屬劇校亦併
入國光藝校國劇科[54]。

　　這個成立軍中劇隊的政策，讓隨軍來台的京劇藝人有了歸
宿，享有國防部「國軍聘僱人員管理規則」內訂定的「薪給」、
「保險」、「退職金」、「休假」、「醫療」等權利，而這些
所需經費當然由政府編列預算支應，以此項人事費中的「薪給」
而言，當時（1959 年）演員薪水 1900 元新台幣，上尉官階者的
六倍，勞軍及公演費用則又另有額外津貼，這對當時的藝人而
言，相當優渥，可以心無旁騖，按部就班排戲[55]。當然，我們也
不否認劇團的成立，對當時因勞軍而提振士氣、因競賽戲的舉
行而保存及提昇京劇技藝、以及應邀公演得以推廣戲劇等功
能，確實也達到時代的意義。只是，不免感嘆歌仔戲方面，「朝
中無人」噓寒問暖，只落得由台灣省地方戲劇協進會一再監督
如何提昇演出水準。從以下人才培育的情況中，我們再度可以
發現政府政策對京劇的重視，以及對歌仔戲的忽略。

---

54 高小仙，《從三民主義文化建設論我國文藝發展——以 1950-1990 年我
　　國國劇發展為實例》，頁 147，台北市：政治作戰學校政治作戰研究所
　　碩士論文，1991。海軍幾位將領為黎玉璽、馬紀壯、馮啟聰等。
55 同劉先昌，頁 21。

三、人才培育—薪火相傳使命

(一) 京　劇：

同樣是存在台灣的戲曲，但在戒嚴前，一旦談起傳統戲曲薪火相傳，這偉大的使命，則非代表國家的國劇—京劇莫屬。京劇被稱爲國劇，約在 20 年代，由齊如山先生提出「國劇」的概念[56]，意指相對於其他國家、能表現中國境內文化特色，以及相異於五四新文學運動所提倡的西式話劇，民國 21 年已有「北平國劇會」之設立，並出版<國劇叢刊>和<國劇畫報>[57]。而在立足台灣，面對共產黨摧毀中華文化之際，在齊先生的影響下，京劇團成立了，1961 年爲彰顯國民黨政府重視文化道統的意圖，由國防部總政治作戰部宣佈統一軍中劇隊名稱，均更名爲國劇團[58]，加強京劇「國劇」化的身分地位。有關各團的人才培育，除了補充角色不足，有其實際需要外，加強黨國重視文化傳承的意義也不言可喻。然而重視的方式卻讓人質疑真正的目標何在，之所以如此說詞乃基於兩個思考：其一爲假如政府正視京劇爲藝術，又認爲其足以代表中華文化精髓之一，當名正言順地設立專門學校培育人才，何以僅以訓練班的方式存在數十年，其二爲京劇隊與訓練班均附屬於軍隊而非教育部或另設單位，所顧慮者爲何？雖然經費的來源均是全國百姓納稅，由政府統籌管理後分配編列之，但是不同管理單位，不同執行目

---

56 同周慧玲，頁 52。
57 曾永義，《中華民國文化發展之評估與展望——國劇的過去、現在與未來》，台北市：文建會，1991 年，頁 59。
58 同高小仙，頁 125。

標，所造成的不同結果，在數十年後看來，不管是否因當時社會環境需求及人為因素造成的抉擇[59]，這樣的政策讓京劇被封鎖在軍中體系的表演，與台灣大眾的隔閡成為日後更難以發展的局面，培育出來的人才礙於台灣演出京劇之實際需要量尚未開發，劇團營運困難，多數畢業生逐漸轉往其他領域發展。

最早成立訓練班者為隸屬空軍的「大鵬劇隊」，齊如山為培育頗具潛力、才十歲的徐露，在尚未有訓練機構前，即將徐露委由大鵬劇隊老一輩成熟演員，像早期學京劇一般隨班練習，而當大鵬劇隊經王叔銘首肯後，於 1955 年成立大鵬劇隊訓練班，俗稱「小大鵬」，隨後 1963 年「小陸光」成立，1969年「小海光」成立，至七十年代末期，三劇隊培育之新生代業已約有 200 位左右加入演出行列[60]。而這些學生隨隊訓練九年期間均採公費，畢業後的實習演出亦由軍方負責餉糧。

另有私人興學的「私立復興戲劇學校」，於 1957 年由名票嘯雲館主王振祖設立於北投，以教授京劇技藝為主，持續多年後因經費困難，於 1968 年由政府接收，改為「國立復興劇藝實

---

59 同王安祈，《傳統戲曲的現代表現》，頁 88。

60 同高小仙，頁 175。按「小大鵬」以徐露為第一期學生，正式成立後招入的學生成為第二期，共七人。隨後招生或隔一年或二年或四年視情況而定，五年畢業，二年實習。其於 1963 年 7 月奉教育機關核准為「大鵬戲劇補習學校」，至 1977 年第八期學生畢業，「小大鵬」已有一百多位年輕的國劇演員。「陸光劇隊」成立較「海光劇隊」為晚，但較早附設「陸光國劇訓練班——小陸光」，1963 年起即培養排名「陸、光、勝、利」之後起新秀。招生方式並無定時，一旦招生，人數眾多，第一期即有 40 名，九年畢業，實習一年，於 1973 年如數畢業，1978 年第二期畢業生亦有 21 名。至於「海光國劇訓練班——小海光」則於 1969年成立並招生 40 名，1973 年第二期招收 21 名，1976 年第一期畢業學生 34 位　（統計自高小仙論文 175-201 頁）

驗學校」，恢復第三期招生，並附設「國立復興實驗劇團」（原復興劇團成立於 1966 年）團員多半為該校畢業生[61]。復興劇校能順利由私人經營轉而由政府接管，顯而易見也正逢 1966 年中國共產黨的破壞傳統文化，尤其以京劇<海瑞罷官>一劇掀起文化革命整肅，讓此方更有充分的理由保衛京劇文化運動。

　　除了軍方培育戲劇人才，並於 1979 年向教育部爭取核定其所屬三個訓練班均改為戲劇實驗學校，畢業成績優異者尚可經甄試保送文化大學之外，屬於正規教育體制的有 1955 年創辦的「國立台灣藝術專科學校」設「國劇科」，兩年畢業，惟僅招生四年，畢業四十餘人即因學生來源有限，修業時間有限，行科不多，演出不易而停辦。1982 年再度於夜間部增設「國劇組」，專門甄選上述軍中劇校畢業生，予以深造教育。另有「中國文化大學」亦設有戲劇系國劇組，按大學學制，修業四年，授與學士學位；華岡藝術學校於 1975 年成立，亦設有國劇科[62]。

　　除了軍方、學校體制，以培育非科班生為主的人才則又有數種管道，像教育部文化局成立後的推展國劇業務，中國青年反共救國團經常開辦為期二星期的訓練班，而最為常態推動的即是 1967 年成立的文復會。文復會省分會為加強國劇之推行，

---

61 毛家華，《京劇二百年史話》，頁 119，台北市：行政院文化建設委員會。1995 年。按「復興劇校」以「復、興、中、華、傳、統、文、化、發、揚、民、族、倫、理、道、德」為期別代號，頗具推展京劇之雄志。第一期招生費了兩年餘，含社會孤兒、大陸來台義胞子弟、港九來台難童、劇人子弟以及一般愛好京劇的兒童，共計 120 人。全部住校，免費供應食宿，不收學雜費用，六年畢業，一年實習。惟因學校在負責學生的吃住下，迅即發生經費困難，第二年即展開演出活動增加學校收入，一推出即大受歡迎，此後經常演出並出國慰勞僑胞。

62 李樹良，〈影劇——國劇——戲劇的脈絡〉，國立台灣藝專藝術學報第 57 期，1995 年 12 月，頁 10。

曾先後舉辦國劇巡迴示範演出，輔導演出觀摩演出清唱比賽、
國劇文武場研習會、國劇舞蹈研習會等活動，並成立每縣市 1-2
所中小學國劇研習中心[63]，其後活動不斷，對培育國劇人才，國
劇向下紮根工作，企圖達到「文化復興」的使命，可說是用心
良苦。

(二) 歌仔戲：

反觀歌仔戲人才培育在 1976 年以前的情況又如何呢？據長
期耕耘於地方戲曲的江武昌為文表示[64]：

> 60 年代起，面對社會的變化，設立台灣傳統戲曲學校以
> 傳承和培育台灣戲劇人才，有其實際性的需要。在 90 年
> 代之前，關心台灣傳統戲劇藝術人士至少已經有過三次
> 的實際行動和建言，但都被台灣官方給壓制下去了：早
> 在 1966 年，麥寮拱樂社歌劇團的老闆陳澄三曾經欲以私
> 人財力興建戲劇學校，申請不被通過，最後只以補習班
> 的名譽，培育了不少歌仔戲人才；70 年代，新竹地區關
> 心北管和南管戲的人士，有過設立戲劇學校之議，呼籲
> 政府設立不成，欲私人興學，因財力不足而不了了之；
> 80 年代，本土文化逐漸受到應有的肯定和重視，爭取成
> 立台灣傳統戲曲學校的設立問題再被學者提起，而此時
> 官方再無法壓抑貶低台灣傳統劇，然而，教育部卻以民
> 族藝術薪傳獎、民族藝師傳藝制度，製造「有在從事台

---

63 同羅森棟，《台灣光復四十年專輯（文化建設篇）──教育文化的發展
　與展望》，頁 410。
64 江武昌，《臺灣傳統戲曲學校的設立問題》，聯合報──文化廣場版，
　1996 年 9 月 23 日。

灣傳統戲曲傳藝工作」的假象,文建會也年年舉辦各項
「民俗活動」委託學者專家從事民藝調查研究案,表示
「政府非常重視本土戲劇」,以杜學者專家口,……十
餘年的推託,……台灣傳統戲曲學校的設立遂成了不是
問題的問題。

歌仔戲自台灣光復演出活動復甦,及至六十年代中期以後
的衰微,老藝人凋零,新人不繼等生態變化,其技藝傳承以及
人才培育問題,經常有專家呼籲,卻屢不見任何結果,如台灣
省地方戲劇協進會即於1959年5月第一次理事會決議發起籌組
私立台灣地方戲劇學校,公推陳斑昌理事長等25人為發起人,
又於第三次理事會延請外界熱心地方人士為董事進行籌備[65],惟
其後仍未見組成之資料。而其四、五十年代的演出盛況所需人
才,基本上是當時三百多個劇團,團團必須施展自己的本領招
募童,以「團帶班」方式,施以三年四個月的隨團訓練[66]。至於
政府主導辦理之人才培育倒有幾椿,其一為以從業之演員或團
主等工作人員為主的講座,如1947年8月,「台灣省新文化運
動戲劇講座」八天,1953—1960年間由省教育廳連續舉辦「地
方戲劇工作人員短期訓練班」,每期為十二週,課程內容有如
三民主義、現代戲劇與社會教育、現代戲劇與戰鬥文藝運動、

---

65 同呂訴上,《國立北京大學中國民俗協會民俗叢刊——台灣電影戲劇
   史》,頁518。
66 參閱莫光華,《臺灣歌仔戲論文輯錄》,頁127,劇團通常招募貧苦人
   家之幼童,或少男少女,以訂定契約方式,給予家長若干金錢,由劇
   團以「團帶班」方式,施以三年四個月的隨團訓練,而後漸進至「出
   師」演戲;學徒學習期間,當然也協助劇團處理一切雜役,如打掃、
   煮飯、帶小孩等等。家傳演員,則自小跟隨演員父母,奔波流浪,在
   耳濡目染之下學習而成,長大則承襲家業。

蘇俄在中國、怎樣改良地方戲劇、戲劇概論、導演指導、編劇指導、劇務管理、舞台技術、國語學習指導以及專題演講、總統訓詞、省政宣傳等,每堂課五十分鐘,每天八堂課,每週六天,共兩週十二天的課[67]。這樣的課程自然不是培訓演員,但對提供歌仔戲或台灣傳統戲劇工作人員(通常為團主、長)進修而言,未免也太多的政策宣導課程,至於戲劇方面的課又以現代劇為主,不同美學理念的指導能否達到預期效果,很值得懷疑。

　　這類課程的編排是政府和御用專家一廂情願的思考,對傳統戲曲的改進恐怕徒勞無功,對辦理活動的績效而言,很可以虛應故事一番了。而有關劇場營運與舞台技術的課程,基本上也以西方劇場觀念為出發點,以現今大部分專家學者與觀眾大多數贊成傳統戲曲舞台現代化的立場分析,當初的設想似乎有遠見,當時編排這課程的人士,至今仍存活的話,還會沾沾自喜,具先見之明,早在四十年前就敦促歌仔戲舞台美術改良吧!只是,改良,當然也得有週邊配套計劃,逐步完成學習,可惜當時以「形式」取代實質的改善訓練,徒增劇團的困擾。另一方面,的確,假使政策擬定得體,長此以往當會見效,只是文化政策所產生效果,並非立即反映,想求得績效升官的公務官員,恐怕會落入耍文化噱頭的陷阱,採取能獲暫時掌聲的工作辦理了。

　　另外則是 1966 年至 1973 年間陳澄三先生設立之私立拱樂社戲劇補習班,也是值得一提的培育歌仔戲人才事蹟。依據黃

---

67 莫光華,《臺灣歌仔戲論文輯錄》,台中市:臺灣省地方戲劇協進會,1996 年,頁 192、30。

秀錦的紀錄[68]：

> 拱樂社原先想模仿復興劇校，成立歌仔戲之戲劇學校，
> 但因為沒有運動操場，不夠教育部成立學校規定，所以
> 改成戲劇補習班，然而他的制度因向復興劇校學習，而
> 顯得相當上軌。拱樂社每期招收近百名學員（包括歌仔
> 戲與話劇）一律規定住校，由團方負責制服、書籍及伙
> 食。師資方面有聘自復興劇校，負責教授身段，另有多
> 位歌仔戲資深演員如矮仔亮、金鳳等，教授歌仔戲唱腔
> 及口白。如此嚴格的訓練半年後才分發入團表演。

　　拱樂社於 1974 年抵擋不住時勢潮流的變遷，宣佈散班後，
訓練出來之演員加入野戲陣容，於日後成名者有許秀年、陳美
雲、廖秋、連明月等。京劇演員由政府培訓，而歌仔戲演員由
私人培訓的情形，可見政府資源分配於京劇與歌仔戲之差別。

四、勞軍活動 ── 服務鄉親觀念

(一) 京　劇

　　由於上述大鵬、海光、陸光等劇團（以下簡稱三軍劇團），
是軍事體制下的單位，最大的功能為執行「軍中藝宣工作」，
演出對象性質受到上級指導與管制，是一個以「政策」為導向
的表演團隊[69]。劇團的藝人，享有國家保障經濟安定的權利，也

---

68 黃秀錦，〈現階段歌仔戲團結構與經營之比較分析〉，台北市：民俗
　　曲藝第 50 期，1987 年 11 月，頁 32。

69 同劉先昌《論軍中劇隊在台灣京劇史上的影響－以陸光國劇對為析論
　　範圍》，頁 29。另參閱 55-64 頁，所謂「公演」為對外演出，三軍每
　　季輪檔演出，每檔約五至七天，國家慶典時所做的演出亦包含在內。
　　「應邀」通常為政府相關單位的外賓娛樂活動演出、配合教育單位的

必然有付出的義務，於是「勞軍」、「公演」、「應邀」、「交辦」、「支援」五項不同性質的任務，每年在所屬上級單位核定後逐步展開。這五項任務中「勞軍」為執行政策的重點，所指為前往各軍種所屬軍事機關、部隊、廠庫、及退伍軍人之「榮民之家」等地演出，依國防部規定每年演出大場 72 場、小場 120 場，訂有評分標準，做為三個國軍劇團的評鑑參考[70]。而其觀賞對象在 1970 年代以前多為長期服務於軍隊，以行伍出身之老兵，或部分屆齡服兵役之青年。雖然自 1965 年第一屆國軍文藝大會後即對外公演[71]，接觸社會大眾，但還是以老戲迷居多，整體京劇的保存與推動也只能饗宴有限範圍內的鄉親罷了。對京劇的扶植限於軍中體系，無形中造成與社會隔閡的遺憾。

(二) 歌仔戲

至於歌仔戲，因擁有廣大觀眾，軍方有鑑於此，為娛樂閩南及台籍軍人，國防部康樂總對於 1958 年 4 月 24 日正式成立一附屬總隊之歌仔戲班，又是由當時參謀總長王叔銘於開鑼典禮中親授隊旗，以表隆重，其勞軍活動亦行之數年，績效良好[72]。

1965 年陸光藝工大隊組織中除了設國劇隊，尚有歌仔戲隊伍，亦以勞軍為主，惟在 1970 年時，因配合「國軍藝工團隊整

示範演出，或者出國宣慰僑胞以及進行文化外交等。「交辦」與「支援」，大抵不出與少數票友劇團、學校京劇社團間的合作，以及部分企業團體提供員工節慶娛樂之屬。

70 同高小仙，頁 147。
71 同劉先昌，頁 57。第一屆國軍大會決議中第二條明訂：「各劇隊……，每三個月一次假國軍文藝活動中心對外公演一次，每次演期以七天為原則。」
72 陳世慶，《國劇在台的消長與地方戲的發展》，〈台灣文獻〉第 15 卷，第一期，1964 年，頁 188。

編」。

案，而遭裁撤。之前，根據呂訴上【台灣省地方戲劇協進會史】
的記載，五十年代初期起即由協進會策動參與勞軍，至 1961 年
止的紀錄，平均一年勞軍 1700 團，8600 場，觀賞官兵統計約
440,000 人，即每場多於 500 人，且該項統計不包含外台系的演
出[73]。該記載雖未分類勞軍的地方戲劇種，但可以推測以歌仔戲
當時盛行的情況必定是佔勞軍之比例多數。

　　歌仔戲雖然沒有受到政府的約束而從事於勞軍、公演、或
其他支援演出的任務，但在 1970 年代以前也有一段風光歷史，
趁著廟會活動的興盛，一個月二、三十台（日戲一場，夜戲一
場稱之為一台戲）的演出，以及各鄉鎮設有戲院可供職業劇團
做內台戲演出的情形，與鄉民百姓良好的互動，奠基了日後「雖
敗猶存」的生機。我們可以大膽的說，京劇在 1949 年以後，多
為政府透過政策，運用百姓人民納稅錢支持出來（國軍文藝中
心的演出戲售票），而歌仔戲是台灣人民自由自主在廟會組織
活動與商業機能中成長，一為人為因素影響，一為自然環境因
素塑造，同一土地生態下的兩種發展，長久生存與否端賴對環
境的適應性了。

五、戲劇比賽─傳達反共意識

　　1949 年 5 月 20 日起，由台灣省政府主席兼台灣省警備總司
令陳誠發布的五大項戒嚴令中的一小項為「嚴禁以文字標語，
或其他方式散佈謠言」，而依據這項戒嚴令，政府即於 1951 年
訂定行政命令「檢查取締違禁書報雜誌影劇歌曲實施辦法」、

---

73 同呂訴上，頁 519。

「台灣地區省市縣市文化工作處理要點事項」,由警備總部、警察機關及地方政府,組成檢查或執行小組,針對唱片廠商、電影院、劇院、廣播電台、歌廳、夜總會,及有歌舞遊藝表演之場所進行檢查取締。此外,在影劇歌曲的總體範圍內,戲劇節目屬於教育機關管轄,其中國劇部分由教育部主管,負責審查新創劇本,其餘戲劇項目則由地方政府負責審核。因之,在這三十年間,京劇也好歌仔戲也好,在劇本創作、新劇演出以及各項比賽及表演活動中,必需考量到文字言行是否牽涉「共匪及附匪作家之作品」,稍一不慎,除被查禁外,或惹上為匪宣傳、意圖叛國而坐牢,嚴重者遭處死刑。民間藝人、劇作家,在這種言論自由受到某種程度的箝制下,自然而然創作少或被動的呼應需求,改編舊劇本演出。這段期間戲曲創作固然不多,實際演出的活動卻因著經濟狀況的改良、社會的漸進富裕,而仍舊戲約不斷,加以配合國策宣揚傳統文化,整體戲劇活動算是相當的活躍。而審視這段蓬勃期的戲曲內容,再度發現經政府審查後准予演出的劇作,除傳統劇目的忠孝節義外,更加強反共意識型態作品,並且在政府倡導的戲劇比賽中,凡是與宣揚三民主義及反攻復國相關題材的演出,獲魁的機會很大,造成幾乎全面主題意識的演劇。在這一項論題中,以京劇和歌仔戲均存在的比賽活動為論述對象,分別針對政府京劇競賽的政策加諸於京劇團隊的時代使命,所產生的後果;以及歌仔戲比賽政策對歌仔戲本身技藝的影響,藉由這段歷史的研究應證戲曲與政府政策的互動關係。

(一) 歌仔戲:

歌仔戲比賽,自 1952 年起即由政府單位主辦並委託民間單

位執行[74]。這樣的施政執行結構通常想顯示的是政府借重民間力量共同完成建設目標，另則表達政府尊重專家學者等專業的立場，不予干涉執行方式，以達到更崇高建設人生的目的。該項比賽始由台灣省教育廳主持，由台灣省地方戲劇協進會辦理，而該協會的組成由前述可以得知是由中國國民黨中央委員會（當時稱改造委員會）首先發起改良歌仔戲會議，隨後經各政府相關單位及民間團體商議多次後成成立，雖地方戲劇上包含傳統偶戲、南北管戲等，但仍以提昇歌仔戲演出為首要重點。由於該會，基本上由政府主導的成分為重，所辦理的活動，其經費來源不出政府支助，而地方戲劇比賽這項看來支助較久的活動，早期卻有重重的政策目標，茲從幾個觀點探討政策如何左右該戲曲的發展：

1、比賽目的：

在比賽辦法中，常見的陳述是：台灣省教育廳（或台北市政府）為加強實施地方戲劇改良，及配合社會教育擴大運動週活動，（或改良國民生活運動，或配合十月慶典，或加強民族精神重要重要活動，或為復興中華文化）起見，特舉辦本年度

---

74 按有關地方戲劇比賽，1952 年創辦之初稱為台灣省地方戲劇比賽，由台灣省政府教育廳及教育部聯合主辦。1968 年台北市改為直轄市，由省市教育廳局及教育部聯合主辦。比賽分初賽與決賽，初賽於每年十二月底以前辦畢，決賽於次年二月十五日戲劇節以前辦畢，並於戲劇節日頒獎，其比賽組別或有南管、客家班組、閩南語話劇組等，歷年來略有變更，大體言之可分為歌仔戲組、掌中戲組及歌舞劇團組，其內容分為最佳團體三名、及最佳劇本、導演、男女主角、配角、舞台技術的等項。自 1979 年高雄市改為院轄市後，台灣地區之地方戲劇比賽仍由各省市先辦初賽、複賽，決賽則由省市輪流舉辦。（筆者歸納自各年地方戲劇比賽辦法）

地方戲劇比賽[75]。這樣的陳述在二、三十年間從未改變，這或可解釋為承辦單位人員因循苟且，官樣文章千篇一律罷了，或可說，政策主導下也不可能做多大的變化，而就在這樣的目標下，接著一連串的內容也不能改弦易轍。

2、劇本內容：

各年度的比賽中，劇本內容的規定因應當年度政府整體政策而略有改變，惟不離反共、復興、加強國民生活倫理等方向，更有硬性規定者如 1959 年「台灣省四十八年度全省地方戲劇比賽辦法」第三條規定[76]：

> 比賽劇目由各劇團就教育廳所頒發之「大明奇女子」、「張良復國」、「忠貞報國」、「少康中興」中選一劇參加（主題及主要內容不得變更，演唱歌曲及場幕穿插得自由發揮）比賽（初複賽需用同一劇目，決賽分二場，一場用初複賽同一劇目，一場自由選定）。

又，1961 年第五十年度的比賽鼓勵新創作，劇目由參加劇團自行選擇，而如選用劇尚未請准上演登記，還可以在比賽時試演，富有革新與便民的動機，可是，內容規定需切合反共抗俄宣傳，具有發揚民族精神，或富有社會教育意義者[77]；1966 年的比賽內容必須以揭發共匪暴政、切合反共抗俄宣傳、並宣揚總統革新、動員、戰鬥及五守（守時、守信、守法、守分、

---

75 同呂訴上，頁 520，及 1961 年 9 月 27 日新生報〈台灣省 50 年地方戲劇比賽〉，1966 年 9 月 26 日聯合報幼獅社〈55 年度地方戲劇比賽〉，1973 年 9 月 19 日中央日報〈62 年度地方戲劇比賽〉等報導。

76 同呂訴上，頁 520。

77 聯新社訊，〈全省地方戲劇比賽，教廳訂定辦法〉，新生報，1961 年 9 月 27 日。

守密）號召，加強社會教育改進國民生活訓示爲主[78]；1968 年除反共宣言外並配合中華文化復興運動的新劇本，協助政府推行社會教育，改進國民生活[79]。至於 1976 年以前每屆比賽最佳劇本如〈王左斷臂〉、〈還我河山〉、〈忠孝一家春〉、〈憤怒的火焰〉、〈將功贖罪〉、〈勾踐復國〉、〈光武中興〉、〈浩然正氣〉、〈一死保山河〉、〈忠貞報國〉、〈節義碑、貂蟬〉、〈毋忘在莒〉、〈鑑湖女俠〉、〈亂世兒女〉、〈征衣緣〉、〈陸文龍〉等[80]，可以見得歌仔戲的比賽演出充其量是履行反共思想，復興中華文化的使命罷了！

　　3、評判標準：

　　基本上，分爲編導 30%、演技 30%、舞台技術 20%、團隊精神 20%[81]。或依評審後檢討略修正，將編劇分爲劇本與導演，比重調整，如 1961 年度爲劇本 30%，導演 15%，編導的份量增至 45%，對歌仔戲劇團一向無文本，採敘述大綱的方式而言，太大的挑戰形成的現象則爲放棄自行編劇，而多半委請歌仔戲團以外的專家編劇，至於導演，這樣的編制當然在傳統戲曲中未曾存在，倒是由原存在的「排戲先生」，依自身承習而來的技藝與記憶，說與演員知曉後，即由演員摸索，加上演員之間的排練與琢磨及默契的培養，終於成戲。在劇團尚未學習如何融入西方戲劇導演制度時，以這樣的評判要求劇團，只可以說

---

78 幼獅社，〈地方戲劇比賽，教廳訂定辦法〉，聯合報，1966 年 9 月 26 日。

79 本報訊，〈改良地方戲劇，北市月底競賽〉，中華日報，1969 年 10 月 19 日。

80 同呂訴上，頁 520 至 530。

81 同呂訴上，頁 520。

東施效顰，對於當時而言是不切實際的做法，當然在今日西方
戲劇技巧影響甚盛的情況下，又另當別論。評審人員的延聘與
評審角度攸關，比賽辦法中，有關評判人員的組成是由各縣市
政府遴聘有關機關代表及專家五人擔任，另各參加比賽劇團得
派代表一人，會同評閱，並填報評閱意見，提供評判員參考。
乍看之下也覺得用意良好，既有劇團代表又有專家，但劇團代
表在當時不能書寫文字者居多，填報意見也是草草了事，虛應
故事。評審委員中除機關代表的評審人員外或許都是戲劇專
家，可惜不是歌仔戲專家，一位參加 69 年度北區比賽的老演員
指出，裁判聽不懂都在打瞌睡，觀眾都在笑[82]。他們在評審台灣
地方戲劇時，居然採用京劇的觀點，如服裝、臉譜、做表、文
武場、鑼鼓等，迫使歌仔戲團只好模仿京劇的形貌，內容與唱
詞又是歌仔戲原來有的，反而顯得不倫不類[83]。評審想以西方戲
劇或京劇改進歌仔戲低俗的部分，忽略台灣語言與音樂的絃
律，徒然喪失歌仔戲地方色彩本質。

　　比賽政策規劃與執行成效有一定的因果關係，也即是說「政
策制定與該政策利害關係人在考量彼此的利益、意向後做更周
延的策略以達成目標」[84]。然而綜觀這三十年間的歌仔戲比賽政
策內容與執行模式，強制政策的實施，枉顧劇團本身的需求，
忽略歌仔戲本身的技藝，僅為達成黨國利益，只能說負面多於
正面。整個活動過程中，文教高層長官如省主席陳大慶，一廂
情願的不斷呼籲「戲劇的演出不獨要有藝術和娛樂的價值，而

---

82 湯碧雲，〈地方戲劇比賽形同虛設〉，中國時報，1981 年 3 月 6 日。
83 遠亭，〈地方戲劇比賽的一些感觸〉，新生報，1978 年 1 月 31 日。
84 林永芳，《現階段文化政策執行之研究》，頁 15，國立中山大學學術
　　研究所碩士論文，1987 年 7 月。

且更需具有移風易俗與復興文化的意義……」[85]教育廳潘振球廳
長在改良地方戲劇座談會揭幕席上說:「……優良劇本的創作,
是改進地方戲劇的中心問題..過去地方戲劇都缺創作的劇本,
演員多以模仿或以其本身所具的條件,從事演出,故地方戲劇
多僅劇忠孝節義的形式,而缺凡時代精神和意義。..優良的地
方戲劇劇本,需具有闡揚民族文化,符合時代意義及感人的藝
術價值的通性,並具有地方的特性。」[86]理念上也無不當,而實
質上,據從事歌仔戲導演工作25年,當時任台北市地方編劇委
員會編劇的陳志生說[87]:

> 依照規定,外台戲必須照送審通過的劇本演出,並需服
> 裝整齊,演出時不能吹奏西樂或以日本武士刀為道具,
> 但實際上遵照規定演出的則不多。有些外台戲在演出
> 時,演員竟穿著日本服裝,有的甚至口嚼檳榔,足登木
> 拖上台,唱日本歌或國語流行歌曲,舞弄日本或西洋劍
> 術,把傳統的台灣歌仔戲弄得不倫不類,這種胡鬧情形,
> 尤以當兩個戲班同在一處「打對台」互爭觀眾時為
> 烈……。這些歌仔戲班,沒有正式的導演和編劇,所以
> 劇本都是互相抄襲,不知改進。

地方戲劇學者林茂賢也說[88]:

> 比賽目的在檢察劇團是否「思想純正、主題正確」,且

---

85 本報台中電,〈地方劇比賽頒獎典禮陳主席昨親自主持〉,新生報,
   1970年1月28日。
86 同本報台中電,〈地方劇比賽頒獎典禮陳主席昨親自主持〉。
87 戴獨行,〈地方戲比賽情況熱烈——歌仔班積弊有待改善〉,1975年
   10月21日。
88 林茂賢,〈廢除地方戲劇比賽,也許觀摩更好〉,民生報「文化特餐」,
   1993年2月8日。

演出前劇本要先送審，劇本內容需以發揚忠孝節義之民
族精神為原則」無疑將表演藝術當作政治工具。

至於演出方面的缺失更是長期被政府忽視，如演出場地不
良，野台戲的比賽多設於廟口[89]。又戴獨行也敘述歌仔戲團的辛
酸[90]：

> 台北市的歌仔戲班多達 57 個，規定只能在統一拜拜和祭
> 典時演出，平均一個月僅有演出十二天的機會，因此各
> 團競爭激烈，演出日夜兩場的酬勞約為新台幣 4500 元，
> 一個團有十幾二十人，實在不夠維持生活，如演大場面
> 或與她團打對台時，更有貼老本之虞，比起電視歌仔戲
> 的優厚待遇，真有天地之別。

另依規定是凡未參與比賽者，則自動取消演出證，劇團為
求取演出執照，以便常態演出，維持平日生計，只好不管比賽
的主旨、內容、評鑑等各項規定如何不適合劇團實際狀況，通
常委曲求全，應付了事。而政府單位及所謂歌仔戲「促進會」
的「有識之士」則一味認為這是管理劇團，使其上軌道的措施，
無奈卻因為政府與劇團間的認知與利益不能和諧，除影響提昇
歌仔戲團的「藝術水平」外，換來的也是一片怨聲載道。

由上述的分析探討，政府要求歌仔戲配合政策推展活動的
同時，假如不能同時兼顧到歌仔戲生態環境的需求，自然是事

---

89 遠亭，〈地方戲劇比賽的一些感觸〉。以 66 年的比賽為例，決賽分別
設於臺北市延平北路二段的「慈聖宮」，和彰化的中正路頂內的「百
姓公」兩個小廟舉行，由十個精挑系選的劇團爭奪前三名。這樣的小
廟雖然很鄉土，很民間，但是，卻只能容下三百個座位，搭景佈置也
顯得簡陋，一但遇到雨天，比賽便無法順利進行，對劇團觀眾也容易
造成不良影響。

90 同戴獨行，〈地方戲比賽情況熱烈——歌仔班積弊有待改善〉。

倍功半，這也是多年一直爲人詬病之處，也因此形成日後硏究
者對政府到底是在「提倡」或「壓抑」歌仔戲的論點上產生質
疑。至於同樣具有比賽性質的京劇，其狀況則由下探究。

(二) 京　劇

　　京劇有競賽戲始自 1965 年 10 月，乃爲響應「國軍新文藝
運動」而辦理[91]，歷時 30 年至 1994 年結束。早在 1955 年 1 月
蔣中正提出「戰鬥文藝」的號召，軍中作家即積極參與，雖然
不免遭議「以文藝形式達到政治目標」、「文化淪爲政策的附
庸與政治化工具」，但在當時台灣本土文化傳統斷絕之際，國
民黨政府的文藝措施的確在五十年代發揮效果。而六十年代新
文藝運動也想再一度的利用軍中的力量宣揚民族文化精神。其
中與京劇有關者即爲國劇劇本獎及國劇演出獎，在每年十月慶
典以前於「國軍文藝活動中心」舉行，俗稱「競賽戲」。該項
比賽所以重要，是三軍劇團所屬的各藝工大隊每年接受國防部
考評，做爲人事升遷及年度績效重要依據，對各隊軍系人員特
具意義，而對劇團團員而言也是除了勞軍、公演、上級交辦活
動之外的另一項薪資考核方式，層層關聯之下，得了獎項以後
是榮譽，當然也有額外的獎金，這額外的獎賞對生活不無小補。

　　競賽戲在六十年代發起，自然也有它的時代使命，直至 1987
年解嚴以前的比賽主題仍不脫離政治意識範圍，以 1986 年的第

---

91 參照高小仙，頁 133。「國軍新文藝運動」三大目標簡單的說是要達成
發揚倫理觀念、培育民主思想、倡導科學精神，即重申「倫理、民主、
科學」三者的重要性；主要透過文藝理論、小說、散文、民俗、新聞、
影劇（包含國劇）、詩歌、美術、音樂、廣播等推動之，並設置「國
軍文藝獎」，做爲實質的鼓勵。

22屆競賽為例，其主題不外[92]：

1、蔣總統經國先生指示：我們要凝聚向心力，鞏固安全，需要我們以「建國必成的信心，承先啟後，繼往開來的犧牲奮鬥，反共到底的決心」來發揮「眾志作干城、一拳定天下」的氣魄與精神，向勝利的標竿前進。

2、闡揚先總統蔣公「消滅共產專政，光復大陸國土」的重責大任遺訓，以擴大紀念先總統蔣公百年誕辰。

3、明天一定會更好：自力更生，衝破橫逆，由無到有，民富國強，只要秉持信心、恆心與決心，必能創造更美好的明天─表達出三民主義的優越性為中國富強康樂的唯一出路。

4、貫徹「反統戰、反台獨、反滲透、反分化、反暴力」之基本要求，徹底粉碎共匪統戰陰謀，加速完成「三民主義統一中國」的神聖使命。

5、報導勤儉建軍，愛民助民事跡，激勵憂患意識，發揮軍民一家，和衷共濟的愛國精神。

　　這五項主題為所有的藝工參賽團隊（包含綜藝）所共同遵守，觀其至1976年止的得獎作品，不出〈木蘭從軍〉、〈同心保國〉、〈大唐統一〉等，更可以明確的判斷這樣的政策與主題意識下所產生的作品風格了[93]。據王安祈分析[94]：

---

92 同劉先昌，頁191。

93 參閱劉先昌，頁195-197。 1965年大鵬〈木蘭從軍〉，1966年陸光〈梁紅玉〉，1967年大鵬〈仁者無敵〉，1968年大鵬〈韓玉娘〉，1969年至1972年均為觀摩演出，劇碼例如〈同心保國〉、〈百戰興唐〉、〈大唐統一〉（原名岳雲）、〈投筆從戎〉（原名鐵面無私）、1973

那時的劇目並不要求全部新編,多半都是傳統老戲,有時做些精修整編或添頭加尾的工作。由於是「國軍文藝金像獎」諸多項目(含詩歌、散文、小說、繪畫)中之一類,當然在題材選取方面免不了要以激勵人心、復國建國為綱領,因此各隊多從傳統戲中尋找相關適合劇目,例如梅蘭芳為配合抗日情緒所推出的「梁紅玉抗金兵」、「木蘭從軍」、「生死恨」、「西施」便都成為競賽常客。另外有些政治意味並不濃但表演有發揮的傳統戲,便通過「更換劇名」以「點醒主題」的方式參加競賽,例如「珠簾寨」改稱「興唐滅巢」,「大、探、二」稱做「同心保國」……「斬經堂」、「黃金台」填為全本叫做「滅莽興漢」、「毋忘在莒」。

本來,演出富有忠孝節義的傳統戲劇,是政府在遷台後為維護中華文化一而再強調的方向,無論勞軍或公演也以此為標竿。且在六、七十年代一、二十年間保留了將近二百齣老戲[95],倒也盡了宣揚國粹,慰藉從大陸前來之官兵將領的責任,相對於大陸隨意竄改傳統劇的作風也適當的表達我方「正統」地位。偏偏競賽戲以反共意識為號召,而團隊真正以反共抗俄為主的

年陸光〈富貴壽考〉(原名寶蓮燈),1974年觀摩戲,1975年蔣中正總統去世,競賽停辦,1976年陸光〈巾幗雙英〉(原名精忠報國)。

94 王安祈,〈競賽戲和我的姻緣〉,「表演藝術」第36期,頁45,1995年10月。

95 參閱高小仙,頁234。以六十年代,1965年國劇全年演出的劇碼共71齣老戲,新修編的僅〈木蘭從軍〉、〈少康中興〉、〈毋忘在莒〉三齣,以及七十年代1979年161齣舊戲,新修編有「光武中興」、〈白蛇與許仙〉、〈活捉張三郎〉、及〈感天動地竇娥冤〉四齣,新編者有〈尋親蕩寇〉、〈真假芸娘〉、〈中秋首義〉、〈忠孝興邦〉四齣。

新戲，或為政治服務的戲也少之又少，以改變傳統劇內容，變
更劇名，響應政策的推行，這樣不落實的推動方式，與歌仔戲
劇團為取得演出執照只好虛應政策，報名比賽的情形同出一
轍。對這時期競賽戲的目標而言，除了辦理單位可以向上級交
差了事外，對於演員本身也造成傷害，即無形中養成似是而非、
敷衍了事、不求上進的怠惰心態。更諷刺的是，國防部似乎應
該是紀律最佳表徵單位，管理上一向也嚴格，所謂紀律如山，
然而京劇團屬於國防部管理，劇團執行政策上卻陽奉陰違，政
策擬訂者與執行者間確實已經存在不良互動。而以僵化的思想
求取發揮藝術創造力，亦同樣是緣木求魚。

六、語言限制－推行國語運動

　　限制語言是否又是闡揚中國文化道統的表現？國語政策的
推行是台灣光復後至 1970 年末期的教育政策重點之一[96]。政府
想藉之使更多民眾了解中國文化，以發揮民族精神。當時主政
者或學術界咸認為推行國語為要務，致使台語的存在空間愈見
減少，以台語為主要傳播語言的歌仔戲，或其他布袋戲等台灣
地方戲曲自然受到發展上的限制。

　　在四、五十年代，歌仔戲正當興高采烈的重回祖國懷抱，

---

96 黃才郎，《文化政策影響下的藝術贊助》，頁 175。自 1945 年 6 月即
　由教育部設立國語推行委員會，負責本國語言文的整理、審議、以及
　輔導教學、訓練推行人員等任務；在 12 月台灣光復，教育廳相應成立
　委員會，加強台灣省學校、機關以及社會的國語文教育並徵選專業人
　員分布於各縣市負責推行。1947 年 2 月 26 日開始推行國語運動，1950
　年 1 月 28 日台灣省教育廳又頒布辦法通令各縣市均應設「國語推行委
　員會」，1959 年省教育廳規定放映國語片禁用台語說明，接著新聞局
　又於 1 月 26 日公佈獎勵國語影片辦法。

紛紛組團演出時，即面臨大環境提倡國語，禁用台語的層層規定，對以台語發音為主的傳統戲曲而言，難逃衰微的下場。當時的環境固然仍有少數加強台語的活動，如省政府會議通過各機關普設台語訓練班（1950/6/23），徵信新聞社和各影劇團體合辦「台語片影展」，以推動台語片的正常發展（1957/11/01），但總是曇花一現。加上 1960 年代中華文化復興委員會在各縣市與原屬於民間活動範圍的寺廟，合作辦理「倫理、孟子、大學、中庸義理疏解」之「國學研習會」，傳統戲曲的倚仗喪失不少，就此歌仔戲也埋下年輕人聽不懂的危機。而七十年代政府又再度頒布辦法加強實施國語，1971 年台灣省政府制定「加強推行國語實施計劃」；新聞局也發布限制廣播、電視台語節目播出之時間與時段；1973 年教育部公佈「國語推行辦法」共計十四條[97]，具體明訂各級單位、學校如何培養師資及進行推廣工作，在重點工作項目中列有「加強說國語運動」，其辦法之一為「各級學校、機關、民間團體及公共場所一致推行說國語運動」，另一為其「組織評鑑會選出績效優良與以表彰鼓勵」。這個辦法的執行導致學生在校園不說國語者被罰錢的現象，多數七十年代中葉以後就學者，有此經驗。台灣本地出生的新生代，聽、說台語的能力逐漸遞減或消失，以台語發音的傳統戲劇無疑加速沒落。

　　事實上，語言的問題不獨是台灣的地方戲曲所面臨的困境，凡中國地方戲曲均有其特殊的方言體系，「而民間戲曲，那種根源於方言體系而自成一格的表達方式與感情韻味，便無

---

97 同教育部《第五次中華民國教育年鑑》，頁 1231。

法在國語的表達中作強烈而且深刻的呈現」[98]。由此，主政者不能了解到這個層次，給予歌仔戲更自由的發展空間，台灣民間戲曲未能突破語言限制的瓶頸，其發展性當然堪憂。

七、廣電傳播－反映市場機制

國民黨政府在台灣由早期的艱難經營，歷經美國的軍事、經濟援助，國際地位的肯定後，國內的經濟漸次穩固。五十年代各種響應政府措施的民間社團組織興起，農民生活改善，六十年中小企業突出，七十年代工商業穩定至開始具有相互競爭的氣息，社會型態在三十年間已然由農業社會轉向工商業社會，這樣的轉變，對依附農業型態生存的歌仔戲，形成的壓力不僅是經營演出的變化，技藝上質變才是攸關劇種生存的要件。京劇亦是不例外的也需面對步調快速轉換的時代脈動，所帶來觀眾流失的衝擊，兩種傳統戲曲均面對環境生態的挑戰，而所謂的「環境生態的挑戰」，最重要而具體的恐怕就是視聽娛樂媒體日益增多的威脅。廣播電視傳播媒體的出現當然是載舟亦能覆舟，對一向以舞台為媒介的京劇、歌仔戲，提供傳播的機會，也讓兩劇種技藝產生質變。無論音樂曲調、演員身段表現以及佈景燈光等舞台視覺，已形成不同於面對觀眾演出的「另類表演」。本項目中主要探討廣播、電視傳播對京劇、歌仔戲生態的影響，其數量的增加是否提供更多傳唱傳統戲曲機會？節目內容的需求是否又是以反共為主題？當然更重要的還是需要討論到戒嚴時期，媒體仍舊操控在國民黨政府手中，傳

---

98 王嵩山，《台灣民間戲曲的形式與意義：兼論傳統的轉型與現代發展》，頁106。

播政策又是如何影響戲曲的發展？

　　視聽媒體在此以廣播及電視爲例論述。首先就廣播而言，1949 年廣播電台僅十座，公營的有軍中台、空軍廣播電台；民營的民本台以及中國廣播公司所轄的七座電台。雖然有電台的設施，因處於動員戡亂時期，民眾並不能很自由的擁有收音機，並需依照規定登記使用權，並每季繳納十元，逾期未登記查獲者即沒收[99]。1961 年即增至 32 家，以後雖然沒有新的廣播公司或電台成立，但是各原有的廣播公司在各地增設分支台站。至 1985 年的統計共有 32 家廣播公司，170 座電台，其中民營 20 家 56 台數，其餘爲中央廣播電台 1 家 6 台數、中國廣播公司 1 家 4 台、公營專用電台 7 家 40 台數以及軍用廣播電台 3 家 24 台數，民營者亦多與國民黨有關，可說三分之二爲政府及國民黨擁有。而收音機數量上，在 1981 年已達一千二百萬餘台，平均每 1.5 人就有一台，調頻（FM）收音機也達三百萬至四百萬台之間，廣播事業在 1954 年至 1964 年間，可說節目最豐富多姿，對社會最有影響力的時期[100]，舞台之外使歌仔戲首先轉型的也是廣播界，而有廣播歌仔戲之稱[101]。

(一) 廣播歌仔戲

　　五十年代中葉以後，戲院再不全然專屬於歌仔戲表演天地，新劇、歌舞團、魔術團、電影均漸漸加入，戶外也有溜冰、馬戲團等娛樂，全台從事地方戲劇內台演出的劇團，在數量上

---

99 同黃才郎，《文化政策影響下的藝術贊助》，頁 176。
100同羅森棟，《台灣光復四十年專輯（文化建設篇）——教育文化的發展與展望》，頁 385。
101同曾永義，《台灣歌仔戲的發展與變遷》，頁 76。

只佔總數的四分之一，六十年代除廣播媒體外，電視媒體加入，劇團被淘汰將近三分之二，即在 1964 年內台戲僅剩百團，外台戲則增至三百餘團[102]。在原來歌仔戲觀眾由舞台媒介轉向電子媒體時，歌仔戲演員也隨勢轉業至影劇界，劇團也產生走入廣播、電影、電視，或強化演出效果等應對方式[103]。廣播歌仔戲形成之初，先行至內台戲演出現場錄音後播放，後來因音效不佳，便改由電台成立廣播歌仔戲團，其中私營的民本、正聲，公營的中廣、警察、中華先後播放歌仔戲，而以楊麗花女士所在的「正聲天馬歌劇團」聲勢最為浩大。歌仔戲廣播節目乃以商業廣告的收入做支持，在電視媒體於 1961 年興起，1965 年較為普及前，廣播歌仔戲還算是黃金時代，其後則廠商轉向電視，廣告收入漸少後，歌仔戲節目相對減少，而政府在此時並未採取支援，反而在廣播電視法發佈時，限制播放閩南語時間的影響下，逐漸消聲。

(二) 京　劇（廣播）

至於京劇在廣播電台一向佔一席之地，幾十年來在保護中華文化的政策之下，各台響應情況熱烈，最先開播的軍中廣播電台（1942）在軍中劇隊尚未組成以前即存在京劇節目，空軍廣播電台（1946）亦得利於王叔銘將軍的支持，中廣、中央、警廣、復興崗、幼獅等與黨軍相關的電台不消說不但播放京劇，每日不同時段尚重播劇目，便於選聽，其節目來源，大致採用唱片直接播放。至於唱片的來源經判斷應該是百代、勝利、長

---

102 同曾永義，《台灣歌仔戲的發展與變遷》，頁 73。
103 同曾永義，《台灣歌仔戲的發展與變遷》，頁 73。

城、高亭、蓓開，麗歌、太平、寶塔、北海、大中華、等十家
唱片公司在國民黨政府遷台前即在大陸錄製完成者，約略 450
齣，多爲南北負有盛名的名伶所灌製[104]。本來京劇的廣播節目
也如歌仔戲一樣藉由商業廣告的收入支持節目播出的各項消
費，在電視尚未普及以前，一般而言兩者均無所謂的製播經費
困難的問題，然而有了電視媒體競爭後，政府對京劇的支持則
明顯化，各公民營電台均得以復興中華傳統文化的理由向政府
要求補助經費，偏遠地區尚無電視傳訊設施之山地榮民均可以
收聽，對於京劇的傳播的確達成相當的效果。

　　1962 年 2 月 14 日教育電視實驗電台正式試播，這是台灣第
一座電視台播出經常性節目（1971 年併入華視），其後七個月，
於 1962 年 10 月 10 日，第一家民營電視台—台灣電視公司正式
開播，雖爲民營，實際上台灣省政府是最大的股東；1969 年雙
十節中國電視公司開播，而這電台乃由國民黨投資建立；1971
年 10 年 31 日中華電視公司開播，係教育部與國防部合資設立，
公共電視則直至 1982 年才開播。電視機在 1960 年才 50 架，1962
年電視台經常播出節目時增爲 4400 架，1980 年則已然高達三百
四十四萬二千架，平均不到四人就有一架電視機[105]，歌仔戲與
京劇利用電視的傳播也得了「電視歌仔戲」與「電視京劇」之
名。

(三) 電視歌仔戲

　　歌仔戲除了台灣 1945 年光復後到 1956 年台語片電影興起

---

104 同高小仙，頁 90。
105 同羅森棟，《台灣光復四十年專輯（文化建設篇）——教育文化的發展
　　與展望》，頁 380–382。

前較為順利發展外，一路至解嚴前，數度轉型的過程中，均是坎坷奮鬥。1956 年曾一度由陳澄三經營的「拱樂社」拍製歌仔戲黑白電影，連映 24 天，刺激了閩南語片及歌仔戲電影紛紛出籠。但到了民國 50 年後，不但閩南語電影即趨沒落，歌仔戲也蕭條，這樣的轉變當然是受到電視興起的影響。首先台灣電視台以歌仔戲為民間廣大觀眾喜好，從營利立場而論，製作歌仔戲節目收視率必然會高，相對的也可增加廣告收入，於是從各民間內台戲團、廣播劇團號召當時頗富聲名的演員組成劇團，爾後中國電視、中華電視台開播，也相繼成立歌仔戲團[106]，直至 1972 因各團競爭激烈，廣告收入受到影響，加以另一以台語發音的地方戲曲－黃俊雄布袋戲在電視上大放光芒，歌仔戲有式微傾向，乃由三台聯合組成「台視聯合歌劇團」，由楊麗花領銜，繼續奮鬥至 1977 年宣佈解散。其間當然有高峰期如 1972年的〈西漢演義〉共播出 106 集，一集三十分鐘，曾出現二十餘分鐘的廣告[107]。如前所提，行政院新聞局在此時發佈的限制閩南語（不稱台語而稱閩南語，當然也有台灣與中華文化血緣關係之意義）廣播、電視節目播出之時間與時段，則是傳統戲劇加速沒落的催化劑。政府在這段期間無委由電視台製作歌仔戲節目，亦無歌仔戲賞析等電視教育節目的製播，歌仔戲的起

---

106 參照曾永義，《台灣歌仔戲的發展與變遷》，頁 79-80。台視率先組成「金鳳凰劇團」，節目皆現場以舞台劇方式播出，收視率的確非常好，爾後各電視台開播放，也相繼成立歌仔戲團，如台視以楊麗花為主組成「台視歌仔戲團」、中視招募「中視歌劇團」、「定峰歌劇團」、「正聲寶島歌劇團」、「拱樂社歌劇團」等四個劇團加入競爭行列，由知名歌仔戲演員如小明明、葉青、柳青、王金櫻等主演，華視亦成立歌仔戲團，由林美照擔綱。

107 同曾永義，《台灣歌仔戲的發展與變遷》，頁 82。

落興衰，完全取決於市場的需求罷了。

㈣ 電視京劇

而有中華文化道統身份的京劇，當然就正好藉著能深入各家庭的電視媒介，多加宣傳了。在此仍舊先由台視的情況開始敘述：1962 年開播初期，即以總經理周天翔爲社長組成「國劇研究社」，當時的市場尚不能與廣大台灣民眾所喜歡的歌仔戲評比，因此電視台安排每月僅演出一場，後由多方反應熱烈，增加爲每月兩場，內容以傳統劇目〈貴妃醉酒〉、〈奇雙會〉或較容易運用電視效果製作騰雲駕霧形象的〈天女散花〉等爲主，自 1963 年至 1970 年止共推出 95 場，其中有舊劇改編者 62 齣，亦有因應電視特性而重新編撰者 32 齣，此期間廣告之售出率不及歌仔戲或其他型態之戲劇、綜藝節目，然而因國家政策關係繼續維持播放，亦取得如菸酒公賣局、合作金庫、臺灣銀行、台灣肥料公司、高雄硫酸錏公司等省營事業廣告的分配[108]，惟改採製作費較低的傳統「舞台式演出」，且由軍中劇隊支援，漸次編訂播出長度合於九十分鐘（按顧曲先生說法，三台國劇由六十分鐘，增長爲九十分鐘，亦是陳立夫之功）規定的劇碼達 250 齣之多，其中包含〈毋忘在莒〉、〈勾踐復國〉、〈龍鳳呈祥〉等符合國情的節目[109]。另外，依據姜龍昭的記載，更可以了解以台灣省政府爲最大股東的台視如何配合政策宣揚國劇[110]：

108 顧曲，〈談電視國劇〉，國魂，第 579 期，1994 年 2 月，頁 31。
109 姜龍昭，〈電視播映平劇三十年來之變化〉，廣播與電視，第 56 期，1992 年 3 月，頁 101。
110 同姜龍昭，〈電視播映平劇三十年來之變化〉，頁 105。

台視為遵奉 先總統蔣公復興民族文化的遺訓，於六十四年五月十日，首先開闢「國劇介紹節目」，其目的乃以傳播國劇常識及表演內容，以增進一般觀眾對國劇的了解。……開播先期，分由具知名度之影視明星輪流主持，並邀請主管文教機構首長蒞臨致詞，華視則首由總統府資政兼中華文化復興委員會副會長陳立夫講話，繼為教育部長蔣彥士、文復會秘書長谷鳳翔、中央文工會主任吳俊才、新聞局長丁懋時、交通部觀光局長曹嶽維、國策顧問徐柏園等，均先後到場致詞，節目倍增聲勢。

中視 1969 年成立時，雖然明知京劇節目的廣告收入入不敷出，但基於台視有京劇節目，中視也必得有京劇節目的心態，以表白國民黨支持的電視台確實宣揚國粹，復興中華文化，於是由部分公家銀行等單位提供一小時廣告以資彌補演出費用。中視的「國劇研究社」以當時節目部經理翁炳榮為社長，菊壇名伶顧正秋女士任副社長以壯陣容，惟雖可因此聘請到名角參演，但是人事費用過高的情形下只好於 1973 年裁撤，比照台視，邀請軍中劇隊，輪流演出。至於華視的情形則因握有三軍劇團調度的權勢，又明知不易有廣告收入，很保守的安排軍中劇隊每週輪流演播一次，或錄製國軍文藝活動中心公演戲及競賽戲播放[111]，以表達盡到發揚傳統的心意，其延續性較為穩定。

台視開播時每週播出三次國劇節目，中視、華視陸續開播後，每週六下午三時以後由台視播出，週日下午由中視及華視先後播出。其後因電視台商業取向日濃，斷斷續續停播復播，直至 1978 年之後，蔣經國擔任總統指示加強社教功能後，京劇

---

111 同姜龍昭，〈電視播映平劇三十年來之變化〉，頁 103。

再度受到重視[112]。由此可見,日漸減少的觀眾群,生存環境挑戰性日形增加之下,對維護傳統文化而言,政府的輔助有其必要性,京劇可以獲得提倡,而歌仔戲必得自己奮鬥,其間之差別,也難怪大部分的台灣地方戲曲學者專家歸罪國民黨政府意識型態所造成的後果。

這段三十餘年時光,在國民黨政府黨、政及相關社會團體監督協助下,京劇、歌仔戲的發展,無論在管理規則、成立劇團、人才培育、勞軍 活動、戲劇比賽、語言運用以及廣電傳播上,顯而易見,均以三民主義、復興中華文化為最高指導原則。在各項目的分析中,也可以辨明京劇受到重視,歌仔戲受到忽略的情況;京劇為重、歌仔戲為輕的現象也反映出當局者係以京劇代表著中華文化,歌仔戲為台灣地方性戲曲之一的政策心態,「國劇」與「地方戲劇」的認定當然也有一番道理,但是不顧地方戲劇的特性,完全制式化以京劇為標準,間接對戲曲所由來的社會民俗習慣也予以否定,正是對台灣本地傳統文化的斲傷。而全盤的文教政策對戲曲的推動,看似熱鬧繁忙,又是展演輔導、出國慰勞僑胞,社團林立,實質上,卻也不顧京劇或歌仔戲戲曲特質,一味高唱反共意識,不顧社會經濟變遷對戲曲的影響,只顧要求內容強固雪恥復國的精神,讓京劇在軍中萎縮,讓歌仔戲在鄉野流離失所,在忽略文化重要性之餘,又主觀的強制文化的形式與內容,國民黨政府在這三十年戲曲方針不能不說是失敗的。

---

112 同姜龍昭,〈電視播映平劇三十年來之變化〉,頁 106。。

第四節　本階段戲曲發展之省思

針對上述戲曲在三十年環境中的成長，由光復後重現舞台，至五、六十年代步入農商工轉形期及面臨七十年代以降廣播、電視、電影媒體新娛樂的挑戰，形成夾雜著不同型態的歌舞、聲光演藝方式。在這長期戲曲文化生態中，歌仔戲本身技藝不良之處固然有之，政策不當的輔導與忽略也是加速凋零的因素，京劇則雖然政策上在彼岸摧殘中華文化之際，也極力在此岸保留一些珍貴的傳統老戲，但侷限的演出空間，也面臨觀眾流失的慘狀。經分析歸納缺失如下：

一、意識形態濃厚

無論政府文藝教育方針、文藝獎項、文化團體之輔導政策、藝文活動的倡導與推廣政策、出國宣慰僑胞以及文化外交等，幾乎可以見到的推展主題、活動目標充斥著反共與實施三民主義文化、復興中華文化一個型態的思考方式。中華文化長遠優良歷史在世界文化中已有一定的地位，反共也幾近國際共識，然而在國民黨政府的實施下，中華文化似乎是「復興革命武德的精神」，反共是「強固雪恥復仇的精神」[113]，所有的藝文創作展演若不在這思考原則下，則呈現的機會渺茫。而這種忽略文化的自由民主，擅加創作上的桎梏，在三十年文化脈絡看來，可以說是國共政權之爭失利的後遺症，加諸於對文化思想的掌

---

113 國防部振興國劇研究發展委員會獎勵國劇劇本創作，其內容以總統（蔣中正）訓示為遵循，所用者十二條訓示之二。見李浮生《中華國劇史》，1969年，頁194。

控，期藉由「文化」表徵國家的地位，鞏固國民黨政權實力。在戲曲上的意識形態則以京劇作中華文化代表，歌仔戲為地方性戲曲之一，結合與黨政利益謀合的民間社團組織，給予兩劇種不同資源待遇。

如國劇隊的成立、訓練班的開設、大專院校國劇學科以及社團的輔導歷歷在目；自 1955 年即創辦的教育部文藝獎，至 1982 年以前不曾獎勵歌仔戲；國軍文藝獎自然是含京劇的獎項，民間的中國文藝協會獎章也以國劇為主；中山學術文化基金會文藝創作獎、中國青年文藝獎、學生文藝創作獎等均由政府或國民黨贊助辦理，也僅見京劇，不見歌仔戲。而以京劇此項國劇為主的委員會、協會更多見，對贊助京劇活動的舉辦部分則不勝枚舉。國防部本身所給予的政府資源之外，教育部也多年邀請國內名票名伶聯合大公演、國劇聯合公演、業餘國劇設聯合公演、少年國劇欣賞會、各級學校國劇競賽、大專院校國劇公演。此外，國劇劇本整理、編印出版，國劇戲劇教育課程研究改進，國劇戲詞、唱腔、念白、音樂、臉譜等研究，也在反共抗俄、復興中華文化國策下，給予優渥支持。

二、忽略戲曲之社會環境因緣

台灣五、六十年代，無論農業社會的生活或轉型工商的生活，均呈現了民眾收益增加景象，在物質生活獲得基本需求後對精神生活及娛樂的需求增加，似乎也是自古以來不變的道理，而七十年代，文人知識份子對台灣鄉土的關懷也促進地方戲曲的蓬勃。以台灣歌仔戲的搬演而言，純屬於娛樂性質、在固定劇場內演出、具有商業行為的，雖然早就於 1931 年「新舞

社歌劇團」成立時即存在，在台灣也只有十五、六年內台戲黃
金時期，其餘畢竟大部分仍屬於鄉間野台，附屬於廟會慶典的
活動之一。因之，生活寬裕，迎神賽會的宗教活動頻繁而熱鬧
時，戲劇活動也就興盛。國民黨政府在這段期間，管理宗教民
俗及社團組織事宜者在中央為內政部，省設有省政府民政廳，
所以管理戲劇業務則為民政事務，教育部雖亦包含戲劇活動的
提倡，但多屬協助性質，也偏向現代劇（西洋戲劇）或國劇，
地方戲曲則列為民俗活動，而教育部文化局及文復會對該項民
俗活動的注意力也不多。邱坤良表示[114]：

> 政府以往對民間的戲曲很少視之為文化或藝術者，通常
> 把它列為「民政」業務範圍，在民間祭典（如中元節），
> 援例呼籲民眾勿鋪張，勿浪費，不要演野台戲。戶外演
> 出時，不要阻礙交通、製造噪音。但有時又把它當做政
> 令宣導的工具。1970 年代以前，政府對於本土戲曲除了
> 任其自生自滅之外，談不上具體的扶植獎勵措施．

　　而政府對於京劇的態度，讓京劇團置於軍中，雖然有例可
循，但早期在軍中負起宣慰官兵，鼓舞士氣之責，倒也是一正
面的措施；然而長達三十年，不見政府正視京劇的藝術價值，
規劃良好的環境讓京劇發展，任由演出團隊歸國防部管理，社
教推動歸教育部負責，戲劇教育除了 1968 年起接管復興劇校、
及在大專學校斷斷續續設專門課程外，委由民間團體推動的各
項活動端看政府預算多少而實施，長期的方向闕如。

　　對於社會型態由五十年代的農村人口密集至七十年代的城
鎮都市興起，民間活動範圍有所改變、娛樂選擇多元之際，政

---

114 同邱坤良，《台灣劇場與文化變遷——歷史記憶與民眾觀點》，頁 209。

策沒有適時擬訂輔導方針，讓勞軍的京劇隊面對觀眾的無精打采而演出漸趨於散漫，讓在廟會演出的歌仔戲藝人也因謀生環境困難而轉移行業，生態環境變本加厲惡化。林勃仲描述在六十年代戲劇活動興盛及危機如是[115]：

> 從過去拮据的環境中走出來的中產階級，為了顯示自己的富足與能力，大多願意提供更多的金錢支持迎神賽會與民俗活動，而高、中產階級，為了「面子」更可以一擲千金，流風所及，連帶影響低層階級的參與意願，使得公眾性的民俗廟會日益盛大、豪華……。

> ……六、七十年代，傳統的戲曲及民藝品雖遭受頗大的壓力，但若是時有人能為它們開拓一條兼顧品質與提昇品質的新路，使之能避開現代文明的正面衝擊……。

> ……一意追求工業升級及經濟成長，對具有悠久歷史與文化結晶的民俗曲藝，採取刻意排斥、不聞不問的態度，終注定它們在八十年代遭遇的悲劇命運！

三、戲曲認知問題

這一項目則延續第三章歌仔戲被認為低俗的問題加以探討。歌仔戲復行演出以來，雖然廣受民眾歡迎，仍遭誹議，尤其是知識分子。這時期被批評者分述如次：

(一) 技藝不良之處

在當時的環境中歌仔戲仍被頻頻檢討，或禁止或改良之呼聲不斷，為人詬病者不外歌仔戲無所謂的「編導」，僅由「排

---

115 同林勃仲、劉還月，《變遷中的台閩戲曲與文化》，頁84–85。

戲先生」以約略十分鐘的時間講述故事概要，而後由演員自行揣摩演技，而演員多半不識字，全憑技藝及經驗演出，被認為素養不足，難以真正表達出劇中人物個性神情。

(二) 演出內容爭議性大

歌仔戲的演出或仍有低俗部分，實為致命傷，如 1954 年 7 月 20 日民族晚報第四版牛歌著「牛老二日記」云：[116]

> ……鄉下駐防的軍中同志和他們的眷屬因為環境關係，唯一娛樂對象，平常就是台灣的歌仔戲，所以歌仔戲對國軍的影響很大，希望政府當局密切注意。省府也規定『歌仔戲』有三十種可以隨意演唱。但是現今的歌仔戲班掌櫃，多半是掛羊頭賣狗肉，陽奉陰違。這位軍中同時也曾指出，今日的歌仔戲內容；㈠戲情牽強拉雜。㈡以淫邪叫座。㈢以神怪號召。㈣鼓勵封建思想㈤沒有民族意識㈥還有些於國家有害，可以說是以黃色為主。

這是一篇特地舉證一般民眾對於歌仔戲演出的看法；另有在雜誌發表文章者如蕭靖[117]：

> 所謂現代的台灣歌仔戲，是以歌唱為主，而這歌唱曲調，又沒有根據，只憑著演員的直覺去發揮，想到什麼就唱什麼，在接不上來的時候，即湊上一段低級趣味的歌詞。劇情的內容大致採用求神拜佛，學道學仙，通姦殺夫等一些荒謬無稽的故事，內容不僅過於空洞，而且毫無一點教育意味。

---

116 同呂訴上，頁 573。

117 蕭靖，〈外行人談內行事──歌仔戲給我的印象〉，地方戲劇雜誌第二期第 4 頁，1956 年 4 月 20 日。

　　至於專家，對歌仔戲的評語更見苛薄，如呂訴上本人為日本大學藝術科本科畢業，三十來歲即活躍於戲劇界，當時有關台灣戲劇文章多出自其筆，他在〈台灣戲劇改革論〉（1947 年）一文中提及[118]：

> ……光復後的台灣，戲劇又恢復到『歌仔戲』，在台灣新劇時代一度提高的生活又墮落了……
>
> ……現在的台灣的戲劇界之中，是流氓或人生的落伍者居多的。換一句話說，他們是文化的敗類，戰國時代的「野武士」
>
> ……今日耽溺於歌仔戲的人，如前述概為 365 日中，不分日夜出入於劇場的流氓。國家應設法，使他們早一天改途就業……。

　　另外他在記載 1951 年台灣各種戲劇演出情況文章中，或許愛之深、責之切，對歌仔戲批評有加[119]：

> 歌仔戲在民間已經建立了根深柢固的印象基礎，早已成為民間的一種普遍性的娛樂。操此行業的從業人員為數甚夥。且佈滿全省各地。但可惜的是它的內容極貧乏落伍，又多避開進步思想而陷入黃色題材的淵阱。台詞猥穢，意識荒謬，目前它的演出已如同變相的販賣毒素，影響民眾的心理健康，且復有所損害。正因其如此，如果我們能將她加以改進，利用它做反攻抗俄的正確國策的宣傳工具，則必容易獲得廣大群眾的支持與愛好。

　　由於呂訴上自日治時期的「台灣演劇協會」起即擔任「囑

---

118 同呂訴上，頁 551、556、557，其中戰國時代係指日本之戰國時期。
119 同呂訴上，頁 398。

託」，負有管理台灣地方劇團任務，光復後亦積極籌組戲劇協會倡導劇團、劇本改革，黨政關係良好，經常受委託率領劇團全省演出，因之其對歌仔戲劇意見亦足以左右發展。他同時在「台灣戲劇改革論」中談及劇的內容改革目標「……務必以三民主義的大理想為其基調，而創作的戲曲演出才行」，亦編導改良歌仔戲〈女匪幹〉、〈延平王復國〉、〈鑑國女俠〉予以響應。在一片反攻復國聲浪中，歌仔戲劇團組織及演出均受到限制，政府對該劇種的態度是「改革」、「改革」，難得有所讚賞。雖然成立台灣地方戲劇協進會加以督導，但該會成效有限，野台歌仔戲團根本未使用其所編劇本[120]。

　　前人如呂訴上對歌仔戲要求達成反共抗俄之宣傳目標，恐怕對出自民間、長於民間的該劇種過分苛求，甚至抹煞草根性特色，而今日之專家學者將歌仔戲視為文化資產保存，對其往日低俗的表現歸咎於政府未能及時確切輔導，及受到文人雅士鄙視之故，也有失公允。

　　70年代中葉以降的台灣社會，走入典型工商掛帥的型態。發源於農村，成長於農業社會的民俗曲藝，在日漸失去觀眾，又缺乏外力扶植，面臨生死與存亡的決定性關頭。而京劇在同樣的環境下，一來有軍中劇隊的成立，二來廣播電視上的播送，雖不見得風光，也持續有政府政策補助，姑不論兩者轉型後的技藝變化或藝術美學得質變，至少，有機會生存，也就有機會呈現不同的未來。

---

120 林茂賢，《福爾摩沙之美：台灣傳統戲劇風華》，頁77。台中市：行政院文建會中部辦公室，2000年。

第五章　解嚴前之文教環境與戲曲生態（1977-1987）

　　上一章提及國民黨政府在治理台灣三十年間，政治上，對內以政府的力量與資源協助黨的成長、有效掌控其他黨派勢力的茁壯，對外雖由於美國的支持，國際地位一度穩固，然而其後仍免不了國際政經利害關係的權衡，遭逢退出聯合國，外交連連失利的挫敗。經濟上，早期的土地改革政策、進出口的促進方案得宜，終能奠定工商企業發展的基礎，然而，面對七十年代國際石油危機產生的對外貿易衰竭，確實使經濟民生問題惡化，所幸在政府推動「十項建設」後，也適時化危機為轉機，重振旗鼓。文教方面，在三民主義號召下，復興中華文化之全面性活動遍及鄉鎮，影響所及，京劇保存多量的傳統劇目與演出型態，歌仔戲則在工商發達的社會中，吸取多樣化的歌舞表演，雅俗參差，試圖在台灣物質生活與傳統倫理道德的現實中求取立足點，繼續存活。

　　歷經三十年的時光，政府終究在七十年代中葉表現建設台灣的決心，也排除動盪不安的民心，重建民間對政府未來發展的信心。在 1987 年解嚴前的這十年裡，政治上反對黨形成，國民黨一黨獨大的現象受到衝擊；經濟上趨向自由發展的過程中，都市小資產階級、工人階級起而參與經濟制度的改革[1]，政

1　王振寰，《台灣的國家與社會——台灣新政商關係的形成與政治轉型》，台北市：　東大圖書公司，1995 年，頁 90。

府開始有限度的開放原來的公營產業，各種企業投資建設的意願增強；文教改革與中西文化平衡，也從討論階段，步入受到重視與實踐，文教設施開始在地方上建立。在這結構性變化中反映出國民黨政府掌控權利削弱，國家主義作風也面臨挑戰，此時藝文戲曲作為文化的一環，從復興中華文化面向台灣文化之際，如何堅持與調適政策方向，政策對戲曲產生的作用是否可以抵擋社會型態轉變對戲曲的影響，以及知識分子對戲曲的態度等則是這一章節探討的重點。本章分為分為（一）、政黨「國家主義」施政面臨挑戰與衝擊，（二）、文化建設，（三）、戲曲生態中的傳統與創新，（四）、文化意識與戲曲建構等四節分析探討。

第一節　「國家主義」施政面臨挑戰與衝擊

一、反對黨勢力之形成

七十年代歷經的國際外交挫敗，經濟貿易困頓以及中西文化衝擊，讓國民黨政府也不斷調整施政步伐，以應對內外憂患。1977 年蔣經國在陸軍官校創立五十三週年校慶時表示，「在今後政治發展之目標除貫徹憲法外，亦在人權的保障、地方自治之推進與國民參政權之擴大。」[2]；這宣言顯現出其所領導的政府勢必邁向更寬容與民主的施政方向。

一般而言，論及台灣政局穩定與否所牽涉的問題，除了中

---

2 吳若予，《戰後台灣公營事業之政經分析》，台北市：業強出版 社，
　1992 年 　，頁 185。

華人民共和國對待台灣主權的態度，造成威脅不安外，就是國民黨對在野黨勢力的制衡現象。1977 年至 1987 年解嚴前的這十年間，國民黨體制面對的政治體制挑戰有如：1977 年地方選舉中爆發的「中壢事件」，不滿國民黨政府的群眾燒毀象徵公權力的縣警察局；1978 年底中美斷交；1979 年高雄發生「美麗島事件」[3]；1984 年黨外人士結集「公共政策研究會」，透過各種研討會的舉行，加強台灣民主化的呼籲；1986 年 9 月 28 日以「公政會」為基礎，正式成立「民主進步黨」，為台灣戰後第一個正式的反對黨[4]。這段期間，美國國會與行政部門亦經常以人權關切為由，聲援台灣的政治反對運動，並對國民黨政府施加壓力，要求進一部解除政治上的各種禁制[5]。國民黨政府對內，一方面固然以「動員戡亂時期」、「戒嚴令」，捉拿「非法結集群眾」之反對國民黨政府人士，並以軍法大審判定罪行，使黨外人運動受到挫折，另一方面，卻也體察體察民意，而注意到民主與人權的問題。對外，因有賴於美國長期對中華民國台灣的軍事援助與對中共武力的抵制，美國當局的建議，無不形成壓力，內外因素並行逐有研究「解嚴」與開放黨禁的措施。在政治反對黨勢力，於戒嚴期間「貿然」組成「民進黨」之後的

---

3 美麗島事件係 1979 年黨外人士所辦的美麗島雜誌擬於 12 月 10 日在高雄舉行世界人權紀念日大會，事先向國民黨政府申請遭 禁，惟仍依照原計劃進行。該事件黨外人士說法是為人權及喚 起台灣民眾重視人權的一種節目集會，官方則認為是暴力遊行，出動警察、憲兵、鎮暴車。據史明《台灣人四百年史》頁 1180、彭懷恩《認識台灣──台灣政治變遷五十年》頁 133。

4 薛月順等，《戰後台灣民主運動史料彙編㈠從戒嚴道解嚴》，台北市：國史館，2000 年，頁 VIII。

5 同吳若予，《戰後台灣公營事業之政經分析》，頁 185。

10 月 5 日，蔣經國於國民黨中央常務委員會中做了一段歷史性的談話[6]：

> ……時代在變，環境在變，潮流也在變。因應這些變遷，執政黨必須以新的觀念、新的作法……推動革新措施。唯有如此，才能與時代潮流相結合，才能和民眾永遠在一起。

台灣政治上一黨獨大的反制力量在這十年間頻頻迸發後，終於有了這項具體的回應，也因此帶動解嚴後民間社會力更深一層反支配、求自主的要求。惟解嚴前這十年間，國民黨政府長期的「以黨治國」的心態尚在調整中，「行政中立的觀念，尚未落實，大眾傳播媒體也未克盡超然客觀報導的職責」[7]，國民黨在各行政官僚體系的運作，大部分仍存在由上而下的統領方式。

二、經濟自由化之起步

台灣的經濟發展，在歷經 1974 年全球的經濟危機後更加穩健，面對 1978 年第二次石油危機，國民黨政府以推動「十二項建設」，擴大政府公共建設，帶動景氣復甦，對當時物價上漲及經濟成長趨緩的現象有積極導正效果[8]，而十二項建設中，考量以往「重工業而犧牲農業」[9]的缺失，開始著重城鄉的平衡，

---

6 蕭新煌，〈解嚴後社會與國家關係的重組〉，中國論壇 30 卷第 6 期，1990 年，頁 68。

7 彭懷恩，《認識台灣──台灣政治變遷五十年》，台北市：風雲論壇出版社，1997 年，頁 136。

8 同彭懷恩，《認識台灣──台灣政治變遷五十年》，頁 125。

9 同彭懷恩，《認識台灣──台灣政治變遷五十年》，頁 125。

抑制相鄉村人口外移持續惡化現象。在八十年代則朝向技術密集工業如電腦、電傳資訊發展，亦邁向國際間的合作開發。在整體經濟政策加強進口平衡物價，主張自由化與國際化的策略下，再次渡過危機，並持續貿易出超，直至 1987 年外匯存底數額已經達到六百九十四億美元，約為 1977 年的二十倍。由於巨額的外匯存底的累積，使台灣在 80 年代的後期，成為一個「富裕之島」[10]。此時，七十年代以來，由民間經營的許多中下游的產業，隨著經濟發展而累積財富到一定規模後，自然在擁有資源的後盾下，不甘無條件受制於國家經濟上的壟斷支配，並紛紛要求經濟體制上放棄國家資本主義生產型態，解除限制與干預。也就是說，對一向國家專營的糖業、鋼鐵業、電力電信、石油化學、銀行、金融證券、鐵路交通、郵局等經貿相關產業，開放由民間經營，容許民間提供競爭性產品，促進民間工商業發展。除了民間企業外，一般民眾也因經濟成長帶來消費水準的提高，消費者主權意識也因此萌芽。而個人所得快速增加後，人與人、團體與團體、個人與環境、雇主與勞工、生產者與消費者的互動關係隨著起了變化，其間的衝突、失調、脫序現象，在傳統的倫理觀念與現代資本主義作風之間尚未找到倚仗點時，社會認同問題自然層出不斷[11]。

10同吳若予，《戰後台灣公營事業之政經分析》，頁 178。

11石齊平，《問題在哪裡──我對劇變中台灣經社情勢的觀察與省思》，台北市：時報文化出版社，1988 年，頁 6。

三、社會運動之勃興

　　在經濟發展的過程中，對產業造成的環境公害、交通阻礙、垃圾污染、勞力剝削、婦女福利侵略等屬於全民公共福利的問題，漸次浮出表面。以往許多的產業均為國民黨政府專營，這些公共福利發生問題時多由政黨透過各層級地方官僚勢力解決，而此階段當政治要求民主的同時，相關的抗議之聲也隨之而起。蕭新煌教授曾針對 1980 年代的社會運動做過分析，即在 1987 年解嚴前已出現的有消費者運動（1980-）、反污染自立救濟運動（1980-）、生態保育運動（1981-）、婦女運動（1982-）、原住民人權運動（1983-）、學生運動（1986-）新約教會抗議運動（1986-）[12]。他認為「這些運動的產生，基本上是針對國家關係的解構，並擬追求兩者之間的重組，並非脫序、失序、反制、破壞的象徵」[13]。也即是認定民間社會運動正是針對國民黨政府長久以來對統合團體的利益輸送，不予制裁的反駁。這些運動的發生刺激國民黨政府對社會福利重新分配，對弱勢團體也倍加關注。

　　此時，社會財富快速累積，人民積蓄也逐年增加，加以傳播媒體的發達，國際性資訊不斷湧進，中產階級、知識分子對環境需求的型態及社會福利的要求日漸強烈；對台灣以三民主義立國，而實際上卻產生資本主義的貧富懸殊，重物質輕人文等現象，極端不滿。在低階層民眾生活中，隨著社會追逐金錢遊戲，投機和賭風演變成狂潮，而政府公權力不彰，社會治安惡化，形成八十年代台灣整體社會文化特色。最顯著的現象，

12　同蕭新煌，〈解嚴後社會與國家關係的重組〉，頁 73。
13　同蕭新煌，〈解嚴後社會與國家關係的重組〉，頁 74。

如在 1986 年風行的民間「大家樂」賭風，民間游資充斥地下市場，或者轉向股票投資，在不知遊戲規則的狀態下形成野蠻競技，徒增社會暴戾之氣，而邀請歌仔戲劇團演出酬神戲[14]，居然隨著爆發戶的興衰以及投機份子的此起彼落而熱鬧非凡，品質優劣與否不言可喻。而民間有志之士一股呼籲改革，反對現狀的的社會力量與日俱增。

　　開放經濟市場與建立社會福利兩方面社會動力的結合，形成對政府施政的挑戰與衝擊，部分人士更積極的以此作為進行全面政治體制改變的基礎，既可以獲得產業界的歡喜，又可以博得民眾的支持，三股力量在互相激盪互相滋長之下，國民黨政府的政治權威與權力機構面對嚴厲的挑戰確實也不斷求新求變，大量吸引中產階級知識分子投入國家建設，更明顯的加強本土人士進入官僚行政體系，的確將巨大的反對力量暫時整合匯聚，在日積已久的黨政弊端中，為營造一條富強康樂台灣之大道而努力。

四、地方與中央文化建設之開端

　　七十年代中葉後，國民黨政府建設台灣的決心，不只落實在經濟建設方面，文化建設也受到重視。即這時期十二項建設中平衡城鄉差距的觀念，在文化建設上產生重大的變革，首先決定建立地方文化中心，讓全民都享有精神食糧，隨即宣佈成立隸屬中央的行政院文化建設委員會（簡稱文建會）來加強文

---

14 名稱為「大家樂」的賭博行為，在當時頗有組織，有召集人稱「組頭」，號召民眾聚集抽取號碼，抽中者，以購買之牌數計算獎金，每週二至三次不等。民眾至廟宇求神問卜，中獎者則或有以演一台戲回饋者。

化重要性，以爲具有現代國家的形象。當然，全民需要的文化，與統治階層的文化觀念一向有所差距，這時期產生的精緻文化、常民文化，或由政治意識形態挑起的中國文化與台灣文化等文化認同問題，對統籌規劃全國文化的文建會而言是啓開跨世紀的挑戰。但是就在國民黨政權統治權威減弱，政治開始多元化，以及民眾生活富裕化、都市化、社會運動興起的社會結構變遷下，文化方面重點雖然仍舊以復興中華文化爲依歸，但解嚴前的這十年，文化上的解構，不但是在傳統中求現代化的調適，也對本土化、中原化的觀念有了進一步的認知與辨識.。戲曲在這時期的變遷中，刻意突破舊殼，尋求新的生命，亦即新觀眾的開發、表演型態的創新、演出劇目的整編成了主流意識。

第二節　文化建設

一、地方文化中心之設立

　　一國政策的實施，配合著國家元首的理念是常見的事實，政策目標達成，固然可以說是政策宣言落實，但是否就是以全民福祉爲考量，達成全民所希望的目標，其間亦有所差距，但最基本的是建立良好適切的行政體系，周全幕僚計劃，才可能成功。蔣經國先生提出興建各地文化中心的的指示，確實讓文化從集中大都會的現象，漸而普及於地方城鎮，然而文化中心成立之初功能不彰，恐怕需歸咎執行期間「文化軟體」——文化專業人員的培育及文化中心功能定位模糊，影響整體成效。

　　回顧各地文化中心的建立，乃緣於 1977 年 9 月 23 日當時擔任行政院長的蔣經國向立法院做施政報告：「為了更加充實國力，強化經濟社會發展，提高國民生活水準，政府將繼十項建設之後，決定再進行十二項建設。」而這十二項建設中的第十二項即為建立每一縣市文化中心。翌年 2 月 21 日再度向立法院做施政報告具體表示[15]：

> ……建立一個現代化的國家，不單要使國民有富足的生活，同時要使國民能有健康的精神生活。因此我們在十二項建設之中特別列入文化建設一項，計劃在五年之內分區完成每一個縣市的文化中心，隨後再推動長期的綜合性的文化建設計劃，使我們國民在精神生活上都有良好的舒展，使中華文化在這復興基地日益發揚光大。

　　當時文化教育最高單位仍屬教育部，其依據這項指示，即邀請台灣省教育廳、台北市教育局、及學者專家等擬訂興建文化中心計劃。由中央政府主導計劃興建音樂廳及國家劇院各一座；由台灣省負責於每一縣市之文化中心，以圖書館為主，包含文物陳列室、畫廊或美術展覽室、演藝集會場所。從 1979 年開始籌建文化中心，原訂五年完成之計劃，延宕一、二年，1984年共有 16 個文化中心啟用[16]。除硬體興建外，為因應日後文化演藝場所的營運，相關人員技術的素養，即所謂軟體的部分也相繼展開，惟可以從計劃擬定時的觀念態度看出「中央」與「地方」的懸殊差距。

---

15 教育部教育年鑑編纂委員會，第捌編─社會教育，第二章社會教育機構，台北市：正中書局，1983 年，頁 1099。
16 同教育部《第五次中華民國教育年鑑》，頁 1100。

在七十年代政治、經濟中央集權的問題已經開始受到批評，但在文教方面，卻尚未警醒。從文化中心興建計劃案，教育部以中央單位立場，擬訂實施計劃時，可以發覺「中央本位主義」的情形，如與戲曲相關者，「計劃於適當時機設置藝術學院；設置綜合性藝術特殊學校，內設國劇、有關地方戲劇、民俗技藝等科，不受一般學校制度之限制；輔導現有藝術學校增加校舍及設備；在有關大學院校增設藝術研究所」[17]。至於擁有二十一縣市的台灣省僅強調設置藝術資賦優異兒童實驗班、中小學文藝科教師在職進修以及文化中心所需管理人員的招訓。這樣的思考模式，無意中又再度形成中央集中資源，各地方即使成立文化中心，仍舊因限於權限及設施，難以發揮地方特色。當時各地方音樂、美術、戲曲、工藝等文化資源的整合未能即時進行，對地方真正的需求，與設立地方文化中心應如何與地方人文產生關聯，幾乎漠視。這是影響日後文化中心運作不良、功能未能發揮，被批評爲空有建築而無軟體的主要原因。

文化中心的建立，理想上是文化建設扎根工作的基點，藉著文化中心伸展觸角至各鄉鎮，由政府文化活動的辦理喚起一般民眾對文化的認同與參與。可惜的是，八十年代裏各地文化中心陸續成立以後，因中心工作人員，辦理文化事務的相關經驗及素養仍然不足，由中央級政府推動的精緻節目或活動，也因經費上的限制不足以推廣至各地，而地方鄉鎮民眾生活習慣中，除看電影外，前往特定地點觀賞表演藝術的經驗也是極少。更重要的是，在這段時期，多數人認爲在文化中心的任何展覽

---

17 同教育部《第五次中華民國教育年鑑》，頁 1100。

及演藝活動，必須是精緻的、高水準的、現代的，也即是，首善之區台北來的展演團體優先安排、國外的節目優先引進以利觀摩。於是，儘管所有文化中心的活動目標都寫明「**規劃富於地方性之基層活動、力求基層文化活動普遍，結合基層民眾，團結民心**」[18]，但是，實際上卻通常與民眾的需求有所差距。民眾不懂欣賞，無從感動起，對普及文化建設的理想障礙重重。但以積極的態度思考，有了文化中心的硬體設備，還是有機會可以充實軟體的不足，在認知上，文化的點、線、面已經有了架構的開端，這樣的樂觀是可以從 1989 年頒訂的「文化建設方案」中證實，該方案中「提升民俗文化」的第一項明確列示「**健全縣市文化中心暨社教機構，並普遍設立具有地方特色的文物館**」[19]，於是各文化中心著手規劃特色文物館，宜蘭縣以歌仔戲爲主題而建成的「台灣戲劇館」、彰化縣的「南北管音樂中心」都是在這樣的背景下陸續形成。

二、文化建設委員會之成立及使命

　　教育部文化局於 1973 年 8 月因政府精簡單位計劃而遭裁撤後，藝文界人士紛紛倡議加強文化建設，尤其鄉土文學論戰當頭[20]，讓國民黨文化工作單位備感壓力，認爲除了具民間性質的

---

18 羅森棟，《台灣光復四十年專輯（文化建設篇）──教育文化的發展與展望》，台中市：台灣省政新聞處，1985 年，頁 85。

19 《文化建設方案──國家建設四大方案之一》，行政院編印，1990 年 2 月，頁 40。

20 參照林淇瀁說法，一方面是文學內部意識形態爭辯，二方面又是國家機器對於民間文學論述的壓抑，三方面則涉及大眾媒體（特別是報紙副刊）在文學傳播領域中的文化霸權爭奪。〈文學、社會與意識形態〉，國際「台灣本土文化」研討會論文，1996 年 4 月 20 日，頁 171。

文復會外，政府部門應有專責單位負責推動文化，加強宣導文
化復興的使命，且有成立文化部之議[21]。在 1978 年先有文化中
心的成立計劃後，同年 12 月 14 日行政院又通過教育部擬訂的
「加強文化及育樂方案」，包含十二項重要措施，其中第一項
即籌設文化建設專管機構，負責文化活動之策劃、協調、輔導
等任務，「文化建設委員會」的成立遂有了依據，而由當時擔
任行政院政務委員的陳奇祿先生負責籌備，而於 1981 年 11 月
11 日正式成立。另外在「加強文化及育樂方案」十二項重要措
施中，列有第六項「古物保存法之修訂」，為「文化資產保存
法」民族藝術相關政策擬訂的來源；第九項「國劇與話劇之推
廣與扶植」；第十一項「傳統技藝之保存與改進」均為八十年
代的文化建設立下發展根基，對屬於傳統技藝的歌仔戲與稱為
「國劇」的京劇，推動與傳承上有一定的影響。

　　文建會的組織及架構，在第二章有所描述，乃有意統合政
府各層面的文化措施，並與民間結合的崇高意願，認為可使各
有關機關的文化業務充分聯繫協調，一方面也以為從學界文化
界延聘而來的專家人士在集思廣益過程中，亦可以使文化建設
由政府至民間達成統合協調，而各專業委員會的主要成員多來
自民間，如此一來，可以結合政府和民間的力量共同策劃推動
文化。理念上朝著文化建設工作需由民間參與，制度上，也如
此設定，用意均極為良好，然而真正執行則缺失不少。如各部
會首長參與委員會開會時，對文化事務熟悉者不多，不願當場
同意文建會的議題，推託攜回原部會研究，久而久之則由次長

---

21 瞿海源，《文化建設與文化中心績效評估之研究》，台北市：行政院
　　研考會，1985 年，頁 25。

級，或與討論議題相關但沒有決策權之業務單位代表出席，更造成各部會各有立場，文建會唱獨角戲，協調不易之事頻傳。至於文建會本身所聘請之各專業委員會委員則經常尊重文建會本身的意見，其傳達民間訊息的功能也日漸不彰。文建會擬訂全國文化政策，統籌全國文化事務，而在高層次委員會的功能上出現效果不彰如是，在整體業務執行過程，牽涉的人、事、物繁雜，出現與原理想相違的情事不勝枚舉。這種各機關文化事務不能協調配合的現象，持續影響文建會發揮推動文化的績效。

　　在戲曲方面明顯的例子為：文教單位鼓勵劇團，倡導民間戲曲活動時，與內政部的民政單位政策相互牴觸。因為民政單位倡導「節約」、「改善社會風氣」，而台灣民間崇尚祭典活動，劇團演戲卻被列入「節約與改善社會風氣」範圍，有些寺廟因而以放映電影取代演戲方式，對民間戲曲的發展產生極大的壓力，也是造成傳統技藝流失的原因之一[22]。

　　國民黨政府既然有心成立文建會，卻讓運作上出了問題的現象持續存在，不見改善，似乎僅是在行政體系上聊備一格罷了。而當需要以重視文化作為現代國家表徵時，卻不忘記文建會是可以使用的管道。當時極為重視文化的行政院院長孫運璿在國建會提出的「創造高超與精緻的文化，以提高人民的素質，達到物質與精神並重的均衡境界」[23]，這樣的呼籲，對於八十年代富裕的台灣生活環境，可以獲得眾多的支持。而文建會第一

22 邱坤良《台灣劇場與文化變遷——歷史記憶與民眾觀點》，台北市：台原出版社，1997年，頁242。
23 孫運璿，《行政院孫院長六十八年言論集》，台北市：行政院新聞局，1979年。

任主任委員陳奇祿文化態度,倒比較務實於人人有文化的願
景,他指出[24]:

> 在我們的觀念裏文化不應單指文藝,由於我們中國人把
> 文化融入生活裏,我們的文化建設工作,生活文化的建
> 設也許比高度文化的建設還要重要。我們雖然也期望在
> 藝文的天地裏,國際水準的人才輩出,我們更期望中華
> 文化的精神再度發揚。……只有我們大部份國民成為文
> 化人,我們的國家才能夠得上稱為文化大國。

另外在「文化資產的保存與維護」中,也呈現他個人對於
文化的認知[25]:

> ……我們有遠比其他民族更為豐富的民間藝能,只是由
> 於他們未曾得到知識界適當的照拂,其風格未能盡合現
> 代生活的需要,以致日趨式微……文化是應該保存在我
> 們的日常生活裡,精緻文化應予普及化,而常民文化應
> 予精緻化,如此互相激盪,必能使我們傳統文化更加發
> 揚光大。

精緻文化與通俗文化或常民文化之間的融合交流,此時期
立下發展根基。整體文建會的藝文活動的策劃舉辦方向也在陳
主委就職兩年後,對國民黨中央常務委員會的報告中明顯應證
[26]:

---

24 陳奇祿,〈文化建設的構想和展望〉,民俗曲藝,第11期,台北市:
　　施合鄭民 俗文化基金會,1981年9月,頁6,。
25 陳奇祿,〈文化資產的保存與維護〉,《台灣光復四十年專輯——文化
　　建設篇,教育文化的發展與展望》,台中市:台灣省政府新聞處,1985
　　年,頁254。
26 陳奇祿,〈中國文化的傳承與創建——行政院文化建設委員會工作報
　　告〉,文建會,1983年12月21日,頁7。

藝文活動的策劃與舉辦，一方面精緻文化與民俗文化應兼籌並顧，以其藉精緻文化以提昇民俗文化，同時也藉民俗文化以傳佈精緻文化；另方面則應承先啟後，結合傳統與現代。因為文化建設為繼往開來之大業，繼往是對傳統文化的繼承，發揚和革新；開來是現代化社會中的因應、開創和導引。基於此一原則，本會策劃舉辦之各種業務與活動，均以提昇精神境界，普遍深入民間，傳統與創新並重為其指標。

其在位至 1988 年 7 月，約七年的時光裏，文建會各單位對藝文活動的策劃舉辦無不秉持「傳統與創新」這樣的原則與看法，以達成最終目標的「變化國民氣質，提昇生活品質，改變社會風氣。」[27]

三、文化資產保存法的訂定與民族藝術認同

文化資產顧名思義是國家有形、無形的文化，歷經年代的洗鍊後尚遺留人間者。繼文建會於 1981 年成立，許多文化相關問題受到矚目，對古物古蹟民俗文物等有流失之虞的文化財也及時受關注。「文化資產保存法」因此於 1982 年 5 月 26 日奉總統令公佈，共八章六十一條文，其中包含「民族藝術」、「民俗及有關文物」（如附錄三）。「民族藝術」指的是民族及地方特有之藝術，如國劇、國樂、民族舞蹈、國術、歌謠等；「民俗及有關文物」指的是國民生活有關食、衣、住、行、敬祖、信仰、年節、遊樂暨其他之風俗習慣及其所使用之工具、服裝、

---

27 同陳奇祿，〈中國文化的傳承與創建〉，頁 12。

器皿、道具等一切之文物[28]。前者由教育部主管，後者由內政部主管，教育部自此則有維護與保存民族藝術計劃的依據。

　　這裡必須再次強調，凡是政府所經管之事務均需先有法源依據，以便國家財政單位編列經費預算執行計劃，因此想做、必須做的事，與真正執行的時間或許會漫長到十年之隔，環境生態的變化將影響原計劃與執行成果的差距，對傳統戲曲這項以人的技藝為主體，以觀眾的支持為生機的藝術，在環境變遷與藝人凋零的情況下，其發展可想而知。如依據「文化資產保存法」產生的「重要民族藝術藝師遴聘及設置辦法」，從 1982 年 7 月 28 日擬訂初稿至 1989 年 6 月 28 日的第一屆重要民族藝術藝師當選宣佈，前後七年，而接續於 1989 年 12 月 13 日通過「重要民族藝術藝生甄選習藝暫行要點」、「教育部委託辦理重要民族藝術傳藝工作計劃」，對傳統技藝的延續，只能說聊勝於無，雖然遲，也可算是有了起步，尚有機會傳習未喪失之技藝。另外教育部為表揚傳統技藝精良或傳承有功之人及團體，於 1985 年創辦「民族藝術薪傳獎」，獎勵項目分為戲劇、音樂說唱、舞蹈、工藝、雜技等五類，從 1985 年起至 1994 年已表揚 44 團體及 132 個人，對於從事民族藝術人士之鼓勵及肯定，意義重大[29]。

　　在這文化資產維護聲浪中，所謂的民族藝術，雖然包含國劇、大陸地方戲曲如豫劇、秦腔、四川戲、紹興戲等，但由獎勵的項目及人士發現，民族藝師中沒有從事京劇者，薪傳獎中

---

28 同教育部，《第五次中華民國教育年鑑》，頁 1200。
29 同教育部，《第六次中華民國教育年鑑》，頁 1826。

亦不包含京劇[30]。這可以有兩方面的看法：一為，京劇仍以「國劇」名之，列入自 1973 年即辦理的教育部國家文藝獎（由國家文藝基金會辦理，戲劇類則是包含現代戲劇和國劇，不包含民間、地方、或民俗等稱呼之戲劇），不再與薪傳獎重複爭取獎額，況且國防部也有國軍文藝獎，戲劇類以頒給京劇為主，是一種資源分配給獎的方式，也表明政府已然重視民間地方戲劇。二為，八十年代起整體社會已然不再是一元化文化，中產階級及知識分子對台灣本土的、民間文化具體爭取表現空間，政府部門內的領導者為台灣中生代者較以往為多，這種力量的結合導致政府開始重視民間技藝，由一向列為「民俗」的範圍，在文化資產保存法公佈之後一躍為「民族藝術」，取代以往所指的國劇[31]。

　　以往台灣的布袋戲、傀儡戲、南、北管戲曲、歌仔戲等被列為民俗技藝，既為民俗，在「改善風俗」的條例中經常被檢討，也因表現的地方特色與官方認定標準不同，常常被要求「改良」。在文化資產保存法實施後，雖然歌仔戲已被尊重為民族藝術，文建會在八十年代的施政計劃中仍多稱為民俗技藝，如民俗技藝園區的設置規劃。教育部在文化資產保存法定訂前的 1980 年 9 月委託台灣大學人類學系、政治大學邊政研究所從事「我國民間傳統技藝調查研究與改進」，係以台灣地方戲劇為首，文化資產保存法之後再繼續從事調查，內容不變但稱呼更動，常有混淆之事，致主持人林恩顯教授亦希望政府將「民俗」

---

30 同教育部，《第六次中華民國教育年鑑》，頁 1828-1830。
31 教育部國家文藝基金會工作中包含「發揚民族藝術」，其說明為：如定期公演國劇、整理國劇劇本、舉辦少年國劇欣賞…等，見第四次中華民國教育年鑑，頁 1012。

與「民族」重新界定[32]。名稱上的界定之所以重要，恐怕不脫離儒家思想的「必也正名乎」，但這類的爭執多半是受到八十年代的「文化意識型態」影響。而歸納不同於國民黨文化意識的形成，不外是這時期學者專家以及民意代表力量匯集的結果，國民黨政府政權在這時期的影響力也由專權的、跋扈的，漸次由這股力量所取代。

第三節　文化意識型態與戲曲建構

　　文建會因應時勢需要成立，以統籌全國文化事務，惟在此之前即已存在的文化事務，散見其他單位，一時之間政府體制無從整編，是以有關傳統戲劇的規劃推動，不僅見於文建會，同時教育部、國防部、新聞局仍依舊其職權範圍繼續實施，民間單位之稱的「文復會」或國民黨的文工會也有多項相關業務。在這數個執行文化的單位中，很明顯的文建會為新成立者，背負的時代使命雖仍涵蓋三民主義統一中國、復興中華文化，但比以往三十年的做法，則較為開明的容納台灣本土文化思考。又在陳奇祿「傳統與創新」的觀念下，十年間，在傳統業務方面聽取許多台灣文化專家之建言，在創新方面也延聘年輕人、或國外留學經驗之高學歷者加入推動工作。這一節則將針對國民黨政府一向以「中國為中心的中華文化復興為主流」的文化意識型態，如何漸次接納台灣文化；並討論在這種文化意識型態解構過程中，戲曲再建構的人為因素，如：國會立法院立法

---

32 林恩顯，〈1990 年我國民間傳統技藝調查報告〉，台北市：教育部社
　　教司，1990 年，頁 33。

委員的態度、專家學者及藝人的思考模式以及政府單位擬訂戲曲推動方針的考量等。

一、戲曲政策與學者專家、民意代表之戲曲觀念

　　行政院於 1979 年訂頒、1983 年再度修訂之「加強文化及育樂活動方案」，爲各相關部會文化活動共同指標，對於傳統戲劇的推動也有較明白的綱領，京劇、歌仔戲推動方向因之有所遵循。行政院於 1987 又通過「加強文化建設方案」，隨後也修改多項文化建設計劃[33]，但僅大略的提及提昇民俗文化、維護民族藝術、推廣精緻藝術的方向，未見再度針對京劇或歌仔戲作政策敘述。因此原「加強文化及育樂活動方案」中，對於京劇（當時稱爲國劇）、地方戲曲（包含歌仔戲）措施，可視爲有了文化專責單位後，各部會的文化工作重新佈局分工的準則。該方案有關戲曲之重要措施整理如次[34]：

　　㈠ 關於縣市文化中心人員之培育暨活動之推展：各文化中心，應配合文藝季活動、或地方性慶典活動、舉辦各種展覽、表演及民俗活動。（省市政府及縣市政府主辦）。

　　㈡ 文化資產之維護與宣傳：

　　1、加強輔導國軍所屬各種技藝學校及有關技藝訓練中心，培養傳統技藝人才。（國防部、教育部主辦）

---

33 如 1989 年李煥行政院長又提出國家建設四大方案之一的〈文化建設方案〉，1992 年再由文建會配合國家建設六年計劃，研訂〈國家建設六年計劃文化建設計劃〉等。

34 〈加強文化及育樂活動方案〉，文建會檔案，1983 年 7 月 30 日 行政院 72 字 第 14087 號函修訂，頁 9。

２、委託學術機構，對傳統技術與傳統藝能之現況進行調查，提供保存與改進計劃。（教育部主辦）

㈢ 國劇、地方戲曲之推廣與扶植：

１、在適當之大專院校，設置國劇學系或國劇理論研究組，從事國劇理論之研究與整理，充實國立復興劇藝實驗學校之師資及經費，培育傳統劇藝之基礎人才。（教育部主辦）

２、積極輔導業餘國劇社團，繼續推廣學童國劇欣賞，並加強三家電視台定期國劇節目之演播。（教育部、行政院新聞局主辦）

３、輔導地方戲曲社之組織及活動，並加強地方戲曲及民族藝術人才之培育。（教育部、行政院文建會主辦）

行政院頒佈這項方案，發展重點仍爲京劇，八十年代由於文化建設硬體部分逐漸完成，舉凡國父紀念館、社教館、國立教育藝術館、國軍文藝中心，以及多數的各地文化中心均在 1987 年以前成爲可以運用演出之場所，政府統合這些場地，安排各種演出及訓練，頓時，戲曲活動一片欣欣向榮。

事實上，文建會自成立，多年來有關於戲曲的施政計劃，大致依據上述原則訂定之，範圍不出「保存傳統藝人優良技藝」、「養成新生代技藝人才、鼓勵創作」、「輔導劇團成長」、「贊助演出」、「培養觀賞傳統戲劇人口」以及「出國展演」，並編列經費預算執行。惟，從文建會的施政計劃及項目名稱中並不易看出京劇、歌仔戲辦理的狀況以及受重視與否，因爲對歌仔戲的肯定以及對京劇業務的執行，觀念上仍不是很清楚，從 1982 年所舉辦的全國文藝座談會，可以看出端倪。該次會議

為文藝季項目之一，自 9 月 11 日至 11 月 20 日間，分為 13 項
類別舉行，其中戲劇座談會研討主題為「現階段影劇的新方
向」，不包含傳統戲曲各類劇種發展的建言，在「民俗文學的
回顧與前瞻座談會」中則多位學者提及曲藝、戲曲方面的研究
情況。可以明白歌仔戲在當時的施政範圍仍歸類於民俗，而平
劇或國劇被視為教育部或國防部之推動範圍[35]，在陳主委向國民
黨中央黨部的工作報告中亦提到[36]：

> 關於傳統戲劇，國劇已有軍方大力扶植，本會特別注重
> 中國大陸地方戲曲的保存與發揚，輔導各種地方戲曲公
> 演、研究、發展，並將重要的劇種如崑曲、豫劇等演出
> 錄影保存；至於本地的各種戲曲，如歌仔戲、布袋戲、
> 皮影戲、傀儡戲，以及南管北管等，則將之納入於每年
> 文藝季之民間劇場之中。

除了將歌仔戲納入民間劇場的演出外，也鼓勵各文化中心
與當地的歌仔戲團體合作活動。

另，陳主委因兼任中華文化復興運動委員會之秘書長，熟
知京劇的推動是文復會在戲劇方面的重點工作，而國防部也有
國劇團，所以文建會成立後並未真正在此方面著力，初期僅在
文建會辦理的「文藝季」活動中安排京劇的演出，直至 1986 年
才正式於施政計劃中列「推動國劇發展工作」項目[37]。這樣的情
形，不得不遺憾的說，假如政府真的重視京劇，早應有專屬單
位，不至於至八十年代，仍舊將京劇放置於國防部，讓一般民

---

35 行政院文建會編輯，《文藝座談實錄》，1983 年，頁 310。
36 同陳奇祿，〈中國文化的傳承與創建〉，頁 10。
37 陳奇祿，〈文建會 76 年度施政計劃〉，1986 年 3 月 1 日，頁 18。

眾不能明白京劇與國防部的關係，也忽略了京劇傳統藝術之
美。而當文建會雖掌管文化業務，也直至 1986 年才將京劇正是
列入執行範圍，卻在政治意識型態形成的八十年代後期，將預
算編列項目名稱由國劇改為範圍可以包含現代舞台劇、歌仔戲
的戲劇，免遭非國民黨派立委的責難，刪除經費。

　　歌仔戲等台灣傳統戲劇，在這十年階段之所以日漸重要，
緣於七十年代鄉土回歸思想的延續，以及學者專家之著力。以
在這時期對歌仔戲影響極大之文建會「民間劇場」[38]為例，由七
十年代即熱衷於台灣地方戲劇田野調查的邱坤良為文建會策劃
辦理第一屆，往後連續四屆由國立台灣大學教授曾永義主持，
結集民間戲曲、文學之專家數十位參與[39]。王嵩山分析[40]：

> 藝師的熱心參與主要是由於主辦者的私人交情，……由
> 此，我們可以發現傳統社會的人際關係牽連網絡與運作
> 模式，尤其是主事者以自我為中心，憑藉差序與互惠的
> 溝通結構，達成其目標的現象。……以民間劇場的舉辦
> 情形來看，藝師最初的熱心參與，由於跟主事者的私人

---

38 「民間劇場」係文建會策劃辦理之「文藝季」活動之一，自 1982 年起
　於台北年公園舉辦五年，其後由文建會輔導各縣市辦理。基本上是在
　一固定場地規劃大舞臺、小舞臺、民藝棚、教學帳棚，邀集捏麵、木
　雕、皮雕、風箏等民藝展出，及南北管、布袋戲、皮影戲、偶戲、傀
　儡戲、歌仔戲，另亦曾邀請越劇、川劇等大陸地方戲劇演出，小戲部
　分則含牛犁歌、車鼓等，前後五屆，內容項目稍有更易。該活動歷屆
　都沒有把京劇搬上劇場，或者主辦者認為京劇以為國劇，有固定的演
　出場所，民間劇場不必再錦上添花。
39 許常惠、林峰雄、王士儀、李豐楙、林明德、莊伯和、牛川海、詹惠
　登、江武昌、洪惟助等有一定的貢獻。
40 王嵩山，〈傳統與塑形—對於民間劇場活動的一些思考〉，台北市：
　民俗曲藝第 32 期，1984 年 11 月，頁 15。

關係而得到激發；至於認同於大社會所掀起波瀾壯闊的
本土文化復振運動，是屬於較後一個階段的。

這股熱潮導致不少學者及研究生撰述歌仔戲的沿革、探討
其與社會文化的關係或是其在台灣文化發展上的地位等論文。
李豐楙也提及民俗活動在這些年普遍受到注意，絕非只是一小
部份精英分子的民族意識，實因為新一代成長之後的文化尋根
運動，在文化變遷中這是一種本土式的文化復興運動[41]。除了對
於本土劇種的支持之外，對劇種本身的藝術美學，學者的看法
亦影響一二，如在文建會提倡「傳統與創新」的理念下，學者
專家亦能頗析傳統與創新互動的實質關係，更加深這些鄉野劇
團求進步的意念。有如曾永義的敘述[42]：

　　……至於保留傳統的某些因素而在形式內容上極盡創新
　　之能事已屬蛻變轉型的這一層次，如果也論及其推展之
　　道，相信持反對意見的人必然相當的多。但是藝術大抵
　　隨著時代而推移，尤其可塑性極高的民俗藝術為然。其
　　間有的蛻變得面目全非而猶不更易名稱，但是這種蛻變
　　往往是一種新生藝術的前身，就整個藝術文化體系而
　　言，其實更富意義。

另外，成立於1982年的國立藝術學院傳統藝術研究中心把
本土戲曲研究列為重點，曾先後受教育部、國家劇院及文建會
委託，完成了數項重要計劃如「民族藝術研習會」、「南管演
出計劃」、「民間劇場的新環境」等，形成台灣重要的本土戲

---

41 李豐楙，〈民間劇場三年雜感〉，〈民俗曲藝〉第 32 期，1984 年 11
　　月，頁 34。
42 曾永義，〈台灣地區民俗技藝的探討與民俗技藝園的規劃〉，台北市：
　　民俗曲藝第 49 期，1987 年 9 月，頁 118。

曲資料中心。其他各校園裡學生自組的社團也是推動本土戲曲活動的主要力量[43]。值得一提的是，學者除了接受政府單位的委託，策劃辦理學術性活動外，也自行成立文化藝術性基金會或應聘參與，以結集更多的社會人士振興台灣傳統文化。1978 年創立的「中華民俗基金會」、1980 年成立的「施合鄭民俗文化基金會」[44]在這段期間是研究本土戲曲民間單位的最佳代表。專家學者參與及帶動關注本土文化的風氣，奠定本土戲曲認同之功不可沒。

而有國劇身份的京劇，在國防部的支持下，演出活動固定，演員沒有經濟上的壓力，也不太擔心後繼無人，所擔憂的倒是戲劇演出的另一支持力量－「觀眾」來源的問題，這也是新生代演員嚮往求新求變的動力之一，偏偏求新的渴望常被「有力人士」所干擾。這裡所說的「有力人士」不外在立法院中仍具有殘餘勢力、而執著以中華文化為主體的的老立委。立法委員由於代表民意，有其政治上的權勢存在，作為民意代表對政府的施政方向則也有某些程度的影響力，因此教育部、文建會或國防部等與戲劇推動相關之部會首長必須面對關心戲曲發展的立法委員的質詢[45]，國劇的興盛與否、本土戲曲的重視問題等，

---

43 邱坤良，〈近二十年來本土戲曲活動之評估與展望〉，〈民國七十九年度中華民國文化發展之評估與展望〉3，台北市：文建會，1991 年，頁 11。

44 按中華民俗藝術基金會，經常接受政府委託從事民間戲曲的調查研究工作並辦理傳統戲曲研習活動，尤以推動崑曲藝術不餘遺力。施合鄭民俗文化基金會，二十年來堅持出版〈民俗曲藝〉，為研究本土戲曲重要資料，協助政府辦理民俗相關活動，以辦理文建會「民間劇場」活動，奠定民俗藝術地位。

45 按教育部 1977 年至 1987 年這十年間的教育部長分別為蔣彥士、朱匯森、李煥，對國劇均極為熱衷，尤其蔣彥士先生提倡安排國小學生前

經常被提出來檢討。八十年代中期起,有部分增額的立法委員
對台灣本土的戲曲發展亦頗為關心,傳統戲劇發展的平衡性在
立法院,尤其專為文化教育設置的教育委員會中討論較多。在
每年兩次首長對立法院的工作報告會議中,曾經被質詢或要求
改善的問題多牽涉文化意識型態。維護國民黨政策者,必強調
國劇的重要性,藝術教育亦需秉持復興民族文化。而在野黨總
是呼籲歌仔戲等台灣地方戲曲的重要,要求政府安排更多的演
出機會與培植人才。而這些提出來的言論或都有不同文化意識
執著之處,也不見得都沒道理,對文化相關單位施政時產生不
少鞭策與思考的作用。僅列舉數則質詢內容如次:

(一) 支持國劇者:

1、〈四郎探母〉的劇情中,四郎探母後終究回番邦,
　　私而忘公,是不忠、不孝、不節、不義,在教育的
　　立場是「反教育」必須糾正[46]。

2、希望在中小學音樂課程納入國劇唱詞,體育課亦可
　　以國劇歌舞作為教材,興趣提高,觀賞者眾,國劇
　　運動始有開展機會。否則不培養觀眾,國劇無法振
　　興,國劇學校畢業生,會發生就業問題[47]。

3、關於我國的戲劇,是一種綜合性的崇高藝術……文

往國父紀念館觀賞國劇演出,對國劇的紮根工作有一定的影響,相對
的也突顯對歌仔戲的不夠關心。文建會自 1981 年成立至 1987 年間的
主任委員為陳奇祿。

46 汪秀瑞委員(國民黨),立法院公報第 66 卷第 42 期,委員會紀錄 1977
年 5 月 25 日,頁 9。

47 汪秀瑞委員質詢朱匯森教育部長,立法院公報第 72 卷第 7 期,委員會
紀錄,頁 13。

復會雖然重視這門藝術，但它是民間團體，只能提倡而無法很廣大普遍深入的推行，文建會是政府機構，應就這方面作一些具體的工作[48]。

4、文建會是否因戲劇在分工上為教育部所管，而不予重視？……陳主委曾與社會教育的教育部多次接觸計劃合作發展國劇，卻無結果……希望教育部能與文建會合作……本省地方戲劇普遍分佈民間，也廣為民眾所喜好，但在表演藝術上、表演方法上，有其亟需改進的缺點，如唱腔簡單，身段的粗俗，又且缺良好的演出場所，遂使為廣大群眾喜愛的地方戲劇，停滯在幼稚階段，今後應積極以國劇的表演藝術，來改良地方戲劇..[49]。

5、現在我國社會「混合文化」非常流行，如改良平劇……，「混合文化」如再發揚，若干年後，談中華文化復興動只是一句口號罷了。[50]

6、國劇界有從事改革者，立意無可厚非，殊不知滲入西洋式或樣板式的表演，有失國劇本來的風貌及神韻。中國劇原是反映歷史，是鑑往，而不一定創新，新則有失鑑往之義……[51]。

---

48 張光濤委員(國民黨)質詢陳奇祿主委，立法院公報第 72 卷第 36 期，委員會紀錄。

49 張光濤委員(國民黨)質詢陳奇祿主委，立法院公報第 75 卷第 25 期，委員會紀錄，頁 157。

50 蕭瑞徵委員(國民黨)質詢陳奇祿主委，立法院公報第 76 卷第 14 期，委員會紀錄，頁 9。

51 傅晉媛委員(國民黨)質詢李煥教育部長，立法院公報第 76 卷第 59 期，委員會紀錄，頁 107。

(二) 支持歌仔戲者：

1、遍觀目前各學校有關發揚國粹的社團或科系中均無歌仔戲一項，今天政府既然認為歌仔戲有值得提倡的必要，態度就應明朗化，將歌仔戲納入國粹項目中予以發揚[52]。

2、輔導文化藝術團體出國，歌仔戲亦應列入[53]。

3、民間劇場於 9 月 26 至 30 日於台北市青年公園連續舉辦數日，報告中說效果相當理想，諸如此類的活動除在台北市外，也應在中南部演出[54]。

4、譬如歌仔戲，或許有人不免俗氣，但是楊麗花所至之處風靡一時，電視歌仔戲一連演出數年，盛況不滅，因此既然民間對歌仔戲如此喜好，不妨多演……報告中說這些地方戲都不能在文化中心演出……本人甚為詫異？[55]

第一屆的立法委員乃是隨國民黨政府抵台時即擔任，未真正由民選，代表人民言論，反成為國民黨運作的力量之一。八十年代因部分立委年邁退休或去世，而有增額立委的加入，另一股新的力量方才出現，但仍舊是國民黨一黨獨大，制衡力不夠，以至所有的法案或施政方針幾乎形成立法院配合行政院，

---

52 蔡讚雄委員(在野黨)質詢朱匯森教育部長，立法院公報第 72 卷第 7 期，委員會紀錄，頁 14。
53 謝美惠委員(國民黨)質詢李煥教育部長，立法院公報第 74 卷第 53 期，委員會紀錄，頁 135。
54 蘇火燈委員(在野黨)質詢陳奇祿主委，立法院公報第 75 卷第 25 期，教育委員會紀錄，頁 155。
55 林棟委員(在野黨)質詢陳奇祿主委，立法院公報第 75 卷第 25 期，教育委員會紀錄，頁 155。

無異議通過，經費預算也順利通過。即使有較尖銳的質詢或所謂的糾正，只要會後說明，大多可以得到諒解，不至於刁難，也可以說互相尊重，互蒙其利。對於上述傳統戲曲的執行，亦多半循著這樣的模式進行，行政院之教育部、文建會或國防部，只要提出相關方針，多半會得到立委支持。但是既然是在公共政策上會談，還是達成一定程度的影響力，像這時期雖然支持國劇之立委仍佔多數，對國劇發展方向的保守堅持多少造成國劇的改進緩慢，但另一方面發言時也不時加入發揚台灣地方戲劇字眼，以表公正的態度。另加強歌仔戲的演出或設置學校培育人才，亦得到擁護，逐漸醞釀成日後的事實，兩方各持有的文化意識型態可以看出調整中。

二、政府與民間對戲曲之認知

　　政府傳統戲劇推動措施的發佈對一般民間歌仔戲劇團而言看似好跡象，但以其數十年自求存活的經驗，總不太相信政府從此以後會注重戲曲的發展，大多數劇團還是依照自己生活環境中的需求，利用固有人際關係爭取於廟會演出機會，面對不同需求提供不同表演方式，如對於需要更多現代潮流聲光刺激的觀眾，加上電子琴演奏及裸露歌舞，劇團也不排斥；對觀眾而言，娛樂、打發時間、藉機與親朋見面，部份則也可因為喜好而前往觀劇；對於聘戲者或信徒而言，這種表演活動是他們據以表達對神虔誠敬仰的最隆重、最直接的方式之一。而對政府官員而言，戲曲對社會秩序的維持與安定、道德的宣揚、社會教化等必須負重要責任[56]。在各種不同要求與氣氛下，民間戲

---

56 陳秀娟，〈台灣歌仔戲的演變過程——一項人類學的研究〉，台大人類

曲演出再度呈現不同面向的缺失，邱坤良在一篇評估論述中提
及[57]：

> 在縣市文化中心落成以後，本土戲曲表演活動激增，從
> 中央的教育部、文建會到縣市政府，競相以活動的大、
> 人數的多為辦理活動的指標。對表演團體而言，明星劇
> 團疲於趕場，出入劇院與野台，觀眾在氣氛的炒作下也
> 慣於四處看熱鬧。官辦的表演活動似乎就在這種爭取績
> 效的態度上而流於形式。倒是一些學校機構與民間社團
> 的研究工作較為紮實；……官辦表演活動除了地方戲曲
> 比賽之外，永遠也不會與他們（指大部分不為人知的劇
> 團）有所關聯，學者專家也從來不曾對他們在營運上產
> 生過任何實質的助益。他們只是隨著社會文化的的日益
> 低俗而應和著；風氣如何敗壞，他們也是以同樣的演出
> 品質回應。

　　政府對於歌仔戲看法一向是「改良」的觀念，這在前面數
章也一再舉證說明，而到了八十年這階段，比較能夠尊重歌仔
戲本身與民眾互動的鮮活性，不再一味的批評猥褻、低俗，並
且認為歌仔戲從技藝本身到演出環境營造的整體性的保存可以
提供人類學、社會學的研究以及民間生活文化的認知，因之文
建會早期對於歌仔戲的對待方式以保存、錄影為主，在舉行各
種演出時，所強調的意義不外於民族文化的尋根與認識反省，
發揚民族藝術、提高演出水準[58]。而反觀當時登記有案的 300

學研究所碩士論文，1987 年，頁 112。
57 同邱坤良，〈近二十年來本土戲曲活動之評估與展望〉，頁 126。
58 陳奇祿，〈文建會 72 年度施政計劃〉，1982 年 3 月 10 日，頁 21。

餘野台戲歌仔戲團體本身，在當時的戲曲環境，大約每一個月尚有 10-12 天的野台演出機會，主要角色月收入約新台幣一萬至一萬六千元[59]，但在面對民眾一心一意追求物質富裕與享受現代科技聲光的台灣社會，要與電視、電影媒體或其他新潮歌舞團之表演型態競爭，求得生存必需有更便捷的手段，如在酬神、結婚、喜慶演出中加入脫衣舞表演、在喪葬儀式中以錄音帶播放五子哭墓取代原有的肅穆，以電子琴合聲音樂代替原有的傳統音樂，劇本的內容當然也不外加入色情挑逗語言，演出的身段簡化，口白也自然多於唱腔，或甚至以時下流行歌曲取而代之。至於舞臺燈光音響等技術上改進的問題則已然不在思考之中。加以老一輩的伶人凋零，演員的社會地位仍舊卑微，演員也不願子女再繼承衣缽，年輕人不願踏入此行，後繼無人現象嚴重。

　　儘管政府在維護傳統戲曲、歌仔戲的技藝日漸用心，但對於歌仔戲面臨的這些現實生活問題、演出環境問題、人才培育問題仍未積極處理，「倒是國家慶典、或表彰重視民俗曲藝時，各文教單位又紛紛提出邀請演出之數據，自以為真的達到發揚民族戲劇的偉大職責。事實上官方雖然重視，但劇團不知如何加強技藝，在配合演出上仍沿襲廟會表演的一套活動，卻又離開廟會的演出環境，徒予人粗糙的印象罷了！」[60]

　　而京劇雖然屬於官方保護下的劇種，整體的經營運作卻不因為政府的資源豐富而有所突破。1960 年代接受三軍劇隊所屬

---

59 莫光華，《台灣歌仔戲論文輯錄》，台中市：臺灣省地方戲劇協進會，1996 年，頁 137。

60 邱坤良，〈傳統民間劇場的功能及其在現代社會的發展方向〉，民俗曲藝，第 20，1982 年，頁 7。

劇校培育的京劇新生代，或在九年、十年畢業後直接加入劇團
演出，或進入大學深造。在大學進修者因脫離軍中生活，和其
他領域學科接觸多，加以不同人文教授的啟發，視野漸廣。某
些演員也有參與其他舞蹈藝術形式或加入現代戲劇演出的機
會，因之對於京劇一貫的忠孝節義戲劇內容，以及演出程式化
並不再完全同意，求新、求變的企圖強烈。至於老一輩的演員，
則堅持京劇已經具二百年歷史，壓倒其他所有地方戲曲而成為
代表國家的戲劇，認為不可輕言改革。由於整個劇團演出劇務
仍然操控在資深演員上，又國防部的大老長官也多少喜歡傳統
老戲，且仍舊肩負復興中華文化的大任，於是改革腳步緩慢，
甚至於是反對的。然而，殘酷的事實為，這時期老一輩的觀眾
凋零，年輕的觀眾看不懂、聽不懂京劇，部分熱愛京劇的觀眾
還是不斷的呼籲改革，認為「國劇是內行人創造的，但卻不是
演給他們自己看，而是需要演給大家看，而不論古今中外，任
何一行都是內行人少，外行人多，國劇更有賴外行的大眾欣
賞……」[61]。這種強調京劇通俗化的想法，固然受到時代日趨現
代化、觀眾年輕化的影響，而文建會標舉的「傳統與創新」無
形中給予莫大的鼓舞，原本支持改良者，以官方政策為理由，
展開創新的行動。

第四節　戲曲生態中之傳統與創新

前節提及陳奇祿對台灣人文思想相當注重，在戲曲的發展

---

61 朱伯超，〈外行人談復興國劇〉，中華文化復興月刊，第九卷第二期，
頁96。

上，1982 年起開始委託專家學者規劃辦理的「民間劇場活動」，在「傳統與創新」的理念下，帶動政府與民眾對台灣傳統歌仔戲的認識與參與。從宜蘭歌仔調的起源、落地掃[62]、內台歌仔戲風格、外台歌仔戲演出之宗教與娛樂意義、電視歌仔戲的演出型態等等均一而再的討論並邀請劇團、藝人演出，給予藝人莫大的榮耀，對振興台灣本土技藝的確功不可沒。京劇方面在文建會的立場上，當時雖然關注力不比國防部或教育部多，但八十年代中葉以後的支持，造成的影響不小。此時期整體文化建設，雖然仍由許多的部會共同負責，辦理不同的性質的文化業務，但仍以文建會的理念為重。文建會所標榜的「傳統與創新」除運用在文學、音樂、美術、建築、甚至哲學思想等各類人文活動外，基本上也是提供表演藝術、戲曲活動推展之思考準則。戲曲本身固然會因著時代的變化，主觀性調整演出內容型態以符合當代的觀賞需求，但客觀性社會環境的變化所帶來的影響，更是促其變化快慢的決定因素。本節將討論在這個「傳統與創新」政策理念下，戲曲演出環境的變化以及戲曲改革的情形做一分析，究竟政府支持與關注產生的成效如何？解嚴前夕，回歸鄉土運動影響下的歌仔戲如何運作？象徵道統的京劇所面對的到底是甚麼壓力？戲曲生態中有其變與不變、傳統與創新的現象，基本上分成三個主題討論㈠歌仔戲的文化功能㈡京劇轉型的動力㈢電視戲曲傳播的再發揮

---

62 按落地掃是一種在地面上演出之表演形式，此種演出型態通常廟會遶境、神 明出巡或喪葬遊行時，沿街作定點式短暫表演，屬於行進間的表演方式。參照 林茂賢《福爾摩沙之美──台灣傳統戲劇風華》，頁24。

一、歌仔戲之文化功能

　　文建會發出加強常民文化呼聲後，文化資產保存法也適時發佈，台灣地方戲曲的發展開始受到認同。與常民關係密切的各地方文化中心於 1987 年以前多已加入營運行列，地方戲曲成為文化中心邀約演出的對象，歌仔戲在諸多的政府文化活動中，成為不可缺少的演出，文化功能的使命，使其漸漸由邊陲邁向核心，有如邱坤良 1982 年在〈民俗曲藝〉的論述[63]：

　　　　以往政府把傳統戲曲的維護集中在保存及發展平劇上，對於大陸地方戲曲，除了定期舉辦公演之外，並無具體計劃保護大陸地方戲曲。而對台灣民間戲曲，更一貫採取放任的態度，除了每年舉辦檢閱式的戲曲比賽之外，對於台灣民間眾多的劇團既不扶植，也不干涉。不過近年舉國一片維護地方戲曲的工作，主要是成立文化專責單位，制定法令來保護古老的戲曲技藝，和獎勵傑出的藝人。在省市政府舉辦的文藝活動中，也安排大陸和台灣地方戲曲的演出。

　　復於 1990 年的 一篇評估文章中肯定台灣本土戲曲成長的跡象[64]：

　　　　1981 年開始表演場次有逐年增加的趨勢，至 1990 這十年間由政府辦理的地方戲曲至少有五百場以上……近年來政府為了落實傳統戲曲及民間技藝的傳承和發，還舉辦

---

63 邱坤良，〈中國傳統戲曲在台灣的發展〉，民俗曲藝，第 15 期 ，頁 34，1982 年 3 月。

64 邱坤良，〈近二十年來本土戲曲活動之評估與展望〉，《民國七十九年度中華民國文化發展之評估與展望》，頁 124，台北市：文建會，1991 年。

了許多研習會，如由教育部與師範大學、國立藝專、復
興劇校以及救國團配合辦理的「民族藝術研習班」台北
市社教館延平分館的戲曲研習，還有各縣市文化中心的
戲曲、技藝研習活動，以及教育部、文建會委託中華藝
術基金會辦理的「北管戲、歌仔戲研習計劃」，此外還
有輔導國內團體出國表演如「明華園」歌仔戲團的 90 年
亞運表演。

　　這一階段文藝季「民間劇場」的舉辦，可以說是台灣戲曲
發展的奠基，也是提升戲曲藝人社會地位的焦點之一。每年 4、
5 天的活動期內，有不同的重點戲曲以及民俗工藝展示及教學，
年年約數十萬人前往觀賞，以 1984 年第三年為例，歌仔戲為重
點，約有六十萬人次觀賞參與[65]。

　　從「民間劇場」最初五年的節目看來顯然以台灣劇種為重，
但不排除大陸戲曲如越劇、豫劇、川劇等，然而歌仔戲的安排
則年年有之，倒是，歷屆都沒有把京劇搬上民間劇場，在當時
京劇為國劇的觀念仍是一般共識，民間劇場定位為為地方戲的
大彙集，不將京劇列入，正是製作人和主辦的文建會之間的默
契[66]。針對歌仔戲節目的安排而言，則秉持民間劇場所標榜的主
題「傳統與創新」，因而傳統歌仔戲和現代聲光科技的電視是
歌仔戲同時有之，當然，這仍舊產生「創新」的定義問題，如
何在創新過程保留戲曲優良本質，一直是各方討論的課題。

　　歌仔戲的創新活動，可以從 1981 年楊麗花領銜的「電視歌

---

65 莊伯和，〈為民間劇場打氣〉，民俗曲藝，第 32 期，頁 44，1984 年
　　11 月。
66 編輯部，〈歷屆民間劇場的回顧〉，民俗曲藝，地 44 期，1986 年 11
　　月，頁 67。

仔戲團」應「新象國際藝術節」[67]之邀，在國父紀念館演出〈漁
孃〉開始，也是歌仔戲進入國家殿堂的先聲。隨後 1982 年設團
於台灣南部屏東縣的「明華園歌仔戲團」於當年地方戲劇比賽
奪魁，引起專家學者的注意後，安排至台北國父紀念館演出，
另一成立歷史悠久的中部雲林縣員林「新和興歌劇團」也在八
十年代即開始由野台戲從新步入室內演出。「明華園」劇團團
長陳勝福回憶[68]：

> 民國七十一年地方戲劇比賽，是明華園崛起的轉折點。
> 當年評審名單加入一些年輕學者，對於一些常演歌功頌
> 德的老劇碼，頗不以為然，明華園則因新編劇創新衝突
> 性的劇本，且表演緊湊，大受青睞，遂脫穎而出。

曾永義撰文表示[69]：

> 1983 年 6 月，明華園以野台的形式演出〈父子情深〉和
> 〈濟公傳〉兩齣戲，震撼了被文建會請來觀賞的藝文工
> 作者。姚一葦教授對其團隊精神和認真執著的態度，以
> 及編劇之出人意表感到很驚訝；吳靜吉教授認為能夠保
> 持傳統特色，又能推陳出新，做得非常圓融，李昂教授
> 則認為其具有「神聖劇場」與「粗獷劇場」的諸多特色。
> 於是那年十月，明華園參加國家文藝季，在吳靜吉教授
> 製作策下，於國父紀念館盛大公演，使歌仔戲走出內台

---

67 新象藝術經紀公司為許博允、樊曼儂夫婦創立於 1978 年，引介國內外
　節目，於 70、80 年代帶動現代藝術風潮。

68 陳昱安，〈從野台到國家劇院—「明華園」歌劇團的興起與創新〉，台
　北市：中央月刊 1992 年 5 月，頁 46。

69 曾永義，聯合報，「精緻歌仔戲：從野台到國家劇院」，1993 年 3 月
　10 日。

> 淪落江湖之後十年，首度進入設備在當時最完善的藝術
> 劇場。翌年八月，新和興也在聶光炎教授燈光設計群策
> 群力下在國父紀念館公演〈白蛇傳〉、〈媽祖傳〉，也
> 獲得很高的評價。此後明華園和新和興年年都有進入社
> 教館和國家劇院的紀錄。

　　經常於地方戲劇比賽獲得冠軍的「明華園」或「新和興」
劇團，面對別於野台戲的現代化劇場，在技藝及劇團經營方式，
均有所挑戰與啟發。各地方文化中心的成立，具現代設備演藝
廳的啟用，提供各種表演團體思考如何從新調整演出計劃及適
應劇場功能。現代設備的使用，對現代劇團、舞團、或音樂團
體來說或許比較沒有適應上的困難，因為這些現代團體的成員
基本上接受的是西方表演訓練，與現代劇場工作人員雙方的聯
繫與合作較為頻繁。但對身為傳統戲劇而言，儘管演內台戲階
段也不乏吊鋼絲或運用多變化佈景道具等劇場技巧，但近二十
年不在室內演出，且現代劇場增多許多機械化、電動化的劇場
設施，不能不說是一項新的挑戰了。楊永喬的論文引述劉培能
的話表示當「明華園」於 1983 年進入劇場演出時，使用的是劇
院的「殼」，實際上仍是野台技術[70]，其後一連串的室內演出經
驗中，在舞台、燈光、音效、佈景及服裝上延聘專家精心設計，
對「明華園」劇場藝術層面助益不少，對其今日風格的建立亦
有一定的影響，當然最重要的不外，「明華園」本身隨著環境
的變化也有了創新的動機與實踐，就如同吳靜吉製作〈濟公活

---

70 楊永喬，〈「明華園」歌仔戲團演藝實踐及經營研究〉，國立台灣大
　　學戲劇研究所碩士論文，2001 年 6 月，頁 24。

佛〉和〈父子情深〉文藝季節目時提到[71]：

> 「明華園」在維護傳統戲的傳統之餘，也相當有選擇的
> 吸取平劇、實驗劇場、電影等優點。一方面提昇歌仔戲
> 的精緻程度，發揮了平劇的四種特色。另外一方面也保
> 存歌仔戲大眾化的特質，因地適時，注入歌仔戲的新生
> 命。

「明華園」劇團的創新，其一，體會劇場的魅力不再只是
主要演員個人的功力而已，必須全團每一份子的專業分工與合
作。在這家族式的歌仔戲團中，編導、演員、佈景道具製作、
樂曲編排以及經營推動各有專屬人員，並且適應時代需求，他
們開始懂得在這工商社會下營運劇團，如編劇方面，戲碼主題
在股市開始暢旺時期，編新劇〈財神下凡〉來反諷民眾對金錢
遊戲的熱中；如營運方面，除了接洽廟會的演出之外，也於 1984
年為花蓮生命線籌募基金義演[72]，開始開拓為公益事業、宗教團
體等演出的場域，其後更與興建住宅的房地產界聯繫，在建築
工地演出歌仔戲，為劇團生財也為房地產招攬購屋客，兩相得
宜[73]。也在此後的各地文化中心、社教館等現代化演藝場所演出
經驗中，結合劇場專業人員以西方劇場觀點，運用整合戲劇本
身各項元素，對現代觀眾，呈現傳統戲劇，亦即演員身段也有
模仿電影慢動作武打現象，佈景、燈光、服裝等的呈現，不排

---

71 吳靜吉，〈歌仔戲的新生命〉，〈七十二年文藝季刊〉，台北市：行
   政院文建會，1983 年，頁 20。
72 同楊永喬論文，頁 83。
73 同陳昱安，頁 50。另按，房地產業者喜於推出預售屋時邀請現代歌舞
   團於建築工地演出，以招攬客人參觀樣品屋進行交易，俗稱「工地秀」，
   演出歌仔戲者、布袋戲或現代舞台劇者並不多見。

除加入寫實部份以取代傳統戲曲的寫意特質,在音樂上也採用國樂團伴奏。陳龍廷曾研究「明華園」劇團的生命力表示[74]:

> 明華園兩項明顯的特質:以劇本為主的總體搭配,取代以個人英雄式演員叫座的劇場;舞台技術的創造性運用,例如螢光、吊鋼絲、乾冰、等技巧的運用,亦如演員的地位一樣,是在劇本允許的範圍內發揮,綜合多方面的配合共同產生,以製造戲劇效果,傳達另一層劇場上的新意義。

另外「新和興」劇團,也是家族式劇團,1981年起連續三年榮獲台灣區地方戲劇比賽最佳女主角獎,同時連續四年獲得團體冠軍及二次最佳導演獎,繼「明華園」劇團之後受新象藝術公司之邀於1983年在國父復紀念館演出〈白蛇傳〉與〈媽祖傳〉值得一提的是,擔任這次演出的戲劇指導是文化大學的王生善教授,舞台指導及燈光設計為聶光炎先生,學者專家的投入傳統戲劇現代化,為這一階段的戲曲風格揭開新貌。王生善當時表示:

> 目前傳統戲劇由於跟不上科技瞬息萬變的腳步,已呈現出凋零、沒落的情形,去年文建會文藝季排出「「明華園」」演出歌仔戲,即是希望能把「電視的一代」拉近舞台,看看充滿生命力,真正來自民間的歌仔戲。不管如何,傳統戲曲的精神仍有其無可代替的本質,因此,不改原始風貌而注入新血輪,是將傳統戲曲帶入接近現

---

74 陳龍廷,〈尋找台灣戲劇的生命力──「明華園」歌仔戲的特質初探〉,台灣風物,43卷1期,1993年,頁119。

代生活的方法之一[75]。

聶光炎亦認為「如何將歌仔戲原原本本的由野台特性搬上劇場的舞台，如何不著痕跡的將燈光效果打進歌仔戲裏，提供新的演出氣氛」[76]是他擔任這次演出燈光設計的看法。這種舞台技術或劇本上的創新，在該團團主江清柳先生的經營理念中極願意嘗試，他認為只要對提昇歌仔戲藝術價值且能吸引觀眾者均是好的改進，惟對歌仔戲的基本唱腔身段有所堅持，並不輕易改變，被認為是創新中又不失歌仔味的劇團[77]。在這十年的階段裏，「明華園」或「新和興」兩劇團，在學者專家的推薦、政府的重視下可以「再度崛起」來形容，加以七十年代陸續由歐美學成回國的劇場技術師資以及國內文化大學、國立藝術學院培訓畢業的劇場人員已漸次加入劇場工作行列，其與傳統戲曲界的互動結合，加速了歌仔戲演出形式上的變化。

再說當時散佈於各地的野台戲劇團，依據 1980、1981 年地方戲劇協進會登記資料，台灣省（不含台北及高雄兩院轄市）約有 159 團[78]，陳秀娟 1983 年統計含北高兩市為 288 團[79]，而曾永義 1988 年出版之《台灣歌仔戲的發展與變遷》則推測全省野台歌仔戲團約有三百多團[80]，尚不計較這幾百團實際上存在的

75 台灣新生報第九版，〈傳統戲劇的現代化〉，1984 年 7 月 27 日
76 湯碧雲，〈從野台戲邁入現代劇場〉，新和興成立三十週年特刊，　頁 30。
77 黃秀錦，〈野台高歌－劇團採訪〉，民俗曲藝，第 42 期，1986 年，頁 84。
78 王嵩山，〈台灣民間戲曲研究總論——一個人類學的初步研究〉，台北市：民俗曲藝，第 28 期，1984 年 3 月，頁 33。
79 同陳秀娟，〈台灣歌仔戲的演變過程——一項人類學的研究〉，頁 49。
80 曾永義，《台灣歌仔戲的發展與變遷》，台北市：聯經出版事業公司，1988 年，頁 88。

可靠性，問題是這些團體是否如同「明華園」、「新和興」般
受到專家學者或政府同樣的注目？曾永義提到除上述兩團儼然
以現代精緻藝術風貌吸引不少觀眾外，其餘無不在神誕廟會中
擔負酬神的任務[81]。但據陳水旺的敘述，歌仔戲酬神活動水準每
況愈下，不由得有心人大聲疾呼救亡圖存[82]：

> 各地方的酬神活動，仍然以演外台戲為主。不過有素質
> 水準的歌仔戲班已經很難覓，時下有些歌仔戲所搬演出
> 來的「忠孝節義」戲碼，內容與史實大有出入，戲中穿
> 插了黃色笑話，國台語流行歌曲，荒腔走板的英日語歌
> 曲也成了主題曲，穿古裝戲的演員隨著音樂旋律大跳迪
> 斯可、浪潮歌，更令台下觀眾看得莫名其妙。

事實上，歌仔戲野台戲劇團具有優秀傳統技藝者，在當時
仍舊有三、四十團，也即是經常在台灣地方戲劇比賽北、中、
南區進入決賽者，只是這些優秀團體演出價格偏高，雖然全國
廟宇於 1981 年即有 5539 座[83]，但一般廟宇仍未必有足夠經費邀
請演出，久而久之，好的劇團只好被惡質劇團所取代。

曾在上一章討論地方歌仔戲比賽在行政上、規定上不適合
歌仔戲發展的條件以及劇目限制等措施。而在這階段，專家學
者對傳統戲曲的維護已有初步建樹，政府亦重視。至於有些算
是優秀，而尚未進入現代化劇場做室內演出的野台歌仔戲劇
團，在「傳統與創新」的政策號召下，演出的情況如何呢？可
依劇本內容、演出製作、以及演出風格三項敘述，但由於記載

---

81 同曾永義，《台灣歌仔戲的發展與變遷》，頁 88。
82 同曾永義，《台灣歌仔戲的發展與變遷》，頁 90。
83 同陳秀娟，〈台灣歌仔戲的演變過程——一項人類學的研究〉，頁 23。

歷年比賽情形的文字資料不多，僅以解嚴前 1986 年北中南三區 27 個代表團的比賽紀實窺探一二：

(一) 劇本內容：

由於比賽的「大會秩序冊」對劇本的規定仍舊是以發揚忠孝節義之民族精神爲原則，所以三地演出劇目名稱並沒有多大的突破，如〈忠孝兩全〉、〈大義滅親〉、〈三國志〉、〈洛神〉、〈梁紅玉〉、〈義膽忠魂〉、〈戰太平〉、〈包公出仕〉、〈光武中興〉、〈王佐斷臂〉、〈寶蓮燈〉、〈濟公傳〉、〈博虎〉等等。但是演出時，內容倒是多少有所更動以符合時代的要求，或所謂政策「創新」的需求。如，北部鈴藝劇團演出〈大義滅親〉時，將以往劇情提及富家女時必然存在的驕縱行爲，一改爲善良溫情的姿態出現，也朝向到底要告發有一夜夫妻情的丈夫，或採取原諒態度等內心衝突矛盾的敘述[84]。其他有如吳亞梅的敘述[85]：

> 新藝社演出〈寶蓮燈〉，編劇加重剪裁，文武場並重，其中關目，無論是三聖母被囚風火洞、秋香明白身世，其弟帶弟赴刑、劉妻割拾愛子……場場是高潮迭起；而流露出的夫妻情愛、兄弟孝友、捨子不忍之心、小兒救母之意……都表現的很動人……說起來真的是一齣好戲。
>
> ……另一說武松打虎、潘金蓮弒夫的〈博虎〉（「明華園」劇團演出），看得出編劇頗具現代舞台劇的觀念，

---

84 吳亞梅，〈台灣省地方戲劇比賽紀實──南區決賽〉，台北市：民俗曲藝，第 42 期，1986 年，頁 130。

85 同吳亞梅，〈台灣省地方戲劇比賽紀實──南區決賽〉，頁 130。

場次分明、乾淨俐落，而運用背景音樂說明劇情進行或
烘托情感更具用心。

(二) 舞台製作：

特殊效果的運用較爲顯著，如燈光的變化、打乾冰、增加
武打場面、服裝多變而華麗，在佈景方面刻意加上有岩石、樹
木或宮殿棟樑的布幕，在音效方面則以麥克風來擴音，樂器方
面也夾雜電吉他。然而運用上佈景或因與劇情唱詞、情景不符
而顯得突兀，麥克風傳來傳去像接力賽，音量也忽大忽小，演
劇氣氛大受影響[86]。惟，對在傳統戲曲中加入現代科技聲光有見
仁見智之說，有認爲「為了吸引更多的觀眾，講求服裝、舞台
設備以及應用各種特殊效果，非常贊同，因為，若不融合現代
舞台技術迎合觀眾需求，歌仔戲劇團勢必日趨沒落，我們不必
堅持傳統的模式，這樣很可能反而扼殺了歌仔戲的生路。」[87]另
一說，有如「明華園」和「新和興」兩劇團在地方戲劇比賽中，
以現代化室內舞台技巧呈現也未必完全得到肯定，認爲「此類
戲劇與傳統戲劇在戲劇結構、演員妝扮、文武場的使用，演員
的唱、唸、做、表有極大的不同」[88]。而持中立者亦有之，「如
果歌仔戲願意用乾冰、加佈景、吊鋼絲……都沒關係，只要能
恰如其分地表現所要講的東西就算成功。」[89]

---

86 同吳亞梅，〈台灣省地方戲劇比賽紀實──南區決賽〉，頁 134。

87 林蘭陽，〈台灣省地方戲劇比賽紀實──北區決賽〉，台北市：民俗曲
  藝，第 42 期，頁 117，1986 年。

88 是非，〈台灣省地方戲劇比賽紀實──中區決賽〉，台北市：民俗曲藝，
  第 42 期，頁 126，1986 年。

89 同曾永義，《台灣歌仔戲的發展與變遷》，頁 134。

(三) 演出風格：

　　演員技藝以及歌仔戲音樂的呈現是主導風格的重要因素。在這次的比賽中普遍出現的現象諸如全團中僅一、二角色稱職，其餘均較爲鬆散；唱腔減少而武戲增多，演員唱腔與後台文武場音樂未盡符合，常有走調變調情形發生；而由於比賽榮獲優等獎者將列入國家文藝季民間劇場活動邀請演出對象之參考，演員表現良好者也不少。節錄當時在比賽現場觀察的幾位作者紀實以茲了解，在林蘭陽的記載中[90]：

　　……該團唱腔優美，主要角色演出精采，然其龍套（旗軍）表演極不認真，比如帶錶上場、舞台行進路線走錯、站立位置不對，態度隨便……。

　　……武旦無論唱唸作表都出類拔萃，特別其眼神（俗稱）「駛目箭」、「送秋波」功夫，更令人嘆爲觀止……。

　　在五天五夜的比賽當中，我們可以發現目前歌仔戲團共同的蛻變，其最大的改變是唱工大量刪減。歌仔戲本以歌謠爲主的『歌劇』，但目前歌仔戲演出形式，幾乎全是『對白』，偶爾才以唱腔點綴其間，變成一種類似『古裝話劇』的戲曲。其次動作的簡化，雖然在作、表方面，野台歌仔戲不像電視歌仔戲那麼『寫實』，然而傳統戲劇所注重美化舉手投足之間的動作，已然被忽略了。

在是非的記載中[91]：

　　……演員認真賣力、唱作俱佳，文場更是非凡，可惜劇

---

90 同林蘭陽，〈台灣省地方戲劇比賽紀實——北區決賽〉，頁 116-122。
91 是非，〈台灣省地方戲劇比賽紀實——中區決賽〉，台北市：民俗曲藝，第 42 期，頁 126，1986 年。

> 本太差，教條口號充斥……落幕之時，以梅花進行曲結
> 束更顯得唐突。

在吳亞梅的報導中[92]：

> 在以往的比賽中，劇團為了成績，往往會請具平劇底子
> 的演員或劇校學生參加自己的團體，以壯聲勢，此次也
> 不例外。……但伶人們會將身段「歌仔戲化」，而不是
> 一成不變的模仿……。
>
> <濟公傳>的演員裝扮十分花俏熱鬧，水準也不錯，但男
> 主角著鑲亮片的緊身喇叭褲上場……在扮相上有待商
> 榷。
>
> 歌仔戲的伶人如果平日演出能像參加比賽時般認真，不
> 再漫不經心，任意上下場、套件背心罩衫就上台，我們
> 得說，演員鮮活自然的演出、有絕大創作自由的扮飾，
> 都是歌仔戲吸引人的地方。

在類此官辦的比賽中，我們仍舊不難發覺，劇本創作仍受
到限制，劇情的發展仍舊僵化，比賽評分標準中最重要的演技
部分，仍舊僅佔 20% 未加以調整，間接導致演員技藝不求精進，
而假如唱作俱佳的團體，舞台技術方面欠缺則未能入選優等的
可能性很大，這也可看出評審人員對歌仔戲現代化的要求，最
起碼，燈光的運用，麥克風的聲量，已經是這個時期最受到民
眾苛求的，「避免喧嚷」似乎是歌仔戲現代化起步的要素之一。

而提及評審人員，在七十年代的地方戲劇比賽，由於評審
人員多數不是歌仔戲專家，經常以平劇的標準來評定，迫使歌

---

92 同吳亞梅，〈台灣省地方戲劇比賽紀實──南區決賽〉，頁 131-2。

仔戲團只好模仿平劇的形貌[93]，八十年代以後，主辦比賽的台灣
省教育廳仍沿用原來的規定，延聘警備總部的人員、民政廳或
教育廳本身的官員以及國民黨部的人員參與評審，但因文化專
屬單位已成立，故尊重文建會推薦歌仔戲學者專家，漸次加入
評審陣容，如 1986 年的比賽，江武昌、林茂賢、沈冬等均學有
專長，至於曾永義教授更是這方面的專家，而歌仔戲界的前輩
也佔一至二席，對歌仔戲藝術的要求也就在每年的比賽中得到
了反映。

　　至解嚴前的這一階段，我們仍見學界與政府孜孜不倦的加
強傳統戲曲的重振與再生。如行政院在 1986 年舉行全國行政會
議，其中第四議題「發展地方教育，加強文化建設工作」項目
第六項之㈣決議，指示由行政院文建會辦理：[94]

> ㈠……民族藝術之研討會、座談會及觀摩展演比賽。㈡
> 透過廟會……媒體發揚、宣傳。㈢錄製重要民族藝術影
> 視帶、幻燈片、錄音帶等保存之，並提供觀光旅遊業宣
> 傳。㈣輔導優秀民族藝術團體或個人在國內或國外表演
> 宣揚。這四項措施已經包含對民族藝術的保存和發揚的
> 具體辦法。

　　另外，立法委員黃榮秋向行政院提出質詢，敦促政府寬列
預算使地方戲曲能薪火相傳；台北市議會特別舉辦「傳統文化
資產、民族藝術及民俗的保存」座談會；中部的鹿港也舉辦「從
文化扎根邁向文化大國之道」座談會[95]。歌仔戲貴為本土戲曲中

---

93 遠亭，「地方戲劇的一些感觸」，　新生報，1978 年 1 月 31 日。
94 曾永義，〈台灣地區民俗技藝的探討與民俗技藝園的規劃〉，台北市：
　　民俗曲藝，第 49 期，1987 年 9 月，頁 110。
95 同曾永義，〈台灣地區民俗技藝的探討與民俗技藝園的規劃〉，頁 111。

的代表，在所有政府辦理計劃中自然不會缺席，在 1983 起辦理
的文藝季中、在台北市藝術季、台灣省教育廳春、秋藝術季巡
迴演出、縣市文化中心、民間劇場等等掀起歌仔戲風潮。但是
全國歌仔戲團能在政府活動中獲得邀約的畢竟少數，多數仍在
廟會活動中求得一席之地罷了！黃秀錦描述：[96]

> 歌仔戲因為沒有新人進團學戲，演員越來越難請，每逢
> 節慶時，劇班還有四處抓不到人手的狀況，所以那些年
> 齡偏高者，依然不會遭到自然淘汰。依此情形，演員將
> 逐年老化，技藝難以發揮。歌仔戲缺乏新血輪，實是最
> 大之隱憂。

　　在歌仔戲的生態裡，的確在維護傳統與創新中求進步，但
是，全面性的，無論在劇本創作、經營人才、演員質量、後台
音樂人才等均青黃不接的情況下，少數團體的支撐是否就能使
歌仔戲為台灣的社會真正執行「文化功能」則仍是令人擔憂的
事。政府單位真要扶植劇團的話，則改善演出環境、補助劇團
演出費用還是即時可行政策。然而在文建會於 1981 年方才設
立，由 1983 年度預算新台幣 252,000,000 元，1984 年 386,179,000
元，1985 年 379,685,000 元，1986 年 227,484,000 元，1987 年
252,364,000 元[97]，平均每年約二億五千萬元預算經費，在業務
範圍包含廣泛的情形下，能運用在傳統戲曲，特別是歌仔戲上
的經費則可以想像十分有限，給予各地方的野台歌仔戲團經費
上的輔導更是困難。

---

96 黃秀錦，〈現階段歌仔戲劇團結構與經營之比較分析〉，台北市：民
　　俗曲藝，第 50 期，1987 年 11 月，第 44 頁。
97 依據文建會歷年施政計劃書。

二、京劇轉型之動力

1970 年代在台灣全國情勢中所謂回歸鄉土的思潮，乃是以中國文化為整體，思量如何面對西方文化的衝擊，反省自己文化傳統的可貴之處。因之，在戲曲方面所呈現的現象，無論官方或民間自然也就不是侷限在歌仔戲等台灣本土戲曲的闡揚，代表中國文化精髓的京劇、崑劇以及這段時期尚存在的豫劇、秦腔、川劇、粵劇、評劇、閩劇、江淮戲等大陸劇種，政府或學者也均給予大力支持，有如「民間劇場」的活動中提供上述大陸劇種的演出機會。在背負著長久以來所遵循的「演出傳統劇目」與「恢復老戲」[98]的責任下，京劇的開創並不見得的容易，恰逢這一階段這種珍惜傳統的時代氣氛，與提倡創新的文化政策雙管利勢之下，京劇力圖在藝術極致中找尋出路。如同歌仔戲般新創團在劇本內容、舞台製作以及演藝人員的演出上均呈現不同以往的型態，而屬於官方的軍中國劇隊也多少有創新的舉動，這一項則就新創立團體風格包含整體劇本內容、舞台製作以及演出型態以及官方京劇的表現加以討論，以了解京劇生態在文教政策的轉變中產生的變化。

(一) 新劇團之創始與風格

首度具體有形展開創新的是郭小莊於 1979 年 3 月 8 日所創立的「雅音小集」[99]，突破京劇僅屬於官方經營的觀念，為民間

---

98 王安祈，《傳統戲曲的現代表現》，台北市：里仁書局，1996 年，頁 90。

99 按郭小莊為空軍大鵬劇校畢業後加入大鵬劇團，因不滿於傳統劇目的搬演，離職自組劇團。

京劇團營運發展的標竿，尤其郭小莊以不及三十歲年齡而向京劇傳統挑戰，造成八十年代年輕人風靡新京劇旋風。該團成立後，隨即以「傳統中的新生」爲目標，邀請現代劇場專家聶光炎先生擔任舞台燈光設計，5 月 17 日在國父紀念館演出〈白蛇與許仙〉，造成轟動之後，即不斷活躍在舞台上，一面重新推出傳統老戲，如〈楊八妹〉、〈紅樓二尤〉，另一方面則邀請文人學者如王安祈編寫新戲[100]，表現旺盛的舞台創作力，作品有如 1980 年〈感天動地竇娥冤〉、1981 年的〈梁山伯與祝英台〉、1983 年的〈韓夫人〉、〈紅娘〉;1985 年的〈劉蘭芝與焦仲卿〉、1986 年的〈再生緣〉、1988 年的〈孔雀膽〉、1989 年的〈紅綾恨〉，以及 1990 年的〈問天〉、〈瀟湘秋夜雨〉1993 年的〈歸越情〉。

　　「雅音小集」的成立與這一時期文人、學者特別重視傳統文化關聯性極大。「沒有俞大綱，也許就沒有今天的雅音小集」是一位國劇界的前輩提及的話[101]，而俞大綱先生當時爲文化大學國劇方面的教授，經常觀賞京劇，鼓舞郭小莊「不論演崑曲或平劇，都要有足夠的文學素養，才能體會戲劇表演的精髓。」[102]，並希望以改編劇本著手，以促進國劇的再生。其後，爲其改編〈楊八妹〉、〈王魁負桂英〉、〈兒女英豪〉、〈百花公主〉等戲，孟瑤、楊向時、王安祈、先後均參與編劇，響應俞

---

100 雅音小集之新編劇本，〈白蛇與許仙〉爲楊向時改編，〈韓夫人〉、〈感天動地竇娥冤〉爲孟瑤改編，〈歸越情〉爲大陸劇作家羅懷臻改編，其餘除〈梁祝〉及〈紅娘〉外，爲王安祈之編寫劇作。
101 編輯部，〈如何讓國劇年輕起來-訪雅音小集負責人郭小莊〉，台北市：聯合月刊第八期，1982 年 3 月，頁 66。
102 同〈如何讓國劇年輕起來-訪雅音小集負責人郭小莊〉，頁 67。

大綱的想法，也造成文人參與創作在台灣的盛況，而「雅音小
集」劇團名稱出自當代名畫家張大千先生之巧思，亦加強該團
文學藝術之風格。「雅音」成立的宗旨是想替國劇注入新生命，
郭小莊本人除了對國劇內容的社教功能特別重視外，認為劇場
本身的變化亦是突破傳統「出將」「入相」演員進出場及表演
走位的因素，因之對於新編戲曲如何與現代劇場的舞台、燈光、
音效、服裝結合亦成為每一齣戲的重點。創始期之劇本內容雖
仍舊秉持忠孝節義的教化功能，但與現代劇場科技結合，劇場
性一改京劇固有虛擬象徵的程式性，演出製作方式與深入學校
主動出擊的宣傳策略，培養大批新的觀眾，使京劇性格由「前
一時代通俗文化在現在的殘存」轉化成為「現代新興精緻文化
藝術」[103]。而由於「雅音小集」的改變，針對京劇本身藝術的
挑戰，引起的爭論與抗辯繁多，成大園表示[104]：

> 雅音成立多年，自<白蛇傳>迄<韓夫人>，我們不知道在
> 追尋什麼？雅音最具體的表現是遷就西洋舞台的運作方
> 式，而犧牲國劇精美特立的表演技巧。

但是蔡欣欣有不同的看法[105]：

> 在各類藝術者的通力合作下，不僅使京劇的「藝術本體」
> 有所突破，在劇本結構與劇場形式上都有所創新，連帶
> 地也使得京劇的「文化性格」有所轉變，吸引許多年輕

---

103 王安祈，《傳統戲曲的現代表現》，台北市：里仁書局，1996 年，頁
94。
104 成大園，〈「雅音小集」能振興國劇嗎？〉台北市：當代雜誌，第 41
期，1989 年 9 月 1 日，頁 48。
105 蔡欣欣，〈顧盼台灣京劇歷史的容顏〉，台北市：歷史月刊，1999 年
12 月，頁 83。

觀眾的參與，成為既古老又前衛的文化藝術活動。

曾永義則有更綜合性評論[106]：

> 綜觀雅音創新國劇的成就是：擺脫說唱文學的冗煩，使情節顯得乾淨俐落；講究節奏的緊湊和氣氛的營造，而將高潮置於矛盾與衝突的關鍵時刻；突破角色行當的限制，使人物的塑造更為生動；在不妨礙虛擬象徵的表現原理之下，適度的運用佈景與燈光，以渲染舞台情境，強化演出效果；加入國樂以充實文武場陣容，因劇情帶出合唱曲以表明時空與情境的流轉，從而循循導引以激起濃厚的感染力。

事隔七年於 1986 年成立的「當代傳奇劇場」由吳興國、林秀偉夫婦共同號召，結合一群青年京劇演員創立[107]。吳興國本身為復興劇校培育出來「興」字輩的學生京劇，專攻老生，後進入陸光劇隊服務。因感於「軍事體系箝制藝術發展的現象，刻板的行政加上傳統老戲班的舊習性，在無法有效整合之下，導致排練紀律不彰，演出品質降低、觀眾人口流失……等等弊病，遂有喚醒傳統的衝動」[108]。而林秀偉為當時享譽台灣的「雲門舞集」舞團舞者，亦為編舞家，與當時現代劇場藝術工作者、

---

106 曾永義，〈國劇的過去、現在與未來〉，台北市：〈民國 79 年度中華民國文化發展之評估與展望〉，行政院文建會出版，1991 年 3 月，頁 82。

107 吳興國當時以仍舊是陸光國劇隊團員的身分創團，創始團員除吳興國夫婦外，尚有魏海敏、馬寶山、王冠強、劉復學、馬學文、張幼寧、李小平、譚啟能、廖錦麟、陳清河、張起鳴，皆為京劇、舞蹈或音樂專業，除劉復學外皆 30 歲以下年齡，試圖於軍中劇團保守體制外創新。

108 〈十年傳奇-憤怒的革命〉，當代傳奇劇場特刊，1996 年。

製作群來往頻繁，促成「傳統與現代」合作的動機。事實上，
1984 年起這些年輕人已聚在一起討論傳統戲曲在現代社會中日
漸式微的命運，感慨之餘決心組團，企圖由新一代演員自身對
京劇體質進行改革，並將中原文化移轉為台灣當代新戲劇文化
109。創團演出的〈慾望城國〉（1986）係由一個喜愛京劇卻不
曾有過編劇經驗、亦沒有國劇聲腔概念、剛畢業的大學生李慧
敏，改編自莎士比亞名劇〈馬克白〉（MacBeth），經過團員討
論、修編、排練後 12 月 12 日於台北市社教館推出110，成為該
團之經典作品，歷久不衰，並代表國家赴英國、韓國、日本、
法國、德國、荷蘭等國演出。其餘作品〈王子復仇記〉（1990
由王安祈改編自莎士比亞〈哈姆雷特〉,(Hamlet)、〈陰陽河〉
（1991）、〈無限江山〉（1992）、〈樓蘭女〉（1994）改編
自希臘悲劇〈米蒂雅，Medea〉、〈奧瑞斯提亞〉（1995 由美
國紐約大學 Dr.Richard Schechner 編導自希臘戲劇 Oresteia），
其後至 2001 年才又有新戲〈李爾王〉，亦改編莎士比亞悲劇。
該劇團以京戲的表演為基礎，運用現代劇場的觀念，借用西方
戲劇的題材刺激並強化戲劇的思想內涵，舞台上或採用電影慢
動作、或幻燈的特寫或電雷閃爍等以增強聲光效果，因此，演
出雖然仍保留京劇唱腔的呈現，但其定位則有不同的看法，如
鍾明德教授所提111：

---

109 十年傳奇-當代傳奇劇場簡介〉，當代傳奇劇場特刊，1996 年。
110 依據文建會〈中華民國表演藝術場地簡介〉，1993 年，頁 59。社教
　　館之表演廳深 14 米，寬 21 米，觀眾席次 1146。
111 鍾明德，〈十年傳奇-當代傳奇與繼續革命〉，當代傳奇劇場特刊，1996
　　年。另，國家文化藝術基金會於 1996 年 1 月成立，與文建會均設有
　　補助藝文團體經費，每一類別經費額度均有其極限，各類別評審委員
　　關注點不同，隸屬項目不清則補助容易造成困擾。

當代傳奇劇場是個由京劇演員所組成的「實驗劇團」，
這個明白的事實直到今天依然叫許多人困惑：在文建會
或國家文化藝術基金會，當代傳奇劇場到底該歸屬在現
代劇場或傳統戲曲項下，總是要引起一番爭論。當代傳
奇劇場所推出的作品亦然。

焦桐以為[112]：

是一齣介於現代舞台與傳統平劇之間的戲

牛川海說[113]：

它已經超越平劇的結構和場次的處理；當然，更不是
Opera，基本上，「慾望城國」應該算是舞台劇。

林瑋儀表示[114]：

是向傳統札根，並吸取西方現代劇場養分，所結出的豐
碩果實。

王安祈所理解者為[115]：

「當代」的大部份成員雖都來自京劇界，但他們的目的
不在於京劇本身的改良，他們要探索的是中國戲劇的「新
型態」，即意味著拋開崑曲京劇的傳統程式而開發出一
套全新的表演方法。取自西方，主要的目的即是以下兩
層：一是借重西方經典以補強傳統中國戲曲中一向深度
較弱的「思想性」，此外，更想藉由陌生西方的題材以

---

112 按焦桐所指為〈慾望城國〉一劇。
113 高小仙，《從三民主義文化建設論我國文藝發展-以 1950-1990 年我國
國劇發展為實例》，台北市：政治作戰學校政治作戰研究所碩士論文，
1991，頁 156。
114 同高小仙，頁 156。
115 王安祈，《傳統戲曲的現代表現》，頁 100。

刺激轉換現有的表演體系。

吳興國本人的說詞爲[116]：

> 傳統就是傳統，當代傳奇不在於對傳統的革命，而在於
> 對台灣劇場運動的革命，最終的目標，希望達成一種新
> 形式的劇場風格——一種涵蓋唱、唸、作、打的前衛劇場。

這兩個團體的成立，一爲七十年末，活動於整個八十年代；
一爲八十年代下半年，極力朝 90 年代衝刺，兩團均不以京劇團
命名，演員卻多爲京劇科班人員，而所呈現出來的形式、內容
卻或是現代京劇，或是現代舞台劇，可見其求新求變的用心，
兩者的呈現也已見差別，而與七十年代及之前台灣所有京（國）
劇團的發展更不可同日而語。綜合來說，在劇本內容上，不管
是取材於傳統故事或西方經典名作，縮短劇本長度爲兩小時至
兩個半小時之間、減少唱腔、增強角色的內心衝突、突顯人物
性格、劇情安排學習西方戲劇之結構如「起點、上升、高潮、
轉折、下降、結尾」以強化戲劇張力；舞台製作上，所謂中國
傳統戲劇的虛擬性、象徵性以及一桌二椅的代表性，已然被布
幔<韓夫人>、旋轉舞台<紅綾恨>、多層台階<問天>、假山森林
佈景<慾望城國>等取代，加上燈光轉換投射運用，已非原傳統
演出的明亮照射；演員突破角色行當的限制，音樂加入國樂、
語言文白話、身段加入現代舞蹈或現代舞台劇化，容妝打扮則
也已呈明顯的轉變。「雅音小集」 在這階段除以演出風格別於
傳統老戲吸引新觀眾外、擅於與傳播媒體結合、主動前往大專
院校開辦京劇賞析講座，開發不少學生觀眾，王安祈提到[117]：

---

116 〈十年傳奇——憤怒的革命〉，當代傳奇劇場特刊，1996 年。
117 同王安祈，《傳統戲曲的現代表現》，頁 97。

當時年輕人穿著印有雅音字樣的 T 恤走在路上時，展現的是最古雅也是最新潮的風采，觀賞雅音、品評京劇，成了現代青年最能提昇氣質的「時髦」活動。在觀念的轉變開拓上，雅音對台灣戲劇界的影響是非常明顯的。

至於隨之後起的「當代傳奇」也帶來傳統京劇的新視野，以及啟開九十年代京劇新發展的契機。

(二) 官方劇團之新生代

「雅音小集」以及「當代傳奇」由年輕的京劇演員帶領展開創新，而受到青年朋友的支持與愛好，這樣的現象對同年代的京劇演員帶來的衝擊有兩方面，一來為，聽從前輩的忠告，視這樣的創新成果是離經叛道，不宜模仿；二來為，「雅音小集」與當時林懷民領銜的「雲門舞集」、吳靜吉支持的「蘭陵劇坊」同為重要的藝文團體，對新風格京劇能造成時代風潮頗感興奮，躍躍欲試者也不在少數。而在「雅音小集」之後七年成立的「當代傳奇」持續得到現代劇場界學者、藝術工作者的多方肯定，更篤定京劇必須改革的志向。　擁有京劇最大資源的軍方，以及教育部所屬的復興劇校實驗國劇團如何面對這時代的變遷？響應政府文教政策的不就應該是這些官方單位嗎？

軍方的劇團所指即是陸光、海光、大鵬三劇團以及 1985 年以前尚未裁撤的明駝劇團，在國軍文藝中心公演、到各軍團對勞軍、配合文建會或民間演出、舉行觀摩競賽等，為這些劇團全年度的任務，而這些任務就勞軍一項，每團每年的場次大型演出 72 場，小型演出 120 場，即是為重點工作，接觸一般觀眾的機會實在不多。1970 年代以後，軍中服兵役或現役軍人的結構，已然由大部份大陸撤退來台的人士，轉變為台灣當地出生

的青年，對京劇的認知與喜好也不再視同爲緬懷大陸家鄉情
景。但基於維護傳統文化的使命，仍積極的要求各劇隊進行研
究革新，如成立劇本研究發展小組、國劇音樂研究小組、服裝
道具電腦化研究小組等，加入現代觀念的運作[118]。而爲加強國
劇的傳承，原屬於各劇隊中「科班」之小陸光、小海光、小大
鵬等國劇訓班也爭取教育部的同意，於 1979 年均獲准成立爲戲
劇實驗學校[119]，有了名正言順的高級職業學校畢業證明書，這
對國防部辦理國劇的宣揚與薪傳原本有更正面的意義。惟至
1985 年，因國防部精簡人員，奉命執行「國軍藝工團隊整編」
案，加以劇校師資也有問題的情況下，三軍劇校合併至直屬國
防部之國光劇藝實驗學校[120]，京劇人才培育的目標一直未能得
到正面的重視。

　　至於教育部在文建會成立後仍舊執行許多推廣京劇的活
動，在這十年間責無旁貸的負起推動京劇的大任，這當然如前
所提，與任內教育部長的熱心鼓舞不無關係。此時，在輔導戲
劇團體方面，1978 年成立了「加強國劇教育研究改進顧問小
組」，主要的貢獻在訂定戲劇教育課程，期使戲劇教育趨於正
軌。在戲劇演出方面，則結合三軍劇團及復興劇校實驗劇團，
或在國軍文藝中心輪檔期演出，或在國父紀念館、社教館、國

---

118 同高小仙，頁 148。

119 教育部教育年鑑編纂委員會，《第五次中華民國教育年鑑》，第玖編——
　　文化，第三章文藝與藝術，頁 1223。

120 國光劇藝實驗學校，屬於國防部，於 1980 年獲教育部同意於 8 月 2
　　日設校，分音樂、舞蹈、戲劇學制如高級職業學校，修業期限三年，
　　以培養舞台表演之綜藝人才，1985 年三軍劇校併入該校，設國劇科。
　　1995 年三軍劇團解散，該校由國防部改隸教育部，國防部從此與京劇
　　演出及人才培育脫離隸屬關係。

立藝術教育館、實踐堂等，利用各種不同節慶，如1978年慶祝總統就職、1981年慶祝建國七十年舉行大規模公演活動。又為了普及京劇，在當時也輔導大專學生國劇社在校外公演，給予經費補助；辦理少年國劇欣賞公演，在台北市，每週六及周日下午由教育部提供國父紀念館場地並由復興劇校學生演出，台北市教育局安排中、小學生1900-2300人觀賞；在台北市以外，也由教育部洽請大鵬、陸光、海光、復興劇校等前往各地演出，足跡遍及北、中、南、東各縣市；亦舉辦台灣區各級學校學生國劇競賽，雖然均非正統的戲劇教育，但是在推動京劇的使命上，卻認為可以達到寓教於樂的功能。另外提及出國演出的話，這段時期台灣經濟起飛，政府對外的宣傳工作也積極展開，以京劇宣揚文化及宣慰僑胞的作風更加強了。而因教育部所屬的復興劇校附設劇團，正值由培養出來的新生代演員擔任要角121，聲譽氣勢雄厚，教育部信心滿滿的安排至歐美及鄰近的韓國巡迴演出，的確也都載譽歸國。

　　政府有關京劇教育方面的投注，至1987年止，除了文化學院設藝術研究所、國立藝專1982年設立的國劇組，開設戲劇理論及美學外，復興劇校、三軍劇校、國光藝校培育科班生，著重演員訓練及文武場音樂技藝，說不上更高層級的京劇藝術研究。當然這在關心台灣本土戲曲的人士眼中，已然羨慕不已，歌仔戲尚於野台自行培訓呢。

　　官方舉辦的活動自然由政府支付大部分的經費，執行的成

---

121 按復興劇校以校訓「復興中華傳統文化，發揚民族倫理道德」為班序期別，1966年第一期畢業生，1977–1987年這階段族字輩的畢業生、新血輪也已加入復興劇團演出陣容。

效也通常列入年度報告中，此時代表民意的立法委員則可能就
執行內容展開了解與質詢。如同本章第三節所敘述的，立法委
員對京劇和歌仔戲或持不同意見，對京劇中的傳統與改革也有
不一樣的認知，民間劇團的改革不在立法委員的質詢權限下，
只能提出意見供政府單位參考，但官方劇團則通常尊重立委的
意見，以保全所列經費的安全過關，於是改革作風趨於保守。
在自 1965 年十月起即辦理的「國軍文藝金像獎」 競賽戲及其
評論反映中，可以看出在這階段，有心人對軍中劇團的表現已
然齟齬連連，呼籲檢討，對於原在六、七十年代視爲標竿的蔣
總統言論指示也提出來重新詮釋[122]：

> 「國軍文藝金像獎」所標示的主題，多數吻合宣揚正義，
> 啓發國家觀念、民族意識，另外包含相當濃烈的戰鬥精
> 神。雖然這是一種要求和限制，但是如果詳究過先總統
> 蔣公的十二條內容，將發現，所謂的限制已不存在，因
> 爲它的涵蓋面大得可以用兩個字表達：健康。

　　由此可見，「健康」兩字的詮釋，所代表的是，袪除條文
文字上迷惘，認爲反共抗俄與發揚民族意識的的精神應該包容
在人性光明面的抒情中，競賽戲政治化的本質已漸漸的需要更
多的藝術性調和。當時仍在學校研究所攻讀博士學位、二十多
歲的王安祈於 80 年代初期即受聘爲競賽戲評審，觀察出軍中劇
團亦有革新的意願：

> ……當時的國防部總政治作戰部副主任劉戈倫將軍，非
> 常誠懇的告訴我們，軍方已對競賽戲的漸趨僵化有所警

---

122 劉先昌〈論軍中劇隊在台灣京劇史上的影響-以陸光國劇對爲析論範
　　圍〉，文化大學藝術研究所碩士論文，1998 年，頁 161。

覺，因此希望藉由評審「性格」的改換來引導各劇隊改
變創作方針。[123]

另外，劉先昌的論文中也調查到一些轉變的現象[124]：

> 所幸，隔年（75 年，1986 年）競賽情況就有了很大的轉
> 變，各隊更卯足了勁籌劃，使得三隊的競賽戲有如脫胎
> 換骨般精采，競賽評審都稱許此次競賽的三隊，在劇本
> 選擇、劇情的編撰、演員的編排上，都匠心獨具，各有
> 創新。

中央日報記者張必瑜特稿中更讚揚：「國軍文藝金像獎國
劇競賽，確實擺脫了以往教條、八股模式，對國劇發展有了關
鍵性的引導作用。」而是年陸光的新編戲〈淝水之戰〉被喻為
「在中規中矩的傳統格式中，加入了人性的因素，也使得本劇
有了較深刻的生命力。」固然軍中劇團試圖創新，只是也有許
多愛莫能助的條件阻礙，王安祈也提到[125]：

> 70 年代（1980）初開始，競賽戲逐漸採用新編劇本。當
> 時隨著台灣經濟的快速成長，通俗娛樂大眾文化欲來愈
> 多，傳唱多年的古老京劇已逐漸失去了競爭能力，「編
> 演新戲」成為振興國劇的重要手段。……而京劇本身的
> 規律又極為嚴謹，編劇除了必須具備完學素養、音韻知
> 識之外，還必須熟悉京劇舞台規律，若沒有「六場通透」
> 的本事便會被譏為「外行」，外行所寫的本子內行是不
> 屑於演的。同時，能具備韻文及文言文（即使是最淺近

---

123 王安祈〈競賽戲和我的因緣〉，台北市：表演藝術月刊地 36 期，1995
   年 10 月，頁 46。
124 同劉先昌論文，頁 158。
125 同王安祈，〈競賽戲和我的因緣〉，頁 45。

的）書寫能力的人很有限，大學中文系的戲曲課程又多
止於元明，在這樣的環境下，可以說根本不具備產生編
劇人才的條件，除了早已是作手的張大夏、魏子雲、高
宜三、張青琴、楊向時和俞大綱等先生外，新戲實在很
難帶動「風氣」。

　　京劇的發展，無論演藝人才的培育、演員素質的提昇、演
出機會的增加、演出場地的興建、觀賞人口的開發等，政府注
入不少人力、物力加以推動，但社會結構變遷，生活方式改變，
加上京劇本身編劇創作人才的稀少，藝術表現僵化，實難避免
觀賞人口的遞減。由一則曾是復興劇校校長的王敬先先生的文
章中可以透視出時代的變化，他說明一項京劇界藝人團體盛大
聯演的例子[126]：

> 聯演是半義務性的，頗富奉獻精神，演員無不以參與演
> 出為榮，或則遠自海外長途跋涉，或則暫時放下自身演
> 藝事業，共襄盛舉，似此一則說明藝人對當局的向心與
> 崇敬，另則表現演藝界是團結的、無私的，是愛國的，
> 這種盛況堪稱空前而絕後，也是政府與民間、演員與觀
> 眾，對戲劇發揚與推動，做了凝聚力堅強的大結合、大
> 超越。這項聯演維持達數十年至今不輟，只是演出場次，
> 已每下愈況不復當年了。

　　但這階段台灣國際政治地位雖不甚光耀，但經濟及內部社
會狀況穩定，官方的京劇活動在挹注大量經費下，尚使其為國

---

126 王敬先，〈四十年國劇發展的回顧〉，復興劇藝學刊第十七期，頁126，
　　1996年。按國劇聯合公演溯自1968年，文中所謂　遠自海外回國者，
　　指徐露、古愛蓮、李金棠等於7、80年代移民國外之名伶。

家正統文化之代表,每下愈況的情勢也只能歸咎於時代因素使然,而民間京劇的興起,雖不全然得利於政府經費的協助,但是創新的態度獲得全面的獎勵,開創京劇的新紀元,實在是京劇史流變中重大的一環。至於歌仔戲,「明華園」和「新和興」劇團的現代化,給予解嚴後的戲劇活動一大大的強心劑,擬邁向現代化的劇團已然燃起跟進的火花了。此外,戲劇生態在這階段的變化必須一提的尚有電視國劇、及電視歌仔戲傳播力量的存在。

三、電視戲曲傳播之再發揮

台視 1962 年開播初期,即以總經理周天翔為社長組成的「國劇研究社」,中視 1969 年開播也成立戲劇中心,華視則 1970 年十月開播後即以軍中劇團為主每週演播一次,除華視因掌控三軍劇團之便,不曾間斷演出之外,台視、中視基於該項京劇節目的廣告收入少,虧損良多之下,斷斷續續的播演。1978 年之後,蔣經國擔任總統指示加強電視的社教功能後,京劇於是再度受到重視,這三台,或是國民黨或是政府的投資單位,也就紛紛加強京劇的演出效果,以表達對政府的效忠。

電視對於京劇及歌仔戲所發揮的功能在第三章已然敘述最初的發展情形,而這一階段,國語推行運動仍舊持續進行,歌仔戲生在電視媒體上存在最大的魅力到底在哪裡?京劇擁有的播放空間是否持續著?面對「傳統與創新」的文化新境界,媒體傳播的導向是否也呼應了?這些是在這一節裏值得探討的問題,更有趣的是,此時期的三家電視台實質上仍舊是國民黨投資或政府所有,但電視之播映戲曲也因為主事者的態度,大大

影響安排播放時段與時間長短，「政策」流於口號、或形式，不無有之。

　　這一階段裏，三家電視台對播映戲曲的經驗少者七年多者十五年，以電視台營利為主的考量上，對付出多於收入的現象，自然受到許多電視台內員工抗議，如京劇的節目沒有廣告收入影響年終福利等，但是基於國家政策考量，三台仍舊安排國劇節目演出，也有心的朝爭取觀眾的目標製作。如在演出形式內容上，由於早期「電視平劇」過於拘泥於佈景的製作，最後並沒有收到預期的好評，於是這時期的演出有的改以舞台式演出為主如台視的製作，講究主題的正確、故事的通俗、結構的完美、場子的簡潔、人數的適當以及服裝道具及演出效果，並邀請國內的一些京劇專家學者成立劇本研究小組整編劇本近二百八十餘齣[127]。另外也有場景部分戲採用實景，部分戲採用舞台式的傳統演唱，但背景方面，仍由美工人員設計佈景予以搭配，如廳堂搭廳堂景，郊外則搭郊景如中視的「忠義劇展」，其演出的時間也緊湊些，在鏡頭及節奏方面都加以整編。至於華視，稱不上製作新節目，對京劇的的態度似乎從成立開播以來，就懂得面對京劇播演不可能賣廣告賺錢的現實。最早由國防部一聲令下，三軍劇隊聯演，由國防部總政治作戰部藝術工作總隊之電視製作中心策劃製作。後來為了製作費問題，改由各劇隊分別輪流演出。在這階段主要以錄製「國軍文藝中心」的三軍劇隊輪檔演出，和每一年一度的軍中金像獎競賽的劇目為主[128]。

---

127 姜龍昭，〈電視播映平劇三十年來之變化〉，廣播與電視，第56期，1992年3月，頁104。

128 顧曲，〈談電視國劇〉，國魂，第579期，1994年2月，頁35。

　　電視京劇節目爲了可看性高，文戲武戲、唱工戲作表戲或陣容浩蕩的群戲不斷的變化，而這些變化就必須要足夠的角色配合演出，台視以最早開播，首先有京劇播演的立場，在 1976 年即與胡少安、鈕方雨、張安平、廖苑芬等 24 位簽訂基本演員合約，並有嚴蘭靜、姜竹華、李金棠、孫元坡、劉玉麟等 21 位特約演員。其後爲響應國劇推動，更加廣泛地與京劇人員簽約，所謂「撒下天羅地網，名角皆入旗下」[129]。至於中視，由於總經理梅長齡的全力支持，1981 年 4 月 12 日開闢「忠義劇展」，由知名鬚生胡少安號召章遏雲、梁秀娟、劉玉麟、陳元正等資深演員助陣，播出之京劇一律以表揚「忠義」爲主題。華視則由於與國防部關係密切，運作容易，只要安排好演出劇目，協調陸光、海光或大鵬等劇隊之演員不會有困難，1984 年起更重金禮聘名伶顧正秋女士演唱生平拿手好戲〈玉堂春〉、〈漢名妃〉、〈鎖麟囊〉、〈鳳還巢〉等，使華視的平劇，在三台之中，有後來居上之勢。

　　有關播映的時段，與主事者有關，中視在梅長齡的重視下，於每週一至週四，共四次於每晚八時之黃金時段演出四十五分鐘，爲發揚國劇，舉辦座談會，邀請專家學者提供意見並共同呼籲宣揚中華文化的重要性，也請郵政局配合發行「忠義劇展」京劇郵票，報章媒體也特別一系列報導，收視率一度提高，惟製作費高但廣告業績仍舊未見好轉，演出一季後即改名爲「國劇大展」，經過「上級」的交代[130]，由軍中之大鵬、海光、陸

---

129 〈台視與九位國劇名伶簽約〉，民生報報訊，1981 年 6 月 22 日，該九位演員爲：小生劉玉麟、高蕙蘭、孫麗虹，老生哈元章，淨角高德松、馬維勝，丑角周金福、于金驊及吳劍虹等人。
130 陳宏，〈軍中劇隊全力支援忠義劇展〉，大華晚報 1981 年 7 月 30 日。

光、明駝、復興劇校等團隊協助支援演出，並將這項演出視同
如勞軍般的任務，負責一週四天的演出。1983 年以後由鍾湖濱
接任總經理，改為一週播演一次，但為節省經費，也經常將已
播過之錄影帶予以重播，以減少虧損[131]。中視雖然得利於梅長
齡的支持，但是，有如中國時報一篇報導的標頭：「**忠義劇展
的推出，真能點燃國劇的香火嗎？**」[132]。電視媒體雖然可以觸
及到每個有電視的家庭，但觀賞的人口是否比前往劇場觀賞人
口多，實在也是未知數，在總經理易人後，基於電視商業利益
取向，節目以播放錄影帶充數是可以想像的。

　　利用現代科技傳播傳統藝術，讓更多的民眾能了解傳統文
化的價值是眾所期許的，如何運用科技技巧，如何配合藝術呈
現則也需深思熟慮。「電視國劇」基本上已然是別於舞台表演
的形式，是一種遷就媒體特質，透過螢光幕，靠著電視導播對
鏡頭的運用拍攝剪輯而成，國劇虛擬象徵的程式化特質，所能
保存運用的微乎其微，僅唱腔曲調方面的留存尚可指望罷了
[133]。二十多年來，京劇在電視媒體的的播演雖未能成功的造成
一股維護傳統京劇熱潮，卻因為政策的維護一直沒有真正間斷
過，也因行政院新聞局的建議，三家電視台將京劇節目時間延
長至九十分鐘[134]，多少讓愛看電視的年輕人尚有機會目睹京劇
的型態。姜龍昭先生倒很樂觀的認為，近年來，年輕一代中，

131 同姜龍昭，頁 106。
132 陳桂芬，〈忠義劇展的推出，真能點燃國劇的香火嗎？〉，中國時報，
　　1981 年 5 月 11 日。
133 同曾永義，〈國劇的過去、現在與未來〉，頁 92。姜龍昭，〈電視播
　　映平劇三十年來之變化〉，頁 101。
134 同姜龍昭，〈電視播映平劇三十年來之變化〉，頁 106。

已有不少人喜愛欣賞平劇，大半是電視多年演播的辛勞、耕耘，所贏來的收穫，在平劇史上而言，這一筆功勞是不容被抹煞的135。

至於「電視歌仔戲」，1977年消失於螢幕而1979年再度出現時，一改以往才子佳人、婆媳糾紛、姑嫂不和以及充滿哭調的歌仔戲死板印象，由狄珊編劇、楊麗花製作兼主演的「蓮花鐵三郎」開始，基本上走「新潮武俠」的路線。曾永義的撰述中提到136：

> 在內容上以愛情為主，兼論武俠問題；劇中男主角必定風流瀟灑、武功蓋世而且家境富裕。在形式上為避免情節鬆散，因此減少唱腔的份量並取消「哭調」，使對話精簡、節奏加快，以緊湊曲折的劇情來吸引觀眾。於是面目一新，不只與舞台歌仔戲相距十萬八千里，而且與以往的電視歌仔戲也大異其趣，它所保存的歌仔戲特質真是寥寥可數了。

不同於「電視國劇」被電視公司認定為「燙手山芋、賠錢貨、扔不掉的包袱」137，「電視歌仔戲」廣告的業績使其成為最賺錢的節目138，台視、華視都先後組成歌仔戲團，中視則因缺乏適當成員，僅曇花一現，維持不久即不再播演。台視在1980年恢復「台視歌仔戲團」後仍由楊麗花擔任團長，並又於1981年七月成立「歌仔戲演員訓練班」，對外公開招考演員，訓練時間為一年，期培養新血輪以保存和發揚台灣的民間藝術。而

---

135 同姜龍昭，〈電視播映平劇三十年來之變化〉，頁101。
136 同曾永義，《台灣歌仔戲的發展與變遷》，頁92。
137 顧曲，〈談電視國劇〉，「國魂」第579期，1994年2月，頁31。
138 同曾永義，《台灣歌仔戲的發展與變遷》，頁93。

華視於 1982 年成立的「華視神仙歌仔戲團」係由台視轉來的另一歌仔戲紅星葉青及編劇狄姍共同發展[139]。

　　這一段時期電視歌仔戲的發展，不因廣告營利的壓力而託付於黨政的關注給予人力物力的幫忙，關鍵人物不再於黨政官員，反倒是從事藝文創作的編劇狄姍小姐。狄姍認為從前電視劇沒落的原因，在於「無法跟上社會進步的腳步」，於是第一波的改革以「新潮武俠」為主，第二波於 1985 年三月起於華視推出〈周公與桃花女〉、〈描金扇〉、〈巫山一段雲〉等劇，以民間傳說或神話故事為主，加上電視科技技巧的電子特殊效果，將人物的出沒隱遁神奇化，很能引起觀眾的好奇心，造成收視佳績，於是電視歌仔戲吹起了一陣「神話特技」旋風。1986 年六月她又進行第三波的改良，推出〈趙匡胤〉、〈新七俠五義〉等劇，捨棄電子特殊效果，服裝造型採復古樣式而翻新，亦加入傳統身段以及運用象徵性的表演如加入馬鞭等動作[140]。這十年裏，歌仔戲的播出可以說是空前盛況，不但贏得了觀眾也為電視台賺進不少廣告費用，而電視台因為可以獲利，在主題、藝術層面上較聽從編劇者的意見，外在意識型態的限制減少，這樣的現象也不得不說是社會道德制度在解嚴前已見寬容，輿論對於本土劇種的支持，已由不得國民黨政府如 1977 年之前，刻意的限制閩南語節目的播演。

　　十年間，政治上的反對勢力形成，國民黨一黨獨大的現象受到挑戰；經濟上，在傾向自由發展的過程中，民間企業興起，

---

139 同曾永義，《台灣歌仔戲的發展與變遷》，頁 94。
140 同曾永義，《台灣歌仔戲的發展與變遷》，頁 95。

貿易出超，民眾因經濟成長相對的消費力提高，參與休閒活動或加強文化認知的意識建立，整體社會結構由農業歷經工商業而邁向國際化，勞工人口往都市集中，文教政策開始由中央往地方延伸。在這樣的政、經社會環境下，文建會適時成立，又首任主委陳奇祿對台灣人文思想原已相當注重，任內所提倡之文化資產維護、民間劇場活動、原住民文物保存、台灣音樂之保存及地方美術巡迴展，績效卓著，解嚴前已開始重視多元文化或弱勢民族，實施的業務中與台灣本土文化相關者不在少數。基於其又是兼任中華文化復興運動委員會之秘書長，對於配合國家整體政策，發揚中國文化的職責一直恪遵不誤，對於戲曲中代表中國道統的京劇的傳承，也有一定的貢獻。當時教育部長們對京劇的熱衷，推動中小學、大學、社會、國際等各層面的京劇活動，也讓這國粹享譽不少，而國防部在官兵觀賞京劇意願漸低的環境中，努力開發新觀眾也值得讚賞。惟不可否認的，兩種不同的劇種在台灣社會的發展，到了七、八十年代已經可以看出，無論是現代劇場內或野台演出或電視傳播，戲曲本身藝術性的重要，不及觀眾較容易接受的通俗性，兩者都有求新求變以符合時代觀眾需求的事實，但是，語言與耳熟能詳的音樂旋律卻決定了它們是否吸引觀眾的因素。政策的制定有導向的作用，當時「傳統與創新」的政策，在陳奇祿的認知領銜下，不只是中華文化的傳統，也是台灣民間文化的傳統，而文化「生活化與精緻化」的政策，在戲曲界也有歌仔戲精緻化，京劇生活化的共識。此時期台灣文化的風格已有由大中國的中華文化色彩逐漸往台灣常民百姓的生活文化落實的趨向。京劇和歌仔戲在政府部門、學者專家、工商企業界以及一般民

眾中的看法，高貴乎？低俗乎？已漸漸取得平衡，有較爲客觀的評論。至於實質的經費資源方面，比較起來，京劇還是受到優厚的待遇，歌仔戲所獲得則是精神層面的鼓勵多於物質上的協助。

第六章　解嚴後本土文化政策之啟航（1987-1997）

　　過去十年政治、經濟、社會和文化在台灣島上風起雲湧，
一波又一波的改革與前進，終於將整體國力推向「亞洲四小龍」
的地位，「台灣奇蹟」更讓蕞爾小島驚動全世界[1]，這樣的成果
與 1987 年的「解嚴」關係極為密切，其影響文化層面最直接的
是不分政治黨派皆呼籲重視本土人文精神。而本章將就解嚴對
社會環境的意義及影響做基本的鋪陳，在這基礎上進行了解，
解嚴所要求的民主、自由，在文化層面上是否意味著「民主文
化」（democratisation of culture）和「文化民主」（cultural
democracy）的展開[2]？而戲曲在八十年代的創新，在九十年代是
否超越時空，翻騰於國際間？藝文環境的轉變是民間力量的結

---

1 彭懷恩，《認識台灣—台灣政治變遷五十年》，台北市：風雲論壇出版
　社，1997 年，頁 128；並見 Stevan Harrell and Huang Chü-chieh, Cultural
　Change in Postwar Taiwan, Boulder, Westview Press, 1994, p.1，提及戰後
　國民總生產額（GNP）低於美金 100 元，而 1990 年則為 7997 美金，且
　美國國家統計，就 1988 包含一百萬人口以上的國家中，台灣 GNP 為第
　25 位。
2 S. E. Wilmer, Decentralisation And Cultural Democracy in H.Van Maanen
　and S.E.Wilmer (eds.), Theatre Worlds in Motion, Amsterdam/Atlanta,
　1998, p. 21. 該文提及 1970 年 Augustin Girardy UNESCO 的研究報告提
　出「民主文化」，所指乃是普及全民文化，也就是藝文活動盡可能由大
　都市至各區域都市更至城鄉，是地理上人口的普及。而「文化民主」指
　的是文化多元化，他認為政府應該認知和支持國家文化中的次文化，各
　地方自有的文化特性。

合？專家學者智慧再發揮？藝人深自期許？還是藝文政策的推動？更是值得從中追尋文化脈絡得延續性。而國民黨政府執行數十年的「國家主義」作風，是否從此隱而不現，也是在論述裡必需一而再觀察的現象。隨著時代的變化，藝文戲曲發展中，有不同問題出現，也有不同迴響，在這一階段的變化，確實比過去四十年豐富，可分爲㈠、1987 年解嚴後台灣社會環境之變化；㈡、轉折中之藝文發展生態；㈢、京劇與歌仔戲在文化環境變遷中之爭執；㈣、京劇、歌仔戲曲藝之變化等四節進行分析。

第一節　1987 年解嚴後台灣社會環境之變化

一、1987 年解嚴之意義

　　1987 年解嚴前夕，對解除戒嚴令的看法，有持贊同者，亦有堅決反對者，解「嚴」到底所解的是那些「嚴」，也有諸多的疑惑，其重要性及意義更是眾所探討的目標。在第四章已討論，實施戒嚴意在透過地區的管制、行動上的規範以及思想言論的控制達成確保台灣治安秩序。相反的，解嚴也就是要使原本人民所應享有的上述的生活型態回歸正常，例如尊重人權，讓人民有集會結社、遊行之自由；開放黨禁，讓民意有更多的管道與政府溝通；解除書禁，流通資訊，積極保障言論自由，促進藝文創作，鬆綁遷徙管制，給予民眾更多的行動自由，出入國境開拓文化視野。而有關涉及確保自由安全的法令規章，也由當初做爲發動主體的警備總司令部軍事管理職權下，回復到常態行政單位，如非現役軍人的觸犯刑案回歸司法審判，出版品管理轉由新聞局負責，軍系人員退出學校、司法、律師界

等文官體制等。

　　解嚴，或說是蔣經國有鑑於中華民國退守台灣並實施戒
嚴，對全面性的經濟蓬勃發展、社會安祥，已有一定程度的建
樹，認爲在他所領導下的政府需進一步致力於政治的改革[3]，且
他本身對於中國國民黨追求民主政治的信仰始終不渝[4]，自信解
嚴時機成熟，遂於 1987 年的 7 月 14 日發布自十五日起解除戒
嚴令。另一說法則認爲，台灣社會因經濟結構的資本主義化，
而地方上的商機以及國際貿易管道受到限制，執政的國民黨面
對壓力不得不紓解，否則執政上也將有困難。再一說法，即從
政黨政治立場表示，戒嚴開始即有「*民主運動者耗費四十多年
的歲月，才鬆動、瓦解、改變了這個體制，台灣因此得以邁向
自由民主之路*」[5]。一則爲以上對下的官僚說法，一則是由民間
企業力量及民主鬥士之表態，而對多數民眾而言，或許如支持
戒嚴者所說的「*戒嚴措施僅採行戒嚴法的一部份，而且對人民
生活沒有影響*」[6]，解嚴不解嚴似乎沒有什麼不同；但對知識分
子而言，五條十八款的限制一旦鬆綁，所有依據這些條款制定
的辦法、要點，會產生骨牌效應而作修正，也將擁有更多的自
由空間。固然人權限制的解除，並不意謂國家必須或應該停止
對社會生活的介入，但有機會調整公權力與人權的關係，以及

---

3 Chu Yen, 'Sociocultural Change in Taiwan as Reflected in Short
Fiction:1979-1989,' in Stevan Harrell and Huang Chü-chieh, Cultural
Change in Postwar Taiwan, Boulder, Westview Press, 1994, p.205
4 周玉蔻，〈經國先生向全球宣告解嚴的一刻〉，聯合報，1989 年 1 月
13 日。
5 薛月順等，《戰後台灣民主運動史料彙編㈠從戒嚴道解嚴》，台北市：
國史館，2000 年，頁 IV。
6 同薛月順等，《戰後台灣民主運動史料彙編㈠從戒嚴道解嚴》，頁 241。

回復公權力間相互制衡的正常機制，則不失爲民主進步的象
徵。解嚴，其實質的意義也即是人民應享有的自由、民主能在
憲法下得到真正的保障。

二、社會政治經濟體系之變化

　　過去在國民黨黨政合一、國家主義領導體系下，透過政治
壓力形成的權威統治，是經常使用的方式。但是國民黨政府也
是一個發展取向的體系，透過土地改革、經濟計劃、國家資本
集中運用，創造了「東亞奇蹟」[7]。許多人認爲上述的威權政府
與台灣的經濟成功，有相當的關係。正因爲國民黨政府是一個
有控制力的威權體系，所以它可以不受民間力量對抗的影響，
享受相當的獨立自主性，推動有計劃的經濟改革。另外，國民
黨發展策略的成功，也有國際因素的存在，亦即前章所提及的
美國對台灣的軍事、經濟、外交支持，穩定國民黨的統治基礎
與合法化。國民黨政府的發展在過去數十年間固然成功，但間
接的促成台灣的知識分子、中小企業、甚而工人階級的興起，
以及多元利益與多元意識的出現。而這些民間興起的力量很可
能是構成 1986 年政治大變動、沖垮戒嚴體制的力量[8]。1988 年
1 月，蔣經國辭世，促發了政治、經濟以及意識形態的大變革。
在這個過程裡，許多以前聽不到的聲音，察覺不出的力量湧現，

---

7 Murray A. Rubinstein, 'Taiwan's Socioeconomic Modernization
　1971-1996,' in Murray A. Rubinstein (ed.), <u>Taiwan A New History</u>,
　Armonk, New York,1998, p. 367-395. 該文章中對台灣七十年代至九十
　年代農業轉型、鄉鎮林立以及鄉村人口外移之社會變遷經濟發展，有詳
　細描述，尤其認爲由於政治結構中增加了中生代台灣省籍企業人才，加
　速變化了政治改革及民主化。
8 張茂桂，〈民主單行道——解嚴一年後的反省〉，聯合報，1988 年7月18 日。

傳統禁忌遭到突破。由於言論尺度大幅開放，使國民黨對意識形態控制力削弱，同時，戒嚴統治的恐懼感消除後，造成人民自我權益意識形態的高漲，社會自力救濟風潮迭起。根據警政署的資料統計，解嚴的一年之內集會遊行事件，共發生一千九百五十七次，扣除一個月之國殤，平均每天發生五點八次，動用警力人數，據估計，在三十萬人次左右，整個社會似乎流露著一股「算老帳」、「還舊債」的不安氣息[9]。

　　自解嚴後，民間社會力不斷的向國家公權力挑戰，台灣一片亂象卻均逢凶化吉，一路前進至世紀末。靜宜大學中文系副教授，民進黨前文宣部主任陳芳明，為文表示從歷史的角度看，解嚴十年，無疑形成了台灣戰後史上的一個重要時期。這段時間的重要性，「*表現在政治方面的從禁錮到開放，表現在經濟方面的從統治到鬆綁，現在社會方面的從緩滯到流動，也表現在文化方面的從單一到多元*」[10]。

　　十年間在政治上的變化，言論方面不僅只要求自由、開放，而是進一步對政府組織、國家認同與主權地位提出具體的主張。這種從地方自治至中央體制徹底改造的思考，在戒嚴時期不可能為國民黨執政者容許的現象，目前已是普遍能夠為社會各階層所接受的議題。政府單位政務官（隨政黨政策之需而任命者）公職人員的任用，「台灣化」的比例日益提高，參與政策決策權增加；民間政治意識的覺醒也都反映在選舉投票行動上，執政黨的國民黨九十年代得票率在逐年遞減中。這種趨勢

---

9 同張茂桂，〈民主單行道——解嚴一年後的反省〉。
10 陳芳明，〈我們需要另一個十年——為解嚴十週年而寫〉，財訊 184 期，
　　1997 年 7 月，134 頁。

也證明了，台灣選民多元取向的時代已然來到。政治變革的事實，不僅出現在立法院、國民大會民意代表的選舉，同時也在九四年省長選舉、九六年總統選舉，以民選方式獲得印證。而在北京飛彈試射陰影下進行的這場總統選舉，除展示台灣民意力量的凝聚外，也足夠證明台灣在國際上的自主地位越來越無可動搖。緊接而來的「憲政改革」、「廢省」（政府組織架構從新思考，去除台灣省府行政單位）、「總統制」、「內閣制」、「雙首長制」等議題之爭衡，深刻地呈現蘊藏於社會內部的政治智慧，已經到達全面釋放的時機[11]。至於當時國際情勢，在1990年代共產主義的政治、經濟制度徹底失敗，民主化和市場經濟加速了全球經濟整合與民族主義的復甦，影響中共內部政治經濟產生質變的同時，對與台灣之間的交流採取「和平統一，但不排除使用武力」[12]，增加兩岸經貿發展與國際地位上的變數。

經濟方面，有人稱台灣經濟力量的蓬勃發展，為資本主義全球化的一個迸發現象，也有人說這是新殖民主義在台灣延伸的一個具體事實[13]。無論如何，在工人罷工權的恢復、工會組織功能的重建、貿易管制的鬆綁、外匯管制的解除、中小企業銀行的開放形成、公平交易法的建立、開放通訊頻道、發展通訊科技、外資引進等，使得勞工、企業界間維持某種程度的和諧，也推動全球貿易商機，更因為台灣與中國大陸兩岸交流的出發，經濟結構也起了變化，試圖朝著建立台灣為亞太營運中心

---

11 同陳芳明，140頁。
12 邱延正，〈台灣地區解嚴後之政治發展經驗〉，三民主義學報第十八期，頁293。
13 同陳芳明，140頁。

的規模，將台灣發展成高度自由化、國際化與產業升級的經濟體。但是，也不可忽略的是，當九十年代中葉以後，大批的台灣商人前往大陸投資，逐漸形成「利益共同體」時[14]，對於「中原」與「本土」的分界，逐漸模糊，文化整體的思考，開始側重於文化本質問題及在全球的地位。

　　社會方面，如前章所提，解嚴前便出現重視環境生態、種族公平待遇的運動；解嚴前後，出現不同階層工作者爭取權益抗議行為如，勞工運動、農民運動、教師人權運動、殘障弱勢團體抗議運動、政治受刑人人權運動；解嚴後的社會運動則為台灣人返鄉運動、反核電運動。客家母語文化運動、無住屋者團結運動等共十八種[15]。由各種上述社會運動的發生，可見得曾經處於邊緣的弱勢族群，漸次向各種權力核心進行批判與挑戰，對於國家主權與民間社會權利義務的均衡之爭，顯然是延續解嚴前的狀況，由檯面下提昇至檯面上，尋求合理化的行動目標。這些八十年代來自民間社會的全面改革，呼籲政治的自由化和民主化、經濟的自由化和公平化，已逐漸形成某種全民的共識。也的確，唯有讓民間社會獲得充分的自主地位，爭得足夠的尊重，而國家的公權力行使，又能有所規範不再濫用之後，這兩者間的互動範疇才能有理性的界定，其間的平等與公平價值才能展現出來。

　　由 1987 年解嚴後整體的社會環境，呈現的民主與自由一年比一年強烈，政府各項建設不斷，工商業的發展取代農業，民

---

14 同彭懷恩，《認識台灣──台灣政治變遷五十年》，頁 160。

15 蕭新煌，〈解嚴後社會與國家關係的重組〉，中國論壇 30 卷第 6 期，1990 年，6 月 25 日，頁 74。

眾生活富裕，出入國境自由，前往國外、大陸旅遊者日漸增多，而在娛樂的選擇性上也多樣化。人與人之間外在的距離，因都市與鄉鎮的稠密建設而越來愈小，也因傳播媒體興起，各種不同的認知相對增強。如 1988 年報禁解除後，報社由此時的 31 家增至 1997 年的 341 家；雜誌發行，由 3,922 至 1998 年的 5,400；出版社由 3,190 至 1988 年的 5,552，每一個月約有 2,000 以上的出版物；至於廣播電台，1993 年以前有 33 台，至 1997 年達到 65 台，而仍有 83 台核准建設中；電視台則由最早的四台，至 1988 年，已經有 150 有線電台系統（cable TV）提供超過 60 頻道的節目[16]。在平均每一國民全年從事國外旅遊 0.14 次，平均每天觀賞電視長達 2 小時 11 分、每日均有 85.28%之國民觀賞電視的的情況下[17]，文化政策如何考量國際性的精緻文化以及一般國民接受的通俗化文化，對文建會等文教單位，挑戰極大。

三、文教理念之變化

戒嚴時期，受制於戒嚴令及相關行政命令者如「台灣地區戒嚴時期出版物管制辦法」、「台灣省戒嚴時期新聞紙雜誌圖書管制辦法」、「台灣省縣市文化工作處理重點事項」、「檢查取締違禁書報雜誌影劇歌曲實施辦法」等，解嚴後一一解除，原由警備總部、警察機關地方政府組成的檢查小組不再執行該項任務，轉由行政院新聞局依據出版法及施行細則處理。除設

---

16 Hung Chien-chao, A History of Taiwan, il Cerchio Iniziative editoriali, 2000, p. 331.

17 行政院主計處，〈台灣地區文化調查需求面綜合報告提要分析〉，《民國八十一年度中華民國文化發展之評估與展望》，台北市：文建會，1993 年，頁 200 及 201。該調查指數為 1990 年。

立出版業需事先聲請登記外，對出版品不作事先檢查，反倒是「出版品進出的管理與輔導要點」、「淪陷區出版品申請審查要點」相繼發佈實施，而教育部亦廢除「國劇劇本審查辦法」，與解嚴前相比頗具積極面向[18]。此一變遷，以往創作上自我侷限的習慣以及諸多禁忌及壓力不復存在，創作力自然蓬勃起來，有關政治社會的敏感話題亦不避諱的在各類視覺、表演藝術中呈現，自我呈現成為台灣文化走向多元化的特徵之一。再加以1987年11月的開放大陸探親政策、教育部的「大陸傑出人士來台參觀訪問要點」的實施、1988年元月起即取消報紙限張、限印措施，資訊管道的多元化帶動了民主自由思潮。

　　1990年以後，受整體政經社會變化的影響，在國家意識至本土意識的轉折中，教育改革呼聲不斷，民間教改團體陸續成立，如結合學術界中認同台灣主權獨立之專業人士，以促進政治民主、學術自由、社會公益、經濟公平、文化提昇、環境保護、世界和平為主要訴求而成立的「台灣教授協會」（1990）；推動降低中小學班級人數時間表的「婦女兒童安全保護協會」（1991）。政府方面也呼應學術界的要求，由中研院院長李遠哲博士擔任召集人成立「行政院教育改革審議委員會」（1994），提出教改重點建議；1995年8月9日總統明令公佈「教師法」，正式授與學校教師得以組織教師會的權利；1997年各地方性及議題性教改團體聯合組成「中華民國教育改革協會」（1998），對各層級政府的教育相關政策之研擬及推動提出建言。無論是政府或民間，教改的目標，均可看出朝向教育

---

18 林英喆，〈解嚴──祛除禁忌心魔開展發展活力〉，民生報，1989年12月18日。

現代化、自由化、打破師資壟斷、放鬆教育資源分配、尋求弱
勢族群教育、多元文化教育、加強鄉土教材並修定各級學校法
令以符合時代需求[19]。

　　文化方面，戒嚴時期的文化工作，在中華民國政府的施政
中，強調的是源自中國的「中原性」、提倡「反共」及宣揚「三
民主義」國策，是國家意識重於個人自主性，對於仰賴個人創
作思維的文學、藝術，無可置疑的造成極大的限制，不但對台
灣鄉土文學、台灣原住民文化、以台灣語言發音的歌仔戲、布
袋戲、民俗曲藝及相關藝文活動均採消極方式推展，對於無所
爭議的京劇、或戰後藉之宣揚國策的現代話劇在主題的表現上
亦是多所限制，對新生代台灣青年不斷求新求變的思考，多少
造成壓抑。

　　1987 年解嚴後，政治禁忌消除，一向不擅於運用群眾運動
表明意志的文化團體，也格外的舉行「和平訴願」活動[20]，許多
台灣本土發生的歷史、社會事件也重新構思詮釋，政治性、本
土性的題材紛紛出現。1991 年 11 月政府宣佈台灣海峽兩岸以文
化優先展開交流後[21]，藝文方面的學者專家紛紛前往大陸尋求技

---

19 吳清山，〈解嚴以後教育改革運動之探討〉，教育資料集刊第二十輯，
　　1998 年，265-268 頁。

20 曹韻怡，〈野台彙演欲提文化訴求〉，聯合報，1989 年 10 月 14 日。
　　報導中指出，該項活動由中華民俗藝術基金會統籌策劃，表示眼見台
　　灣地方民俗戲曲的振興日呈頹勢，傳薪既無新血注入，政府又缺乏護
　　衛民俗文化資產的雄心魄力，久被漠視的民俗藝術團體感慨之餘，決
　　定發起「和平訴願」野台匯演行動。

21 林永芳，《海峽兩岸文化交流及文化發展政策之研究》，國立台灣師
　　範大學三民主義研究所博士論文，2000 年，頁 117。按 1991 年 11 月
　　23 日舉行的國家統一委員會第六次全體委員會議中，李登輝總統曾明
　　確指示，未來推動國統綱領階段計畫時，文教交流應優先辦理。

藝寶藏，大陸藝術家的作品也得以在「藝術歸藝術」的理念下在台灣展出，彼此達到觀摩借鏡，在文化方面的啓動終於更見曙光。個人的自由意志脫離威權主義的壓抑，包含來自國家道統權威、社會禮教、父權或夫權的禁忌，因之呈現在藝文作品中更見鮮活性。加以 1992 年底，國大代表及立法委員選舉的政黨政治勢力較勁局面，藝文界也不可避免的對藝文自身的定位重新思索，展演內容、題材也如同政黨競爭一般，反映自由、民主，朝向多元化的發揮[22]。此時的政府政策方針，與其說是主動規劃，不如說是也能順應民情而有了互動的結果，故無論是文化資產相關的傳統文化，日常禮儀、文藝創作爲首的生活文化，或視覺、表演藝術相關的精緻文化，以均衡、均富，人人該享有藝文權益，全面擴散到台灣各鄉鎮社區；非但如此，更落實民主的，一改由上而下的政策實施方式，轉變爲輔助常民百姓自組文化工作室針對所在地的需求，建設地方文化。

　　代表政府文化最高單位的文建會在以政治爲主的黨國行政體系中，一直處於弱勢地位，也多因政權分配需要，而於這十年內，更動五位主任委員。但坦而言之，在不同階段、不同文化風格的帶動下，十年間有相當顯著的績效，全國藝文氣氛已形成「中國化」、「本土化」、「普及化」、「精緻化」、「社區化」、「多元化」、「現代化」、「國際化」兼而有之，二十世紀末最終目標的「本土國際化，國際本土化」並亦具雛形，試圖以文化呈現台灣新活力。

---

22 邱坤良，〈八十一年台灣藝文活動評估——以表演藝術爲例〉，《民國八十一年度中華民國文化發展之評估與展望》，台北市：文建會，1993年，頁 13。

第二節　轉折中之藝文發展生態

　　這段時期，對台灣整體政經文教的影響，除解嚴外，恐怕應該屬於政府大陸政策的制定。政府大陸政策亦是文化建設指南之一，也是影響京劇、歌仔戲發展的重要因素。兩岸本著同是中華文化的傳統，企圖以文化的交流融合四十餘年的隔閡，然而雙方文化交流的的理念總還是離不開政治干預範疇，也形成「流而不交」的現象[23]。儘管如此，亦步亦趨，在相互衝擊之下，中國大陸的經濟快步進展，對文化的消費能力提昇，當然除大量接受台灣的大眾文化外，西化的情況與日俱增，傳統戲曲在這樣的環境下必然遭到演出上的壓力，藝人們更形仰慕台灣政府對戲曲的維護；而台灣無論京劇或歌仔戲等傳統戲曲界人士對藝術尋根的熱衷持續好多年之後，也開始認知藝術於本土生根的可貴。本節則就兩岸來往中的文化藝術衝突及文化主政者認知的變化探討之。

一、兩岸文教交流政策之實施

　　自 1987 年 11 月 2 日政府開放民眾赴大陸探親，有關兩岸文教交流政策隨即展開，如：新聞局於 11 月份即訂定「申請出版淪陷區出版品審查要點」，教育部則提出「大陸傑出人士來台參觀訪問要點」；接著 1988 年至 1991 年數年間，針對赴大陸出版、製作廣播電影電視節目，販售錄音、影帶之事項，以及宗教團體、科技人員等赴大陸及邀請對方前來從事文教活動

---

23 同邱坤良，《八十一年台灣藝文活動評估──以表演藝術為例》，頁 16。
　　按亦指大陸邀請台灣團體前往者少。

等方面，或是制定實施要點，或是依實行需要再加以補充修訂等，層出不窮。根據林永芳就教育部、新聞局資料統計，自 1987 年至 1999 年 11 月，大陸人士來台從事文化交流核准數，文教活動 40,769 人次、大眾傳播 4,566 人次、研究活動 457 人次、傳習民族藝術及民俗技藝 128 人次（1993-1999），若再包含其他宗教活動、產業交流活動、體育活動等項穆，則總數已達 51945 人次，而大陸地區出版品、電影片、廣播電視節目及錄影帶進入台灣者也有一千萬冊（種），其數量可謂不少[24]。

　　國民黨政府向來以維護傳統文化藝術自許，但當開放兩岸文教交流時，卻遲遲不敢以此面對大中國地區，在民間藝術經紀公司及學術界再三要求催促之下，開放交流政策五年後的 1992 年 4 月，才由教育部訂定「延攬大陸地區傑出民族藝術及民俗技藝人士來台作業要點」，這期間的緩和，政府所持的理由是顧慮到台灣民族藝術及民俗技藝會受到展演市場衝擊。接著 1992 年文建會也訂定「補助延聘大陸地區及旅外傑出藝術專業人才傳習處理要點」，接受公私立文教機構申請延聘大陸地區傑出藝術專業人才來台參加藝術推動工作，此後，藝文界交流座談會頻繁，大陸傑出的藝術界人士，始相繼來台參觀訪問或示範演出。教育部 1993 年訂定「延攬大陸地區傑出民族藝術及民俗技藝人士來台傳習許可辦法」，1995 年發布「大陸地區專業人士及學生來台從事文教活動許可辦法」沿用至今。1996 年 7 月陸委會首次辦理「獎勵民間從事兩岸文教交流計劃」[25]，

---

24 同林永芳，頁 128。
25 文訊別冊編輯部，〈兩岸文教交流簡表〉，台北市：文訊別冊 1997 年 7 月，頁 35-44。

可說是隨著各項政策的發布，官方或民間文教團體和大陸的交流活動絡繹不絕。在政策發布的同時，文化相關單位對民間團體的督導或補助或合作計劃也相繼出現。京、歌兩劇種的戲劇團體當然也不會在兩岸文化交流中缺席，但如政府當初所顧慮的，在台灣的京劇藝術及藝人生存受到挑戰，歌仔戲的純台灣本土風格也在交流中接收某些程度的影響。

　　其實在解嚴前，藝文界人士透過不同地區管道前往中國大陸者不在少數，京劇界對京劇母體的大陸從神往到崇拜，也試圖從錄影帶中取得藝人資訊與模仿技藝，對大陸 1966 年文革前的改良劇、文革期間的樣板戲以及其後的新編劇本也自有門路取得，更有在大陸劇本解禁後，政府尚未核准京劇團來台，即改編運用演出者，據邱坤良之調查，如：1991 年，由辜公亮文教基金會主辦、文建會贊助的〈曹操與楊修〉，係由大陸旅美藝人李寶春擔綱演出，編劇為大陸劇作家陳亞先；1992 年大鵬國劇隊的〈畫龍點睛〉、海光國劇隊的〈岳夫人〉、〈海瑞罷官〉；新生代劇坊演出習志淦編劇的〈射雕英雄傳〉；復興劇團演出習志淦的〈徐九經升官記〉；當代傳奇劇場演出陳亞先的〈無限江山〉等，均由大陸編劇或就舊劇改編[26]。可見得民間早已存在交流之實。然而，在兩岸文教交流政策上中，如上所提，有關傳統技藝之開放緩慢，京劇更甚之，導致有台灣京劇藝人因政策未明朗化而拒絕參加與大陸藝人在香港同台演出的情況，被說成畏懼與大陸藝人比藝或提防中共統戰圈套之說[27]。

---

26 同邱坤良，《八十一年台灣藝文活動評估──以表演藝術為例》，頁 17。
27 無名氏，〈港人籌辦京劇大展〉，聯合報 1988 年 4 月 7 日。

之所以緩慢，除政府顧慮之說詞外，依據蕭真美說法[28]：

　　由於開放文化交流的過程中，大陸的「文化部」堅持京
　　劇團是第一個訪台的藝術團體，而台灣大陸委員會則為
　　了保護台灣國劇藝人的生存環境，而堅持希望台灣沒有
　　的藝術團體及劇種先來叩門。如此僵持，方使京劇成為
　　兩岸當局互唱反調的工具。

　　確實，北京中央芭蕾舞團、上海崑劇團、雲南少數民族歌舞團相繼於開放後前來演出，惟獨京劇波折無數。經民間團體的奔走與協調，1993 年中華文化發展基金會和民生報邀請「北京京劇院」一行六十五人於四月十四日至二十九日在台北中山堂演出，而「中國京劇院」亦同時由傳大藝術公司與中國時報斥資一千五百萬邀請一行九十六人，從五月十二日起在台北國父紀念館、社教館和台南、台中等地演出二十場的連臺好戲，最後一天則是兩岸名角特別聯演「四郎探母」，象徵久別四十年重逢的悽楚慰藉，並隱喻兩岸家園早日團圓的期盼[29]。

　　1994 年以前，兩岸文化交流政策的實施，邀訪前來台灣者，不全然是屬於藝文界人士，當時大陸委員會副主任委員高孔廉表示：「政府未明文開放大陸非文教類人士來台從事文教活動。據統計，過去教育部審查通過的大陸人士中，只有三分之一是和嚴謹定義的學術活動有直接關係；其他三分之二都沒有直接關係」[30]，也即是財政、經濟、農業人士均包含在內的籠統政策。

---

28 蕭真美，〈大陸京劇發展與兩岸交流〉，中國大陸研究第 36 卷第 9 期，
　　1993 年 9 月，頁 65。
29 同蕭真美，頁 65-67。
30 尹乃馨，〈大陸非文教類人事下月起凍結申請來台〉，聯合報，1994
　　年 6 月 17 日。

不過在三分之一真正文教界人士的來訪中也體會到自由對藝文創作的可貴，也在台灣有錢、大陸有才的條件下，促成日後許多雙邊合作的案例。在 1995 年以後陸委會經檢討兩岸交流的得失而提出「兩岸文化交流：理念、歷程與展望」，分析認為[31]：

> 過去文化交流由於中共不願對等，而且動輒泛政治化，出現不少文化交流障礙，交流也比較浮面……衝突方面主要是大陸方面以他們正統史觀看問題，以他們為主、是中原，我方是從、是邊陲而造成的；而中共自我為中心的大一統觀念是兩岸文化交流衝突主因。未來在文化交流上，我方將以中華文化為基礎，以儒家的人本精神，強調主權在民、社區人文主義、自由經濟等文化，和大陸自我為中心的文化分庭抗禮，建立彼此的尊重，突破大陸為中心的民族觀念。

由政府單位就兩岸關係所發表的檢討文字，明顯的可以看出以中華文化倫理道德為思考，惟此時的理念，已然轉換為奠基在民眾、社區，著重個體自由發展的人文思想上。

自此，調整以社會菁英為交流主體的方式，邀請大陸大學校長的來訪以加強深度與廣度的交流。藝術戲曲方面，從管理藝術大學的文化部藝術司司長至戲曲學校的校長均先後來訪，交換在物慾瀰漫的世局中如何培育傳統戲曲人才，重建戲曲生機之意念見解，雙方的困境倒是頗為一致。而此方也有陸委會文教處處長率領文化中心主任前往大陸就文化、社教機構、表演場地進行了解與座談，堪稱符合政策目標。

---

31 何明國，〈兩岸文化交流以社會菁英為主體〉，聯合報，1995 年 7 月 8 日。

　　綜觀台灣自始本著同文同種的心態，想透過交流讓大陸人士有機會看到台灣十數年來的自由民主成長，透過中華傳統文化的基礎，建立民族文化的共識，以求兩岸自然融合，但中共還是以政治性想法認為：論文化非他不足以代表中國文化，提及京劇藝術，也只有在中國本土為最。其對文化的政治考量在1996年經由新華社首度確切提及：「台灣官方在推動兩岸文化交流工作時，必須在『一個中國』前提下，而且不能把『中國一個地方的本土文化』，凌駕於中華文化之上」[32]，這種「政治化」的說詞將國民黨政府原本以促進了解、彼此尊重的美意抹殺，也讓原本主張發展台灣自主性文化權勢人士，更呼籲省思兩岸交流的意義，有如陳芳明的論調[33]：

　　　　長期反共政策與戒嚴文化的薰陶下，台灣學界似乎還沒有發展出常態的心理來探討研究中華人民共和國。既然台灣不能建立自我觀點的中國研究，則有關這方面的了解，就只能跟著北京的官方解釋走了。建立台灣觀點的台灣研究與中國研究，可能是兩岸文化交流正常化的重要工作。沒有台灣觀點、台灣信心、台灣主體，文化交流都是虛構的。

而也印證陳其南的說法[34]：

　　　　把文化發展與文化交流架構到政治上形成了文化活動的困境。由於政治上的敏感，兩岸對文化交流顯得緊張和過度防範。大陸認為文化交流乃是朝向統一的步驟，台

---

32 李福鐘，〈中共對台灣本土化提高警覺〉，聯合報，1996 年 4 月 15 日。
33 陳芳明，〈兩岸文化交流的虛相與實相〉，中國時報，1994 年 7 月 1 日。
34 聯合報專欄組，〈文化分與合，政治統與獨〉，1993 年 12 月 21 日。

灣統獨雙方對兩岸文化活動的思考也是相同的模式。

可見要讓作家歸作家、藝術歸藝術的推動兩岸文藝互動，不僅僅十年間的功夫就可以立竿見影，倒是大陸熱漸次退了以後，政府或民間開始懂得如何以台灣的多元文化影響大陸藝文思潮，也知道選擇適合台灣發展的藝術元素，不再是開放之初的一廂情願。

兩岸的交流，提醒雙方政治、藝文界思考政治的複雜性和藝文界的浪漫情懷永遠是有衝突存在的，南方朔一席話在交流十來年後仍舊值得省思[35]：

> 理想上，宗教、文化應該獨立政治之外，但事實是，當政治沒有衝突時文化就能夠保持中立。文化中立是以問題的解決為基礎，現在兩岸間既有政治問題尚未解決，「文化政治化」也就不可免。

而反就台灣本身的藝文發展，這階段也的確在執政的國民黨與在野最大黨的民進黨中，做政治與文化的拉鋸戰，文化不做政治下的犧牲品，是藝文界的願望，文化主政者有意達成這個願望，也免不了以國家整體政策的方向為基礎，假如國家元首以獨裁的國家主義意識，偏頗論定民主自由，那藝文創造力自然也就枯萎。以藝文而論，最高行政單位的文建會主政者如何在可能的範圍營造自由民主的文化生態，是高度智慧。

---

[35] 聯合報專欄組，《文化分與合，政治統與獨》，1993 年 12 月 21 日。

二、主政者之更替與藝文定位

　　台灣整體經濟社會的動向受制於政治因素的變遷，是明顯的事實。而「文化」具有五千年根基，仍舊不能超然於政治之外，或影響政治的偏頗。適得其反，受到左右的程度更超乎想像。整體的文化思考經常在分不清政府施政與黨文化宣傳的需求而混淆。自從政府有了文建會機構，所謂文化政策、施政方針必然就由文建會擔綱，而教育部也就純然以藝術教育及社會藝術教育為重。法理上，文建會主政者固然可以因其文化理念，架構文化藍圖，施展抱負，但事實上，以台灣黨政合一的現象，政府各部會首長係經過執政黨黨主席的同意後任命，所有的施政觀念也就唯馬首是瞻了。解嚴前的蔣中正、蔣經國總統時代呼籲的是中華民國的道統，一切以宣揚中華孔孟學說、三民主義解救大陸的國家主義為主體，文化上的措施自然是在反共文藝，傳統戲曲上當然也維護京劇第一。解嚴後的時代幾乎是以李登輝總統為主的內閣時期。李登輝在營造民選總統的重要訴求中即呼籲有文化建設理想的「第二次台灣經驗」，亦即，推動鄉土和社區活動以及重建家園生活意識[36]。文建會及其他文教單位主政者這時也根據國家領袖的觀念著重鄉土與社區，相關藝文發展及傳統戲劇方向，自然調整──向以京劇為重的傾向，大力扶植久已忽略的歌仔戲。

　　國家元首變更，施政方向不同，舉世皆然，而文教主政者易人所帶來藝文定位差別或也存在，但若是政策的一貫性因此而中斷，則以文化經驗本來就比較難以累積的情況下，希冀一

---

36 蕭新煌，〈提昇社會文化國立的策略〉，台北市：國家政策雙周刊，第 139 期，頁 32，1996 年 5 月 28 日。

國國力因文化而強盛簡直是緣木求魚。爲集中論述焦點，本單元將以文建會的主政者及藝文定位爲目標分析。文建會由 1981年 11 月 11 日成立，至 1987 年解嚴時，陳奇祿仍在位，其後至1997 年年底，十年間更換五位主委。隨著院長的更替，內閣成員有所變化似乎可以理解，但以文建會主管的多變，讓文化界不得不感嘆政府對文化的漠視。隨著主事者的變動，文建會內部人事也有所調遷，整體文化政策的延續與執行，因此產生隨人而異，並有「人在政存，人亡政息」之嫌[37]。戲曲方面雖然並未因主政者換人而告中斷，但對瀕臨絕滅的傳統戲曲而言，變更執行方式會造成適應不良上的問題，執行強弱之間，也會產生緩不濟急的狀態。以下依任職先後論述陳奇祿、郭爲藩、申學庸、鄭淑敏、林澄枝五位於各階段擔任主任委員時的文化措施。

(一) 陳奇祿時期 (1981/11-1988/7)

解嚴所呼籲的是符合世界潮流、也是西歐國家戰後大力實施的強調多元文化及重視弱勢民族[38]，在陳主委的領導風格中，原本就未忽略，因而文化政策的執行未因解嚴而變動，反而實施的業務中與台灣本土文化相關者得到更多的支持。如 1982 年開始辦理的「民間劇場活動」，有計劃的邀集尚存之高甲戲、歌仔戲、客家戲、梨園戲、傀儡戲、影戲等屬於在台灣成長之劇種演出，給予藝人莫大的榮耀，對振興台灣本土技藝的確功不可沒，其文化執行績效已然在上一章敘述分析，不再重複。

---

37 林谷芳，〈1986-1995 年政府文化政策座談會〉，台灣現代劇場研討會論文集，吳全成主編，台北市：文建會，1996 年，頁 207。

38 Wilmer, p. 18.

(二) 郭為藩時期 （1988/7-1993/2）

　　1989 年 9 月，李煥擔任行政院長，其爲教育出身特別重視文教，將文化列爲國家整體建設的四大施政（文化、政治、經濟、社會），郭爲藩於 1989 年研擬「文化建設中程發展方案 1990-1993」，於 1990 年 4 月經行政院核定爲「國家建設四大方案之一：文化建設方案」，共 18 重點 157 項措施，由於 1990 年 3 月 21 日李登輝當選第八任總統，5 月 29 日任命郝柏村爲行政院長，強調均衡、均富的國家建設，10 月宣佈「國家建設六年計劃」，郭爲藩即時配合，擬訂五大方案二十七項計劃，取代原擬「文化建設方案」。

　　郭爲藩時期的文化建設觀念並不認爲僅限於一般國家文化行政業務的範圍，即改變以往著重維護文化資產、獎助藝文活動、及提昇精緻藝術水準等項目，而是進一步的整合國家建設中有關部門的資源與力量，導正社會價值觀念，培養國民文化素養，從而讓「禮義之邦」的傳統得以在現代社會的倫理生活與藝文陶冶中實踐。因之在規畫上，將以往教育部、內政部、新聞局、甚至農業委員會內相關的業務均融貫重整包含在文化業務中，並將「推動藝文發展」列爲三個執行計劃項目之一，項下內又分成六點，其中與傳統戲曲相關者有[39]：

　　　　1、建立藝師制度，遴選重要民族藝師並徵選藝生，給
　　　　　　予獎助學金；

　　　　2、扶植藝文團體，建立完整的藝文獎助與評審制度，
　　　　　　協調民間基金會與商企業贊助藝文活動；

---

39 行政院編印，《文化建設方案——國家建設四大方案之一》，1990 年 2
　月。

3、加強寺廟、教會結合，藉舉辦「民間劇場」與「假日文化廣場」，改善廟會民俗活動；

4、推廣精緻文化，推動「生活藝術化，藝術生活化」運動，鼓勵藝術家近基層群眾，擴大藝文人口；

5、輔助藝術團體出國並參加國際藝術季節活動；

6、實踐文化中國化，由民間團體邀請大陸傑出藝術家、民間藝人來台從示範教學與錄影；

7、輔助優秀民間藝文表演團體與人士，於適當時機赴大陸舉辦展演活動。

另外提出闢設文化育樂園區方案，肯定本土民俗技藝及文物的重要性，並藉著設置文化園區集中展示，以及結合民俗活動推廣民藝的方式，來保存民俗技藝與文物，這種想法影響到後續施政者的政策規劃。上述計畫不久後即納入「國家建設六年計劃」中。兩者最大的差別在於前者為以國家整體文化方向考量，整合各不同部會的文化工作，所擬訂出來的實施要領；而後者則僅就文建會本身組織架構內，認同具體可行者，突顯行政院長郝柏村軍人出身，重視實際的務實本色。不管這些方案如何的重整，郭主委的主要的施政觀念為「文化發展的區域均衡」、「間容並包的整合」、「文化發展指標的確認」。在郭為藩著重文化均衡、文化多元、加強資源的理念下，「中央的地方施政很明顯的已經擴大了對地方的照顧，對於後來地方的文化發展有密切的關係」[40]。活動範圍一向以鄉鎮、戶外演出為首，被視為地方文化的歌仔戲，與總在都會、劇院演出，被

---

40 蘇昭英等，《台灣縣市文化藝術發展——理念與實務》，文建會委託文化環境工作室文化生活圈之調查研究報告，1999 年，21 頁。

視為正統國家藝術的京劇終於埋下平起平坐發展的可能性。在理念和做法均朝著全國均衡、均富，各類型藝術亦公平對待的施政方向下，可就幾個重點，分述京劇、歌仔戲在這潮流下的成效。

1、戲曲推展計畫的擬訂

(1) 京劇方面

　　1989 年 11 月訂定「國劇推展計畫」活動專案，是繼「加強文化及育樂活動方案」之後真正為國劇推動擬訂的辦法，並結合教育部、國部部、文復會、國劇學會、省縣市政府、新聞局、外交部、僑委會、人事行政局等單位，由文建會統籌策劃、推動、協調、考評。計畫項目包含加強國劇資料之蒐集、整理與運用；加強國劇人才培育；加強國劇推廣工作；研訂國劇專業人員獎勵與福利辦法等共四項二十六個要點（詳如附錄四）。這些年來根據這些計畫項目執行的成果，如出版國劇欣賞叢書、錄製國劇欣賞錄影帶及獎勵錄製傳統老戲、與救國團利用青康戲院（後來之幼獅藝文活動中心）等地，辦理「中國民俗之夜」，每週三、六均有國劇及民俗表演；與民間團體辦理國劇研習會；加強「國劇列車」之辦理，主要延續自 1988 年 3 月即委託「新生代劇坊」辦理的活動，由新生輩如「大鵬」之楊俐芳、「陸光」之朱陸豪、「海光」之王海波等劇隊之隊員組成之團體，巡迴大專院校中小學示範演講，推廣京劇藝術，博得青少年的喜愛，以 1991 年為例，即有 41,680 青少年參與這活動[41]。

---

41 新生代劇坊提供資料及毛家華《京劇兩百年史話》，頁 149。

(2) 歌仔戲方面

依據 1990 年 11 月 8 日至 10 日「全國文化會議」決議，擬訂「地方戲曲推展計畫」[42]。該計畫實施範圍不只是歌仔戲，凡存在台灣的大陸劇種亦包含之。內容擬訂成立地方戲曲中心、辦理地方戲劇人才培育、籌設地方戲曲專業劇場、建立地方戲曲宣傳管道、擴大舉辦地方戲曲公演及比賽、輔助各級機關團體學校成立地方戲曲社團、鼓勵工商企業、民間團體辦理戲曲活動等共計七項十六點（詳如附錄五）。文建會針對時代需要擬訂該項計畫，對一般不太識字、不懂得經營管理的野台戲劇團團長、團員們而言，短期間內實在發揮不上作用，無法配合運用，而主、協辦的公務機關看了這些計畫恐怕也需要等有足夠的經費預算才實施辦理，於是，計畫本身的執行效果並不是那麼彰顯。倒是已經出入現代劇場的少數團體或個人可以更名正言順的獲得政府的輔助，或是獲選在文藝季中表演，或受邀在國家劇院演出，或代表國家前往國外演出，如 1992 年「新和興歌劇團」赴美國華盛頓、紐約地區演出〈白蛇傳〉、楊麗花前往美國紐約領取美華藝術協會「傑出藝人獎」、「明華園歌劇團」於 1990 年參加在北京的亞運藝術節演出等，皆得力於文建會的支持。另，民間歌仔戲協會辦理歌仔戲研習活動，文建會給予補助也都有所依據，歌仔戲的發展不能不說有了更寬闊的空間。

2、文藝季節目安排

---

42 按該計劃於 1992 年 3 月 17 日獲行政院台 81 文 09727 號函核定，文建會於 4 月 16 日以文建字第 02890 號函檢送至各相關單位，請其據以編列預算配合推動。

　　文藝季中年年有京劇節目安排，而 1989 年則以「國劇系列公演」爲重點，邀請海內外京劇名角參與演出 18 項 61 場，最可貴的是屬於國防部管轄的京劇隊不再是以勞軍爲主，積極加入社會大眾的行列，編排自認爲最好的節目以及三軍劇隊比賽之精選節目，除在台北市演出外，也巡迴至台灣其他各地文化中演出[43]。1990 年之文藝季，則以地方戲劇爲重點，鼓勵本省及大陸各地方戲劇的傳承，期使瀕臨式微的傳統民間藝術能再受重視。而這年的文藝季中歌仔戲團有六團，演出共有十九場，足跡遍於全省各文化中心[44]，郭爲藩在任的其餘各年也都有不同的一、二團重現室內舞台，給予歌仔戲劇團莫大鼓舞

3、國際性演藝團隊扶植計劃

　　基於世界各國對於國際上重要藝術節季活動，都遴派具有代表該國文化特色之藝文團體參加，藉以作爲輸出文化及提昇

---

43 文建會，1989 年文藝季節目冊。是年之節目爲，嚴蘭靜國劇公演〈珍珠衫〉、雅音小集訪美訪公演〈孔雀膽〉、海內外國劇名家聯演、周少麟國劇公演、聯友國劇團巡迴公演〈大八義圖〉、當代傳奇劇團〈慾望城國〉、復興劇團巡迴演出〈四洲城、桑園會、轅門斬子〉、陸光國劇隊巡迴演出〈春草闖堂〉、海光國劇隊巡迴演出〈開封府、白蛇傳〉、大鵬國劇隊巡迴演出〈天山風雲〉、三軍劇隊競賽精選演出輪檔公演及紅樓夢等。另「海內外國劇名家聯演」由盛蘭國劇團（馬玉琪）製作演出包含〈龍鳳呈祥〉：馬崇恩（馬連良之子）主演喬玄、魯肅；〈武松與潘金蓮〉：劉洵（中國京劇院，師承尚和玉、蓋叫天、李萬春、李少春，善短打武生戲）飾武松，國內乾旦程景祥串演潘金蓮，曹復永飾西門慶；〈穆桂英大破天門陣〉：郭錦華（老水仙花郭繼香的孫女）飾穆桂英，羅載爾（遼寧青年京劇團，師承裘盛戎、袁世海）飾焦贊；〈鍘美案〉：羅載爾飾包公。

44 文建會 79 年文藝季專刊。按該六團及其演出節目爲正新麗園歌劇團〈審寇珠〉、新和興歌劇團〈孟麗君〉、新藝社歌劇團〈白蛇傳〉、宏聲歌劇團〈才子佳人〉、明華園歌劇團〈濟公活佛〉、明聲歌劇團〈琴劍恨〉。

國際形象之目標；文建會也依此觀念，擬訂該計畫補助受扶植之團隊固定的辦公室、排練場地、部分專職人員與行政人員之工作酬勞，當然也要求團隊每年定期演出新節目，以接受藝文界評鑑。配合國家六年計畫從 1991 年 7 月至 1997 年 6 月為執行期，共列經費四億七千元[45]。實施以來，京劇方面，因民間劇團無幾，唯有以創新京劇風格為主的「當代傳奇劇場」受到補助，每年 200 萬至 400 萬元不等，六年計 1,900 萬元，並多次個別經費贊助前往英國、法國、西班牙、日本、韓國、美國等地演出，進軍國際舞台。歌仔戲方面則 1993 年以現代、精緻化標榜的「明華園歌劇團」亦受遴選為國際性演藝團隊，其後數年為 1994 年「明華園歌劇團」、1995 年「新和興歌劇團」、1996 年「河洛歌子戲團」、1997 年「明華園歌劇團」、「新和興歌劇團」、「河洛歌子戲團」以及「陳美雲歌劇團」，經費共計 1,640 萬元[46]。

「當代傳奇劇場」代表台灣對京劇藝術的一番創新，足以傲視海峽兩岸以及國際視聽，不僅是文建會本身就有補助意願，專家學者支持，也是讓該劇團年年獲得贊助扶植的重要因素之一。京劇代表中華文化，也代表中華民國維護文化道統的國家主義觀念仍牢牢存在！而歌仔戲除了八十年代以來即活躍於現代劇場的「明華園」、「新和興」，能再出現「河洛」、「陳美雲」、及往後的「薪傳歌仔戲劇團」、「黃香蓮歌仔戲劇團」，均是平衡劇種政策趨勢所帶來的成果。

---

45 行政院文建會，《國家六年計畫文化建設計畫案》，1992 年，附表四。

46 林谷芳等，《文建會國際/傑出演藝團隊扶植計畫執行成果研究案》，中華民國民族音樂學會，2002 年，頁 107-109。

4、民間企業贊助

擬訂「文化獎助條例」，獎助企業贊助免稅辦法，奠定企業贊助表演團體的基礎。如台南城鄉文教基金會贊助河洛歌仔戲劇團、高雄南方文教基金會成立歌仔戲研習班等。另主動舉辦企業與團體之座談會，廣爲推介優良團體、頒發獎牌予贊助表演團體之企業，也主動爲京劇團尋求企業贊助，如透過文化建設基金管理委員會與徐元智基金會合作，1989 年起連續三年，每年補助郭小莊之「雅音戲劇藝術研究中心」各三百萬元，以發揚國劇藝術，培育表演人才，均屬倡導結合民間力量與宏揚藝術的成果。

5、闢設文化育樂園區方案

早在陳奇祿時期即不斷呼籲策劃民俗技藝園區，而此時，由於國力堅強，文化建設由國家四大方案之一，進而爲國家六年計畫，經費預算也由 1988 年度的 259,652 千元（約 2.6 億）至 1993 年度的 2,392,615 千元（約 23.9 億）[47]，五年之間的文建會經費成長率約爲十倍，進行民俗技藝園的計畫逐得以成真。這時期規劃的文化育樂園區方案計有「東北部民俗技藝園籌設計畫」、「中國文化園區籌設計畫」、「南部民俗技藝園區籌設計畫」、「澎湖縣西嶼鄉二崁村聚落保存計畫」、「藝術村之規劃及設置計畫」，明顯的前三項的設想均是提供文化休閒設施，兼具教育、旅遊、觀光、休閒與娛樂等功能。東北部民俗技藝園區以保存、傳習民俗技藝，維護東北部之文化資產爲主；南部民俗技藝園區以保存台灣地區民俗文化爲主； 中

---

47 文建會民國 77 年度（1987 年 3 月 1 日）及 82 年度（1992 年 6 月 30 日）施政計畫。

國文化園區則企圖展現中國文化的歷史變遷和地域特色[48]。這大宏圖除了東北部民俗技藝園區經由宜蘭縣政府的全力配合，順利完整土地徵收，也循序漸進的完成軟硬體部分設施，即將於2002年開園（從核定的1991年5月起已屆十年）外，中國文化園區已取消進行，南部民俗技藝園區則土地徵收至今仍有問題。東北部民俗技藝園區是否因此能使民間劇藝更為活躍，則因時日變遷，仍有待觀察。而我們不予否認，民俗文化園區的設立，在政府與專家學者合作整體規劃之下，初步給予傳統藝能安身之處，其藝術展現與傳承的機會畢竟比零散於各地更見效果，這將在下一章特別提出討論。

在郭為藩主政的時期已然面對各面向「本土化」的呼聲，而其觀念中的「本土文化」，係與「外來文化」相對，認為當時一般國民，無論在生活方式或觀念態度上，漸有捨「本」逐「外」的傾向，所以中華文化復興運動必須推展，許多弱勢而有消失之虞的本土文化特質，必須有計劃的加以保護，以維持多姿多彩的文化景觀[49]。其強化兼容並蓄的作風以改善藝文環境，面對民意代表的阻力並不多，加以經濟富裕又前後獲得行政院長李煥及郝柏村的支持，論政績算是成果豐碩，以致連戰任行政院長後即受重用轉任教育部長。若論及在戲曲的推動上，由於教育部及國防部對國劇的推動行之數十年，文建會在此時雖然擬訂「國劇推展計畫」活動專案，但在體制上尚未真正成為文化專責執行單位之際，充其量還是當個副角色，總難

---

48 行政院文建會，《國家六年計畫文化建設計畫案》，1992年，頁3、14、27。

49 郭為藩，《現階段文化政策的輪廓》，中國國民黨中央常會報告，1990年11月7日。

當家做主的就計畫執行，大部分計畫僅能協調相關單位盡量表現罷了。儘管如此，除上述較為具體且連續性業務外，大大小小的研習與推廣活動，已經使京劇在社會上的能見度，延續郭小莊「雅音小集」十年的轟動、及當代傳奇劇團締造「慾望城國」的票房奇蹟，在九十年代有足夠的能量面對本土文化的衝擊。而文建會 1992 年度開始的施政計畫項目不再明文指出「國劇」字眼，其面對來自不同面向的「本土文化」壓力可想而知。

而歌仔戲方面，除台灣省教育廳不厭其煩，也不管好壞，持續辦理地方戲曲比賽外，文建會規劃的宜蘭縣台灣戲劇館（1990 年 4 月 2 日開館）成立，並於 1991 年開始與宜蘭縣政府合作共同推動「歌仔戲薪傳活動」，分別由宜蘭高商及吳沙國中招收學生培植歌仔戲人才。雖與京劇早就有學校培育人才的待遇天壤之別，但首次由政府單位補助歌仔戲人才培育，也可以看出政策轉變的跡象。另外，在落實縮短城鄉文化差距的國家政策下，辦理各地文化中心假日生活廣場活動，鼓舞邀請當地藝文團隊演出，製造屬於在地的野台劇團更多參與演出機會。對歌仔戲界單純的藝人而言，面對政府善意安排，也開始關注演出的質與量，啟動藝術創新的思考，惟政府有心改善藝文環境，推動戲曲，專家學者在愛之深責之切心情下仍舊批評有加，邱坤良提到[50]：

> 政府這幾年在文藝季、藝術季活動中也都安排民俗藝術
> 的表演。這些努力自然有一定成果，最起碼政府文藝季

---

50 邱坤良，〈八十一年台灣藝文活動評估──以表演藝術為例〉，《民國八十一年度中華民國文化發展之評估與展望》，頁 31，台北市：文建會，1993 年。

的演出費用遠比廟會酬勞高，劇團受邀，除了榮譽感之外，對其經費不無小補，然而，做法都是治標，而非治本的，對民俗藝術生態並無實際幫助。雖然受邀團體有限，且次數不多，但因民間演戲辛苦且酬勞低，民間優秀劇團演員因而放棄正常演戲，以參加文藝季或國家劇院演出為主要目標，無形中，民間劇團優秀演員更加難尋，表演水準更為低落。

邱坤良之言有其實情，但是，歌仔戲團在十年來政策本土化的造福下，傑出的演員仍持續出現，搬演歌仔戲的榮譽感也倍增。

(三) 申學庸時期 (1993/2-1994/12)

1993 年 3 月，由連戰先生擔任行政院長，開始檢討六年國建計畫並與新的施政構想整合成「國家十二項建設計畫」，行政院內閣的改組使得部分六年國建計畫中輟，施政方向又再次的調整。申學庸係聲樂藝術家、國立藝專教授，曾於 1981 年任職文建會第三處處長掌管表演藝術之推動。當時傳言高階層有意延攬文化人類學者陳其南擔任主任委員，礙於體制上保障女性閣員，遂先延聘先生為顧問，繼聘為副主任委員，輔佐藝術家出身的申學庸。施政上陳其南的建議被充分尊重，許多方案的實施也出自其想法。

申學庸任內提「充實省（市）縣（市）鄉鎮及社區文化軟體設施」的計劃作為國家整體十二項建設計畫之第三項。由「充實省（市）縣（市）鄉鎮及社區文化軟體設施」的十二項分項

計畫[51]，顯而易見，在文化政策發展上的意涵，乃如當時為申學庸秘書群蘇昭英等人所詮釋的，「將藝文發展計畫轉化為地方社會可操作的行動計畫。一方面透過改造地方社會來培育文化藝術發展基盤，一方面透過文化藝術發展來達到從地方社會再造達到整體國家再造的目的」[52]。這樣的目標，已經不難想像新的佈局預期完成的國家文化形象再造，是想建立在加強基層社區社會的文化建設，嘗試開展一個屬於全民的文化改造運動，和社會倫理重建運動[53]，是李登輝就任總統以來所強調「生命共同體國家」的目標，也是文化生態上關鍵性的轉型期[54]。對於「生命共同體」的詮釋，申學庸就職十個月後在立法院教育委會做的報告說明中，可以看出以「社區意識」為主的方針[55]：

今天，我們的國家在經歷了現代化的過程之後，所面臨

---

51 依據行政院 1995 年 2 月連戰院長向立法院第二屆第五會期報告 1994 年文化建設重要施政中之「充實省（市）、縣（市）、鄉鎮及社區文化軟體設施計畫」相關分項計畫分為（1）加強縣市文化活動與設施，包括縣市文化中心發擴展、輔導縣市主題館之設立及文物館藏之充實、加強地方文化藝術發展、全國文藝季之策劃與推動、輔導縣市辦理小型國際文化藝術活動等五項分項計畫；（2），加強鄉鎮及社區文化發展，包括社區文化活動發展、充實鄉鎮展演設施、輔導美化地方傳統文化建築空間等三個分項計畫；（3）文化資產保存與發展計畫，包括民間藝術保存與傳習、籌設文化資產保存研究中心、傳統藝術中心及民族音樂中心等四個分項計畫。

52 同蘇昭英等，《台灣縣市文化藝術發展——理念與實務》，頁 30。按該研究報告撰寫人中蘇昭英、孫華翔、林正儀為申學庸時期之秘書，報告主持人為副主任委員陳其南，對該時期的施政方向有其看法。

53 申學庸，《行政院文化建設委員會工作報告》，1993 年 12 月 8 日，立法院第二屆第二會期教育委員會報告，頁 5。

54 林澄枝，《文化白皮書》，台北市行政院：文建會，1998 年

55 同申學庸，《行政院文化建設委員會工作報告》，1993 年 12 月 8 日，頁 3-4。

的一個重大的問題是，舊有的社會結構和倫理秩序已經崩壞，而新的社會意識和倫理規範卻尚未形成。……社區社會意識無法建立，也就是表示國家社會意識也無法養成。如果我們無法在生活理念和行為模式上，養成國民的社區社會成員意識與國家公民意識，那麼個人與社會之間，個人與國家之間的權利義務關係就不可能內化到每一位國民的心中，有關社會與國家的倫理規範和集體意識就無從建立。……過不同形式的文化藝術活動之推展，相信不同層級的社群成員會有更健康的互動空間，進而塑造出彼此能夠呼應和共鳴的全民共同體意識。

而黃麗玲在其碩士論文中的論述也提供一些思考[56]：

> ……在國家體質轉型，政經力量重組，同時也尋求新的相應的文化的意識形態以召喚不同的群體的過程中，國家領導人以「生命共同體」意識作為回應民間力量的語言論述；同時以文建會的社區文化建設為主體，透過行政資源的分配，試圖在社區的議題上取得霸權，建構新國家的文化主調……。

確實，不同於蔣中正或蔣經國時代，由下而上的施政方針正在形成。擬訂之執行計畫，也試圖把文化建設的觸角，開始從地方再伸展到鄉鎮和社區的層級，其操作方式改採由地方自主性的提出自己的規劃需求，由下而上的互動，是申學庸強調文化藝術回歸於民間，根生於民間的必要因素與過程，也是落

---

56 黃麗玲，《新國家建構過程中社區角色之轉變——「生命共同體」之論述分析》，台大建築與城鄉所，1995 年，頁 4。

實施政理念的做法[57]。我們從此可以看出文化本土化的趨勢，但是處在政治黨派較勁局面下，本土文化政策的實施還是只能做不能說，以免遭到非議，就如申學庸在立法院的答詢中曾表示：盡量避免用「本土化」一詞而採用「社區意識」比較好[58]。至於「本土」的施政觀念，蘇昭英等人在「縣市文化藝術發展計畫」規劃研究報告中也替申學庸的施政方向加強說明爲[59]：

> 事實上，文化施政的地方化並不是狹隘的地方或本土主義，在日益民主化資訊現代化的台灣，吾人擔心的不但不是地方主義的復甦，反而是太過一致化和標準化，甚至完全失去一個有活力的文化型態所必要的多樣性與全面性。
>
> 企圖呈現多樣化的地方文化的理想，我們不得不說，在一年十個月的任期內是很難實現的，光是觀念的調整就已然需要這些時日，假如以 1993 年文藝季活動而言，文建會副主委陳其南為主要改變策略的推動者，辦理之前數月即帶領一批文建會承辦官員及專家學者輔導各地文化中心及文化機構，並接受諮詢，企圖藉機「訓練文化中心的策劃能力，讓文化中心成為地方上的文建會」[60]。以台南文化中心為例，由於正逢所在地的鹿耳門聖母廟擬辦理文藝季，但缺策劃人才，於是文化中心與其結合，

---

57 申學庸，《行政院文化建設委員會專題報告》，1994 年 6 月 9 日，立法院第二屆第三會期教育委員會報告，頁 4。
58 立法院公報第 82 卷第 73 期委員會紀錄，82 年 12 月 22 日，頁 314。
59 同蘇昭英等，《台灣縣市文化藝術發展──理念與實務》，頁 52。
60 謝金蓉〈陳其南銅臭相譏，施治明醉怒退席〉，新新聞周刊，1993 年 8 月 1 日至 7 日，頁 76。

並邀請來自屏東知名的「明華園歌仔戲團」演出「鄭成功」一劇，依以往經驗，相信可以吸引民眾。但陳其南認為在聖母廟理應演「媽祖傳」為宜，「節目內容與表演場所，要有相互的意義」[61]。這樣的衝突直至藝術季結束，仍有許多文化中心或文化界人士不明白差距在何處。

陳其南等人有心營造優良自由的藝文環境，但是在「理念」的灌輸，即花費一年半載的時間，對於「政策」所不可避免的目標、內容與執行方式也是在理念的溝通中漸次形成，因此文化中心或是文化工作者在申學庸主政、陳其南幕僚作業的期間，也僅是舊的業務持續進行，新的業務尚待發展，而認為最值得稱許的則是由下而上體制的變化所醞釀成的藝文發展環境。針對這一點，只能樂觀的說：：「十年樹人，百年數木」，文化的經驗是需要累積，其成果也需要期待，只是，現階段的台灣文化發展總是很短視，如何期待方不至於失望，也是一門藝術。

回首端看其任內京劇、歌仔戲是否因政策轉型而有所改變？ 從歷年戲劇類活動個數、場次暨出席人口概況[62]，歌仔戲的活動概況，由 1992 年至 1994 年分別為 92、175、124 等個數，佔中國傳統戲曲比率的 24%、38%、28%；京劇的活動概況，由 1992 年至 1994 年為 189、176、174 等個數，佔比率為 49%、39%、40%。三年來演出場次比率，歌仔戲為 23%、42%、28%，京劇

---

61 同謝金蓉〈陳其南銅臭相譏，施治明醉怒退席〉，頁 76。
62 《八十三年文化統計》，台北市：行政院文化建設委員會，1995 年，頁 53。文化統計所列中國傳統戲曲包含平劇、歌仔戲、客家戲、豫劇、粵劇、越劇、其他；演出地點的統計以各縣市文化中心社教館場地為主。

為 51%、40%、39%。出席人口，歌仔戲三年為 110,000 人次、280,000 人次、304,000 人次，佔中國傳統戲曲總觀賞人數比率，分別為 32%、54%、51%；而京劇為 164,000 人次、154,000 人次、147,000 人次，佔比率為 48%、30%、25%。比較之下，這段時期京劇團演出次數、場次較歌仔戲為多，但是觀賞人口，京劇逐年下降，歌仔戲逐年增加，若歌仔戲再加上野台的演出，則當有不同的數據。在強調地方文化自主的政策下，各地歌仔戲團演出機會比起往日又更多，京劇除則靠著三軍劇隊及復興劇校附屬國劇團的演出，在大陸京劇團 1993 年陸續前來演出後，多少喚起觀賞動機，增多觀賞人數，否則統計的數目字可能更低了。

(四)　**鄭淑敏時期**（*1994/12-1996/6*）

　　專長於大眾傳播的鄭淑敏女士接任文建會第四任首長，任期僅僅一年六個月。1994 年 12 月 16 日行政院內閣再度改組的首度院會時，連戰院長提出六大施政方向，其中第六項有關文化方面為「文化建設希望在既有基礎之上加強，以達到傳統與現代、通俗和精緻、全國與鄉土各方面均衡的文化發展」[63]。這項文化建設的指示中，比較詭異與模糊不清的是「全國與鄉土」的涵意，作為一個國家行政首長，所提及的「全國」乃以中華民憲法中的包含全中國版圖的詮釋，「鄉土」，所指則為台灣、澎湖、金門、馬祖等中華民國實質所在之國土界定。這樣的論述在現階段又陷入「中國文化」與「台灣文化」的紛爭，其後

63　《立法院公報》，第 83 卷第 17 其，立法院第二屆第五會期教育委會第五次會議記錄，1995 年 3 月 15 日。按，該第 83 卷疑為 84 卷之誤。

在立法院第二屆第五會期第一次會議的報告中則變更為本著
「傳統與現代並重、外來與本土兼顧、通俗與精緻融合」的原
則與做法，積極推動文化建設，開創文化新境界[64]。而身為執行
文化政策的鄭淑敏面對眾多民意代表的說詞為[65]：

> ……現在台灣所有的儒家思想，已回到戰國時代百家爭
> 鳴、百花齊放的情況，而非漢朝統一之後的封建儒家，
> 如果說今天台灣的中華文化有新的面貌，那是因為發展
> 民主制度、實現民主政治之故，是個容許各種學術、思
> 想傳播的時代，而非獨尊儒家、言論統一的時代，因此
> 我們應有一新的文藝復興運動，回到社會民主化、政治
> 民主化所衍生出來的台灣或本土新文化，容許、尊重所
> 有的文化，無意識形態，不自我設限，亦不排斥任何文化。

　　顯然的，本土文化的理念與實際行動在鄭淑敏的時代已經
坦然表白，對於本土文化的認知則融合原住民文化、台灣四百
年來的中原文化、西班牙、荷蘭殖民時期、日本治理時期以及
五四以來的西洋文化思潮[66]。循此，企圖表現在文化業務上的是
注重均衡性、整體性、前瞻性以及多樣性，而這些規劃理念也
似乎自郭為藩時代起即不斷呼籲的方向，僅能說蕭規曹隨了。
倒是這時期的文化上另一特殊現象為，1994 年文化復興運動委
員會更名為中華文化復興總會，李登輝兼任總會會長，該民間
團體推動書香社會與心靈改革，文建會亦在此時充分配合，將
歷年來持續中的藝文發展計畫項目及申主委時期的十二項計

---

64 《行政院長施政報告》，1995 年 2 月 21 日，頁 49。
65 同《立法院公報》第 83 卷第 17 期，頁 10。
66 同《立法院公報》第 83 卷第 17 期，頁 4。

劃，套以「心靈改革」，以配合安排李登輝前往全國各地演講，呼籲心靈改革，並爲 1996 年的全民直選總統活動奠基。鄭淑敏在李登輝成爲台灣第一位民選總統後，即轉赴中國電視公司擔任董事長，頗有功成身退之跡象。這時期的文建會，在鄭淑敏擅用傳播功能之下，能見度提高，政府單位其他部會似乎更重視文建會的存在，民眾也漸次了解文化建設需要更多的參與及關注。

這時期對歌仔戲最大助益則是民間藝術保存傳習計劃的推動，將藝師精湛的記憶及生命史予以有效保存並培訓更具專業素養的藝生以玆傳承。另外在文建會的年度決算總說明資料中，補助歌仔戲的研習會或國內外演出活動者極多，可見政府財力豐沛，加以總統特別製造演出機會，蓬勃的景象愈趨明顯。而京劇方面，在 1993 年二月第二屆的立法委員就任後，執政黨的席次雖遠高於第一大黨的在野民進黨，但在野黨頻頻指責國防部不應該擁有眾多國家資源及軍方人員，在這些壓力下，連續多年的京劇隊裁併之聲再次受到討論。

(五) 林澄枝時期（1996/6-2000/5）

林澄枝女士接掌後，於十月七日向立法院第三屆第二會期教育委員會提出工作報告時，說明當時文建會的具體工作計劃，包括縮短城鄉文化差距、加強文化資產保存與發展、拓展文化藝術活動、推動國際文化交流等四項；未來施政方針則配合提昇國家競爭力，擬訂提昇國人的素養及提昇文化環境品質。林澄枝呼應李登輝於是年就任第九任總統就職演說的文化建設提示：「建立新的生活文化，培養長遠宏大的人生價值觀；要從基層開始，重振家庭倫理，建立社區意識，建立和諧感動

的新社會，使民眾能真正享有家園生活之樂。」[67]於是，推動加強心靈改革，建立國人新的生活觀念，乃成為這個時期的施政重點，並以「書香滿寶島」的計劃，與學校、文化機機構、社區、工廠企業、民間團體、監獄、看守所、新聞傳播媒體等等單位合作以培養國民之「文化素養」，以期讓文化建設工作的成果真正成為國家競爭力的根源。林主委任內於 1997 年以「文化建設與國家發展」為主題，舉辦第二屆全國文化會議，與第一屆最大的差別，被認為是在於對民間和地方角色的認知[68]，也就是說，政府在 1993 年開始有計劃的實施文化地方化及社區總體營造等培育地方人士自行規劃文化活動的能立，建立地方文化特色，到 1997 年已經可以肯定達到某些效果，相較於 1990 年代仍著重大中國意識，大相逕庭。事實上，「認知」或許建立了，實際成效則尚待加強，如立法委員王拓就曾觀察表示[69]：

> 有關文藝季下放由地方舉辦三年來，現在已產生普遍性的疑慮：因為地方文化人才的欠缺，致使這項主導工作無法運行。……在文化人才尚未培訓齊全至各地前，及匆忙的將相關業務下放至地方，實有「放牛吃草」之嫌，等於是要他們自生自滅！以今年的文藝季為例，簡直是宗教、民俗的大展覽！毫無內容可言，非常失敗……。

而由於整體戲曲發展的傾向已然較重視歌仔戲，許多歌仔戲團體經過多年參與大型藝文活動的經驗，也如其他現代劇團

---

67 林澄枝，《行政院文建會工作報告》，立法院第三屆第二會期教育委員會報告，1996 年 10 月 7 日，頁 16。
68 同蘇昭英等，《台灣縣市文化藝術發展──理念與實務》，頁 54。
69 《立法院公報》，第八十五卷第五十期，委員會紀錄，1996 年 10 月 19 日，頁 504。

或舞蹈等表演團體一般懂得爭取政府經費，其中也有仗勢「本土劇種」的優勢，爭取文建會的補助經費後不當運用者，如在朱惠良立法委員質詢過程中所提供的資料顯示[70]：

> 如……歌仔戲團今年十月間，拿文建會審核的戲目幫助……候選人在台中市站台。……歌仔戲團的三十二場演出中，自己只演十場，其餘的二十二場發包給別人？

　　儘管如此，解嚴後的十年，對整體文化比較正面發展的現象突顯出來，如在立法院的立法委員問政中，台灣文化的多元發展達成共識，重視中華文化或本土台灣文化的問題已經不是爭執焦點。加強文化資產以及傳統藝文的維護成為現代化社會中必然重視的文化施政重點，而如何將中央的預算有效的補助地方政府，如何有效運用政府經費，如何活潑地方上的藝文活動，培植各地方藝文推動人才及欣賞人口，更重要的如何營造藝文創作環境，是立法委員、學家專家以及政府人員關注的焦點，總歸而言，就文化論文化的趨向比起以往清晰可見。

　　在文藝方向定位改變之際，對歌仔戲和京劇的發展，以上已有所述，綜合比較不同主政者的戲曲發展而言，解嚴後的郭主委任內，對於京劇的支持仍不遺餘力，制定國劇推展計劃；而主張建立民俗技藝園區，強化民間劇場功能、結合廟宇與地方藝文活動、積極扶植各種劇種團隊，對傳統戲曲的鼓舞最大。申主委認為在台灣的社會中存在兩種不同文化體系，一個是以政府機構為主的的官方體系，一個是以廟會和民俗活動為核心

---

70 《立法院公報》，第八十六卷第四十五期，委員會紀錄，1997 年 11 月
　　5 日，頁 42。

的民間系統，在現實上產生某種程度的隔閡，於是主張由各地方文化中心結合當地資源，並說明假如政府單位不再重視民間社會資源的吸納，那麼執政黨將只會把這份豐富的資源拱手讓給對方[71]。這樣的說明政治意涵不言可喻。但這樣的轉變特性，辦理文藝季、民俗活動、廟會藝文活動、社區文化活動，均包含了歌仔戲團體。如此一來，讓久在鄉村野台演出的歌仔戲劇團，認知自己所負的「文化使命」；「教化民眾」、「傳播藝術」成為藝人們必須要苦惱面對的課題。而另一方面，本為政府青睞的京劇，曾幾何時，已不見容於軍中體系。事實上，長年隸屬於國防部管轄的陸光、海光、大鵬等三軍劇團問題，自1987年起即常常見諸報章，表示一來三軍勞軍功能不再，應讓京劇藝術歸屬文化單位，二來國防部以國家軍事為主，財政上的運用應有所區隔，也即年度預算緊縮，不再有能力養數百名藝人。三軍裁撤之聲此起彼落，人心惶惶，與當年之盛況，真是不可同日而語。由於當時前朝尚有熱愛戲曲黨國元老總統府秘書長蔣彥士先生在，出面周旋結果，整編為國家級國光劇團，尚可維持代表正統之尊嚴。這樣的變化將再下一章專門討論，而1994年教育部在國立復興劇校成立歌仔戲科的過程也將一起討論，以了解京劇和歌仔戲在這十年間最大的變化。

　　至於鄭淑敏與林澄枝的時期，加強京劇歌仔戲的國際活動，推動民間戲曲保存計畫，督促傳統藝術中心的軟硬體籌備工作，持續文建會既定戲曲計劃，也算是在傳統戲曲上盡了心力。

---

71 申學庸，《文化建設與社會倫理的重建》，頁5，中國國民黨中央常務委員會專題報告，1993年10月20日。

第三節　劇與歌仔戲在文化環境變遷中之爭執

一、政治意識形態的抗衡

不管是京劇也好，歌仔戲也罷，在面對資本主義社會、速食文化場域，傳統的詞曲身段已快不能招架現代觀眾對聲光視覺需求，從業的藝人們關心的是自己賴以維生的生活，對於戲曲本身的藝術性、價值性頂多只是感嘆時代不同，落寞凋零。文化上的使命本是不存乎心。倒是有識之士，藉之以舒己志者不在少數。在中央與地方、執政黨與在野黨數十年的抗衡後，解嚴，成為本土化的最佳的起點。隨著政治的民主化和本土化，以及社會的多元化，文化政策也逐漸脫離威權統治時期的模式，走向民間，強調參與。京劇早期隨著國民政府來台，在大多數民眾不識國語，又聽不懂京腔的情況下，本來留在大多數為大陸來台者之軍中勞軍真是恰當不過，加以京劇做為一門戲曲藝術，有她身經百戰 200 年的歷史，國家加以維護與發揚有其道理。然而，讓有識者憤憤不平的是，政府對於在台灣成長的歌仔戲卻抱著不過問的態度，甚至往昔以低俗、限演，抹煞藝人生機，斷送技藝，使得台灣文化史殘缺藝術生命。因之，政治角逐的過程中，對原本皆為彌足珍貴的文化資產，冠以代表大陸或代表台灣的名號、或是精緻與通俗、本土與外來等意識型態加諸於藝術，抑制京劇，浮誇歌仔戲成為這十年來浮現的局面。

當然也是因為解嚴的時機，讓有關「國劇」名稱的爭執問

題浮現檯面。如立法委員陳癸淼 1991 年向行政院提出書面質詢並要求廢除不合時宜的「國劇」名稱[72]，民間人士對歌仔戲受到不平待遇之聲，也此起彼落，並付諸行動抗議。有關這一方面的抗議之聲以羅載光先生 1992 年 3 月 31 日向立法院請願事件最為特殊，並列入該院教育委員會同年 6 月 29 日的人民請願案中討論，距離羅員自 1983 年起行文至相關單位請願活動長達九年。羅載光之數度請願主要為平劇不應強稱國劇，應回復原名稱平劇或京劇[73]，並認為「彈丸小島的台灣，資源有限，有幾所平劇學校，造就人才無所用，浪費公帑……且平劇在軍中勞軍晚會或演出，絕大數官兵被派公差去看，無奈只好在小板凳上，伏在膝上睡覺，……中國地方係有三百多種，成氣候的尚有歌仔戲、粵劇、越劇、川劇、豫劇，都應給予公款使之延續，豈能給平劇獨霸，畸形發展……。」[74]立法院曾會議討論決議「㈠今後國劇應泛指所有中國戲劇。㈡現稱國劇之京劇應恢復原名為京戲或京劇。請切實辦理」[75]，並函教育部及文建會。惟該二

72　楊汝春，〈陳癸淼要求國劇改稱平劇〉，聯合報 1991 年 7 月 14 日。

73　針對名稱問題西文中 Nancy A.Guy,亦詳細討論到，分析當時國民黨政府不採用京劇之名，避免認同大陸之嫌、稱為國劇是國家的文化，比台灣文化有水準、恢復國土的期望以及國民黨政府雖是撤退台灣，可是仍是推動中華文化，表徵中國的合法地位.Nancy A.Guy, 'Peking Opera As National Opera in Taiwan:What's in a Name?' in Asian Theatre Journal (Honolulu)12, no.1 (Spr. 1995), pp. 85-103.

74　羅載光請願書，1992 年 3 月 31 日立法院收文。按立法院院程序委員會 81 年 4 月 15 日（81）程發字第 334 號文中表示該會於 89 會期第 15 次會議決議請教育委員會審查，教育委員會於 6 月 29 日該會的第十次會議中進行討論。

75　《立法院公報》第 81 卷第 54 期，委員會紀錄，頁 464。（會議日期為 1992 年 6 月 29 日）。該會議中引用立法院教育委員會 1992 年 1 月 6 日（81）台立教字第 032 號函。

單位不敢貿然依從，再次召開會議討論，取得共識為[76]：

> 國劇包括我國所有戲劇而言。國劇融合多種戲劇而成，
> 在北平興起，然非發源於北平，因此將國劇改名為京戲
> 或京劇，並不恰當。有關國劇定名問題，由王靜芝教授
> 等七人組成起草小組，以釐清國劇之由來及發展過程，
> 並宣導讓社會大眾了解，以免引起誤解。對各種地方戲
> 劇之發展應予兼顧並重視。

羅載光對此尚有異議，於 1992 年 3 月 31 日再度向立法院
請願，該次的請願終於獲得了立法院的辦理，而不像以往均撰
寫公文函覆罷了，可謂民意在這一階段已然獲得重視的證明之
一；加以國劇名稱在政治意識形態敏感時期，也較容易被提出
來討論。在 6 月 29 日會議討論文詞中，文建會副主委張植珊與
會說明，舉出處理該請願案歷年處理過程，提及曾於 1983 年答
覆羅載光「國劇雖未經立法命名，但係習用語辭，行之有年，
原係國防部早期舉辦軍中平劇競賽時為防範共匪統戰而對平劇
所採之不同稱謂，並無不妥，名稱以不改為宜」[77]，其後又說明
「『國劇』一詞係民間約定俗成之語辭，近年來的時空轉換，
政府既無立法規定；本會亦無以行政命令要求『平劇』通稱『國
劇』，自無法令可廢除。」[78]由此，我們仍舊可以看出在 90 年
代初期政府對中華文化、地方文化處理上的「戒嚴」心態。而
這一次請願的結果決議為「一、國劇應包括我國所有戲劇而言。
二、對各種地方戲劇之發展應予兼顧重視」[79]，此次會議，立法

---

76 同《立法院公報》第 81 卷第 54 期，委員會紀錄，頁 464。
77 同《立法院公報》第 81 卷第 54 期，委員會紀錄，頁 463。
78 同《立法院公報》第 81 卷第 54 期，委員會紀錄，頁 464。
79 同《立法院公報》第 81 卷第 54 期，委員會紀錄，頁 488。

委員倒很明智的認為京劇名稱問題，由藝術界專業人士負責。其後，因與大陸來往頻繁，京劇之名稱不脛而走，流行至今。

二、立法委員之問政

　　無論是京劇的支持者或歌仔戲的愛好者，一旦提及由政府保存推廣，必然牽涉到納稅人的錢，也即是公共資源，這個資源編列成可以於一年度或特定時期內執行之預算，藉由文建會的行政程序送到立法院審查。在行政和立法兩部門，或者各縣市的縣市議員與縣市政府之間，對議題或預算的討論過程，可以檢視雙方對文化的觀點與態度。由於經費是行政機關執行業務重要的來源，立法委員（民意代表）原本可以透過預算的通過或凍結，來督促政府的施政是否得當，然而有正面功能亦有反面作用，此時的問政卻常常凸顯黨派利益之爭，歌仔戲與京劇扶植輕重總會是討論焦點。戒嚴時期立法院幾乎是一黨獨大，國民黨籍的立委在每會期行政院對立法院的報告中，多數支持政府的政策，文建會的業務報告也難得遭到刁難，預算也如數通過，當時在戲劇方面經常被委員提到的無非是加強國劇教育、多安排巡迴演出，或稍稍為歌仔戲發不平之聲而已，這在第五章也提及，不再贅言。倒是 1987 解嚴後，委員被勸而提前退休者多，國會漸次有增額立委加入，民進黨籍委員多了席次，至為期約四十年的第一會期結束後，每三年一選的國會立委成為各黨派角逐勢力之處，不同黨派對戲曲之建言也就各有招數，幾乎多是對京劇的批評，嚴苛而尖銳，如：

- 宣以文（國民黨）「國劇〈蝴蝶夢〉的演出是否對社會風氣之匡政有所助益，文藝季活動有〈曲江曲〉

一戲，既然是國劇，何以稱曲？文建會職司文化發揚，請問對國劇的提倡採取了何種行動？文建會有無整體計劃，使國劇能夠真正與生活產生關聯，以表揚優良傳統，影響社會？」[80]；

- 彭百顯（民進黨）「希望很多藝術不要被政治化，為使文化藝術生根，國劇應更正為平劇，廢除國畫、國術之說法，希望文建會帶頭作示範，不要把文化藝術政治化。……文化雖係約定俗成，但很顯然的文化已泛政治化了，譬如這裡所謂的國劇是那一國的戲劇，如果說它是中國的戲劇，而中國在大陸……」[81]；

- 盧修一（民進黨）：「國劇現在在台灣已有沒落趨勢，勉強用這麼多精力來保存國劇，不見得會有何效果，所以不如把這些精力好好來發展本土文化如歌仔戲……」[82]；

- 陳癸淼（新黨）：「文化具有普遍性及特殊性。本土文化亦兼具以上兩種特性，……特殊文化最好讓它普遍化就如歌仔戲是台灣本土具特殊性的文化，特殊性文化應努力普遍化……」[83]；

- 林正則（民進黨）：「此次孫翠鳳小姐榮獲十大傑

80 《立法院公報》，第 77 卷第 105 期，委員會紀錄 1988 年 5 月 2 日。

81 彭百顯委員（民進黨），《立法院公報——委員會紀錄》，第 79 卷第 65 期，1990 年 8 月 15 日。

82 盧修一委員（民進黨），《立法院公報——委員會紀錄》，第 79 卷第 65 期，1990 年 8 月 15 日。

83 陳癸淼委員（新黨），《立法院公報——委員會紀錄》，第 82 卷第 73 期，1993 年 12 月 22 日。

出青年，她個人在宣揚文化的努力已受國外人士的
肯定，因此，他若能到各大學有關藝術欣賞的課程
授課，才是真正的現身說法、文化傳承。」[84]

除了在國會中的質詢發言以宣揚各自的戲曲觀念外，由於
立法委員的專業水準普遍提高，擔任文化教育委員會的委員自
然對文教的認同比較清晰，又因委員均聘請專業研究人員作資
料調查整理，在 1996 年開始的第三會期中可以見到委員主動召
集相關議題公聽會、擬訂文化法案、催促政府迅速進行其認可
之方案等，如林濁水辦理「傳統藝術中心暨民族音樂中心定位
與功能」公聽會、「國光、復興兩劇校結合文建會傳統藝術中
心之規劃」協調會；黃天福「傳統藝術藝師傳承」公聽會；蔡
式淵「為台灣傳統戲劇請命」[85]等，直接的促請政府關注戲曲問
題。更有直接影響決策的如：1996 年 6 月立法院教育委員會民
進黨翁金珠、范巽綠等人召開「文化脫落的年代，誰關心傳統
藝術？」，這是傳統戲曲首次被搬上國家議會殿堂，許多的政
府要員均在座，由於立委表達的關心與壓力，教育部順應「民
意」，將該次會議的命題──國光藝校、復興劇校合併案，迅速
處理決議合併[86]（該二校即時籌備，於 1999 年 7 月合併改制為
台灣戲曲專科學校）。而從立法院的公報紀錄中，所呈現的另
一現象是，在野黨立法委員對歌仔戲執行狀況的詢問與對政府
的要求，積極與具體，執政的的國民黨則因這段時期政策也朝

84 林正則委員（民進黨），《立法院公報──委員會紀錄》，第 85 卷第
   50 期，1996 年 10 月 17 日。
85 表演藝術聯盟，《台灣文化檔案》，1999 年，頁 227、240、242。
86 紀慧玲，〈期待本土創作的啟航〉，中正文化中心表演藝術年鑑，1996
   年，頁 75。

向本土化進行，只是「本土化」的涵義總是因場合而有不同詮釋，故在立法院除非立法院黨團有特別協商指示，否則採消極抵抗的態度，替京劇「國劇」的維護聲音也減弱了許多。

另外，以台北市為例，亦有市議員為歌仔戲請命者：賁馨儀、藍美津在教育質詢時提及，「在台灣平劇人口不到一百萬，平劇可以在活動中心、社教館等大型場地演出，且平劇團可以獲大量補助，參賽得獎更可以獲高額獎金，但有一千一百萬觀眾的歌仔戲，在台北市卻只能在馬路邊演出」[87]。並要求台北市教育局籌建傳統戲劇館、取消現行繁瑣的演出申請辦法、演員學歷限制、在各學校普設歌仔戲活動班、編列預算補助現有劇團等，而這兩位市議員亦屬於民進黨籍。

立法委員的問政，代表民眾督促政府的施政固然是好，可惜真正了解文化、用心思考政策制定前因後果的委員沒有幾個，而每一會期的文化教育委員會委員均有所變動，部分立委堅守在同一委員會，游走型的立委卻經常帶來不明究理的質詢，增加文教單位許多的困擾，尤其在每次中央政府總預算案討論，總附帶決議條件，而若這決議不被執行則次年的預算將與凍結。這樣的討論結果給文教單位編列預算帶來了變數。1993年第二屆立委以來，由於黨派意識形態關係，這種情形的處理，更加困難。以 1994 年討論 1995 年的預算為例，本土與中國的抗爭極為明顯，而提案者多為無黨籍或民進黨籍，如：

- 文建會應加強台灣民間文學的蒐集與整理的工作……應先了解台灣本土的文化內容，再談蒐集大

陸的藝文活動與兩岸交流[88]。

- 文建會辦理之「民族藝術與民俗技藝之傳習與發揚」計劃，應以台灣本土民族藝師之薪傳計劃為主要業務內容[89]。
- 國立復興劇校應全面檢討課程標準及教材內容，應以本土劇藝如原住民、客家之傳統劇藝及台灣之布袋戲、傳統曲藝等為主體，中國之京劇曲藝，應列為選修[90]。

在每年度總預算討論會議上，一而再發生諸如此類的抗衡現象，政府官員也只好漸次的調整工作方針以保全預算經費。

文化藝術與政治的糾葛在台灣一直未曾平息，主要的是台灣社會一直處在政治經濟挑戰中，藝文教育不能普及，民眾對於文化認知不足，整體文化氣氛難以形成，藝文團體每每需要仰賴政府的經費補助才能推展活動，因之文化建設也只好在行政與立法部門中求取生存之道，「政治歸政治、藝術歸藝術」，也只是文化人的理想罷了。也因此，意識型態的形成與立委的問政，相互交融影響著政府單位施政計劃。

三、學者專家之觀點

另外值得一提的是學者專家的觀點，在國家戲曲政策形成的過程中扮演極重要的角色。台灣解嚴轉型期中，整個社會籠

---

88 立法院，《八十四年度中央政府總預算案/總預算案之討論》，1994 年 9 月，頁 341。

89 同《八十四年度中央政府總預算案/總預算案之討論》，頁 341。

90 同《八十四年度中央政府總預算案/總預算案之討論》，頁 346。

照著「中國/本土」政治意識型態，政府的任何措施稍一不慎即被冠以「黑箱作業」、「黨派利益輸送」等字眼，因之，學者專家之言成爲政策的倚仗。由於文建會人員有限，行政公務員居多，文化專業者佔少數，爲減少來自外界的壓力，九十年代的每一文化措施幾乎在學者專家的建議、批評、審核互動中形成。在文建會年度經費預算增加後，更有直接委託專家做專案研究或調查者。而在報紙增張、版面擴大，資訊媒體發達，各專業領域的探討也增加，傳統戲曲的議題、藝人的心聲均可透過媒體傳播，更甚者，遊行集會解禁後，藉由此管道亦可造成聲勢。

如國防部所屬國藝中心從前安排京劇的演出，一個檔期爲十天，一個半月就由三個軍中劇團輪流一個檔期，1987 年起一檔七天，兩個半月一個輪檔，而 1988 年則一檔五天，三個月一個輪檔，刻意緊縮國劇演出檔期[91]。此時「雲門舞集」創辦人亦是舞蹈家的林懷民即透過媒體爲國劇請命[92]：

> 大家都感覺到國劇逐漸沒落，但國劇爲什麼要被時代淘汰？……當國劇界淪至聊備一格的時候，到底還有什麼老東西可以提供現代表演藝術養分？誰來承擔歷史責任呢？

因製作演出「慾望城國」一劇受到政府重視的京劇藝人吳興國也同時提及[93]：

> 國家劇院成立之後可以花數千萬邀請國外團體前來演

---

91 王惠萍，〈我們到底有沒有國劇政策〉，民生報，1988 年 1 月 4 日。
92 同王惠萍，〈我們到底有沒有國劇政策〉。
93 同王惠萍，〈我們到底有沒有國劇政策〉。

出，為什麼不能有計劃培養自己的戲劇團體？以提昇國內的表演藝術水準！

中華民俗藝術基金會於 1989 年眼見台灣民俗戲曲的振興日呈頹勢，傳薪既無新血注入，政府又缺乏護衛民俗文化資產的雄心魄力，久被漠視的民俗藝術團體感慨之餘，也發起「和平訴願」野台匯演行動，以喚起國人及政府正視本土民俗藝術的發展，並呼籲教育文化相關單位給予應有的待遇，即應設立地方戲劇學校暨科系，同時在中小學教科書中增添戲曲的教材[94]。

在 1995 年 10 月 21 日「海峽兩岸歌仔戲學術研討會」總講評時，邱坤良即指出「這是台灣有史以來第一次歌仔戲學術會議，也是兩岸第一次，與會學者熱烈參與情形，退回到民初文人口誅筆伐歌仔戲為亡國之音，歌仔戲短短數十年改變如此之大，可見它的社會力量驚人。」[95]除了社會環境的影響，學者觀點的改變實在是歌仔戲立足於台灣文化重要守門人。

第四節　京劇、歌仔戲曲藝之變化

在官方與民間相乎激盪，兩岸啟動文化交流以及文建會幾位主任委員不同階段、不同文化風格的帶動下，十年來全國藝氣氛已兼具「中國化」、「本土化」、「普及化」、「精緻化」、「社區化」、「多元化」、「現代化」、「國際化」，最終目標的「本土國際化，國際本土化」並亦具雛形，試圖以文化呈現台灣新活力，這些風格自然在傳統戲曲中展現出來，大致上

---

94 同曹韻怡，〈野台匯演欲提文化訴求〉。
95 紀慧玲，〈兩岸歌仔戲交流醞釀更大步伐〉，民生報，1995 年 10 月 22 日。

可以歸納三點敘述：

一、劇本內容之變化

在 1970 年代末有民間京劇團郭小莊「雅音小集」的京劇現代化，開啓青年朋友對京劇的崇拜，80 年代末起則有「當代傳奇劇團」的接力創新，邁進 90 年代則「國民大戲班」、「新生代劇坊」、「盛蘭國劇團」接踵而來，讓式微的傳統戲曲在現代社會中又再度燃起新生命。

屬於政府的「復興國劇團」隸屬教育部國立復興劇藝實驗學校，在政府體制下演出一向以忠孝節義之傳統劇目爲主，開放兩岸文教交流後，密切與大陸編劇編腔等戲曲界合作，演出劇本如〈潘金蓮〉、〈美女涅盤記〉、〈阿 Q 正傳〉、〈羅生門〉、〈徐九經升官記〉、〈出埃及記〉等，或者加入探索女性心理議題、挑戰戲曲的性格塑造，或者對傳統教化進行批判、亦或加入台灣民謠及歌仔戲聲調[96]。1995 年成立的「國立國光劇團」，以其團員編制完整，配合政府針對各種不同觀眾層級、城鄉均富的計劃，或推出傳統骨子老戲〈四郎探母〉、或推出兒童京劇〈風火小子紅孩兒〉，或校園巡迴的〈巧縣官〉，最有企圖心的表現則爲：台灣三部曲——〈媽祖〉、〈鄭成功與台灣〉、〈廖添丁〉，顯現本土化的訴求，面對根植五十年的台灣土地。而 1988 年教育部解除國劇劇本審查，公佈「處理淪陷區國（京）劇劇本演出審議要點」起，許多原禁演的劇碼，增加藝術界許多探討的主題。

---

96 王安祈，〈傳統與創新的迴旋之路——台灣京劇五十年〉，國文天地 15 卷 7 期 1999 年，12 月，頁 9 。

　　至於歌仔戲部分，由「傳統‧蛻變、懷舊、到嶄新」[97]一系列的作品均在解嚴後百家齊放，戲劇生態環境要求本土劇種現代化、精緻化，讓本來就尚未定型的歌仔戲有了更多揮灑空間。〈陳三五娘〉、〈山伯英台〉、〈什細記〉民間故事仍舊搬演，歷史演義故事〈孫龐演義〉、〈臥薪嚐膽〉也樂為人道，在十年來由於進入現代劇場演出增多，劇團由幕表戲轉為具備劇本的演出，因之在編劇的過程即醞釀許多不同的主題。創團已經超過一甲子的「明華園劇團」，標榜自創劇本，〈濟公活佛〉、〈父子情深〉、〈蓬萊大仙〉、〈李靖斬龍〉等每年一齣新戲，以「神仙劇」、「歷史劇」為主加以編寫，可以看出其顛覆傳統價值觀的野心。「河洛歌子戲劇團」係以「公案劇」、「官場戲」為主，〈鳳凰蛋〉、〈天鵝宴〉、〈曲判記〉透過反諷來批判社會。「薪傳歌仔戲團」的〈黑姑娘〉則移植自德國格林童話〈灰姑娘〉，「台灣歌仔戲學會」的〈新白蛇傳〉法海視為「同性戀」個性傾向。編劇「朝向思想內涵深化、加強故事情節的發展、人物性格的形塑」[98]，是這時期的特性，更重要的是對當今台灣政府官場形形色色的譏諷，社會功利主義的嘲弄，最能呈現九十年代戲曲的自由化與民主化。在野台戲部分則多採傳統劇本，仍以幕表戲，循著故事大綱即興演出，當然加入台灣民俗的插科打諢、流行歌曲及俚語是不足為奇的。

---

97 蔡欣欣，〈台灣劇場歌仔戲邁向現代化的發展〉，當代第 131 期，1998 年 7 月 1 日，頁 17。1987 年國家劇院落成後，主動地企劃各種主題，陸續邀約各歌仔戲團演出──系列作品的回顧。
98 同蔡欣欣，〈台灣劇場歌仔戲邁向現代化的發展〉，頁 28。

二、演出製作層次之提昇

　　1987 年解嚴的同年，國立中正文化中心國家劇院暨音樂廳於 10 月 31 日啟用，台灣多了一座可容納 1650 人的國際性、現代化劇場。隨著注重本國表演藝術的聲浪，國內演藝團體至國家劇院演出的機會也增添不少，而在民主化、公平公開的原則下，原本為京劇保留演出檔期的政策也取消，所有要進劇院演出的團體，均透過年度評選或申請租借。此外，台北市國父紀念館、社教館、新舞台、以及各縣市文化中心演藝廳均是現代設備之劇場。在文建會於 1993 年起推動「全國文藝季」、「社區總體營造」、「國際展演活動地方化」後，各縣市開始必須結集當地的藝術團體共同展現地方的活力。無可厚非，在重視本土文化的前提下，歌仔戲劇團必是被延請參與的團體。既然是屬於國家重視的文藝季、又必須面對國際團隊，各歌仔戲團體朝向精緻化、現代化的製作演出也是各主辦活動的政府單位所期許的。

　　所謂現代化的製作演出，係以西方劇場的製作標準來衡量，雖然京劇在八十年代的「雅音小集」時期已起步運用，但仍舊限於經費、人力，作業分工草率，一人兼數職。九十年代以來，兩劇種均在這方面有很大的精進。例如，編劇在開始排練以前即完成，而後著重劇場前台、後台的專業分工。前台方面有導演制度的產生、舞台監督的督促與管控、有行銷策略的制定、有文宣媒體的運用；後台方面有舞台佈景設計、服裝造形設計、燈光設計以及音樂設計的專業配合。另外由於文建會多年來「國際性演藝團隊扶植計劃」的實施，兩劇種出國演出擔任文化宣揚或慰勞鄉親的機會也不少，因此建立國際性聯繫

管道的藝術行政業務也起步，佈景道具運輸保險、演出人員整編等等劇場行政均朝著專業進行，整體演出製作流程的專業，確實也提昇了演出水準。

三、演出風格之多樣化

受到兩岸戲曲交流、國際表演藝術的影響，京、歌劇在演出風格上也頗為多樣。京劇方面，梅、程、余、楊各流派在大陸劇團大量來台演出後，引起台灣京劇界的迴響。京劇團員紛紛拜師學藝，也在戲曲演出中有所表現，魏海敏在「龍女牧羊」一劇中即以梅派表演；復興國劇團的〈阿 Q 正傳〉，結合大陸編劇、作曲編譜，「以偶戲、舞台劇、舞蹈語言塑造阿 Q 猥褻、癡顛形象，導演在舞台上也運用多重空間、幻影、現代人物、假人等複雜元素鋪陳出一個荒誕乖謬的時空」[99]。1997 年由文教辜公亮基金會推出的〈秀色江山〉，「在局部場面的調度上，應用樣板戲的手法，音樂上加入三拍子與蒙古民歌等旋律，並運用重唱、合唱、領唱方式，而流露出濃厚的『洋味』」[100]，新編的兒童京劇如〈風火小子紅孩兒〉，演員帶墨鏡背背包、現代服飾裝扮、炫耀的燈光、演員台上台下流動，與觀眾打成一片等，加入現代戲劇元素，標新立異的演出風格也受到兒童的熱烈歡迎。

歌仔戲方面，與大陸潮州薌劇團交流後，部分劇團音樂薌劇化，並與大型國樂團結合。又如「明聲歌仔戲團」編導王振

---

99 紀慧玲，〈期待本土創作的啓航〉，中正文化中心表演藝術年鑑，1996年，頁 83。

100 蔡欣欣，〈創新契機、盼活泉水〉，國立中正文化中心表演藝術年鑑，1997 年，頁 79。

義堅持「台灣歌樂」[101]的立場，其〈新白蛇傳〉編曲結構別於一般歌仔戲，音韻、和聲、節奏、情緒和弦性都較高，是歌仔戲音樂作曲法再一嘗試[102]。相反的，廖瓊枝的薪傳歌仔戲團則重視四、五十年代歌仔戲內台戲風格，強調唱唸作打功力，堅持「載歌載舞」形貌，不叛離聲腔身段，大量保留歌仔戲哭調色彩，與小生小旦情愛戲的做法，與明華園的「神話劇加舞台劇化」、河洛的公堂戲與「精緻化」不同[103]。

配合著舞台劇本內容的多樣化，柔情、批判、諷刺、關懷等訴求的主題可以透過劇場技術的進步，運用暗場、乾冰、旋轉舞台、霹靂金光、蒙太奇手法、現代熱門音樂等呈現不同的演出風格。固然，許多演藝生態的變化提供傳統戲曲的可變性，真正千錘百鍊的劇作仍需假以時日。

回顧這一章論述的 1987 年至 1997 年十年間，台灣的政經人文環境，的確詭譎多變。在以政治爲首的變遷中，1987 年的解嚴、1989 年民進黨正式登記成爲合法政黨、1991 年第一屆中央民意代表的資深立法委員全部退職、接著第二屆國民大會代表選舉、1992 年底的第二屆立法委員選舉、1994 年省、市長民選、1996 年總統全民直選，其後又是一連串不同民意代表的選舉與第二屆總統選舉，民進黨的陳水扁成功的當選，國民黨政府正式結束在台灣 50 年的治理。經濟方面這一階段，除了穩定成長外，也朝著自由開放而國際化的型態踏發展，在社會多元

101邱坤良，〈八十四年的台灣民間戲曲〉，國立中正文化中心表演藝術
　　年鑑，1995 年，頁 91。
102同紀慧玲，〈期待本土創作的啓航〉，頁 81。
103同註 37，頁 80。

化的變遷中，富裕的物質生活帶動心靈層面的擴張，也帶來負面的環境污染、加深八十年代以來都市化後的人口分配不均現象，以及教育問題、外來文化衝擊的危機。除了內部環境變遷外，1990年共產主義政治經濟的解體，東歐各國形式的變化導致中共內部經濟改革，一方面有利於與台灣之間的和平相處，另一方面也畏懼台灣的經貿強勢，不時以武力威脅，間接影響國際間的政治穩定性。

在這強調環境各面向多元化的時代，文教政策的多樣性也隨應運而生。教育改革讓教師自主性提高、升學管道暢通、教材多元化，鄉土教材也列入國民教育範圍。本土文化觀念的爭執從中原與邊陲之爭，進而為本土文化主體性信信心的增強，包容性的思考如何吸納大中國文化優異之處，壯大與提昇本土文化多年來的貧瘠。影響所及，傳統戲曲的發展與觀賞人口，也由解嚴前後的的急速低迷下降，至十年後新世紀前的峰迴路轉，京劇與歌仔戲的資源分配儘管差距極大，但是歌仔戲受到政府鼓勵後的發展力生機逐漸釋放，稍可平衡多年來的怨聲載道。這種積極面的變化可以呼應前述觀點分析之：

(一) 專家學者智慧再發揮

邁向九十年代之際，專家學者秉持研究開發的學術精神，不再侷限於台灣境內文化藝術的鑽研，大量前往大陸尋根，探討真理美學之所在，除了個人的研究外，接受政府委託，或帶領學生從事更深一層次的田野調查，其結果證明，台灣的京劇藝術遠離北京地區，已然具有台灣人文特性。劇本的編劇研發雖然不及大陸，但是舞台形式的展現，導演風格的多樣，卻凌駕於大陸京劇之上，肯定京劇在台灣的發展仍有其價值，消彌

民意代表或反對大陸劇種人士對京劇在台灣受到政府扶植的敵意。對於歌仔戲，每每被強調爲台灣土生土長，卻不能與同爲歌仔戲形式（薌劇），在閩南地區擁有一百多公立團體的情況相比；而重視歌仔戲卻不時以辦理官方文化活動形式扶植，徒增演藝人員虛榮心態；忽略其宗教性意義，對與廟會結合之演出環境不予改善，斲喪歌仔戲的社會生命力；專家學者對以上現象提出嚴重呼籲，也引起更多層面的關懷，對歌仔戲本身藝術，面臨改變體質，強調精緻化的同時，有省思作用。

（二）民間力量之結合

在蓬勃的經濟發展中，隨著政治開放的本土化，出版社、媒體、企業界、廟宇、民間藝文戲曲團體，乃至民意代表，以報導支持本土戲曲爲榮，也視爲責任所在，歌仔戲固然因之得寵，有更寬廣的發聲管道，但是本著「民主」的思潮，居然也戰戰兢兢的不願無故壓制京劇，惟恐重蹈政府當年忽視歌仔戲的弊病，台灣社會「有容乃大」氣勢的形成，對於京、歌劇發展有更多面的意義。

（三）國家藝文政策之執行

儘管藝文政策隨著主政者的作風，有所變化，也不管是由上而下的領導或者是由下而上的自主，對於京劇、歌仔戲政策的平衡性已然出現，在資源分配與整合運用上，雖然差距甚大，然而歌仔戲藝人、團體在五十年的風霜中磨練的耐力與包容力，尚足以等待政府更善意的回應。

有積極面向，當然也有消極悲觀的一面，如倡導「全國社區總體營造」著力最深的文化人類學者陳其南在「傳統藝術的

異化與活化」中表示[104]：

> 在西方文化藝術院形式介入我們傳統社會之後，很明顯
> 的，我們原來的主體文化藝術，很快的退位為傳統，民
> 間和民族的範疇，不僅被邊緣化，甚至異化為「他者」。
> 不知不覺中，本土文化藝術在此過程中再度被客體化、
> 疏遠化……。

　　這樣的關懷與擔憂，不純然是戲曲本身間的問題，中國文
化西化現象，根植於現代社會中，是必須以更長遠的時間來思
辨。戲曲面對現代社會的變遷也將是長期的衝擊。

---

[104] 陳其南，〈傳統藝術的異化與活化〉，聯合報「文化觀察站」，1999
　　年 5 月 25 日，同時見游源鏗，〈世紀胎動〉，中華民國八十八年表
　　演藝術月刊，頁 115。

第七章　京劇與歌仔戲
現階段之消長

　　前幾章的論述中，依著時勢的變遷雖然對京劇、歌仔戲做了一些比較，但由於 1987 年解嚴以後，兩者之間的差異由早期的京劇為重到近年的歌仔戲為主流，可說一大轉變，實有必要另外以一章節探討盛衰之變。在這一章中所謂現階段，主要指的是 1987 年以後至 1997 年之間，並且以幾個重大的政策做為敘述，論其如何改變京劇和歌仔戲發展生態。

　　歌仔戲方面，宜蘭台灣戲劇館的成立、宜蘭縣立劇團的成立、國立復興劇校設立歌仔戲科以及文建會成立國立傳統藝術中心籌備處，可說是歌仔戲解嚴後在政策主導之下最受矚目的變化，而也因為政府設有傳統藝術專責單位，傳統技藝從田野調查、藝人生命史的建立、到各級學校的講座、國內外巡迴演出、及海峽兩岸學術研究交流或觀摩，均得到政府實質鼓勵與贊助，歌仔戲不僅是俚俗野趣，其學術地位的建立在此階段更有明顯進展。

　　京劇方面則有三軍劇隊的裁撤合併成立國立國光劇團，國光劇藝實驗學校更名為國立國光藝術戲劇學校，前後兩者均由原屬於國防部改隸屬於教育部。另外，國立復興劇藝實驗學校與國立國光藝術戲劇學校又於 1999 年合併升格為國立台灣戲曲專科學校，學校下所屬劇團，原係國立復興劇藝實驗學校實習劇團，由於多為該校歷年校友甄選入團，均為專業團員，並非

學生實習團,是否與國立國光劇團合併成一個京劇團,雖然主管單位教育部曾公開表示這是必然的趨向,也原則上同意,但是只要主管變更,又有不同的想法,而京劇團與學校均將於文建會成立文化部後歸併於文化部的情形也如此,總有變數。經多年研議,目前尚維持兩團一校,仍舊屬於教育部。本章將就這些變化作一研究,以了解政策擬訂與執行的難易、優缺點,並討論其結果對京劇與歌仔戲的發展有何優劣處。

第一節　歌仔戲之波動

一、宜蘭台灣戲劇館之成立

　　宜蘭平原位於台灣的東北部,歌仔戲源於此地之說,已有許多學者提及,在本論文的第三章也有所討論。在各地文化中心建造完成後,為了彰顯地方文化特色,文建會於陳奇祿時期規劃在宜蘭縣立文化中心籌設「台灣戲劇館」,並於 1986 年開始委託文化大學林鋒雄教授籌畫建館,前後歷經五年,於 1990 年 4 月 21 日開館,由當時文建會主委郭為藩及宜蘭縣長游錫堃共同剪綵,正式啟用。台灣戲劇館的面積共有 731.2 平方公尺以展示歌仔戲的歷史與舞台藝術,以及台灣傀儡戲劇場與製作之藝術為主。歌仔戲部分設有本地歌仔劇場、歌仔戲透明片文物區、現代歌仔戲劇場、曲詞介紹區,以及仿照傳統歌仔戲山伯英台劇中樓台會之人物場景模型,和相關錄音帶、錄影帶、書籍等[1]。

---

1 黃清河,〈台灣戲劇館開館典禮〉,台灣月刊,1990 年 7 月,頁 38。

　　這樣的硬體設施以及不算多的收藏，仍舊有其意義存在，一來鄭重的宣佈宜蘭為保存傳統歌仔戲的重鎮，讓該地薪傳獎的藝人或團體有發揮技藝的機會[2]，也讓本土化的政策有更彰顯的成果；二來有了基地，比較有可能將台灣戲劇資料有系統的發展下去。不似京劇，多年來雖經由政府倡導，在經費的運用上也包含錄製錄音帶、錄影帶、購置書籍、編修劇本以及典藏文物等，但是卻分散於民間團體的文化總會、國劇協會、國劇推展委員會或復興劇校、三軍劇隊等，沒有一專屬的地方可以提供專業界之外的大眾了解，一旦這些民間團體因地點搬遷、負責人易位，或如三軍劇團整編，則資料流散，殊為可惜。目前該館除繼續蒐集資料，展示台灣傳統戲曲文物外，也辦理推廣性研習活動。

二、宜蘭縣立劇團之成立

　　1989 年底第十一屆縣市長選舉活動，游錫堃提出文化立縣，當選後以文化、環保、觀光、資訊持續為政策目標，在這政策目標的基礎下則以「台灣化」的本土文化為訴求。歌仔戲本有土生土長，發源於宜蘭之說，振興歌仔戲正是對台灣文化認同的表徵，於是 1992 年 9 月 28 日成立台灣第一個公立歌仔戲團—蘭陽戲劇團，加強了各界的矚目與關心。宜蘭為「本地歌仔」形成之地，做為「歌仔戲原鄉」[3]，又能夠極力發展歌仔戲，為文化界所樂見，惟蘭陽戲劇團的成立非正式經由縣議會立法之法制過程，造成日後營運上的困難。在此必須加以了解

---

2 按宜蘭縣歷年之薪傳獎歌仔戲或北管音樂得獎者包含莊進才、江金樹、羅東福蘭社、葉讚生、陳旺欉、林爐香等。
3 廖雅欣，〈歌仔戲在原鄉〉，聯合報，1995 年 2 月 5 日。

這個背景以透視戲劇界的困境。政府當局對於公務人員的任用
有其考試管道，但是五十年來僅近年幾次列有文化行政人員的
科目，致使包含文建會在內的文化專業人員的進用尚停留在訂
定合約方式的約、聘僱上。以傳統戲曲而言，曾受過專業訓練
或藝術相關學校畢業而取得公務人員任用資格者幾無，而蘭陽
劇團既然為公立劇團，則必須由具有公務人員資格者擔任行政
工作或團員，這樣的要求對劇團成立及推動戲曲的瓶頸不小，
於是蘭陽縣政府當時透過蘭陽文教基金會的成立，再委託該基
金會成立蘭陽戲劇團推動計劃，而經費則由縣政府每年編列約
一千萬預算輾轉至劇團，這樣一個政府體制外的運作方式，難
免為縣議會的議員批判，將一個戲劇團體的營運問題，演化成
為「人治」與「法治」的權力運作層面，黃國禎的研究報告中
提及[4]：

> ……蘭陽劇團這種界乎官方與民間之間的曖昧角色，使
> 得他們一方面經常遭到來自縣議會以「未法制化」為由，
> 遭到不斷的政治鬥爭，而另一方面也因為「未法制化」
> 所以「人治」經常成為這些機構團體的主要運作模式，
> 這使得「權力關係」便扮演很重要角色，讓地方政府有
> 了很大的運作與介入空間。在縣議會的政治鬥爭方面，
> 縣議會就曾經兩度以蘭陽戲劇團未法制化，刪減編列在
> 縣府的劇團預算，縣府劇團預算被刪，也就意味著蘭陽
> 基金會缺乏「承辦」的物質基礎，劇團馬上就面臨了營
> 運危機。

---

4 黃國禎，《文化政策、認同政治與地域實踐──以九十年代宜蘭為例》，
國立台灣大學建築與城鄉研究所碩士論文，1998 年 6 月，頁 94。

　　劇團之營運除了遭逢政治上的糾葛，另一方面也因為師資的不足與人才不及馬上培育成才，在舉行公演時褒貶不一。創團的目的是為了保存、發揚優秀的傳統戲曲，而藉由在當地歌仔戲薪傳獎得主的傳授技藝，以及原來就存在諸多不同傳統曲藝如北管戲、北管音樂、傀儡戲的薰陶，有天時地利人和之便，較之於民間劇團擁有較優厚的學習環境。但是客觀環境還是帶來困境，如：有了劇團必得有團員及訓練，由於社會變遷，工商業發達之後就業選擇機會增多，儘管政府開始重視傳統戲曲，許多家長對自己子女學戲並不贊成，在成團一年半內招收四次，才擁有團員三十多位[5]，而訓練的種種課程，在往日口傳心授並無系統性的教學方法之下，也只好在摸索中逐日建立可行之道。另外因在歌仔戲的原鄉成立歌仔戲劇團，又有許多位薪傳獎藝人投入訓練平均年齡僅有二十四歲的新生，宜蘭縣政府及當地戲曲界人士當然備感壓力，利用各種機會爭取經費、爭取演出以表現成團的績效，於是成立僅八個月即開始公演，將每日十數小時的演練成果表現出來。同樣是宜蘭人的歌仔戲學者林茂賢表示「一個方才新生的劇團卻要卯足全力推動歌仔戲文化，並負擔起數十年來因為政府對地方文化的忽視，所造成的不平衡負擔，壓力不可謂小。」[6]在年年受到縣議會經費預算壓力下，也一度於 1995 年因經費被刪而面臨解散危機，終究由於縣長的支持，繼續營運，年年演出，甚至於 1995 年 10 月還由游縣長帶團，26 位縣議員陪同，前往新加坡國家劇院演出，

5　曹韻怡，〈朝八晚五攏是為著戲〉，聯合報 1994 年 3 月 20 日。
6　林茂賢〈歌仔戲樂園在宜蘭——是大公演還是大拜拜〉，聯合報 1994 年 3 月 20 日。

返國後李登輝接見並指示文建會給予支持[7]。近幾年本土文化的加強與提昇仍是國家整體政策的重點，該團的存在有其重要性，但是由於非法制身分，每年的預算總是在縣議會議員的爭執中拉鋸，終於在 1996 年 7 月起由宜蘭縣政府設置「宜蘭縣蘭陽戲劇團戲曲發展基金」，除部分行政費用由縣政府支出外，大部分需靠著劇團自行營運賺取，以及依循演出計劃由文建會贊助，或申請國家文化藝術基金會的補助，不再是當初的一千萬經費，而開始朝向公立民營的方向運作。

三、歌仔戲納入正規教育體系之意義

無論京劇或歌仔戲，被專家學者呼籲最多，卻實現最慢的恐怕是戲曲藝術教育問題。在第四章提及國民黨政府播遷來台時期，隨著軍隊來台的劇隊幾度散班合併成為較為安定的三、四團隊之後，經有心人士的鼓舞支持，政府就地由國防部開辦劇隊訓練班以傳承京劇人才，其後輾轉成立學校。別於國防部的訓練班或學校，1968 年即有教育部接收由王振祖於 1957 年成立的私立復興劇校，改為國立復興劇藝實驗學校，將京劇納入正規教育體制。而歌仔戲自 1953 年起亦有短則三天長則一、二星期的訓練班，惟旨在調訓民間劇團的團長、團員、地方戲曲工作人員，灌輸三民主義思想及戲劇編導、技術等基本劇場概念課程，以改革與提昇歌仔戲的品質。對於人才傳承的需求僅有民間拱樂社於 1966 年成立的「拱樂戲劇補習班」，於七年之後，即 1973 年關閉。而新和興劇團團長江清柳於 1987 年設立

---

7 紀慧玲，〈……並關切蘭陽戲劇團待遇與經費〉，民生報，1995 年 10 月 18 日。

的「新和興歌仔戲補習班」，算是目前民間較有計劃的自行培育人才，其餘雖有稍早期電視公司為因應電視歌仔戲演出需求辦理的研習班，或晚近宜蘭縣的吳沙國中、宜蘭高商歌仔戲研習班；高雄南方文教基金會 1992 年成立的「南方歌仔戲研習中心」；台南鄉城文教基金會 1995 年成立的「鄉城歌仔戲研習班」；以及各劇團自己的培訓工作，均有益於歌仔戲的傳承，但畢竟均非正規教育。

　　誠然，以往戲曲源自民間，代代相傳人才輩出，其傳承並非經由正規教育而是師徒相傳，加以不斷的演練所造就而成。而之所以必要納入正規教育，源於國家認為在物慾橫流的現代社會，有必要以藝術、文化提昇社會優良風氣，充實生活。而重視戲曲又因為戲曲是國家的文化資產[8]，重視之，則代表這一國家已達文明的層次，有著提昇國家國際形象的必要性。七十年代以前，政府以京劇為重，有著維繫中華文化，代表正宗道統的意味，八十年代認知歌仔戲的重要，有著鄉土文化平衡的感觸，而九十年代不排除因為政治黨派的因素加速以台灣文化思考為重點，振興歌仔戲。將其納入正規教育體系，則不僅僅是兩劇種資源平衡的問題，而有著新時代道統象徵的更深遠意義吧！當然對傳統戲劇界而言，年輕人投入此行者不多，後繼無人，文武場人員年事已高，若政府不加以扶植，做有系統的培育，技藝絕滅之日加速來臨。邱坤良 1995 年規劃「民間藝術保存與傳習計劃」中，對未來的展望，極為肯定成立戲曲學校

---

8 按 1982 年公佈實施「文化資產保存法」第三條第三款，包含民族藝術項目，民族藝術的認定亦包含京劇、歌仔戲等。

的用意9：

> 傳統戲曲是否能夠在台灣繼續活活潑潑的生存、發展下
> 去，端見政府能否有效整合過去十幾年的成果而定。我
> 們應該正視的是，任何一個短期計劃，包括本計劃在內
> 都只是一個過渡性的作法，絕對無法根本解決傳統戲曲
> 盤根錯節的問題，惟有建立戲曲學校，將戲曲教育納入
> 正式教育體制中，有計劃地培育表演及教學人才，方是
> 治本之道。

　　1990 年郝柏村擔任行政院長，提出城鄉均衡、均富的政策，因之，無論教育、文化單位之施政方向均據此發展。此時國立復興劇校也響應均衡的理念，在平衡地方戲劇發展、推展戲劇教育的立場，當然也可能是因應本土文化潮流10，提出「成立地方戲曲科評估小組」計劃，並於 1991 年 4 月起陸續邀請專家學者、戲劇界代表等舉行五次會議後11，撰寫成研究評估報告送教育部，經再修正研議，於 1993 年 8 月 1 日核准正式成立籌備處。評估期間參與會議者包含學者以及多位歌仔戲團團長、演員，學者不盡然以歌仔戲爲專長，也包含傳統音樂及其他劇種專長者，雖然有廣納意見之功能，然而參與會議之「明華園歌劇團」

---

9 邱坤良，〈民間戲曲保存與傳習計劃──傳統戲劇組規劃報告〉，行政院文建會，1995 年 12 月，頁 17。

10 顏綠芬，〈歌仔戲傳承在正規學校體制下的問題探討──以復興劇校歌仔戲科爲例〉，國立傳統藝術中心籌備處傳統藝術研討會論文集，1997年 6 月，頁 111。

11 〈國立復興劇藝實驗學校籌設『歌仔戲科』研究評估報告〉，1992 年 9 月，頁 1。按該校籌設歌仔戲科計劃係依據教育部七十九年十一月六日台（79）社字第 54366 號函核定之「發展與改進國立復興劇藝實驗學校五年計劃──成立地方戲曲科評估小組」辦理。

團長陳勝福表示[12]：

> 復興劇校召開二次評估會議未找真正的專家學者參與，
> 況且歌仔戲人才的流失不如南、北管以及布袋戲來的嚴
> 重，復興若是已經決定設「科」而找一些對正統歌仔戲
> 都無經驗的業者來談學制、課程標準，只是重形式，今
> 天需要的不僅是歌仔戲科，而是一所「台灣戲曲學
> 校」……該校每年培育國劇人才費用達一億五千萬之
> 多，但多年來沉痾叢生，國劇人才流失嚴重，學生畢業
> 不知何去何從，成為政府的一個包袱，如今再成立附設
> 歌仔戲科必又形成另一個負擔，而辜負　總統及政府提倡
> 歌仔戲的美意。

　　原來陳勝福提及總統之名，並對復興劇校設歌仔戲科有不
同的意見及隱憂有其緣由。「明華園」於 1990 年受邀至北京參
加第十一屆亞運藝術節，在時空上離 1928 年台灣第一個赴中國
大陸演出的歌仔戲團「三月軒」已經事隔 62 年[13]，因之特別受
到政府及藝文界的重視，而當時該團也克服北京當局提出「不
能開記者會、不可與當地藝文團體座談、不准散發宣傳刊物」[14]
的種種限制，贏得一次藝術和政治上的雙重勝利，返國後受到

---

12 〈國立復興劇藝實驗學校籌設歌仔戲科中南部第三次座談會議紀
　　錄〉，1992 年 7 月 18 日。前兩次座談會議參加之業者有葉青、江清柳、
　　學者包含曾永義、林鋒雄、林茂賢、魏子雲、王士儀、李殿魁、許常
　　惠、莊本立、劉長性等人。
13 劉培能，〈明華園歌仔戲團在此作場〉表演藝術第 7 期，1993 年 2 月
　　5 日，頁 16。另按 1997 年「海峽兩岸'97 歌仔戲創作研討會」在廈門、
　　漳州舉行，當地學者陳耕表示歌仔戲傳入大陸約在 1918 年，比一般之
　　認定早十年。
14 陳昱安，〈從野台到國家舞台〉，中央月刊，1992 年 5 月，頁 45。

李登輝接見，其間談及歌仔戲人才培育及有意設校等問題，獲得肯定支持，並於 1992 年三月為創建傳統戲曲學校，在國家劇院作首場募款公演，李登輝、郝柏村、宋楚瑜、祝基瀅（國民黨文化工作會主任）等政要均蒞臨欣賞。陳勝福擬以「東方的狄斯奈樂園（Disneyland）」的理想，結合傳統戲曲文化及觀光功能，並願意至少付出十年的代價來實現這作夢中學園，至今尚未成立[15]。

　　由於李登輝的肯定以及指示當時的總統府秘書長蔣彥士關切歌仔戲教育問題[16]，教育部也指示「應以計劃方式編成『任務小組』加速籌劃」[17]，復興劇校籌設歌仔戲科的過程算是順利，於 1993 年 8 月 1 日正式成立「歌仔戲科」籌備處，展開策訂課程設計、軟硬體設施、籌備經費及招生等事宜，並於 1994 年 8 月招收第一屆歌仔戲科新生 80 名，本土戲曲教育於是在台灣的戲劇教育中正式誕生。招收的歌仔戲學生為國小畢業，約為 12 歲左右，三年一招，別於京劇學生讀完小學四年級，約十歲即入學，兩年一招。即歌仔戲科為六年專業教育，京劇科為八年專業教育，完成後獲高級職業學校文憑，1999 年起因設專科部，繼續升學者，畢業後為專科生。當時任歌仔戲科主任的鄭榮興表示設立的意義[18]：

　　　　未來透過正規學校教育的教學、研究、推廣與演出，將可培養專業台灣戲曲表演人才，充分發揚本土地方藝

15 同陳昱安，〈從野台到國家舞台〉，頁 49。
16 游素凰，〈學、演相濡的新科苗〉，表演藝術月刊，第 49 期，1996 年 12 月，頁 20。
17 「國立復興劇藝實驗學校籌設歌仔戲科研究評估報告」，第四次會議記錄，頁 37。
18 鄭榮興，〈一個開始，一個希望〉，中央日報，1994 年 7 月 2 日。

術，達到傳承本土傳統劇藝目標；也將開創本土劇藝的新機，經由教學研究中作適度改良，在劇本編寫到戲劇表演上予以更新，促使傳統本土藝術與現代社會文化發展脈動一致，結為一體，能表達本地特有的時代文化。由字裏行間，一再表達歌仔戲專業人員的培養對本土藝術發展的重要性，凸顯出本土文化的闡揚在這階段正透過各種不同的藝術層面進行著，也顯現出「朝中有人好辦事」的官場特質。

　　歌仔戲科納入正規教育體系固然有其官方意義，也滿足傳統戲曲界的心願，接踵而來的課程的實踐、學生文化素質的培養、技藝的傳承是否能真正符合歌仔戲界或學界的期許，在剛開始招生時即有不同的疑慮產生。有關歌仔戲科的教育目標、課程設計、師資延聘，雖然專家學者籌備過程多所建言而後定案，然而一旦公佈實行後，來自民間的反應則是擔心「在四十年京劇『老大』心態與生態下，復興劇校接生第一位台籍新生兒」[19]，是否會造成歌仔戲國劇化的問題？或者也懷疑多少位師資有真正一套教學經驗，能在正規教育中代替口傳心授方式？這樣的壓力的確給復興劇校帶來了警惕，在成立後的第二年，即突破國家劇院非專業演員不得上國家劇院演出的限制，以老師與學生合作方式，演出〈什細記〉；陸續也配合一些文教單位辦理本土藝術活動，演出折子戲，足跡遍及全省外，又於 1996 年 6 月受邀至美國演出[20]。成立不到三年，能有這樣的活動空間，政策影響及整個環境需求非常明顯。

---

19 紀慧玲，〈京劇搖藍孕育本土新生兒〉，民生報，1994 年 7 月 2 日。
20 同游素鳳，〈學、演相濡的新科苗〉，表演藝術月刊，第 49 期，1996 年 12 月，頁 21。

　　歌仔戲仍舊是尚未定型的劇種爲大家所承認，而其所應該
保有的純正語言、純正音樂之「鄉土性格」也是專家呼籲不可
遺失的[21]。歌仔戲的表演身段早在二十世紀初期即受到京劇的影
響，此時將歌仔戲科置於一向以京劇爲主的復興劇校，接受京
劇式基本功、毯子功、刀槍把子功，也算是擅用京劇師資助長
歌仔戲人才培育，在音樂方面則由校內劇樂科支援。劇樂科爲
適應未來生涯發展之需，學生必須多元化學習，舉凡各種戲曲
音樂，都要有能力演奏，除主要課程外，還支援國劇科及學校
所屬國劇團之文武場，設歌仔戲科後亦需同時配合其教學練
習，在多方支援下產生不少問題，顏綠芬的研究中提到[22]：

> 歌仔戲唱腔音樂只是劇樂科所要學習課程中的一小部
> 份……，由於劇樂科不是歌仔戲科的附屬科，當歌仔戲
> 科的學生上唱腔課程時，劇樂科的學生可能在上其他課
> 程，無法隨時隨地配合……在民間，唱者身邊隨時隨地
> 有弦仔手或頭手跟著，只要頭手一個眼神，唱者立即能
> 心領神會，默契投合。在地方戲曲中，唱者與文武場之
> 間，關係密切、合作無間、融合一體的情況，較難在劇
> 校歌仔戲科感受到。

　　由上述情形可以了解到劇樂科不能妥當配合歌仔戲科的教
學，乃因學生課程學習關係。而當國劇科與歌仔戲科演出發生
衝突時，劇樂科還是以國劇科（團）演出爲優先，則是學校教
學行政意識形態下產生的後果。對歌仔戲科的支援總是在速成

---

21 曾永義，〈歌仔戲的重要課題〉，聯合報，1998 年 10 月 24 日。

22 同顏綠芬，〈歌仔戲傳承在正規學校體制下的問題探討──以復興劇校
　　歌仔戲科爲例〉，頁 115。

識譜伴奏中完成，未能了解歌仔戲音樂內涵，對歌仔戲音樂存著「粗淺」印象，令歌仔戲科師生相當無奈[23]。這種情形據了解日後雖稍有改善，但劇樂科在兩劇種交相支援下，對自己本科所想發展的目標愈見模糊，教師們教學無力感倍增[24]。

　　歌仔戲科第一屆的學生入學 81 位，期間亦有不適合而轉學者，經六年後於 2000 年 6 月畢業者有 51 位。由於復興劇校與國光藝校於 1999 年合併升格爲專科學校，更名爲「國立台灣戲曲專科學校」，2000 年 7 月歌仔戲科亦開始招收專科生。據查，51 位畢業生中，考取文化大學、台灣戲專或其他學校者共計 25 位，2 人在補習班進修準備重新參加升學考試，3 位男性畢業生服兵役，另 3 位投入民間歌仔戲團就業演出，餘者尙無法聯絡[25]。在無法聯絡的 24 人中是否另覓工作或部分投入民間歌仔戲團演出，學校尙未追蹤考察，25 人升學再進修之後投入戲劇行列者將有幾人也令人擔憂。回首 1994 年以公費培育這些學生的最終目標是「培養職業性的演藝人員、編導人才，傳承本土傳承劇藝，達成提昇輔導民間劇團任務，…從劇本編寫到戲劇表演方式的更新，開創本土戲劇新機」[26]，但眼見台灣戲曲專科的第一屆歌仔戲班即將於 2002 年 6 月畢業，本土戲曲傳承曙光，是否可以由這批專業的學生中綻放出來，令人期待。而第二年的專科生也因爲該校原歌仔戲科以每隔三年一次招生，高中部

---

23 同顏綠芬，〈歌仔戲傳承在正規學校體制下的問題探討——以復興劇校歌仔戲科爲例〉，頁 117。

24 筆者任職該校於 1999 年所聽得之教師心聲。

25 依據台灣戲專 1999 年高職畢業生涯發展統計表。

26 同「國立復興劇藝實驗學校籌設歌仔戲科研究評估報告」，第四次會議記錄，頁 5。

於 2001 年無畢業生，致使專科部的招生也因此來源不足，目前 17 位的專科一年級學生，不全然是受過歌仔戲科班訓練，成效如何也都是尚待觀察。

回想兩校整合及升格諮詢會議中，主持人柯基良不斷的強調：「兩校整合升格不僅是兩學校本身內部的問題，而是牽涉政府對傳統戲曲資源分配的問題，攸關於台灣傳統戲曲的傳承」[27]，與會專家、學者曾永義、邱坤良、貢敏等前後六十餘人均呼應加強戲曲教育，也建言比照中國大陸提昇學習層級至學院、大學。而今歌仔戲科已然成立八年了，現有學生全數 87 人[28]，整體的歌仔戲人才的培訓計劃，在一方面想挽救全面性人才不足，一方面又招不到學生，卻又要以提高傳統藝術的學位層級與層次吸引年輕人就學。眼見戲曲界、校方、師生都很努力，但是培育人才計劃無法接續、學習人數稀少，人才養成難，惡性循環的狀況則持續。如此狀況下，不必等政治人物責難浪費教育資源，就是行政院本身的主計單位也將主動的提出抗議！然而文化戲曲人才的培育確實比起熱門的工商傳媒科系來得困難多了。是否如當初所期望的一般，負起薪傳的責任，需要更多的認知與實踐。

四、國立傳統藝術中心籌備處之使命

在第六章提到，郭為藩企圖加強文化資產與觀光事業的結

---

27 按 1996 年 10 月 28 日至 1997 年 1 月 6 日記召開 6 次專家學者諮詢會議，筆者為工作人員之一。

28 依據國立台灣戲曲專科學校教務處 2001 年 90 學年度資料，歌仔戲科現有人數，中級部二年級 12 人，高級部二年級 33 人，專科一年級 17 人，二年級 25 人，共 87 人。

合，在現代生活中找尋民俗技藝再生的環境，提出「東北民俗技藝園計劃」，申學庸時代則一度努力變更文建會的組織架構，得以成立附屬機構，於是根據立法院通過的這項組織章程，文建會於 1996 年 3 月正式成立「國立傳統藝術中心籌備處」（之後簡稱傳藝中心），而原來之東北民俗技藝園區計劃歸併於此。成立後以「民間藝術保存傳習計劃」以及「傳統藝術推展計劃」做爲重點工作，較有系統、有規劃的執行調查、保存、傳習、推廣等功能，期望挽救快速消失於現代生活中的技藝，爲傳統藝術的維護與傳承真正展開一個新紀元。

　　學界在七十年代開始即開始有回歸鄉土的呼籲，政府雖然有所反映，但是基於對「中國意識」的認同，進行遲緩，至八十年代才有「台灣意識」的覺醒。1987 年的解嚴以及兩岸的交流，加速本土語言的再生以及文化活動的多元，而呼應本土常民文化發展所需的設施也終於在九十年代陸續呈現。就如本節第三項所敘述，本土歌仔戲的發展必須根植於薪傳，而歌仔戲科納入正規教育體系則爲應對方法之一。傳藝中心籌備處的成立也依循這樣的思考，擬將傳統技藝納入一完整的中心及園區，作有效的規劃運用[29]。籌備處於 1996 年成立，首任主任爲莊芳榮，繼爲陳德新，自 1998 年起爲柯基良，任期較長，爲該中心營運所需的軟、硬體規劃建設付出的心力自然來得多。

　　傳藝中心成立的宗旨係在加強統籌、規劃、推動民間藝術之調查、研究、保存、傳習、展演、營運、推廣、及建教合作

---

29 按第一期、第二期工程包含傳藝的場所、展示館、視聽室、表演廳、圖書資訊中心等已完成，傳藝中心已於 2002 年 1 月 28 日遷於此，3 月 16 日起開放部分園區設施。台北僅留一聯絡處，其餘工程逐步進展中。

等相關業務,使民間藝術能獲得新生、發展與創新。由於上在籌備階段,工作人員有限,除執行建造園區的工程外,執行承接自文建會的「民間藝術保存傳習計劃」以及「傳統藝術推展計劃」。茲就這兩項略述:

1、民間藝術保存傳習計劃

「民間藝術保存傳習計劃」項目包含傳統戲劇類、傳統音樂類、傳統工藝類三大類。戲劇類事實上包含的劇種又有傀儡戲、布袋戲、客家三角採茶戲、皮影戲、高甲戲、南、北管戲、亂彈戲、歌仔戲,或有時也包含崑曲、四平戲。大致以台灣瀕臨絕藝者優先作整體規劃,進行保存與傳習。如從事藝師生命史的紀錄,傳統戲曲劇本編寫、傳授技藝、文武場教材編訂及影音像蒐錄等工作[30]。分析該項民間藝術保存傳習計劃,歌仔戲從 1996 年至 2000 年四年間完成的規劃案、名稱及佔總計劃比例如下[31]:

---

30 傳統藝術中心〈民間藝術保存傳習計劃第二期計劃—九十年度重要行政計劃先期作業計劃書〉,頁 2。

31 同傳統藝術中心〈民間藝術保存傳習計劃第二期計劃—九十年度重要行政計劃先期作業計劃書〉,統計自該計劃書附件一至四。惟經查屬於 89 年度而未登錄在此計畫中者,尚有宜蘭狀三新涼樂團辦理「宜蘭本地歌仔傳習計畫」(2001/01/01—12/31),計劃主持人曾永義。

年	委託辦理單位及規劃名稱	所佔比例 /戲劇類/三類綜合
1996（85 年度）	仰山文教基金會「本地歌仔—陳旺欉技藝保存計畫」規劃報告	1/7/23
1997（86 年度）	無委託規劃紀錄	0/7/17
1998（87 年度）	明華園歌劇團「歌仔戲薪傳計劃」；1997/7/1-1998/6/30 台灣歌仔學會「蕭守梨生命史」保存計劃 86/9/1-87/5/31	2/19/43
1999 年 7 月至 2000 年 12 月(88 下半年度至 89 年度）	國立藝術學院「拱樂社劇本整理計劃」；88/10/15-89/10/15 廖瓊枝歌仔戲文教基金會「民族藝術藝師廖瓊枝歌仔戲紀錄保存計劃」；88/10/15-89/4/15 廖瓊枝歌仔戲文教基金會「台灣歌仔戲音樂創作的先驅—作曲家曾仲影之生命史及作品紀錄保存計劃」；89/02/01-12/30 薪傳歌仔戲劇團「民族藝術藝師廖瓊枝歌仔戲紀錄保存計劃—王魁負桂英」89/05/01-10/30	4/13/33

　　由四年內僅有 7 個規劃案，佔戲劇類的 16%，全數的 0.06%，雖然逐年增加中，但仍可以有不同的看法。

　　1、在政府以搶救即將瀕臨絕種之技藝為優先考量的政策下，比歌仔戲危急者尚有南管技藝及亂彈戲等；

　　2、值得保存者目前寥寥無幾；

　　3、能從事歌仔戲技藝傳承者已然不多；

　　4、值得保存的技藝及有心傳藝的藝人尚在，但不懂得擬訂規劃書，不知如何與政府接洽；

　　5、研究歌仔戲之專家學者有限，尚未能有效發掘藝人的存在，主動提供政府參考，或接受政府委託執行；

6、政府單位行政人員有限，研究開發之工作未能發揮，
　　只能被動等著民間單位提案後，辦理政府行政程序；
　　由上述這幾點：民間劇團的專業化尚未養成、專家學者對
歌仔戲生態的了解還得更全面性的參與、以及文化單位戲劇行
政人員的素養有待加強等，即官方與民間的互動仍需要正面持
續進行；可歸結出，民間的自發力固然重要，假如政府的藝文
戲曲政策能夠更明確的辨認輕重緩急，有效運用經費，則有益
於環境的改善與藝術的形塑。

2、傳統藝術推展計劃

　　傳藝中心除了以全額經費專案委託辦理傳習保存計劃外，
就「傳統藝術推展計劃」，也藉補助及推廣演出，保存歌仔戲
的技藝及活絡觀賞環境。如「歌仔戲編劇導演人才培養計劃」、
不同劇團所辦理的「歌仔戲演員培訓計劃」、「歌仔戲專業樂
師研習班」、「歌仔戲重要詞彙編撰計劃」以及排練場所的租
金、演出時的補助等，範圍只要牽涉到與該中心設立宗旨相關
者，經延聘專家學者通過，則可以獲得部分經費的補助。

　　再者，在這一段時期，值得一提、也帶給歌仔戲相當程度
影響的，則是研討會、學術座談會的舉辦。1995 年 10 月舉行「海
峽兩岸歌仔戲學術研討會」內含徐麗紗〔台灣歌仔戲『哭調』
唱腔的檢析〕；1995 年 11 月 11 日年文建會策劃、中華民俗藝
術基金會承辦「海峽兩岸歌仔戲座談會」； 1997 年傳藝中心舉
辦「傳統藝術研討會」內有顏綠芬〔歌仔戲傳承在正規學校體
制下的探討—以復興劇校歌仔戲科為例〕；1997 年「海峽兩
岸’97 歌仔戲創作研討會」在廈門、漳州舉行；1999 年「千禧之
交—兩岸戲曲回顧與展望學術研討會」內含蔡欣欣〔九十年代

台灣歌仔戲表演藝術之探討〕、林鶴宜〔台北地區野台歌仔戲劇團經營與演出活動〕、邱坤良〔以廖和春劇團（1918-1998）生活爲例〕；2001 年亦有「海峽兩岸歌仔戲發展交流研討會」等。在歌仔戲學術地位經過幾年醞釀的同時，文化大學藝術研究所、國立藝術學院傳統藝術研究所、台灣大學戲劇研究所等的研究生以歌仔戲爲研究者不乏其人[32]，在學術生態中以逐漸呈現「顯學」風氣，也曾因此遭逢立法委員問政時的質疑，如林澄枝曾在說明兩岸文化交流情況時，舉出 1995 年以來多次辦理兩岸歌仔戲研討會，隨即被朱惠良反駁指出[33]：

> 中國傳統戲曲有三百多種，文建會為何獨厚歌仔戲？目前台灣亟待發揚的並非是歌仔戲，而是快要失傳的梨園戲、南北管、高甲戲、客家戲、河南梆子、豫劇、崑曲等，若是文建會連續三年都將資源放在歌仔戲上的話，那是需要檢討的，因為歌仔戲最近已成為顯學，幾乎任何的文化活動中都有歌仔戲…。

蔡欣欣對於歌仔戲蓬勃的狀況也有其隱憂，她在 1997 年戲曲現象評述中論及[34]：

> 縱觀這樣多元類型的文化藝術薪傳與推廣活動，是否真的已經開枝散葉；能夠提供各種族群與層面，不同類型與程度的養分，或者只是重複性或例行的資源耗費；而

---

32 謝筱玫，《台北地區外台歌仔戲『胡撇仔戲』劇目研究》，國立台灣大學戲劇研究所，2001 年 1 月，頁 4。該論文提及自 1982 至 1998 共計 21 篇碩士學位論文。

33 立法院公報，第 87 卷第 37 期，委員會紀錄，頁 393。

34 蔡欣欣，〈創新契機.盼活泉水〉，「中華民國八十六年表演藝術年鑑」，國立中正文化中心發行， 1998 年 7 月，頁 91。

經過灌溉培育滋長的幼苗，是否具有進階性與系統性的課程規劃，能夠延續研習的課程而不至於中斷流失；至於藝術教師的延聘，在「學院派」與「實務派」中如何挑選配置，又如何儲備培育師資以供給市場的需求；在教材的整理與設計上，能否依據深淺得宜與循序漸進的法則，編撰出具有實用性的教材與較法等，這些面向都值得我們進行全盤的觀察與檢討。同時在藝術教育目標的設定上，也會因為採用「博物館式」的傳承保存，或「立足現代」的傳統創新等不同走向，而關涉到薪傳類型的藝術造詣與民俗義涵的比重問題……。

1987 年以後，原以三民主義為主體的「國家主義」施政方式已淡然，而在發揚台灣本土文化的指導綱領下，歌仔戲的變化，迅速開展著。目前或可以喻為歌仔戲史上再一波的興盛期，不同的是，歌仔戲的野台即興演出趣味，因時代的變遷，不再為多數人所賞識，精緻歌仔戲的搬演成為民眾、劇團、專家學者以及政府期待的指標。尚在各地廟會間活動的七、八十團野台戲團何以維生，則不名可喻了，而蔡欣欣的深謀遠慮，也僅能一步一步的前進，期待這一波的躍動與整合能更呈現生機。

第二節　國家級京劇團之成立

台灣在六十年即已開始向開發中國家邁進，以現代化國家建設，在文化方面亦步亦趨，也企圖擁有國家級的表演團體傲視國際，國樂團、舞蹈團、交響樂團、話劇團、及重要的國劇團，均一一在構想之內，然而，則尚無一個以國家命名的表演

團，而國立名稱的團體則有國立實驗合唱團、國立交響樂團、
國立實驗國樂團，國立復興劇校實驗劇團。京劇被視為國劇，
遲遲未成立為國家劇團，至今雖然成立國立國光劇團，其間卻
遭逢三軍劇團裁撤之難堪情境，這節將分為三部份探討成立一
個國家京劇團的過程與困境。其一為以「國家」為名成立劇團
的呼聲，再者為三軍劇隊裁撤之政治與藝術觀點，最後則進入
國立國光劇團的成立。

一、以「國家」為名成立劇團之呼聲

　　在 1977 年蔣經國宣佈興建各地文化中心以來，學者專家及
民間演藝團體不斷建議政府籌設國家劇團，被論及的劇種包含
京劇、歌仔戲、話劇。接續七十年代一片回歸鄉土文化運動，
在八十年代中葉以前，秉持的仍舊是大中國傳統的「鄉土」觀
念，因此以「國家」層級為構思是天經地義，受到批評的少，
支持者多。至於是否完全靠政府編列預算，或採官民合作方向
等營運管理問題，雖少數專家提及，但並不是研議的主題，而
如何與台灣本土結合的問題幾乎未被考量。以政府的力量設
團，不管是哪一劇種，只要是「國家」級，即被民間賦予政府
重視文化的意義，政府本身則更認為是文化建設成就的指標，
也是提昇國際形象的要領之一，惟這樣的指標與崇高意義卻蹉
跎了十多年也沒見成果，一個國家必得有國家劇團嗎？到底政
府重視不重視國家劇團的成立？必得是京劇團嗎？是否哪一劇
種在社會難以競爭生存了，那一劇種才需要「國家」之名銜？

　　京劇除了國防部擁有三軍劇隊及學校外，教育部統籌戲劇
教育及戲劇社會推廣活動，並也擁有復興劇校及劇團，國家劇
團成立與否當然也須由教育部研議。其實，教育部在 1980 年就

已經邀集專家學者討論，也表示計劃成立國家交響樂團、國家國樂團、國家舞蹈團、國家劇團、國家綜藝團，而優先順序所考慮的條件之一是「文化輸出的需要」[35]，也就是能宣揚國力、國威、國家文化者。

　　成立國家劇團之所以延宕當然有其原因，單是如何從現有劇團中重組就已經難以抉擇。以京劇具有民族文化特色，又長期在軍中受到政府照顧，自然而然被考慮優先成立。在四個京劇團隊中，各自有稱傲的角色，如何徵選優秀者重組成為國家級劇團，而解散不入選者？或輔導其中一個成為國家劇團，則又不見得個個是出類拔萃的好演員，如何稱得上國家級？而劇團的首腦人物團長一職，到底是政府行政專長為宜或京劇專業擔任？「內行」、「外行」的評定是以行政或藝術？兩者兼而有之者人選可存在？而若存在，恐怕也要考量「黨性」如何？就在這樣的癥結中反覆思索，且各劇隊因每年仍有許多的演出任務，並不容易中斷，於是又是經過幾年以後才有音訊。1987年10月31日，耗資新台幣74億元的國家劇院及國家音樂廳啟用（俗稱兩廳院），有了一流劇場一定要有一流劇團的呼聲再度興起，而當時兩廳院主任劉鳳學（舞蹈家）認為，「兩廳院完全發展可能要費時三十年，但最重要的因素是人才，培養人才的目的要能達成，就必須有專屬演出團體」[36]，於是由兩廳院擬定成立國劇團計劃送教育部，該計劃設定編制人員108人，其中演員60位，餘為專業劇場行政人員及技術人員，這一次也

<hr>

35 黃瑞蘭，〈國家劇團如何『無中生有』〉，聯合報，1980年10月21日。

36 黃志全，〈兩廳院將成立內屬國劇團、國樂團〉，中國時報，1989年10月29日。

直接明訂爲國劇團，所指爲京劇。惟最終仍舊是四個京劇團隊協調上的問題，政府部會間的故步自封，又缺乏高層官員指示，組織國家劇團的事再次拖延。

　　成立國家劇團再度被關注時又是三年以後，不過這回是，教育部自有主見，委託國立台灣藝術專科學校（1996 年改制爲國立台灣藝術學院）進行研擬「國家國劇團組織條例」草案，編制更爲龐大而爲 163 人至 189 人之間，詳列演出功能外、國劇資料之蒐集整理、國劇之研究創新與出版，國劇教育之推廣及其他有關國劇之推廣與交流事項，均包含在內[37]，範圍幾乎是教育部多年來委託許多民間國劇相關委員會執行的工作，這樣重大的責任，或許才堪稱爲國家劇團；但是草案從教育部送行政院核定後，或許因爲組織龐大，一直擱置，沒有機會送至立法院審查。更現實的是，在 1987 年以後，政黨政治角逐氣氛逐漸濃厚，立法院第一屆忠心於國民黨的老立委逐漸老去，增補之新立委無黨籍或民進黨籍者日益增多，1993 年以後的第二屆立委中，執政黨與在野黨平衡力量出現，面對建設台灣本土文化呼聲高漲日子的來臨，國家劇團以京劇爲主的希望愈是渺茫了。戲劇學者丁洪哲曾在 1980 年預期：「在國家劇院興建完成後，國劇必定會成爲這些劇場的主流，由於多年來政府有關部門的大力推動與提倡，透過劇場條件的改善，必定會使國劇演出水準提高」[38]，這樣的期許，出乎意料的是，國家劇院於 1987 年 10 月成立，卻因爲解嚴、本土化與大陸京劇團登陸台灣之衝擊，國防部在減少國藝中心營運虧損的前提下，京劇演出之檔

---

37 紀慧玲，〈國家國劇團組織草案出爐〉，民生報 1990 年 6 月 2 日。
38 丁洪哲，〈爲國家劇團催生〉，民生報，1980 年 2 月 14 日。

期遞減，漸漸的，國劇在國家劇院保障檔期以及各地文化中心的演出也漸次減少。最令人震撼的則連軍中的三劇隊也面臨被裁撤的地步。在八十年代還幾經協調不願輕易組成國家京劇團，九十年代則從天堂掉落地獄，真是彼一時此一時。

　　國家劇團以京劇為主的命運落得如是，至於以歌仔戲為主成立國家劇團，也曾經於 1991 年由吳靜吉博士建議兩廳院籌組，惟當時兩廳院傾向以復興劇校做班底籌設，因而不了了之[39]。直至 2000 年教育部研議「國立戲劇藝術中心」，擬設置「國家歌仔戲團」，卻因立委洪秀柱等人召開「從國家劇團的設立看本土劇種劇團的未來」公聽會，改變計畫[40]。主要原因不外：歌仔戲劇團歷來存於民間，與社會經濟起伏鼻息相通，懂得應付生財之道，賦予戲劇市場生命力，若政府成立國家劇團，吸收優秀團員，則民間劇團營運將產生困難，也有與民爭利之嫌。各方說法如下[41]：

- 明華園歌劇團陳勝福（負責人）：過去政府獨尊京劇結果，京劇團無法面對市場的挑戰；
- 河洛歌仔戲團劉鍾元（團長）：違反世界潮流；
- 林茂賢（學者）：政府應該比照京、豫劇（河南梆子）[42]的預算二億六千萬來照顧本土的歌仔戲、客家戲；

---

39 張伯順，〈為國家國劇團催生〉，聯合報，1991 年 2 月 11 日。
40 周美惠，〈設置國家歌仔戲團與民爭利？〉，聯合報，2000 年 1 月 15 日。召集立委洪秀柱為國民黨籍，其餘邱垂貞、范巽綠為民進黨，朱惠良為新黨。
41 紀慧玲，〈反對聲浪淹沒「國家歌仔戲團」〉，民生報，2000 年 1 月 15 日。
42 豫劇隊原屬於國防部海軍陸戰隊，在三軍劇隊 1995 年 7 月合併後，亦於 12 月併入國光劇團。

- 李殿魁（學者）：演員若領終身俸容易怠惰，政府該管的是教育；
- 林鶴宜（學者）：不設則落人口實，可以財團法人方式設立；
- 朱惠良（立法委員）：加強表演場地和觀眾；
- 范巽綠（立法委員）：應從教育著手，讓本土劇種得以在地方生根。

　　有些演員，贊成設立國家劇團，在充裕的經費與專業劇場運作下會有更多表現技藝的空間，但終究在學者專家以及劇團團長反對的情況下，也就擱置了。

二、三軍劇隊裁撤之政治與藝術觀點

　　京劇受到政府扶植狀況前幾章依序提及，在政府以大中國文化為根本的思量下，自然的，京劇在傳統戲曲中佔著重要地位。行政院國防部一向是劇隊依附的母體，而教育部負擔起薪傳以及社會教育的傳揚責任，民間又有中華文化文化復興委員會特別著重京劇的推動（1991 年改組為中華文化復興運動總會，以總統為會長）。至於文建會雖貴為全國文化最高單位，卻因權責問題，實行這一向被國家視為道統文化的傳統藝術總是很保守，惟恐被國防部和教育部疑為搶功。然而因為是文化單位，所以又必須負起統籌京劇發展之功能，於是如前所述，於 1989 年郭為藩任內也鄭重其事的擬訂了由相關部會共同主、協辦的「國劇推展計劃」（詳見附錄）。仔細觀察計劃中的四大項目，二十六小項內容，的確有據可證各負責的單位均付諸實行了，惟由於浮面、應景，未能持續不斷的推動，加以政治結構的變化，仍不免發生 1995 年擁有 237 位京劇藝人、行政人

員的三軍劇隊裁撤案，堪稱京劇在台灣發展史上的一次大震動，而這樣的危機是否爲轉機，是否京劇生命的再現，也必需面對無限期的挑戰。探討三軍劇團的裁撤，直至合併成立一個國立國光劇團，可以用起、承、轉、合四步驟來接續。

(一) 起：勞軍需求不再、精兵政策影響

　　追溯到在國防部管理劇隊時期的狀況，劇隊由 1950 年以後形成的七個劇隊漸次裁併至 1985 年剩下「陸光」、「海光」、「大鵬」三個國劇隊。軍中存在京劇的現象如第四章所提，一來在大陸時期即有之，到台灣後又因高級將領的喜愛、時代娛樂所需、慰藉離鄉背井之軍中官兵，以及國家使命，遠赴他國從事文化外交或宣慰僑胞，發揚中華文化固有國粹等因素。而國防部漸次裁併這些京劇表演團隊，也不難想像，當存在原因消失時，自然面對改變的命運，如有決策權又喜愛京劇之將領老去或逐漸離開政治核心；時代變遷，軍中娛樂型態多樣，京劇需求減少；軍中服役結構變化，大陸籍老兵逐漸由在台灣成長之年輕軍人取代，聽不懂京戲，也了無興致；兩岸文化交流後，大陸京劇頻頻來台，一向疏於比較的技藝及票房壓力面對挑戰。這種種趨向其實也都可以理解，但最大的影響還是解嚴以後國策變化，台灣對大陸的國防措施由進攻變爲防守，以及民主走向後的立法院國會議堂對國防部龐大組織不滿，導致國防部面對裁員的壓力不斷，尤其迭以「國防預算維持劇校」質疑頗多[43]，於是針對非軍力的三軍劇隊功能檢討，而不斷減併，

---

43 依據「行政院處理國防部國軍所屬各國劇隊裁撤後，未來歸屬問題報告」檔案，1994 年 12 月。

最終於 1995 年 7 月奉命執行「國軍政戰員額配合未來十年兵力目標規劃」精簡實施計劃，三軍國劇隊裁撤[44]。

(二) 承：道統功能消失、藝術價值尚存

對四十來年均在國防部羽翼下的京劇團員而言，裁併或撤銷整個劇隊，所面臨的其實也不完全是個人的生活利益問題，大部分藝人對京劇戲曲藝術的使命感還是存在，而長久以來京劇為中華文化精粹的觀念仍同時存於台灣藝文界，因之，在媒體於 1994 年 10 月 8 日披露國防部裁撤三軍劇隊消息後[45]，藝文戲曲界討論之聲頻繁，亦有報社請專家學者座談，媒體也不斷的追蹤報導[46]。三軍劇隊裁撤事件披露後，我們可以看到意識型態的關聯以及官僚體系的反映，如國民黨籍立法委員韓國瑜就將裁撤的問題明顯的政治化[47]：

> 文建會與教育部也對外表示不願接管，政府如此對待國
> 劇藝術文化態度，令藝文界人士慨歎不已……據了解內
> 情的人士透露，三軍劇校（應為劇隊之誤）裁撤的背後，不
> 單純只是精簡人事的理由，還潛藏著不為外人所知的意
> 識型態之爭；我們認為，國家發展本土文化是合理的，
> 但並不表示國劇或其他傳統藝術的類型，可因意識型態

---

44 劉先昌，〈論軍中劇隊在台灣京劇史上的影響——以陸光國劇對為析論範圍〉，文化大學藝術研究所碩士論文，1998 年 6 月，頁 31。

45 紀慧玲，〈三軍劇隊難逃裁併〉，民生報，1994 年 10 月 8 日。

46 鍾寶善，《公營京劇團隊之回顧與展望——經由國立國光劇團之設置與營運探究藝文政策與京劇團隊之走向》。台北市：樂韻出版社，頁 75。依據鍾寶善表列 1994 年 11 月 16 日至 29 日有關三軍劇隊裁撤報導計有 8 日次 11 家不同媒體 28 篇報導。

47 韓國瑜，〈國劇不容成絕響〉，聯合晚報聯合論壇，1994 年 11 月 20日。

的關係，而隨意扔棄。

代表京劇界的民間團體中華民國國劇協會也召開記者會表達不滿的情緒[48]：

- 復興劇校音樂科主任說：「我不反對本土藝術，但『把這個拉起來，把那個踢下去』，叫人不聯想到政治也不行」；

- 陸光林陸霞激動落淚表示：「政府提倡本土藝術，抹煞四千年中華文化，我不懂政府這樣做『居心何在』」；

- 政府在 50 年代經濟不佳，內憂外患之際尚能扶植國劇，而 90 年代，號稱亞洲四小龍而不能容納每年支用約一億台幣經費的三劇隊[49]？

除抱怨之聲外，其實，也有藝人認為因大陸京劇團接二連三來台灣演出造成三軍劇隊演員士氣低落，移民國外或離職者漸多，流動性大，各劇隊角色行當不齊，演出品質受影響，「長痛不如短痛」不如裁撤[50]，也有認為劇隊人員平日生活散漫、技藝不求精進，雖心有戚戚焉，仍覺得裁撤有理。

至於學者的立場，大致上以國家文化資產保存的立場大聲疾呼政府想辦法挽救京劇的絕滅，並認為從整體文化方向著眼，脫離國防部是正確的，而京劇確為文化瑰寶，文教單位接管並重新整頓定位也是理所當然。當時任藝術學院講師的溫秋菊更積極認為國防部的裁撤行動給國家文化政策帶來了轉機，認為：「過去兩岸對待京劇其實做法都一樣，都曾付與政策性

---

48 本報訊，〈國劇協會發表聲明〉，民生報，1994 年 11 月 23 日。
49 同本報訊，〈國劇協會發表聲明〉。
50 同紀慧玲，〈三軍劇隊難逃裁併〉。

任務，結果都證明，過於政策性的藝術，最後一定都失敗」[51]，主張客觀的重新思考需求。倒是政府文教單位態度極為保守，在消息披露時，教育部官員認為「這是國防部的事，教育部無意接手」[52]、「教育部對國防部任何處理動作都沒意見，也不可能為了國防部要裁員，就成立國家劇團⋯⋯時空環境改變很快，國劇界應有前瞻想法，而除非『有重大政策指示』，教育部是不可能接手劇隊的⋯⋯」[53]說法至為無情。至於文建會則因本身組織架構條文尚無設置劇團之依據，總以將盡力補助演出作為對待此事的態度。

　　事實上，我們應該同情國防部，其自 1949 年以來即因政治因素，時代背景需求，負起擁有中國文化道統的京劇藝術保存與人才培育責任。而當 1990 年起面對困難尋求解決辦法之時，行政院各部門多未能給予支援，不禁令人感嘆政府對傳統藝術的輕忽態度，也導致長期以來，京劇藝術價值未能真正受到肯定，而代之以社會及政治功能，接受時代挑戰。在此有必要了解國防部之所以裁撤三軍劇隊的原因，及其三番兩次尋求協助的實相，給予公道。國防部曾檢討當時面臨的困難問題為[54]：

　　1、不具客觀存在條件：因時代潮流趨勢影響及國軍成

51 邱婷等，〈三軍劇隊裁撤危機與轉機座談會〉，民生報，1994 年 11 月 28 日。

52 同紀慧玲，〈三軍劇隊難逃裁併〉。

53 紀慧玲，〈三軍劇隊裁撤問題步向誇部會階段了〉，民生報，1994 年 11 月 18 日。

54 依據 1994 年 11 月 28 日下午二至四時，於臺北市國軍英雄館 7 樓 701 室，蔣彥士主持相關部會協商會議中，國防部總政戰部第五處所提「國軍國、豫劇隊現存問題暨研議改隸協調事項」檔案資料。其中豫劇隸屬陸戰隊司令部，亦為裁撤對象之一，由於非本論文討論範圍，不予贅敘。

　　員結構改變，部隊成員已由在台成長官兵所取代，官兵休閒娛樂成多元化發展，對於傳統戲劇之演出其歡迎程度每下愈況……勞軍演出實質功能不復具備……在軍中已不具客觀存在條件。

2、對外支援仍有困難：近年來民間藝文活動發展迅速，相繼成立之劇團如「雅音小集」、「當代傳奇劇場」、「盛蘭劇團」及個人名義舉辦之演出活動，均缺配搭底，正式演出仍需仰賴國內職業劇團（國軍劇隊及復興劇團）支援。有來函邀請或透過文建會教育部、文化總會出函，指定國軍各劇隊名角同時支援演出，亦有先做宣傳、預售門票造成事實，除影響劇隊任務，造成管理困難，間或有因法令規定或任務重疊未能盡如所望，及運用媒體批評議論，甚至遷怒主管單位，損害國軍形象。

3、難免民意人士質疑：教育部為政府文化主管單位，社教司掌管文團體輔導，文建會第一處職司文化資產保存。……中保留劇隊其劇藝推廣及文化傳承功能已多於勞軍演出需求，因應立法院對爾後國防預算一般性工作支出審查「透明化」之要求，現行以國防預算用於維持劇隊（校），難免遭致民意人士之攻訐與質疑。

4、檢討精簡迫在眉睫：國軍執行精兵政策，兵力逐年遞減，國軍藝工隊以納入八四年度檢討簡併規劃作業，而國、豫劇隊因主客觀條件限制，精簡勢在必行，劇隊未來歸屬急待研定。

5、裁撤資遣衍生後遺症：國軍現有三個國劇隊，係除
教育部復興劇團之外最主要之國劇劇團，……就國
家整體文化資產維護觀點考量，如驟然裁撤劇隊，
造成劇藝人才流失，不僅否定了國軍長年維護此一
文化資產之貢獻，且將難免遭致文化、輿論界以「中
斷文化傳承薪火」強力批評；國光藝校學生因演藝
空間縮減，顧慮生計，學生及家長可能激烈情緒反
彈，四處陳情，滋生怨懟；而有心人士為獲取政治
資源或將興風作浪，惡意中傷，污衊政府及國軍形
象。

　　由此可以看出，解嚴帶給京劇的震動，除了政府開放兩岸
文化交流，大陸戲曲登陸造成的信心危機外，整編裁撤計劃帶
來更大幅度的變化。國防部在 1985 起有計劃的執行整編計劃，
1987 年後已顯現出無能力駕馭國劇隊，又得不到政府全面考量
的支持，隊員無心從事演出，離職者多見，也在往後出現各隊
行當角色不足的連鎖反映現象。而教育部和國防部因各自有劇
團學校，常因演出任務、場地、人員之配合不順發生齟齬，被
詬病為政府推展這項傳統藝術文化的政策不清。文化人類學者
李亦園在 1988 年就曾提出意見[55]：

目前政府方面有三個部門與國劇有關，分別是教育部、
文建會與國防部。以劇團多寡來說，國防部轄有最多劇
團，不過國防部並非國劇政策的訂定單位，而且目前勞

---

55 李亦園，〈若干文化指標的評估與檢討〉，《民國七十七年度中華民
國文化發展之評估與展望》，行政院文建會 1989 年 3 月，頁 48，亦見
於鍾寶善（1999 年 6 月），頁 73。

> 軍的需求也漸降低；教育部可動員的資源是復興劇校，
> 雖說國家劇院有自組劇團之議，但一直未有下文；文建
> 會並無任何直轄劇團，只能站在推動、規劃的立場去盡
> 心。一般認為這或許是改變我們國劇行政體質，由軍方
> 轉向民間的時機，但是由民間來負責統籌各項事務該如
> 何形成組織，經費如何籌措，也是困難的問題，這都是
> 要徹底解決而不能再拖延之事。

或許也因爲學者的認同，國防部於 1990 年 11 月起主動多次協
調教育部依事權統一接納三軍劇隊改隸，也曾獲得當時教育部
長毛高文的同意開始進行協調，歷經 1991、1992 年至 1993 年 7
月，雖郭爲藩部長表示「可於接納國劇演員 120 員以內研辦」[56]，
最終卻在未有任何妥善辦法之前宣佈裁撤，引起軒然大波。

(三) 轉：平衡中原本土、發揮領導威望

國防部或許在無可奈何下也只好使用苦肉計，置京劇於死
地而後生，把幾十年的擔子拋出來讓政府解決，成功的引起各
界的重視。藝文界及京劇藝人甚至國外華僑爲京劇請命者接二
連三，並函寄總統「請總統指示行政院出面協調有關部會」[57]。
國民黨政府在這階段的施政不可諱言，的確強調本土文化的出
發與再造，不再以京劇作爲正統文化表徵，然而尚無意打壓京
劇，只是幕僚體系的僵硬造成部會間的衝突，而政府無力重整，
唯有再度落入政治爭執，成爲意識型態的角力目標。在波及更

---

56 同「國軍國、豫劇隊現存問題暨研議改隸協調事項」檔案資料。該檔
　案並列有前後七次之協調條文。
57 紀慧玲，〈關懷與請命──波波傳出〉，民生報，1994 年 11 月 18 日，
　報導中指出該信函由當代傳奇劇團發出。

多意識型態困擾前，李登輝已經掌握意識要領，隨即指示當時總統府秘書長蔣彥士召集政府部會高級官員於 11 月 28 日舉行協商會議[58]。

在李登輝指示的同時，不由令人再度想起 1950 年王叔銘將軍經由蔣中正總統的默契同意[59]，很快的在空軍成立大鵬國劇隊，整編隨軍來台的京劇藝人，以及收容原於光復初期來台，票房不佳後解散的民間劇團藝人，安排勞軍演出，前後兩者政治意義大於實質藝術層面的考量。惟彼一時此一時，當初威權領導，只有官方說法，而時至今日，輿論反映必得慎重處理，方可呈現重視民情之民主風範。以李登輝多次接見歌仔戲團體藝人以及讚揚其發揚台灣文化，被認為重視歌仔戲甚於京劇，故在京劇危急情況下有此策略性的宣佈，主要也是平衡中國意識型態與台灣意識型態抗衡的局面，另一方面亦顯示出官僚體系之行政內閣，不敢主動負責擔當，最後必須由國家領導人出面解決之弱勢現象。

㈣ 合：四面一團和氣、光復中華文化

劇團裁撤重整案在李登輝一交辦已經成功一半。一來，雖非專制時期，總統出面仍舊非同小可，何況國民黨政府官員還

---

58 依據國防部軍事發言人室 83 年 11 月 28 日新聞稿，參加該項會議之高級官員包含總統府秘書長蔣彥士、副秘書長戴瑞明、第一局局長顏慶章、副局長郭岱君；行政院副院長徐立德、第六組朱婉清、主計處主任汪錕、人事行政局陳庚金；研考會主任委員孫得雄；文建會主任委員申學庸、第二處長柯基良；教育部長郭為藩、次長李建興、社教司長何進財；中華文化復興運動總會黃石城；國家劇院主任李炎；國防部部長孫震、組站部主任楊亭雲、執行官施佐京等十九人。

59 見第四章。

是具有聽從中央領導的黨性；二來，蔣彥士一向喜愛京劇，其
任教育部長期間（1972.05.29－1977.04.19），大力推廣京劇活
動，尤其辦理少年國劇欣賞公演，迄今仍執行中，對京劇生態
較能掌握；郭爲藩爲蔣彥士部長任內的常務次長，有直接部屬
關係，又任職文建會時對京劇活動特別重視，也擬訂國劇活動
推展計劃，具體實行並將京劇推展至國際舞台（非屬慰勞僑胞
而已），認知相同，協調容易；而當時負責行政院本院內負責
文教業務的第六組組長朱婉清亦爲京劇票友，更爲當時行政院
長身邊紅人，代表文建會出席多次會議的柯基良曾是朱婉清在
文建會任職時的同事，至於國防部長孫震則之前爲台灣大學校
長，與文教單位密切，任何措施均應允合作。在這幾方面的配
合協調，裁撤歸屬問題於 12 月 7 日召開第一次會議，23 日召開
第二次會議，得到圓滿結果，主要決議在第一次[60]：

　　　1、近程上：爲延續維護三軍國劇團戲劇人才，三軍國
　　　　　劇團連同國防部國光劇藝實驗學校原則上同意移轉
　　　　　教　育部。

　　　2、中長程：俟本院組織法完成後，有關劇團移轉至文
　　　　　化專責機構接管，以財團法人組織型態成立，並使
　　　　　劇團達到市場取向及自給自足目標，現階段則由文
　　　　　建會每年提供獎助經費協助達到發揚民族文化之目
　　　　　的。

　　　3、至國光劇藝實驗學校及劇團由教育部接管之地點、
　　　　　員額、經費等問題，請國防部、教育部提詳細評估

---

60 依據行政院 83 年 12 月 7 日〈協商國軍各國劇團裁撤後，未來歸屬等
　問題〉會議紀錄及新聞稿。並見於鍾寶善（1999 年 6 月），頁 76。

　　　數據，於下次會議提簡報後再議。

　4、本案國防部裁撤時間原訂於八十四年七月一日，惟
　　　為作移撥詳細評估計劃及預算編列之配合，原則上
　　　延長半年實施，有關細節再行研商。

　　至於第二次會議則偏向學校、劇隊移轉行政及技術性問
題，其中一條提及依功能甄試優秀之演員、行政人員及專業技
術人員，共需 130 名。比原三軍劇隊編制員額 237 人，少 107
名，尚可滿足政府推動精簡員額目標。

　　由事件發生到解決問題，短短不需兩個月，劇團未來及學
校培育人才又恢復生機，比起國防部和教育部之間的往返協調
四年，可見主政者的影響。教育部自此擁有復興劇藝實驗學校
及附屬劇團，以及轉移來的國光藝校及即將成立的國光劇團，
兩團兩校。雖然京劇團總數由四個變成兩個，人員遞減一百餘
人，比起歌仔戲的情況還是過之而無不及。假如團員因此而袪
除一向養尊處優，不能敬業樂群之心態，而精緻優秀的新成團
能著重京劇本身之文化藝術發展，那麼不管在本土化政治壓
力，或者與來自北京、上海京劇團技藝相較產生的信心挫折，
相信一切的危機均可能化為轉機，而不需再仰賴高層峰人士的
關照。

三、國立國光劇團之成立與作風

　　當高層官員化解危機後，要落實半年內籌組一個各階層寄
予厚望的新劇團，任務不可不謂艱鉅。以第一節所說的成立國
家劇團的呼聲自 1980 年起即有學者為文建議，1991 年並已經完
成草案，但因劇團人數問題、經費問題，甚至方向定位問題仍

舊不能取得各部會的共識，終究無疾而終。此次在總統指示、
各單位首長已然具共識的良好時機下，如何突破官僚體系中各
個實際承辦業務的官員，仍是挑戰。教育部在獲指示後隨即從
文建會商調深具文化行政經驗及藝術關懷的柯基良至教育部擔
任籌備處主任，籌組「國立國光劇藝實驗學校及劇團籌備處」[61]
（以下簡稱籌備處）。柯基良依照上述會議決議要求，僅以四
個多月時間研訂包括團、校組織規程、團員薪俸支給、退職撫
恤、甄選遴聘、服務要點、請假規則、評鑑考核等共計有十一
項[62]。這些行政上的措施一改國防部管理時期或梨園界「演員第
一、劇務（說戲先生）為主、有戲排練，無戲解散」等舊習，
改為每天朝九晚五的上班制度，請假必須依照公務人員的規定
辦理各項手續，演員也依照等級逐年依技藝之優劣評鑑升遷；
同時，也採用中西方目前時興的現代劇團管理運作方式：劇藝
方面設有藝術總監、導演制度、排練方式、劇本研究、宣傳推
廣以及劇場舞台、燈光專業製作等。部分的條例固然有違表演
藝術的創作環境需求，但礙於公務機關條條款項的限制，也只
好做權宜之計，日後隨機變更。此外，對於很重要的劇團定位
及方向問題，則幾乎訪遍國內戲劇界耆老及劇團相關人士，並
陸續召開座談會以廣泛徵詢及了解各界意見後大致歸納為[63]：

　　劇團之設置應有長遠姓、宏觀性之考量，運作上應採現

61　按除柯基良外，教育部亦由文建會商調蘇桂枝擔任籌備處秘書，另外，
　　籌備處並延聘現代劇場專業鍾寶善、京劇專業張旭南等人，加上其他
　　教育部兼任的人事、會計人員共計八員。
62　同鍾寶善，頁 85，該十一項目基本上係由鍾寶善蒐集資料研擬初稿後
　　經討論完成草案，送教育部、行政院核定。
63　教育部國光藝校及劇團改隸專案小組會議資料，報告事項三。1995 年
　　4 月 25 日。

代劇場觀念，並建立完善管理制度；經營上應能走入基
層，建立基礎觀眾，邁向國際有計劃的推介傳統劇藝；
人才培育上，劇團與藝校間學術與經驗交流，互補有無。

除了設立所需行政規章的制定外，甄選優秀演員成爲這次
重整中最爲困難的一件事。籌備處聘請梨園界資深生、旦、淨、
丑名演員、專家學者共 21 位組成甄選委員[64]，自 1995 年 4 月
18 日起辦理報名、初試書面審查、複試舞台採演、面談，極爲
慎重地於 6 月 13 日完成總評。共計錄取總人數 81 人，錄取率
68%[65]。籌備處不負眾望，終於在 7 月 1 日正式成立國家級的劇
團，全名爲「國立國光劇團」，學校也同時順利移轉教育部，
全名「國立國光藝術戲劇學校」，兩者仍名爲「國光」，以感
念國防部扶植傳統藝術四十年之貢獻[66]。

國光劇團的成立不定名爲京劇團，一來實是爲日後的擴展
預留空間，如組織規程中第十二條「本團得附設各劇種之演藝
團隊；其設置要點由本團擬訂，報請教育部核定之。」[67]如成立
第二團以歌仔戲表演爲主，或客家戲團，甚或現代話劇團等；
二來如有心人士擬以重京劇輕本土戲曲責難時，尙可答辯。國
光劇團的成立帶給京劇界無限的鼓舞，也給予「爲國爭光」、
「國粹之光」、「國劇之光」等無上責任[68]。更有語重心長，直

---

64 甄選委員爲楊其銑、胡耀恆、王安祈、貢敏、辜懷群、朱婉清、郭岱
　君、柯基良、陳守讓、侯啓平、李桐春、吳劍虹、周正榮、馬元亮、
　陳元正、段承潤、章遏雲、王少洲、鍾幸玲、劉伯棋、劉大鵬等。
65 同鍾寶善，頁 88。
66 同鍾寶善，頁 80。
67 依據國立國光劇團暫行組織規程。
68 同鍾寶善，頁 107。

言建議者，如鍾寶善之記載[69]：

> 屏風表演班李國修指出，京劇觀眾在哪裡？國光必須努
> 力於觀眾開發，不可再死守過去老舊觀念和保守身段。
> 綠光劇團李永豐表示，國光劇團不能變成博物館供人瞻
> 仰，唯有走入人群才有生機，因此要全面更新觀念，揚
> 棄老包袱，同時希望國人對於嶄新公營國光劇團的未來
> 創作，應容許失敗空間，期許創新之路，而不要在壓力
> 下愈趨保守。

國光成團時機適逢李登輝高喊「立足台灣、胸懷大陸」，
既力倡台灣本土文化的振興，也歡迎大陸文物的探索。而也在
官方與民間各界有志一同支持京劇與現代劇場結合、勇於創
新、擁抱觀眾的鼓舞下，國光劇團（以下簡稱國光）勇敢的邁
出傳統的一步。於是成團後，迅速擺脫京劇原本的「大陸屬性、
懷舊情懷」，特別提出「女性」、「青少年」、「本土化」作
為創作題材之三大綱領[70]，經營方式也是「走出戶外」、「走向
群眾」[71]，在首任主政者柯基良的帶團之下，並未像一些人所預
料的「不過二年，也會在步入被裁撤的命運」[72]。到底身為國立
劇團，是否可以擺脫政策的影響而朝向為藝術而藝術？而現階
段藝術的美學觀點在哪裡？是否異於二百年前的京劇？本土題
材的運用以及走向群眾的方式，不都是戲劇一向講究與社會結

---

69 同鍾寶善，頁 107。
70 王安祈，〈生態調整的關鍵〉，「中華民國八十四年表演藝術年鑑」，
　　國立中正文化中心發行，頁 99。
71 柯基良，〈驀然回首〉「國光三年」，台北市：國立國光劇團，1998
　　年，頁 4。
72 同柯基良，〈驀然回首〉「國光三年」，頁 4。

合的方法之一？國家政策這次真正了解戲劇本質了嗎？這些疑
問在短暫時空裏也尙難定論，但就國光劇團幾年來的施政方向
及成果，可以給予正面肯定。由於九十年代裏，政府政策目標
總是強調，改善藝文演出環境，或資源運用整合；因之，擬就
兩方面觀察，分析國光劇團成立後，在柯基良的領導之下，異
於國防部時期者爲何，也藉之了解京劇在這階段是否仍步向衰
微？或已經起死回生？

(一) 改善演出環境

　　演出環境可以是包含人文以及地理，內在與外在。內在人
文所指無非是演員本身素養、演員本身相關福利；外在地理則
或包含演出機會與演出場地設施。就演員福利而言，有如上述
國光籌備時期即完成的演員薪資酬勞之給付、退休撫恤等等大
致完備，演員素養方面則不能一蹴可及。觀察國光成立三年內
的暑假期間，均辦理藝術文化講座，提供不同於京劇的種種思
潮課程，也包含現代西方劇場發展方向。雖然均爲短期進修，
但是這樣的方式與課程在三軍劇隊時期從來沒有過，演員除了
京劇的演出，與其他劇種或表演藝術接觸合作的經驗不多，劇
團成員能透過課程吸收經驗並獲得與訓練，不失爲一種潛力的
開發。也因爲在每一齣戲的演出，採用現代劇場製作方式之導
演制度、研讀劇本、分析角色心理層面、按時排練等，加強了
演員對劇作的認識以及演員之間默契的培養。如劇團與「當代
傳奇劇場」合作，在美國紐約大學表演藝術系教授理查謝喜納
（Richard Schechner）的導演下，演出希臘悲劇〈奧瑞思提亞
（Oresteia）〉（1995 年 9 月），是一齣破除京劇程式的現代劇

場演出方式[73]：如與布袋戲結合做人偶同台演出的實驗，演出〈巧遇姻緣〉一劇（1996年7月）[74]；這般跨領域的藝術合作，團員能勝任，也歸功於訓練所帶來的理念開通。除團員再教育，集體進修課程外，國光也經教育部同意一項「國立國光劇團員團外充實相關劇藝實施要點」[75]，提供團員赴國內外機構、大陸劇校跟隨名師做相關專業技藝的進修，以提昇素養，彌補以往苦無良師只好從錄影帶學習的缺憾。

　　至於外在環境的開發，以往除了在國軍文藝中心、文化中心、軍中或偶爾出國演出外，在戶外及廟會前的演出對在台灣成長的京劇藝人而言經驗極少。國光秉持創團時宗旨之一的「走入基層，建立基礎群眾」，在7月成團，10月即下鄉，前往雲林北港朝天宮廟口前演出〈三國志〉，參與慶祝台灣光復五十年活動，這是北港地區四十年來，第一次直接與京劇面對面接觸，而當時座無虛席[76]；演出〈奧瑞思提亞〉一劇時是在台北市的大安森林公園；演出〈巧遇姻緣〉一劇，是在學校廣場；演出〈鼠年數來寶〉是在國家劇院戶外廣場搭台；另外也前往校園或榮民之家、老人安養機構演出，而以往參與此類演出的多為民間的業餘劇團。國光為了教育推廣，也開闢了多種的示範演出與教師研習營之類的活動，並經常在演出後安排主要角色

---

73 柯基良，〈驀然回首〉「國光三年」，頁88。按謝喜納，從事比較戲劇、實驗性表演理論研究及導演，著有「環境劇場」、「表演理論」等書，為戲劇評論主編（The Drama Review），該劇在台北大安森林公園做實驗性演出，保留京劇唱腔、服飾、鑼鼓，而穿插現代性訪談、審判等表演形式。

74 同柯基良，〈驀然回首〉「國光三年」，頁89。

75 國立國光劇團檔案資料。並同鍾寶善1999年書，頁303。

76 同國立國光劇團〈國光三年〉，頁14。

（如美猴王、巧縣官）簽名、拍照留念等時下年輕人喜歡的模式，增加年輕觀眾與演員直接接觸的機會，提昇京劇的親和力，與八十年代勞軍時，軍中士兵無奈何的打瞌睡不可同日而語。

　　開發演出場所，固然是調整演員適應新環境以及開發新觀眾的方法之一，但若是場所本身設施不良，沒有提供演員發揮演技的條件也會事倍功半。國光運用現代劇場觀念製作京劇演出，不管是傳統骨子老戲或加上佈景之創新京劇，依據藝術總監、導演及劇情需求，委請專門設計師設計舞台景觀，也有一組劇場專業人員，專司佈景、燈光、音響以及幻燈字幕之製作，企圖增強整體劇場視覺景觀效果。尤其戶外搭台演出，必須顧及音響問題，劇情介紹必須因觀眾層次掌握不同語言詞彙，或觀眾桌椅的安排、週邊環境的整潔、廟口流動攤販的規劃等，均可以看出盡量設想周到，避免不必要的噪音干擾。改善環境及演出設施，無形中也給長年在外台演出的歌仔戲團帶來典範。

(二) 資源整合的運用

　　資源可以是人力資源與物力資源。國光劇團成員來自原本互相競爭的三劇隊，各隊有各自的角色行當，國光在徵選時或基於人才的保留，也就盡量容納，如旦角含青衣就已然二十一位[77]。在這情況下，鼓勵演員發揮潛力，在京劇技藝的磨練之餘也學習其他傳統表演藝術，如舉辦「崑之饗宴」、演出〈釵頭鳳〉，對於豐富其他劇種或京劇本身的內容或形式達到一定的功效。再者支援民間劇團的演出，也是活絡京劇環境的一環。當八十年代郭小莊成立「雅音小集」、或至今仍營運中的「當

---

77 同鍾寶善書，頁102。

代傳奇劇團」都認為民間劇團在沒有充分資金支持下很難自給自足[78]，維持正常營運最大的困難在於文武場樂師、演員等都得向軍中劇團或復興劇校商借。國光劇團洞悉這現象而研訂「國立國光劇團涉外演出及支援事項注意要點」[79]，依據這些要點，支援「辜公亮文教基金會」演出〈十五貫〉（1995），「當代傳奇劇團」演出〈奧瑞思提亞〉（1995）、希臘悲劇改編之〈樓蘭女 Media〉（1996），與「梅蘭芳京劇團」合作演出〈龍女牧羊〉（1996），與青田劇團合作的現代舞台劇類型〈皇帝變〉（1998）等。其次，業餘劇團或學校京劇團體如需要指導老師、衣箱（京劇中所指為戲服、戲帽、頭飾、髯口、戲靴等）或文武場面人員等，也多方給予協助，如 1997-1998 年間「明華園歌仔戲團」美國演出、「黃香蓮歌仔戲團」〈青天難斷〉、〈前是今生蝴蝶夢〉等戲的支援均屬此類。[80]透過這類型的支援活動，除了讓團員經歷不同型態的演出外，也讓民間京劇團有所仰賴，可以共用國家資產，得以有足夠的資源大膽創作新戲，讓台灣整體的京劇演出性格活潑，不再落於只有官方劇團教忠教孝題材搬演的非議，也不再唯我獨尊，只顧自己的發展。

　　另外，國光劇團基本上與國光藝校有相輔相成之功能，國光劇團保留團員名額提供藝校的畢業生就業，劇團的資深演員同時也是京劇學生的老師。而藝校的劇場，命名為「國光劇場」，也提供劇團定期對外公演，甚至也提供其他現代劇團、舞團、樂團、兒童劇團、歌仔戲劇團等表演團體前來演出，將學校、

---

78 王惠萍，〈該用什麼方法活潑我們的國劇生態？〉，民生報，1988 年 1 月 6 日。
79 國立國光劇團檔案資料，1995 年 9 月 5 日團務會議通過。
80 同鍾寶善書，頁 169。

劇團、社區社會結合起來，學生、團員可以就近觀摩不同表演藝術，表演團體也在目前缺乏演出場所的情況下，多了一處表演地點，整體而言，互惠互利，也能充分利用國家資源。

第三節　轉機與危機

國光將三軍劇隊重新組合，朝著政府、專家學者一致認同的目標，建立了上述公演、教育推廣、應邀支援、合作演出、國際文化交流的模式，第二年開始平均每隔三天即有一場演出，三年來觀衆達約一百一十二萬人次，充分表露「走出戶外、走向群衆」的企圖[81]。在國光試圖改善演出環境振興京劇，整合資源開發新觀衆，給予京劇新生命的努力下，卻因爲處在本土呼聲高漲的環境中，還是被立法委員或部分學者認爲政府獨尊京劇，比歌仔戲所擁有的國家資源豐富，不時提出質詢，教育部再度面對壓力，又有兩團兩校合併的動機與決議。立法委員爲歌仔戲爭取更多的經費，對歌仔戲演出環境的改善或許有益，但是頻頻對京劇施壓，居心何在？到底是關注還是排斥，京劇的萎縮來自政治的壓力，還是藝術本身的時代性不再？坎坷十年，不禁爲之掬淚。

一、政治干預

民進黨委員范巽綠與翁金珠於 1996 年 6 月召開「文化脫落的年代，誰關心傳統藝術？」[82]，會中多以京劇資源偏多爲指責

---

81 同鍾寶善書，頁 164。
82 紀慧玲，〈期待本土創作的啓航〉，「中華民國八十五年表演藝術年鑑」，1997 年。頁 75。

對象，旋即，於九月范巽綠又向行政院提出質詢[83]：

> 現階段政府文化教育資源分配，和實際文化生態有很大
> 差距，復興劇校和國光藝校年度預算四億三千萬，成立
> 八個科系，卻只有一個和本土傳統藝術相關。本土傳統
> 藝術在學校體系嚴重缺乏傳承的管道。

　　的確，京劇在政府的支持下有了國光劇團、藝校的成立，
加上自 1957 年即存在的復興劇校（1967 年起由教育部接收成為
國立復興劇藝實驗學校）及劇團，每年除了文建會或國家文化
藝術基金會的個案補助外，兩團兩校固定編列的經費就約六億
台幣，比起歌仔戲僅有公立蘭陽劇團五百萬或一千萬不定數的
經費，及僅在復興劇校內設科的情況下，當然京劇的資源豐富。
於是如何再整合兩團兩校，又是立法委員在審查政府預算時喜
歡研議的議題，教育部因之再度於 1996 年 9 月 13 日由當時的
吳京部長親自主持，邀請文建會主委林澄枝及行政院研考會、
人事行政局、主計處、法規會等相關單位代表，召開「研商國
立國光藝術戲劇學校、國立復興劇藝實驗學校暨劇團未來發展
事宜」會議，初步作成三點決議[84]：

　　1.為推展傳統劇藝及兼顧本土劇種之發展，國光與復兩
　　　劇團現狀整合，學校部分積極改制為專科學校。

　　2.即由教育部邀請中央有關部會、學校代表成立專案小
　　　組，由楊常務次長國賜召集，規劃劇團整合及學校升
　　　格改制等相關事宜。

83 黃秀錦，〈范巽綠催生傳統藝術學校〉，中國時報，1996 年 9 月 13 日。
84 〈國立國光劇團、國立復興劇藝實驗學校附設國劇團兩劇藝團體整合
　　改制戲劇文化中心計劃書〉，國立國光劇團檔案資料，1997 年 8 月。

3.劇團整合及學校改制完成後，學校部分仍隸屬教育
　部；劇團部分未來歸屬化專責機構。

以京劇為主的兩團兩校又從此步入新的變革計劃中，改革不見
得不好，但比起四十餘年的安逸，在這十年來真的是坎坷多磨。

　　當行政院第六組的朱婉清、國光的柯基良以及復興的陳守
讓再度把整合的消息宣佈後，數個月內的藝文媒體界以及團員
們贊成或反對意見不斷，立法院的文教立委也就此研議反映，
眾說紛紜。大體而言，計劃中，學校一貫八年的課程，將由高
職的層次提升為專科，成為十年教育。一般認為應在提昇至學
院或大學為宜，一方面得以在專業演技之外，加強人文思想，
俾立下日後於中小學執教的良好基礎，另一方面，也有鼓勵優
秀學生高職之後繼續在本校延續性的課程進修，畢業後留在劇
團服務的誘因，免於以往學生為升學，而放棄專業，多年培訓
的傳統藝術人才因此流失。由於教育部的法規限制，高職學校
不能跳躍過專科學校而馬上成為學院或大學，因之僅能就專科
學校課程的設計開始研討，然而這樣的結果，也不禁令人感嘆
政府總是顧此失彼，不能很暢快的為傳統戲曲謀長遠的發展道
路，台灣戲劇研究者江武昌，為文表達看法[85]：

> 台灣京劇要整頓改革也是有其實際需要，但不是要台灣
> 本土戲劇去瓜分京劇現有的資源，因為就同樣傳統戲劇
> 而言，資源已經太少了，傳統戲劇所要爭取的是更大、
> 更多的資源……如今，文教兩部會做出這樣草率的決
> 定，更是加深京劇與本土戲劇之間的對立與傷痕。

---

85 江武昌，〈台灣傳統戲曲學校的設立問題〉，聯合報，1996年9月23
日。

文化人類學者林谷芳亦提出[86]：

> 政府經常為了解決所有問題，結果製造更多的問題，合併案如果想解決本土、大陸「四十年的恩怨情仇」，不從整體考量，只會治絲益棼，……而「另成立一所本土戲劇學校有什麼困難？」教育部不能用就地分割的辦法解決資源重分配問題，瀕臨絕種與古典性、基底性的劇種應首先納入。

二、整合困境

至於劇團方面的合併，則又是因為兩京劇變成一劇團的緊縮京劇前途說法，導致進行合併的困境較多。國光的一等武生朱陸豪聽到二團合而為一後表示[87]：

> 軍劇隊裁撤為國光劇團是「二度傷害」，如果再有「三度傷害」，那麼也許該考慮「改行」了……中華民國這麼大，應該不只能容納一個京劇團……兩團合併後，「角」增加了，相對的，大家演戲的機會變少了。最讓人擔心的是年輕團員，不但出頭的機會更少，恐怕連進團都有問題。

在梨園界作育無數英才知名老生胡少安則反而認為一團一校已經足夠，但是希望政府擴充人員編制以及增加經費預算而不是削減，並且團與校分開，以免仍受教育階段的學生感染劇團團員的一些舊習性[88]。而學者邱坤良批評政府未做好評估及長

---

86 紀慧玲，〈本土劇種分食京劇兩校合併大餅？〉，民生報，1996 年 11 月 14 日。
87 周美惠，〈國光與復興兩年內合併〉，聯合報，1996 年 9 月 17 日。
88 依筆者於第一次專家學者徵詢會議之錄音紀錄，1996 年 10 月 28 日。

遠規劃即應外界要求做出合併決議，倉皇而草率[89]：

> 過去政府一直把京劇當成「外省的戲劇」，和本土劇種
> 區隔，是心態問題，其實民初京劇在台灣不僅士紳熱中，
> 廟口野台也經常酬神演出，對台灣劇種有許多影響，但
> 是，造成今天的問題在哪裡，政府並沒有面對。

由於兩團兩校整合案牽涉現有資源的運用、課程規劃、師資提
昇、招生問題、畢業學生入團的問題，增加本土劇種的問題，
劇團營運方向問題等等，極為龐雜，學者專家劇團藝人等均有
不同看法，因此兩團校聯合於 1996 年 9 月至 1997 年 1 月間舉
辦了六次諮詢會議，邀請約六十餘人參與討論，也同時對校內
團內舉行說明會，但是這樣的整合問題並非經過諮詢會議即可
解決，從該二團校彙整出來的意見，可以看出問題還是存在[90]：

1、贊同兩校合併及吸納本土優良劇種，同時改制升格
　　至學院或大學，不宜侷限於專科層級，建議審慎規
　　劃教學設科方式，並積極解決專科瓶頸。

2、有關劇團整合，維持兩團或合併為一，有贊成與反
　　對兩種意見，至於未來本土劇種之設團，則建議以
　　藝術成熟度及市場機制為考量。

3、未來團校隸屬關係，究係合一或分開設置，亦有贊
　　成、反對兩種看法。

　　其後，由復興劇校負責的兩校整合案，再度委託國立台灣
藝術學院吳瑞泉教授分析諮詢會議各種不同說法後，撰寫「國

---

89 黃秀錦〈國光藝校、復興劇校改制問題受挑戰〉，中國時報，1996 年
　　10 月 29 日。
90 〈國立國光劇團、國立復興劇藝實驗學校附設國劇團兩劇藝團體整合
　　改制戲劇文化中心計劃書〉，國立國光劇團檔案資料，1997 年 8 月。

光復興兩職校合併升格傳統劇藝專科學校規劃報告」。此後又因撰寫期間，撰寫人與不同面向人士之間的溝通耗時，又再遭逢立委們的聯合質詢，以及設立專科學校的經費預算來不及編列等等因素，進度落後，原本擬訂於 1998 年 6 月成立專科學校的計劃延宕至 1999 年 7 月 1 日正式成立。有關立委的質詢，有如范巽綠（1999 年民進黨陳水扁當選第二任民選總統後，被任命為教育部政務次長）等多位立委曾在總預算審查附帶決議[91]：

> 為使有限的傳統藝術資源發揮最大的效益，教育部應主動協調文建會，將國光劇校與復興劇校整合調整成傳統藝術專校一案與文建會的傳統藝術中心規劃合併案合併處理，朝向學校與傳統藝術中心功能整合的方向歸劃，而基於考量校地的實質環境條件，傳統藝術專校（或學院）的設校地點應以宜蘭傳統藝術中心現址為最優先考慮。

然而，傳藝中心當時仍還在興建中，學校遷離台北市牽涉的問題可能又更多，最後仍經過協調，以現狀考量。兩校整合後共分為京劇科、歌仔戲科、傳統音樂科、綜藝舞蹈科、劇場藝術科以及客家戲科，學校本部設於原來復興劇校校址的內湖，稱為內湖校區；原國光藝校校址則稱為木柵校區。

由國光劇團負責規劃的兩團整合事宜，由於維持兩團俾便作良性競爭的呼聲不斷，國光雖然擬訂了成立戲劇文化中心的架構，至 2001 年為止，礙於法規條文限制、團員抵制、兩團校

---

91 立法院議事錄，「八十七年度中央政府總預算案」，1997 年 4 月 17 日，頁 538。附帶決議的意思是要通過這一年度的預算必需將委員所提出的附帶決議案一併實施。惟事後經陳情或有免於照原議案執行者。該項提案人范巽綠、劉進興、李文郎、林政哲、王拓為民進黨，鄭龍水、黃國鐘為新黨。

主管易人，原來計畫的一切，仍舊屬於書面資料，原地止步。目前復興劇團變成為台灣戲曲專科學校附屬劇團，國光劇團除原來租借的辦公大樓外，運用一部分原國光校址的校舍設備，至於要運用設備良好的國光劇場，因所有權為台灣戲專所有，還得以租借方式治用，國立國光劇團在成立三年後，團長易人（商調國立台灣藝術學院吳瑞泉教授擔任兩年），經營方式變更之下，不再風光，是否屬於風華沉澱後即將再出發，尚難以判斷。

回顧原本國光劇團與藝校於 1995 年原本有著理想規劃，新進的師資、重新組合的團員，朝氣蓬勃的迎向未來，孰知卻在成團成校的第二年發出與復興整合的訊息，除了立法委員的壓力、民間藝師的請願外[92]，事實上也是因為復興劇藝實驗學校一直以「實驗」之名存在，附屬劇團也稱為實驗劇團，不但層級不能與國光相比，團員福利薪資也有所差別，該校陳守讓校長受到學校團員反映，屢前往教育部申訴，不得解決，最後在立委質詢台灣傳統戲曲與京劇資源不均的同時，在教育部默許下，一併提出合併的方案以解決同等級的問題，而這樣的抉擇，一直到兩校 1999 年成立專科時，才由被稱為該專校「催生婆」[93]朱婉清的說法中加以確認[94]：

> ……約莫四、五年前，政府開始研議三軍劇隊裁撤的問題，而創辦近半世紀的復興劇校則仍掛著「實驗」兩字。於是一群有心人開始著手，推動將國光、復興兩校整合

---

92 黃秀錦，〈合併改制三部曲〉，中國時報，1996 年 9 月 17 日。
93 周美惠，〈台灣戲曲專科學校成立〉，聯合報，1999 年 7 月 2 日。
94 賴廷恆，〈台灣戲曲專校成立菊壇教育起新頁〉，1999 年 7 月 2 日。

為更高位階的學府。

　　許多不同面向的動機加在一起，造成兩團一校目前的狀況，政府本身對京劇歌仔戲所持的態度變換無常，不禁讓人思考政府施政的原則在哪裡？

　　在這一章論及的各種政策的變化，可以發覺愈是晚近，牽涉的人事問題愈複雜，計劃執行也就困難重重。宜蘭台灣戲劇館是 1979 年作成的決議，依計劃順利進行；公立蘭陽戲劇團，在民進黨縣長強調本土文化的強勢作為下，勉強依「人治」代替「法制」而成立，傳統戲曲界多數樂觀其成，也支持其訓練與演出，惟 1996 年以後，遭受縣議會多方的質疑，只好重新以「宜蘭縣蘭陽戲劇團戲曲發展基金」的型態尋求各種補助營運管道；歌仔戲的設科，也僅能說是政府的無能，無前例可循，慢慢摸索，然畢竟 1994 年也開始招生；而東北民俗技藝園區，由最初的規劃至傳統藝術中心籌備處的成立，雖然歷經的時間已然十年，但是自始至終還有其連貫性；三軍劇團由裁撤之發佈至整合成立國光劇團，前後不到十個月，但是 1995 年之後的劇團與學校發展命運則一直是存在變數之中，而且京劇兩團一校，每年約六億元的經費，歌仔戲完全不能比較，相信在平衡劇種，資源分配均衡的原則下，仍會持續出現抗議之聲。　在諸多的變數中政治影響藝文發展的情況明顯，發展本土文化在 1996 年總統大選中成為各種黨派爭相表達的論點，台灣戲曲界受到政治人物尊重的現象也比往年強烈，戲曲界人物也開始懂得運用政治人物發出爭取資源的呼聲，如李天祿（1998 年故，享壽 90 歲）、黃海岱（生於 1901 年，現年 102 歲）均以是近

百歲高齡，「還前往立法院，抨擊政府不重視台灣戲劇，呼籲教育部設立『台灣戲劇專科學校』。」[95]政治人物在選舉期間運用舉辦歌仔戲、布袋戲演出機會宣揚競選內容的也大有人在，可說是彼此互利。但是長期運作下來，整體戲曲生態，僅只是頭痛醫頭，腳痛醫腳，長期性的目標還是需要政府本身具備專業人才，有計劃的執行，而不是隨著立法委員的叫囂起舞，也不只依賴專家學者的催促或背書。而政府行政體系中，人事行政局或主計處假如可以更人性化的思考藝術問題的彈性，而不是一味的限制人數、限制經費作為變更改革的條件，那麼政府所謂改善演藝環境，也可算達成功成一半了。

只是，再三的思考，當循著「民主」理念，以民間為主體社會形成時，政府政策如何運作才能達到普及全民福利，而不偏頗於少數人的藝術價值觀。文學藝術本就有其美學標準內涵及自由民主性，卻可能不是[96]眾人欣賞與接受，也就會產生有藝術價值而沒有市場價值的可能性。傳統戲曲中京劇與歌仔戲的藝術價值當然是京劇為高，但市場價值則是歌仔戲優先，而要以傳統藝術傳揚國際的政策，在選擇上相信以美學為基礎考量者為多，需要政府挹注更多的經費，然而，作為一個民主國家，尊重價值的多元性，讓民眾有自己選擇的自由，則需要更多的歌仔戲演出。

---

95 同黃秀錦，〈合併改制三部曲〉，中國時報，1996 年 9 月 17 日。

第八章 結論與建議

本論文在撰寫之初，提及試圖藉由台灣政治解嚴前後京劇、歌仔戲消長變化之研究分析，了解在「國家主義」的影響之下，文教單位主政者對藝文政策觀念以及戲曲推動的想法，戲曲團體如何因應政策的變化，藝人本身如何看待自身的技藝，大眾與論的支持與批評等。在幾章節的探討中，省思到在台灣有漢民族居住以來的 17 世紀至 20 世紀，漫長的四百年間，只要有統治者或政體的出現，人民百姓的食衣住行育樂即與之產生良性或惡性互動。藝文戲曲生於其中，長於其間，著實反映環境的變化與當權者的理念，而藝文、戲曲現象的形成攸關於藝文政策的實施。五十年來藝文政策也就是在國民黨政府黨國利益下轉變，經評估分析轉變的原因歸結於政治意識型態干預、忽略因應社會環境之變遷，以及文化政策執行環境不當。本章擬就這三方面結論，最後並參酌西歐文化施政觀念，提供建議。

第一節 政治意識形態干預

文化的存在，有多種不同層次範圍反映在社會群體生活中，精緻文化或常民文化也因著時代的變遷而有不同的認同價值。台灣漢人歷經不同民族的統治，民族性在包容與磨練中更形強韌，對於生活價值的認定也就更加豁達而不拘形式，表現

在戲曲上則顯得隨性爲之，能屈能伸，可以適應各種不同社會及政治型態的變化。如溯至明鄭成功時期延至清朝光緒，均可見史料記載，早期台灣居民配合節令廟會，「坊里之間釀資合奏，村橋野店日夜喧闐。男女聚觀，履爲交錯，頗有驩虞之象」[1]。社戲連連，生活中的娛樂，帶動男女交歡，並不以爲意。民國三十四年至四十五年間歌仔戲黃金時期，或是商業取向的競爭，或是虔誠的爲宗教祭典酬神（多爲子弟團）演出，五百多團的歌仔戲團巡迴演出各市鎮，化妝踩街宣傳，熱鬧非常。

可是當意識形態介入時，則怡情怡性的歌舞特點就會被扭曲意義，幾個時期的例子可以提出來佐證，而由於戲曲受到政治干預，自國民黨政府治理台灣前即存在，一併敘述。

一、日治時期

台灣文化界人士組成的民眾黨以衛道心態認爲當時極爲風行的歌仔戲，演出內容淫穢、動作猥褻、禍害社會，而將「反對歌仔戲」列爲綱領（第三章），雖然歷史上「請禁淫戲」、「莫看百戲」[2]早已存在，但對歌仔戲而言，事實上就此伏下日後常被以偏蓋全，誤以爲「低俗」的禍根。

而日本人擬藉由台灣實行皇民化戲劇，影響「大東亞共榮圈」，將版圖南下延伸至馬來半島、泰國、菲律賓、印尼，以及西至廈門、廣東。於是「皇民奉公會」的娛樂委員會強制禁止台語的演唱、穿日本和服、劇本經批准後才可上演，劇團除

---

1 曾永義，《台灣歌仔戲的發展與變遷》，台北市：聯經出版社，1988 年，頁 5。
2 同曾永義，《台灣歌仔戲的發展與變遷》，頁 3。

配合演皇民劇外,違者一律強行解散。日本人執行僅十餘年的皇民化政策,台灣傳統文化戲曲遭到破壞禁止,也使得盛極一時的歌仔戲團由二百多團逐步解散至剩下三十餘團(1941年),藝人改行轉業或四處流竄,技藝的流傳也只好中斷。此外,影響所及,「新加坡、馬來西亞的台灣歌仔戲班的台灣人都被英殖民政府抓去當雜工」[3],也給大陸東南沿海居民帶來災難,依據陳耕等人的撰述[4]:

> 日本兵一九三八年佔領廈門,百姓紛紛逃難,戲班不敢待在城裡,都必往同安、龍海、漳州一代的農村演出。而當時的龍溪國民黨政權則發出通告,為台灣歌仔戲為「台灣亡國奴的亡國調」,下令禁止演出,對歌仔戲藝人進行侮辱和迫害,強迫遊街認罪,甚至以搜查漢奸為名,大舉搜捕歌仔戲藝人,許多戲班紛紛解散。到後來連群眾消遣性的哼唱「歌仔戲」或玩奏「歌仔戲」樂器,如殼子弦、大廣弦等,也在禁止之列。
>
> 歌仔戲在日據末期這段窮途末路,所幸尚有像蕭秀來等藝人的憨性執著,得以在台灣光復後重振旗鼓。

二、國民黨政府執政時代

以「國家主義」觀念及作風,任意識形態干預京劇以及歌仔戲戲曲的例子不少,可以歸納為戒嚴時期及解嚴兩階段,前者為以中華文化為道統代表,後者則爭執的是中原與本土的定位,其中並牽涉語言問題以及審查制度。

---

3 陳坑耕、曾學文,《百年坎坷歌仔戲》,台北市:幼獅文化事業股份有限公司,1995年,頁103。
4 同陳耕、曾學文,《百年坎坷歌仔戲》,頁104。

(一) 戒嚴時期

　　戒嚴時期，以三民主義爲國策，實施戒嚴法，亦是「國家主義」統領階段，對於文化的思考，對內倡導民族文化的復興，對外宣揚中華文化道統地位，整體文化卻又因經貿國際化帶動下日漸西化，更確切的說即是狹隘民族主義以及美國化縱貫整個時期，也是政府提倡文化復興而民間大肆流行通俗文化階段。

　　這時候的戲劇，一爲傳統戲曲中的京劇作爲道統文化表徵，另一爲現代戲劇做爲反共抗俄劇情工具，兩者受到重視罷了，其餘的大陸或台灣地方戲曲列爲民俗活動，因循鄉親宗廟節慶、風尙禮儀者，政府略以贊助演出，以表中國文化之大鎔爐氣度。至於演出內容，一律在劇本審查制度之下，多爲一元化的忠孝節義、反共愛國情節，間有民間男女愛情故事、善惡分明之故事在指導下亦可演出。兩劇種面對農業社會轉型至工商社會，電影、電視傳播媒體興起以及娛樂形態多樣化，迅即衰微，雖則，歌仔戲應變環境產生電視歌仔戲，但是畢竟是有別於舞台表演的另類型態，京劇也利用電視媒體傳播，但宣導意味仍濃厚，題材改變不多。

　　儘管解嚴前的十年，文化中心、文建會陸續成立，表演團體也試圖創新，然而政府中華道統的形象與文化專權官僚作風仍存，民間的自由創作空間有限。政府政策藉戲曲以宣揚文化道統，對劇團營運、藝人技藝保存發揮的環境均在控管中遲緩進行，活動的舉行，不管是文藝季、藝術季、各文化中心的傳統戲曲研習班，均短暫爲之，未能達到良好的成果，這種現象雖然專家學者屢屢提及，但是在政府意識到重要性時，傳統戲曲資深藝人已經老邁，搶救不及的現象存在，對戲曲發展正是

嚴重打擊的階段。

　　另則語言問題在這階段強烈限制國語的學習，造成台語及台灣文化流失不少。自 1945 年 6 月即由教育部設立國語推行委員會，負責本國語言文的整理、審議，以及輔導教學、訓練推行人員等任務；1959 年省教育廳規定放映國語片禁用台語說明；1971 年台灣省政府制定「加強推行國語實施計劃」；新聞局也發布限制廣播、電視台語節目播出之時間與時段。推行國語欲達溝通效果，可以有正面意義，但對台語的態度則數十年來層層的限制，阻礙 1945 年以後在台灣出生的新生代，至今不能講純正台語，台語語彙流失，更遑論書寫文字。仰賴台語字彙與文化的歌仔戲也正因為缺乏文本劇本、編劇以及這方面的知識分子投入，進步緩慢。然而，正如王嵩山所提：「語言的問題不獨是台灣的地方戲曲所面臨的困境，凡中國地方戲曲均有其特殊的方言體系，其所欲表達或加強的某類情感的字眼，以及各種躍動的生命情態與韻律，在方言中各自有不同的含蘊；而且具備此種方言利器的人們，一旦接觸其特有的戲曲，所得的觸發與現實生活中喜怒哀樂情感的感應，是以他種語言來領略所達不到的境地」[5]，亦如學者曾永義一再強調，地方戲曲的重要性就在於語言、聲腔音樂，「展現眷顧鄉土的情懷，若非用純正的語言、純正的音樂以為載體則不可」[6]。由此，目前，雖然在本土化的思潮下，台語的生機復活，但是，假如政府體系不懂得語言的重要性，重蹈覆轍壓制別的語言的成長，

---

5 王嵩山，〈台灣民間戲曲的形式與意義：兼論傳統的轉型與現代發展〉，民俗曲藝 28 期，1984 年 3 月，頁 105。

6 曾永義，〈歌仔戲的重要課題〉，聯合報，1998 年 10 月 24 日。

那在台灣存在多樣化的戲曲，發展性當然堪憂。

關於戲曲方面部分法規，也因為意識形態影響，造成一元化思考方向而有劇本審查制度，雖然劇本審查早存在於日治時期，日本人透過意識形態遂行其統治目的，然而當在同族人國度裏仍舊以「審查」規範劇本創作、表演藝術發展，卻是不智之舉。

(二) 解嚴階段

解嚴後，在文化上的解嚴可以從兩岸文化藝術交流、報章、雜誌、電視、廣播的數量以及內容多樣化看出言論自由及民主取向。中央政府與地方政府的權力日趨平衡，劇本審查等禁令法規解除，政策與民眾雙向溝通亦頻繁。均衡、均富、多元化、多樣化、國際化是這個時期的表徵。而透過媒體的專文報導與評介，戲曲的社會教育意義增加，政府、民意代表、學者專家、劇團代表或媒體共同參與藝文戲曲辯證，激起對戲曲的關懷與共識。而在編劇、演技以及文武場的音樂表現上均有不同於上一階段的成果。

現實的是，國民黨政府由李登輝執政，強調立足台灣，一切以本土化優先並進軍國際，兼國民黨總裁的李登輝雖然以本土文化為宣示，但是黨內國家利益主張分歧，解嚴早期仍是以中華文化為依歸，至 1996 年當選全民直選第一任總統後才直呼加強建設台灣文化。而這之前已經造成中原文化與本土文化孰重孰輕之爭。政治與環境變遷雙重壓力下，京劇在民意代表頻頻質詢、施以壓力之下，軍中劇隊由三團改變為教育部管轄下的國光劇團，學校幾經合併後成為一所專科學校。儘管團校的定位提高，政府投注的經費預算始終沒有減少，但是，台灣為

什麼需要兩團京劇團？京劇團應由兩團再變成一團等等的爭端還在，這不外於還是意識型態的影響。歌仔戲界要求的是更多表演空間，恐怕也不在乎京劇團有幾團，而台灣代表性劇種之爭，恐怕也只有政治界比較在乎了。

國民黨政府八十年代以來確實漸次著力於本土戲曲，歌仔戲也因逢政策重視本土之優勢，更因爲解嚴，劇本創作上自由與演出形態多樣化，正朝向精緻化邁進，技藝保存傳習活動也逐漸普及，惟野台廟會的演出生機仍岌岌可危。

第二節　忽略因應社會環境之變遷

由國家意識形態的高層領域，再往下探求戲曲真正生活的空間，意識到社會型態結構變化，讓具有「酬神功能」及「商業取向」特質的歌仔戲或京劇也隨之改變表演形式以及內容，而政策對戲劇欲加以約束利用的情況下，政策即又有所調整。

戲曲酬神以及商業性演出，甚至勞軍，回顧荷據時期、鄭氏階段、清廷階段，均有之，直至日本時期，一方面運用娛樂功能達成經商人士的交易行爲，一方面卻對戲劇內容的煽情，加以詆毀並禁止，再一方面則又利用戲劇的形式宣傳其專制帝國主義思想。戲劇純然的娛樂教化已然走進不同型態的政治經濟運作範圍。

上述的情況是隨著時空轉變，戲曲存在的現象，而當國民黨政府治理時，也懂得如何藉著戲曲以達到勞軍的效果，至於戲曲商業性或廟會酬神方面則任其取決社會本身的需求。只是過去數十年，國民黨政府以穩定政治、發展經濟作爲國家利益

之優先地位，忽略經濟發展、社會富裕帶來的文化衝擊。在土地改革成功、佃農制度消失，工商業發達之際，缺乏對國家整體環境考量，讓都市建設逐漸增多，農村人口減少，人口往市鎮都市遷移、人口結構於是產生變化，「使傳統一元化的社會政治結構逐漸走向『多元主體並立』的新社會政治形態…」[7]，接踵而來，也就影響生活習慣、社群活動。而文化政策此時卻只針對兩廳院、各地文化中心等加強文化設施並追求精緻文化，且觀賞人口也以小眾為主，面對農村的轉型、社群倫理生活喪失、廟會戲曲活動的形式化以及戲曲藝人凋零等等現象毫無能力擬訂對策。久而久之，與民間生活習性相關的歌仔戲，因為傳統信仰形態改變，廟會活動之酬神演戲也不一定以其為重，而在政策重視都市建設、精緻文化而輕忽鄉鎮、通俗文化的狀況下自然被犧牲。

京劇雖非被列為通俗文化也不能倖免於遭到環境改變的影響。可是，當在軍中勞軍功能減弱時，政策卻未即時轉型，只好在面臨政治壓力時擬訂裁撤整合辦法，讓原本具藝術價值、有中國文化代表性的劇種，落得人才不繼，演出形態僵化。文化政策枉顧時代的變化，難怪，林懷民、吳興國等藝文戲曲界資深人士要感嘆政府沒有「國劇政策」[8]。

文化政策跟著環境變遷而擬訂的現象稱之為亡羊補牢。樂觀的說，1987年解嚴前後數年間，所幸，政府辦理「民間劇場」、「薪傳獎」讓優秀藝人得到肯定；針對歌仔戲的學術研究、史

---

7 黃俊傑，《台灣意識與台灣文化》，台北市：正中書局，2000 年，頁147。該文統計，戰後台灣快速地工業化，台灣農業人口從 1952 年的52.4%降至 1994 年的 18.7%。

8 王惠萍，〈我們到底有沒有國劇政策〉，民生報，1988 年 1 月 4 日。

料整理及田野調查逐步展開，也宣示「縮短城鄉差距」之政策指示；並將文化列為國家整理四大建設之一，又發展為「國家建設六年計劃」，更接續著、「充實省縣市鄉鎮及社區文化軟體設施計劃」、「社區總體營造」、「文化資產與發展保存」、「一鄉一館」等政策方案。在文化經費預算上，已由解嚴前的新台幣 2 億元，增至 1997 年的 35 億9。然而不可諱言的，各項改善藝文環境的計劃，由於文建會主任委員的異動迅速，仍舊以短程實施為多，如何能真正達成總體營造目標，尚有待持續性加強。

第三節　文化政策執行環境不當

　　文化政策執行環境，包含法規、人、事務等的統合，國民黨政府對待文化，從解嚴前的反共、復興中華文化、發揚民族精神，至解嚴後的尊重多元文化、文化多樣化，的確變化不少，在這變化的過程中，除了受上述意識型態影響、社會環境變遷影響外，政策執行過程文化法規僵硬、政策抉擇遲緩、以及藝文單位橫向溝通缺乏，又未加以整合，文化政策終不能與時俱進。

---

9 按文建會 1997 年度預算，由 1997 年 7 月至 1998 年 6 月為執行期。至 1999 的預算為 40 億餘，佔中央政府總預算歲出總額 0.32%，總文化預算的 22.23%。（依據 1998 年 3 月 16 日，文建會 88 年度預算案重點說明。）

一、法規僵硬：

在戲曲方面的典型例子為國光藝校與復興劇校的合併改制案。有關戲曲團體、藝人、學者一律呼籲提高戲曲教育學校層級設置，以學院為宜，政府卻一味以「無法源依據」，不許可由高職學校直接升格為學院，造成培育之人才有二度流失之疑慮。而且專家長久以來呼籲有關戲曲人才培育後進入中小學任教，至今仍沒有良好的規劃與法規可循，要落實鄉土教學、傳統藝術的賞析等理想，在這些僵化法規下，可能需要更長一段時間。若是進入劇團以表演為矢志，京劇尚有兩個劇團，或許有容身機會，歌仔戲以專科或高職畢業生，要進入野台戲劇團的心願恐怕不太高，如何調適劇團與科班生之間的心態不平衡，實在也是一項挑戰。

二、決策遲緩：

由前一些章節中有關京劇和歌仔戲問題可以判斷：京劇在70年代，軍中軍人結構明顯變化，勞軍功能遞減，假使政府趁著「傳統與現代」辯論，輿論重視大傳統中國文化之際，即時正視京劇的藝術價值，以學術研究提昇地位，而不僅止與國民黨政府長期一致的「儒家忠孝思想」價值吻合，限於「宣傳」功能，那麼京劇與民間社會的關係不至於慘敗到當時唯一提供演出的國藝中心場地，也要遞減節目檔期。近十年，歌仔戲科納入學校體制的規劃與實踐，宜蘭縣立蘭陽劇團成立與推動戲曲的過程，國家劇團的設置，國光劇團與復興劇校附設劇團的合併，國立傳統戲曲專科學校繼續在教育部教育體系下、或以文化資產藝術保存之立場設於文建會並保留在台北或遷徙至宜

蘭縣，設立歌仔戲國家劇團等等多項議題，可以看出政府執行效率緩慢，加以外在意識形態影響，則更形拖延。早期是國民黨政府本身對於京劇和歌仔戲認同上的意識形態影響，1987 年以後則是政黨民意代表為個人或黨的利益所介入的意識形態影響。

三、藝文政策執行失調

回顧五十年來政府執行藝文政策，有許多相關單位組織，如第二章所述及包含內政部、外交部、國防部、教育部、新聞局、觀光局、省政府民政廳、教育廳以及 1953 年建立 1957 年撤銷的教育部文化局、1981 年以後的文建會、1979 年以後陸續完成的各地文化中心，主要分布在教育部與文建會。然而各部會橫面協調有問題，執行戲曲措施也出現急功近利居多，遠程目標又因主政者變更而延遲或取消，造成推動不利現象之一。

檢視戲曲推展脈絡，數個單位執行戲曲相關業務。教育部主管者，從戲劇團體的建立與輔導（11 項組織之多）、戲劇公演的贊助（國劇方面 12 項、台灣戲劇公演 1 項）、戲劇教育（京劇含專業學校至大專、歌仔戲 1994 年於復興劇校設科）及社會戲劇教育（辦理地方戲劇流動人員講習、京劇方面各種不同層級社會青年研習班、文武場訓練班）的倡導、戲劇活動的舉辦（推展少年國劇、整理國劇劇本、地方戲劇之輔導改良、舉辦民俗技藝調查、舉辦民俗技藝教師訓練、劇本審查、出國公演），此外尚有各級學校學生的國劇競賽，以及 1969 年即開始辦理的台灣區地方戲劇比賽，另尚依據文化資產保存法規定而辦理薪傳獎及國家藝師之遴聘。加以教育部管轄的下游單位如各地文

化中心、國家劇院、台灣藝術教育館、國父紀念館等文物藝術
展演場地，與戲曲展演也都關係密切[10]。

　　而文建會在學校戲劇教育做到的是贊助團體至校園演出，
與各種不同戲劇團體的（如國劇劇本整理委員會）關係也僅止
於補助經費，其餘推動功能與方向則大同小異。

　　至於國防部目前已經沒有所謂的傳統戲劇相關業務，但是
在表演場地缺乏的情況下，國軍文藝中心這樣難得的場地，也
很保守的僅供軍中使用，殊為可惜。此外，民俗範圍的法規仍
舊屬於內政部業務，想改進民間戲曲演藝環境總還是隔靴搔
癢。凡此等等，重疊性的措施可能增加團體活動的機會，也可
能因為部會間的推諉而造成團體的損傷，相異性的部分又會造
成矛盾與衝突。

　　文建會成立後，於 1983 年 7 月依據加強文化及育樂活動方
案頒布「國劇、地方戲曲及話劇之推廣與扶植」措施，1989 年
11 月再度詳細訂定「國劇推展計劃」，1992 年又實施「地方戲
曲推展計劃」，均載明計劃目標，主、協辦單位，但在官僚體
系，總有各自為政的現象出現，於是推動戲曲工作，在各單位
經費許可下多少都在進行中，執行的成效分散各處，缺乏整體
評估的可能性，造成政策執行緩慢，效果不彰。行政院組織法
中雖然已經就這樣的現象檢討重擬架構，問題是何時才能真正
呈現，落實到執行單位時？文化固然需要長遠的耕耘，根本問
題不解決則經常是事倍功半，浪費資源罷了。

　　政策的擬訂必須分析社會資源及民眾需求，從政府戲曲推

---

10 教育部教育年鑑編纂委員會，《第五次中華民國教育年鑑》，台北市：
　　正中書局，1983 年，頁 1219—1225。

動的脈絡而論，延聘專家學者參與計劃或分析調查的計劃案不少，然而真正決策權仍舊掌握在行政單位：或者礙於人力、物力不足而擱置，或者行政單位以主觀立場斷章取義，取其可行者行之，於是政策執行成效不良者不少。當然，行政單位統合之後，政府以及包含知識分子、劇團、藝人的產、官、學三界之間如何互動，針對兩劇種藝術本質問題，給予適當的生存環境，應該是根本上永遠不能忽略的。

第四節　西歐國家藝文政策觀念分析與建議

　　台灣 1987 年解嚴以前，政府獨尊京劇的動機是復興中華文化，對歌仔戲的政策則是促進社教功能，解嚴以後，對扶植京劇的考量是藝術性價值，對歌仔戲的贊助則多半是「台灣文化」指標的提昇。解嚴前後各自參雜著政治目標與藝術價值及社教功能的意義。也因為戲劇較之其他表演藝術形態複雜，其功能發揮的潛力相對的多，成為諸多國家藉之以促進國家目標的工具。京劇的精緻與歌仔戲的通俗，又牽涉到國家文化與地方文化的性質，恰好與西歐各國面對戲劇領域中高文化（high culture）與次文化（sub-culture）施政方針的棘手有所雷同。而台灣解嚴後，文化政策方面最明顯的轉變，可以說是強調地方文化自主性、縮短城鄉差距以及尊重多元文化價值，這和西歐國家如法國（France）、德國（Germany）、英國（England）、荷蘭（The Netherlands）、比利時（Belgium）以及丹麥（Demark）、挪威（Norway）等等十七個國家，第二次大戰後約略六、七十年代相繼主張去中央化（Decentralisation）和文化民主（Cultural

Democracy）趨向相同，假如說西歐國家在文化民主自由的風氣是先進的，那麼，台灣在 1987 年以後實施雷同的政策雖然已經落後至少一、二十年，但終究已經朝向全民應享有文化藝術權利之想法，努力營造藝文發展的環境。在此無異將西歐國家實際上贊助藝文團體的方式與策略作比較，因為單以政策層面而言，跨國比較就已經因為各國背景不同，難以評估，細節的深入檢討更不容易。猶如思乎斯特（Schuster）研究說明英國朝向美國以基金會募款方式成立「藝文安定基金會」（Arts Stabilization Fund），但實在難以檢視成效[11]。基於台灣文化政策實施脈絡，經常因主政者變化而實施觀點不同，是否與西歐國家文化自主及尊重多元文化的精神與實質相同，仍值得參酌了解西歐國家實施這種政策時的困境與考量，對「國家」的態度與「政治」介入的想法，當也有借鏡之處，更可以進一步認識其對精緻文化（戲劇）與通俗文化（戲劇）的觀點。因之，在建議篇幅中，特別提出西歐國家在這方面的戲劇思潮以及目前歐洲聯盟文化方面的方向做為參考，而後針對台灣目前的狀況提出建議。

一、西歐國家戲劇政策觀念

(一) 去中央化（Decentralisation）

西歐國家戰後為了避免再度受到經濟政治迫害、鞏固人民

---

11 J.Mark Schuster, 'Thoughts on the Art and Practice of Comparative Cultural Research,' in Ineke van Hamersveld and Nili van der Wielen (eds.), <u>Cultural Research in Europe 1996</u>, Amsterdam, Boekman Foundation & Circle, 1996, p. 27.

間民族情誼、加強對本國國家認同、甚至避免受到美國文化影響[12]，認為提昇文化是很重要的方向，也積極藉由產業的興盛開發更多文化設施與劇團組織，除對已經存在的藝術加以保存外，也鼓勵新創作。雖然每個國家依人文、風俗不同，文化政策實施有其快慢、與扶植重點的差異，但一致趨向「去中央化」[13]。「去中央化」的意思是除去中央化或中心化，而「中央」可以指稱政府行政單位而言，相對的是「地方」政府；「中心」可以泛稱各首都以及區域的中心城市，相對為「鄉鎮」，如此類推。故在戲劇方面，政府設置國家劇院或劇團於國家首都，像巴黎、倫敦、雅典、里斯本、維也納，大部分劇團和藝術家也集中於這種國際性大都市。「去中央化」文化，等同於強調區域文化（regional culture）自主。實施「去中央化」原則為，將以往以國家戲劇團為主的制度轉變為加強區域劇場及戲劇活動、安排國家劇團至各區域演出、補助地方劇團的權利下放至地方政府等。

　　「去中央化」最初的想法是法國國家巡演劇團創始人費赫盲.傑米耶（Firmin Gémier）於 1910 年代即強調戲劇具有社教與大眾娛樂功能而提出「尋找戲劇在社會上的新功能、尋找新觀眾、呼籲政府贊助國家劇團」[14]，促成日後各地方據以推動戲劇

---

12 Hans van Maanen, 'The Theatre System of the Netherlands,' in H.Van Maanen and S.E.Wilmer (eds.), <u>Theatre Worlds in Motion</u>, Amsterdam/Atlanta, 1998, p.425.

13 S.E.Wilmer,'Decentralisation and Cultural Democracy,' in H.Van Maanen and S.E.Wilmer (eds.), <u>Theatre Worlds in Motion</u>, Amsterdam/Atlanta, 1998, pp. 17-36.

14 Escande, Isabelle, 'The Theatre System of France,' in H.Van Maanen and S.E.Wilmer (eds.), <u>Theatre Worlds in Motion</u>, Amsterdam/Atlanta, 1998,.

成立劇團的基礎，戰後戲劇功能持續以社教和大眾文化爲主體在各國成長。推動數十年間，大部分的方式是由國家劇團巡迴到各區域城市，並且舉辦相爲呼應的工作坊以便提昇對戲劇更深一層次的認識，地方文化或戲劇中心也聯合學校舉行青少年、兒童戲劇營，安排屬於中央的國家劇團到育幼院、養老院、工廠演出。爲了鼓勵各地方劇團活動，有的中央政府也採取對等補助金額。

　　至七十年代幾乎是「去中央化」實施高峰。但是僅以地理環境的普及並不能真正彰顯「去中央化」意義，地方文化自主權的獲取才是真正文化自由表徵，1970 年奧古斯丁.吉瑞第（Augustin Girardy）在 UNESCO（聯合國文科組織）的研究報告則進一步提出「民主文化」（democratisation of culture）和「文化民主」（cultural democracy）15，「民主的文化」所指乃是普及全民文化，也就是藝文活動盡可能由大都市至各區域都市更至城鄉，是地理上人口的普及。而後者指的是文化多元化，他認爲政府應該認知和支持國家文化中的次文化，各地方自有的文化特性。這種多元文化論不僅是法國推動文化戲劇的根本原則，也影響許多其他歐洲國家。

　　在「去中央化」實施上，像瑞士、比利時、德國、挪威並不困難。瑞士由於在地理上即有德語、法語、義大利語以及瑞多羅馬尼克語（Rhaeto-Romanic）等區域之分，各不同種族文化差異，自然爭取獨立的文化組織；而德國早在 18 世紀即有贊助劇團的歷史，許多鄉鎮更擁有自己的劇團和劇場，比利時也是

---

p.194.
15　Wilmer, p.23.

雙語區，挪威則因有自由開放民主傳統，目前仍有三種不同的官方語言，Wilmer 提到，挪威自有其生活原則：「每一個人應該享有之平等藝文機會是根植於一個可貴的田園和民主傳統，而不是反映政府政策將系統去中央化。」[16]至於戲劇王國的英國，強烈掌控戲劇推動，對於「去中央化」的實施，雖然有各區域劇團形成，事實上贊助形式仍由藝術委員會（Arts Council）直接補助地方劇團，地方政府參與贊助也是晚近的事。而荷蘭，比較沒有傳統壓力，戰後即開始實施戲劇普及政策，倒是 1969 年「蕃茄事件」（Action Tomato）[17]，一群阿姆斯特丹戲劇學院學生不滿政府對大劇團的補助，忽略地方上實驗劇團，於是在演出時向演員投擲蕃茄以表抗議。這事件發生後隨即產生一連串官僚體系與新生代劇團間的溝通，加速影響其後政府對於戲劇預算分配，加強區域劇團經費投注，也喚起政府對於不同層級、不同形式演出的關注，並避免劇團受其他商業化媒體壓力，擬訂多樣化、多元化戲劇發展及補助方針。目前對大城市劇團的贊助，原則上是地方資源佔 60%，中央政府預算則為 40%，對於受贊助團體則要求票房收入達到總開支 15%。

　　「去中央化」著重地方性劇團劇場發展，固然是國家的政策，地方政府基於不同因素也在八、九十年代負起直接贊助劇團責任，政策意義讓西歐國家人民確實獲得更普遍的藝文享受，而實施過程中的行政考量、劇團組織運作改革、藝術與通俗文化衝突卻永遠是必須面對的挑戰。有幾個問題與現象值得

---

16 Wilmer, p.21.

17 Hans van Maanen, 'TheTheatre System of the Netherlands,' p. 426.

思考[18]：

1、資源運用問題：

安排屬於中央政府國家級劇團前往各地演出是「去中央化」行政上模式之一，其次是補助地方上的劇團演出，而瑞典、丹麥與芬蘭在九十年代更已朝向中央決策權下放，丹麥自 1996 年則也實驗著將原中央補助地方政府的經費直接撥付給地方政府，由其全權處理，只是其結果仍觀望中，一般仍對文化經費能如數運用在文化事務上，而不挪為其他政治用途或轉至較強勢的教育或健康單位，抱持懷疑態度[19]。而許多國家共有的經驗是，地方政府在決定補助時，由於委員會的組成分子並不一定熟知戲劇藝術，選出的劇團演出水準參差不齊。

2、演出製作問題

政府贊助劇團所需經費是納稅人的錢，這種公共資源運用有必要受到檢視與評估已經是各國一致認同。在「去中央化」實施時，屬於中央政府的國家劇團首先就被認定既然接受國家大量補助，就必須負擔更多巡迴演出任務，巡演的目的當然被視為達成經濟效益或政治利益，有效運用納稅人金錢完成國家政策，然而，既然為國家劇團，通常是大製作，也可能較屬於高度文化（high culture），如何兼顧國家及劇場的需求以及地方民眾口味並不是簡單的事，而且「去中央化」強調的是地方藝

---

18 依據 H.Van Maanen and S.E.Wilmer (eds.), Theatre Worlds in Motion. 一書，頁 18-36 及相關國家政策歸納之

19 Auli Irjala and Magne Eikå, 'State, Culture and Decentralization,' in Ineke van Hamersveld and Nili van der Wielen (eds.), Cultural Research In Europe 1996, p 71.

術人士、長老與資源運用的文化參與以及地方民主性的呈現，在不能實現為當地人需求而做的戲劇創作演出，效果也就差了。

3、藝術品質問題

　　雖然政策強力支持藝文普及達半世紀之久，地方鄉鎮的戲劇演出似乎永遠和大都市的藝術家觀賞水準有所差距。許多藝術家並不太贊成「去中央化」的政策，除了因為製作（production）大小不一定能兼顧城鄉之外，演出內容也不見得合於地方上中下階層的需求，雖然政府也鼓勵國家劇團及專業演員與地方劇團配合演出以提昇地方戲劇水準，但是長期經營結果，地方上文化風俗需求及藝術審美觀點的差別，仍舊使許多藝術家不願前往鄉鎮發展。

4、面對強力商業媒體侵襲問題

　　儘管實施半世紀的〔文化的民主〕與〔民主的文化〕，讓戲劇活動透過各種不同方式、不同演出類型，教育民眾、娛樂民眾，也提昇至藝術水準，但是一來面對娛樂選擇性多樣化，不僅僅是表演藝術類型間的選擇，也是電子媒體及其他休閒活動增加，均造成以舞台為媒介的戲劇無限壓力。Firmin Gémier 半世紀前「尋找戲劇在社會上的新功能、尋找新觀眾」的話仍不時被提出來呼籲劇場界多創新與開發新觀眾。也有的國家如奧地利（Austria）鼓勵劇團與電視、電影媒體合作加強其演劇的可看性及間接吸引觀眾進入活生生的劇場。

5、經濟蕭條影響

　　當經濟不景氣時，文化及表演藝術似乎總是首當其衝受到

影響，在西歐也不例外。比較明顯的國家如葡萄牙只對 1985 年以前成立的劇團進行評估及補助，這必然影響其後成立的區域及鄉鎮劇團，西班牙在九十年代也減少對地方的補助。其他國家在財源困難的今日一致的想法是：是否堅持增加主要城市中幾個大機構要求的補助？是否繼續支援地方劇團、實驗性團體以及次文化[20]？

6、政府政策反轉

至目前為止，大部分的國家仍舊肯定「去中央化」政策帶來文化普及的意義，少數國家在執行的過程發現困難度比預期的多，開始加強中央政府對戲劇經費的掌控，對大劇團的贊助多於小劇團或新成立的劇團，如挪威[21]。在荷蘭，對於修道院等古蹟建築的維護補助權仍舊由地方自主，但表演藝術、視覺藝術倒是傾向於中央化[22]，也即是再度朝向由中央政府依照其認定的戲劇品質給予經費[23]。其乃由於長期以來，中央政府補助地方政府戲劇預算時，要求地方劇團的創作必須做地方與地方的交流，卻導致地方政府機構之間對戲劇本身內容、藝術價值或演出地點協調不一致等問題；對一些實驗劇團的內容不但不能吸引更多的觀眾、反而嚇走觀眾的問題，也再度審慎評估劇團的成熟度及以往不在乎的票房收入。惟據 Maan 分析認為，這品

20 Wilmer, p. 23.

21 Wilmer, p. 35.

22 Cultural Policy and Cultural Administration in Europe, 42 Outlines. Edited by Österreichische Kulturdokumentation. Internationales Archiv für Kulturanalysen, Vienna 1996. p. 128.

23 Wilmer, S.E., p. 35.

質的理念則是強烈的涉及社會分配（Social distribution）[24]，換言之，不同區域、階層的人有他自己的內容形式。

【運轉中的戲劇世界】（Theatre Worlds In Motion）一書的總編輯之一威爾瑪（S.E. Wilmer）對於「去中央化」的西歐政府政策對戲劇發展的未來提出看法[25]：

1、雖然「去中央化」政策讓歐洲大部分的國家重視戲劇地理上的普及性以及不同類型層級的自由性，鼓勵大劇團的演出品質及許多小劇團的產生，在劇場、劇團的質和量均達到縮短城鄉差距的目標，但是戲劇觀賞人口並不見得增加。

2、「去中央化」造成地方劇場劇團興起旋風，「文化自由」鼓勵許多吸引地方觀眾的創作，然而卻是屬於僅能在鄉間吸引地方觀眾的次文化和通俗文化。當經濟蕭條，政府可以提供的經費不能滿足劇團機構需求，而提出補助優先順序時，這些地方性團體難免獲得補助的機會愈來愈少。

3、當朝向將補助款直接撥付給地方政府運用時，地方所組成的戲劇評選委員會如何在藝術人士（Artists）和政策相關執行人員（Politicians）間取得平衡，以保持一定的公正性（arm's length）；以及是否能達成藝術水準，是值得關注的問題。而國家政府在此時是否必須陳述藝術目標及優先順序，讓地方政府作為參考也是有待討論的問題。

---

24 Hans van Maanen, 'TheTheatre System of the Netherlands,' p. 448.
25 Wilmer, pp. 35-36.

二、歐洲聯盟文化政策

　　西歐各國原本自有所謂「民主的文化」和「文化的民主」縮短城鄉差距的文化政策,當1992年2月7日歐體會員國在荷蘭馬斯垂克（Maastricht）簽訂「歐洲聯盟條約」（Treaty on the European Union,又稱「馬斯垂克條約」）開始,在政治經濟共同體之外加上文化共同體的理想。假如以上述各國「去中央化」的思考方式推演至歐洲共同體的文化目標,應當也不離尊重各會員國本身之文化特色及權益,然而整合歐洲文化的過程中,歐體聯盟執行委員會如何實踐共同目標而不忽略國家、區域、地方的需求,消彌族群、民族間的對立,達到榮辱與共的境界?就像「去中央化」實施數十年後,有回歸中央化的趨向,為了整合歐洲文化,是否也採用強力的以「歐聯」意志為意志,以達到效果?各國文化自主權益以及各區域的文化特色是否會在歐聯政治議決下犧牲了?這樣的議題或許可以視為歐洲二十一世紀文化焦點。惟針對本論文的論述,提供「歐聯」主張,作為借鏡。

　　「馬斯垂克條約」中有關文化條款,分別為第3條第p項、第92條第3項第d款以及第128條26,讓會員國的文化行動有

---

26 許仟,《歐洲文化與歐洲聯盟文化政策》,台北市:樂學書局有限公司,1999年,頁155-7。第3條第p項:致力於教育與訓練品質之提昇,以及會員國文化之綻放。第92條第3項第d款:對於文化提昇及國家遺產之補貼,若對歐體內部貿易條件及競爭之影響程度不與共同利益衝突,則該補貼得相容於共同市場。第128條:（1）歐洲共同體在尊重會員國國家及區域差異的前提下,應致力於綻放會員國之文化（cultures）,同時共同發揚其文化遺產。（2）、歐洲共同體之行動（action）應以鼓勵會員國間合作為目標,並在必要時支持及協助會員國於下列領域的行動:a.促進歐洲人民對文化、歷史的認知與傳播;b.保存並維

所依循,但並非文化政策而僅以「文化措施」(cultural measures)
或「文化行動」(cultural actions)稱呼,之所以如此,依據許
仟的研究有三項考量,除了條款法律措詞中並未提及「文化政
策」字眼,以及文化範圍的界定各國有異,不能單純以「文化」
表示之外,另一項屬於人文層面問題,讓歐洲聯盟不敢掉以輕
心,概述如次[27]:

1、基於會員國對文化整合的高度敏感性。文化整合除
　　了直接影響人民的常生活外,更將進一步改變族群
　　的價值思想、道德規範與意識形態,而各族群為保
　　存對自身文化的優越性與生活方式的認同,則更將
　　使其排斥本身文化的「被整合」。

2、一個國家的文化政策面對國內種族、文化多元化的
　　問題已倍感棘手,必須異常小心謹慎地處理族群間
　　語言、思想及意識形態等問題,並儘可能尊重弱勢
　　民族文化,以免引發敏感的族群衝突。

3、歐洲聯盟在文化領域的行動尚處於起步階段,貿然
　　訂定文化政策恐將引發各界產生歐洲聯盟有意對文
　　化進行「制式化」整合的恐懼與反感,而阻礙其工

護對歐洲具重大意義之文化遺產;c.非商業性質之文化交流;d.藝術及
文學創作,包括視聽領域中之創作。(3)、歐洲共同體及會員國應促
成與第三國及在文化領域具有權限之國際組織間的合作,特別是歐洲
理事會。(4)、歐洲共同體在本條約其他條款下的行動,應將文化層
面(cultural aspects)納入考量。(5)、為致力達成本條文規定之目標,
理事會:a.依據第189b條規定之程序,在諮詢區域委員會(Committee
of Regions)後得採取鼓勵措施(incentive measures),然而該措施應
排除任何會員國間法律規章之整合。理事會在189b條規定程序中之所
有行動應採取一致決;b.基於執委會提案經一致決通過後得提出建議
(recommendations)。

27 許仟,〈歐洲文化與歐洲聯盟文化政策〉,頁132-3。

作之推動。

對於是否稱之為「政策」，固然有其政治上的意義，但文化的整合畢竟不同於經濟的整合或者國防上的聯合護衛，最需關懷的仍舊是執行這些條款時是否能真正落實尊重各會員國文化主權，反映各鄉鎮的文化自由與民主，如同彼得斯（Jan Nederveen Pieterse）所說的「忽略歐洲區域文化和次文化而建立歐洲文化之代表性是錯誤的；否定大眾文化而將精英文化視為整體文化之代表也是錯誤的；而一味地將歷史（文明遺產）界定為歐洲文化卻完全忽視當代歐洲多元文化的事實也是錯誤的。」[28]從文化條款中可以得知各國的認知強調尊重各國的文化，也重視非商業性的藝術創作，更積極的負擔國際性的傳播，但像法國、德國在歐洲文化上均有其強勢姿態，法國自由主義與德國權貴思想是否會在文化議題決策時表現共同利益，均是值得觀察。而由各國間聯合組成的藝術專業團體，像歐洲藝術聯盟、管絃樂團、版權代理商、娛樂商業工會等紛紛成立，時時留意著自己的權益，也顯現出對歐聯駕馭決策的質疑[29]。不過，其中 128 條款中敘及「歐洲共同體在本條約其他條款下的行動，應將文化層面（cultural aspects）納入考量」，超越於一般狹隘的藝術、文學、古蹟等文化範圍，而提醒不同領域的政治、社會、經濟 國防、環境衛生等部門均須有文化理念，這種積極建立橫向溝通管道的用意已明顯呈現文化的重要性，只有文化界認為文化重要，不可能達成真正文化之國。

---

28 同許仟，〈歐洲文化與歐洲聯盟文化政策〉，頁 258。

29 Simon Mundy, Making It Home: Europe and the Politics of Culture, European Culture Foundation, 1997, p.69.

　　由西歐各國藝文政策及歐洲聯盟對文化的態度，反思台灣的文化環境，很慶幸的印證解嚴後，文化政策的思考方向確是朝著民主文化與文化自由進展。有如 1988 年以後「均衡、均富」的國家政策下，文建會的「文化均富」、「縮短城鄉差距」、「全國文藝季」、「文化地方自治化的推動」、「社區總體營造」等方案的推動均在全國造成思想上的革新，中央文化經費預算也考量直接分配至地方政府，由其統籌運用，而在 2002 年初內閣改組，新閣揆游錫堃主張「行政文化化」[30]，認為推展文化不只是文建會或未來文化部的責任，而是行政院每個部會施政時都要有文化考量，與歐聯主張也是異曲同工，整個文化環境的改善可以預見良好未來。

　　文化多元化與民主化在台灣實施僅十餘年，對於精緻文化、常民文化、或次文化的價值觀與美學觀點均仍在摸索與建立中，對戲曲而言，不管運用於社教功能也好，不管發揮其精緻藝術層面也好，適當的場合演出適合的戲劇，尊重藝術的自由與民主，應該是重要的原則，漢學家亦是戲劇學者伊維德曾說「藉由大眾藝術（popular art）傳達存在的價值與思想是一回事，而利用戲劇或其他的表演藝術來改變普遍的想法（the popular way of thinking）則是另一回事」[31]。在東西雙方對文化環境高度期許下，不受不良政治政策干擾文化淨土是最基本的要求了。

---

30 曹銘宗，〈新內閣文化施政的企圖心看得到〉，聯合報，2002 年 1 月 23 日。

31 Wilt L. Idema, 'Developments in the study of Chinese Drama' in Clara Brakel (ed.), <u>Performing Arts of Asia:</u> International Institute for Asian Studies, Leiden, 1996. p. 6.

三、對台灣戲曲政策之建議

在巡禮了西歐戲劇政策現況，再回首看我們傳統戲曲，如何在文建會歷年標榜的「傳統與創新」、以及解嚴後的全台灣風行的「多元化」、「多樣化」、「國際化」這樣的環境生存？京劇之所以稱爲京劇，在三十年代接觸西方教育的知識分子曾提出辯論表示，京劇是中國傳統戲曲之最、京劇是一門至高藝術、有嚴謹的表演程式、亦具高深學術價值，然而在這論點之下，是否忽略了京劇來自大眾文化，具有商業機制、社會教育功能性，是多樣而融合其他劇種的特性而成[32]。同樣的，歌仔戲來自台灣民間，具有活潑的鄉土性格，當扶植她踏上國際舞台時，是否能夠以台灣純正的語言、純正的音樂，流露出台灣廣大群眾的心聲[33]？歌仔戲，在沒有政府贊助之下，雖由鼎盛時期500團落至目前僅約五十團能登台演出，但是其存活於民間的機會卻高於京劇。京劇 20 世紀初，在台灣 73%爲農業的閩南移民社會中也極受歡迎，有市場機能，目前在台灣社會知識水準普遍提高之下何以觀眾稀少？野台歌仔戲因爲廟會祭典習慣仍舊需求，而有演出機會，但是重形式而輕忽內容導致觀眾也是稀少，然而兩者在現代劇場的演出均經常達到七成以上的觀眾，仍具有商機，這又基於什麼因素？戲曲的存在，的確有與觀眾互動，與其他劇種交流的必要，也即是達成普遍性的「民主文化」、和內容多樣與自由的「文化民主」的發揮，一如前面所

---

32 Wilt L. Idema, 'Traditional Theatre in Modern Times: The Chinese Case,' in C.C.Barfootn and Cobi Bordewijk (eds.), <u>Theatre Intercontinental: Forms, Functions, Correspondences</u>, p. 16.

33 同曾永義，〈歌仔戲的重要課題〉。

提 Firmin Gémier 的話「尋找戲劇在社會上的新功能、尋找新觀眾」。

　　台灣目前，其實不管京劇或歌仔戲，業已朝向創新形式發展，也可以說，在改革創新的同時，也已經逐漸改變風貌[34]，「文化民主」性的層面可以期許繼續發展，倒是普遍性的問題，是否可以隨著戲曲活潑且現代化而吸引更多的觀眾，比較值得擔心。在政府有心扶植傳統戲曲，京劇與歌仔戲的經費上年年增加的情況下，已經有許多專家學提出多方面的建言，以下所提，則是筆者認為有急迫性罷了，而鑒於藝文政策的執行影響京劇、歌仔戲的成果至大；和政策本身規劃執行、參與的專家學者態度、屬於政策實施對象的戲曲團體，社會中的商業、宗教團體或媒體等等多方面都有牽涉，是一種有機體互動的結構，擬分成加強政策規劃與執行、發揮專家學者責任、改善劇團營運與加強藝人學養、鼓舞民間力量參與等敘述。

(一) 加強政策規劃與執行

　　這一方面又可分幾成政策統合、改善表演場地及設施、加強保存文化資產、加強戲曲教育等幾點說明：

1、政策統合：

　　政府應就執行藝文政策相關單位進行統整，中央與地方權責明白，互相尊重，不同部會之文化事務歸納整合。主要的用意在於推展政策時，減少人與環境互動的阻礙，讓政策成效彰顯。由西歐各國戲劇政策或歐聯的文化行動觀察，不管中央政

---

34 同 Wilt L. Idema, 'Traditional Theatre in Modern Times,' p.24.

府、地方政府以何種方式贊助藝術團體的演出，在品質上的要求地方與中央不一定一致，歐聯各國對戲劇的認同點亦有不同的政治或社會功能的考量，精緻文化與通俗文化各有所需。台灣近數年來著重地方性文化發展，應該是正確方向，但是評估上，仍不免採行高度文化之嚴苛、精緻看法。所以政策宜更明白規範中央政策實施範圍，各地方則以發掘地方資源、發揚地方特色爲主，技術性的行政方式則有待專業人員素質加強。政策計劃再優良，假如執行過程不能掌握時間資源、人力資源、資訊資源、經費資源，主政者賦予的權威或信任資源，則總是徒勞無功。尤其在執行傳統藝術方面，老藝人凋零、技藝失傳、劇團解散、口述歷史田野調查費時，加上國家預算困難時總先刪減文化經費總等需要克服的困難比其他表演藝術更多些。假如政府戲曲相關措施分散，如何跨越空間與時間賽跑，挽留住即將瀕臨絕種的藝術，值得疑慮。

2、改善表演場地及設施：

這個政策實施已久，但多以改善設施爲重。至目前可以看到的，京劇雖貴爲國家級劇團，組織上已漸有一番別於三軍時期氣象，但沒有自己的團址、劇場，辦公、整理蒐集建立的資料、以及演員排練均得商借其他場地，宜早日改善，方能提振團員及行政人員士氣。

而歌仔戲方面，加強廟會與劇團關係及妥善規劃廟宇前的演出地點爲當務之急。雖然於 1989 年前後郭爲藩主政時關注一陣子，其後申學庸亦強調以傳統廟會和民俗活動爲核心的民間系統，但龐大的「社區總體營造計劃」對於改善廟會環境以利戲曲活動則尚無確定的計劃：至於「充實鄉鎮展演設施」乃至

林澄枝時期規劃的「一鄉一館」計劃，目前完成的展演館，以提供外來團體演出為多，尚不能體認培育自己地方性藝文團體的重要[35]。宗教儀式中藉由歌仔戲酬神的需求尚存，假使利用「需求」的機會，突破環境的障礙，規劃良好演出設施與環境尚能扭轉衰危於一時。陳秀娟曾在她的論文中有類似的思考[36]：

> 它仍然存在，原因即在社會有此需要，由民間宗教信仰為它塑造出生存空間。因此，儘管宗教信仰也歷經變化，但是其中持續不變的成分（宗教與民間戲曲、音樂間的關係）卻賦予歌仔戲存在的意義，供給其存續之力量源泉。據此，所謂歌仔戲的變遷，實乃表現於其表演體系的鬆弛退化，而非意義與價值的轉變。

而突破環境障礙，正好是政策可以使力的地方，邱坤良也曾提出他的觀點認為[37]：

> 民間戲曲的再現生機主要的需注重戲曲生長的社會文化環境，而這環境所指的也是傳統節令以及祭奠文化，假如政府能夠就民間尚存的儀式慶典環境加以規劃，比較扶植現代劇團一般訂定補助評估等辦法加以輔導在慶典中演出的這些野台戲劇團，那麼台灣傳統戲曲的延續才有希望。

演出本身質的問題本就是極為重要的因素，但是假使將其與民眾習俗緊密結合，規劃演出場地、安排坐椅（如目前一般，可

---

35 按筆者針對 1996—2001 年間已完成的 85 處展演場所進行調查，其中 24 處可以提供戲劇演出，演出團體仍舊是具知名度的大團體，京劇團如國光劇團，歌仔戲團如明華園團、新和興、河洛、或蘭陽戲劇團。

36 陳秀娟，《台灣歌仔戲的演變過程：一項人類學的研究》，台灣大學人類學研究所碩士論文，1987 年，頁 111。

37 邱坤良，〈金玉其表：八十四年的台灣民間戲曲〉《中華民國八十四年表演藝術年鑑》，國立中正文化中心，1996 年，頁 96。

以收費）、沒有吵雜的車量流動聲或攤販叫賣聲、仍舊準備幻燈字幕提供需要者了解，不需要特別宣傳，不需要另外安排藝術季，在習俗節慶時自然而然有好戲看，成為生活中的一部份，那麼，經由民間與政府合作，傳承與普及也就指日可待，而非雙方均處於孤掌難鳴的狀況。

　　另外林鶴宜也曾建議規劃廟會為「社區文化活動」[38]，又如從傳統藝術中心著手辦理之「歌仔戲會演大拼台」活動已經可以看出的跡象是，只要經過規劃的活動，充分的經費，歌仔戲在外台的演出仍可以看出一個場地圍繞數千觀眾的現象[39]。政府及早加強劇團演出環境的改善，對演出品質當有一定程度的提昇。

1、加強保存文化資產

　　國立傳統藝術中心於 2002 年 1 月 28 日正式成立，同意曾永義的看法，最大的功能應該是保存及傳承傳統藝能技藝，落實 1982 年通過的「文化資產保存法」，而與同是東亞國家的日本、韓國能並駕齊驅[40]，以擁有國家文化資產為榮。傳藝中心固

---

38 林鶴宜，〈民間戲曲表演的環境與危機〉，文化視窗，1999 年 12 月，頁 12。

39 周美惠，〈歌仔戲匯演大拼台〉，2001 年 7 月 22 日。按由傳統藝術中心主辦、明華園承辦「百年傳唱歌仔情」，由 7 月 12 日至 23 日為期 11 天，於高雄市三鳳宮前搭台演出，觀眾每日為千人以上，至最後一天演出已約三千人次，大異於平日野台演出情況。

40 按日本於 1950 年國會通過「保護文化財產法」，用以保護有形的文化財，1954 年修訂，將無形文化才也列入，至 1957 年將「民俗文化財」一併列入。韓國則於 1962 年由政府公佈「文化資產法規」。參照曾永義〈台灣地區民俗技藝的探討與民俗技藝元的規劃（下）〉，民俗曲藝，49 期，1987 年 9 月，頁 108－9。

然已經結合專家學者針對戲曲特質以及人文變遷等方面「搶救」或「活化」中，但是更重要的可能還必須透過政策的擬訂，將各地方尚存在的傳統戲曲資源確切的建立與掌握，累積以往調查的成果，加上亟待整理者，系統性的規劃與實施，免於不及保存或者重複調查浪費人力、物力。至於運用現代科技方式保傳形、聲、意，更不在話下。而戲曲創新的部分應該鼓勵民間進行，以達到自由化與多樣化，可避免運用國家預算經費所可能帶來的行政或意識型態干涉。

2、加強戲曲教育

這裡所提，倒不是針對現有的戲曲專科學校，或已經存在的國立藝術大學傳統藝術研究所，而是認為政府應該加強一般教育學程中的戲曲教育。

儘管近一、二十年傳統戲曲受到政府與學者的重視，仍避免不了環境變遷所帶來的衝擊，必須面對觀眾流失的可能。在台灣，戲曲教育一直都是被忽略的一環。早期教育制度以升學為重，學生課業繁複，難得有藝術教育課程，即使有，也僅限於西洋之美術、音樂；京劇受國家重視，也僅是學校社團活動而已。解嚴後，學校教育環境變遷極大，教育部也開始推行九年一貫藝術與人文課程，但是，一般學校至目前為止，由於中小學教師以往不曾受過戲曲訓練，不知如何教授，開設戲曲課程者有限。

假使能透過政策，逐步加強戲曲教育的普及，編撰不同層級的戲曲賞析或傳承教材，讓戲曲的藝術層面、娛樂功能、宗教意義得到正確的認識，對於培育基本戲曲觀眾人口應當有所助益，也藉之可以讓戲曲藝人或專業學校培育出來的人才有更

多發揮的空間,實現「活體保存」[41]的可能,更可以因為戲曲教育的普及,對高度文化或通俗文化有一定的認知,不隨意附庸風雅或貶抑劇種,「多元化」「多樣化」的文化環境才足以真正形成。

　　另則戲曲教育的另一方式也可以是由政府單位補助鼓勵學校社團的成立,讓學生以親身體驗的方式認知戲曲特性,加強娛樂功能。

(二) 發揮專家學者責任

　　解嚴以後,政府政策擬訂與專家學者之間的互動,最為明顯為政府單位為了表達民主與開放,不再拘泥於形式主意或曾被強烈反彈的「黑箱作業」,在擬訂政策或計劃過程中,延聘專家學者參與似乎是不可避免的,而也有過度仰賴專家學者之嫌。戲曲界,劇團及藝人語言書寫能力有限,既使有機會表達也多羞澀,通常倚仗專家學者為其闡述。政府與藝人雙方對專家學者均倚賴的情況下,其責任之大不言可喻。因之,專家學者如何洞悉當代戲曲生態及傳承危機,而提出建言,相當重要。學者專家多年來在藝人凋零、技藝衰微之補救措施,保存傳習方法的建議上確實影響政府單位施政措施,對戲曲生態的重整有一定的意義,然而對於戲曲主體性、藝術內在發展機制的適應方面尚著力不深。也即是,戲曲審美認知之建立、戲曲現代化問題解析、台灣島國的能力要發展甚麼樣的戲劇形式等,需要學者專家匯集更多智慧建立共識,針對這一點,個人的學養

---

41 引傳統藝術中心 2001 年 10 月 14 日「民間藝術保存傳習計劃座談會」
　　紀錄,林谷芳、李國俊用語。

確實不足以論，僅就撰寫論文及教學經驗提供淺見爲：

1、強化戲曲劇場功能：

中國境內的戲曲三百多種，台灣戲曲亦有二十餘種，諸多的種類貴在各具風格、特色、唱腔。而共同的特點則是歌、舞、樂的結合所表現的「程式性」、「象徵性」、「誇張性」、與「疏離性」等特質。然而京劇自乾隆 55 年（1790）漸次成形爲北京的代表劇種至今二百餘年間，已有一百年的戲曲現代化爭論與變革，而歌仔戲 1920 年代成形至今，也是不斷的演進。

戲曲改革，自宋、元以來既有之，但當時畢竟處於封閉式的中國境域，當代性的劇作與所謂歷史性的作品在道德倫理思想上、社會制度上、價值觀念上差距不大。倒是自清末以來與外國的接觸多，加以五四運動西化影響更爲具體，戲曲需要現代化，成爲不爭的事實，而因時代背景不同所產生戲曲如何革新的問題，才是更形棘手而複雜。惟或因受全球重視國家資產觀念的影響，「戲曲理論家的觀點漸趨中庸，話劇化不再被看成是改革唯一的指向，現代戲如何回歸戲曲主體，尤其是保持傳統戲曲固有的程式化特徵，則受到越來越多關注」[42]，深恐無形的文化財產，一旦流失傳統之美就很難尋回。但是另一方面，更重要的，戲曲的生命，不與時俱進，不能保留鮮活性以及與民眾之間的契合與互動[43]，不破除藝術形式的凝固性，也難以反

---

42 傅謹，〈兩岸戲曲回顧與展望研討會論文集 卷二：程式與現代戲的可能性〉，台北市：國立傳統藝術中心籌備處，1990 年，頁 65。

43 按台灣大學彭鏡禧認爲京劇的缺點是沒有心理寫實層面、固定類型角色、情節變化少，不適合目前大眾的品味，主張漸次演變新的形式。Ching-Hsi Perng, 'At the Crossroads: Peking Opera in Taiwan Today,' in Asian Theater Journal 6-2 (1989),124-44.

映時代性，這兩種論點均有不同眾多學者專家支持。以台灣自有歷史以來，經濟為先，居民百姓勤於奮鬥，在身心勞動之餘，最為優先需求者為娛樂，又以台灣數十年來生活優越，人民國際旅遊經驗豐富，對娛樂多元化、多樣化、高品質的需求也日益增高，而戲曲本是綜合性藝術，其自始來自民間，亦具有相當能力的調適性與發展性，因之認為：

(1) 京劇方面

目前國立國光劇團與國立台灣戲曲專科學校國劇團儘早合併成財團法人機構，由政府經費按一定比例贊助，劇團基本上自負盈虧，促使其轉型成為具有社會性、商業機制的團體。其營運或傾向於傳統老戲，或結合含科技媒體之現代劇場方式，皆取決於劇團，不受政府行政干預，以利其創作及開發新觀眾。台灣戲專仍保留附設劇團，提供學生作為實習演練之所，嚴格要求技藝，藉由不斷的巡迴各層級校園演出加強磨練。至於原本存在於於民間之劇團，盡其能力吸納專才，形成競爭觀摩對手。而有關戲曲純粹美學的欣賞，可利用兩岸專才及優良劇本，以現代科技錄影留存。是否由國家以文化資產觀念維持京劇，筆者認為以台灣的條件，達成並不太樂觀。

(2) 歌仔戲方面

歌仔戲九十年代以來的創新演出，開發許多新觀眾，目前部分野台戲劇團也漸漸朝這些方向發展。曾永義就明華園歌劇團、新和興劇團、河洛歌仔劇團等多年來提昇歌仔戲所做的努

力，歸納六點方向作爲發展精緻歌仔戲之依循，值得參酌之[44]：

a. 　講求深刻不俗的主題，滿足現代人注重思考的觀劇心理。

b. 　情節緊湊明快，關目血脈相連，針線細密，架構完整。

c. 　現代劇場設備完善，不難運用聲光電化等舞台設計，達到富麗堂皇的效果，使得戲曲排場更加醒目可觀。

d. 　語言力求肖似人物口吻，機趣橫生。發揮歌仔戲的鄉土特色，充分運用閩南語的俗語、諺語、成語等豐富的詞彙，來描摹人情。

e. 　注重音樂曲調的豐富多元性。

f. 　加強演員技藝與學養修爲。

至於具有崇高貴重歷史地位及藝術價值之原始形態的哥仔陣、落地掃、老歌仔等三種[45]，因與台灣本土地緣之便，由國立傳統藝術中心加以保存、錄製以及積極從事薪傳，仍依附於廟會演出之野台歌仔戲團，如前述，亦及早由政府單位規劃輔導各地方改善良好演出環境，或可挽救衰頹現象。

1、倡導戲曲學術研究及國際交流

戲曲唱、念、做、打表演程式所創造出來的藝術富有綜合美、整體美不容置疑，其中的奧妙再經時代變化的影響所建立的學術研究可以包含戲曲現代化研究、戲曲音樂研究、戲曲美學、戲曲史論等等。台灣自 1949 年以來，基於國家立足與建設考量、教育體制上對於戲曲未予重視，在中國文學系中聊備一

44　曾永義《我國的傳統戲曲》，台北市：漢光文化公司，1998 年，頁 84。

45　曾永義，《論說戲曲：台灣歌仔戲之近況及其因應之道》，台北市：聯經出版社，1997 年，頁 340。

格,專業科系有限,培養出的學術研究人才不多。就京劇、歌仔戲的發展而言,京劇在七十年代末以前的論述基點,大致以齊如山所代表的傳統理論為主,評論演員的功力與表現[46];八十年代則有郭小莊與吳興國兩位京劇專業演員的創新具體表現,引導學者理論方面的鑽研。但坦言之,專論仍舊缺乏,至九十年代雖然較為蓬勃,仍侷限在戲曲風格轉變的問題。而歌仔戲,自八十年代以來陸續提昇至學術研究領域,但是亦停留在中階層的劇團營運問題、追溯歌仔戲來源及曲調變化等。兩者在台灣戲曲文化的建立、審美基礎的闡述仍十分微弱。就多次兩岸戲曲學術研討會台灣學者的質與量而言,則更不可諱言加強之必要。至於國際性會議的參與,外語能力書寫的加強更不在話下。

其次必須強調的,假如盡是以西方美學觀點來進行中國戲曲的觀賞與改革,失去戲曲特質,也就不稱其為戲曲。改革的基礎在於擷長補短,否則凡此累積民族風采以及長期技藝淬鍊之無形文化,消失則消失矣,難以追回。

2、提昇劇團營運與藝人學養

戲曲發達與否固然部分的原因仰仗於社會是否安定、人民生活是否富足,但是戲曲藝人本身技藝的優劣佔著極重要的份量,就如崑劇由於〈十五貫〉的演出獲得再生的機會是戲曲界所樂道者。以往因為政府施政因素、社會變遷因素,京劇、歌仔戲在不同的演出環境中走過五十年,技藝衰退是兩者共同的

---

46 王安祈,〈兩岸戲曲回顧與展望研討會論文集卷一:京劇理論發展史初探〉,台北市:國立傳統藝術中心籌備處,1990年,頁221。

特徵，加上內容觀念陳腐、劇團營運方式不能與時俱進，觀眾
減少的危機當然出現。但是 1987 年解嚴以來各方面的突破，對
戲曲而言實在是轉機的好時機。如教育學制多元化，藝人再度
精進戲曲理論性機會增多、兩岸交流方便，有學藝之需者亦不
加以干涉、各國現代表演藝術、大陸戲曲團體抵台演出者頻繁，
觀摩機會不少，科技進展、各種錄影、錄音、保存錄製設備技
術精湛，電腦資訊豐富，傳播發達，加以不同學術專業領域交
流研究亦多，對於戲曲提供的思考或傳播與解嚴前真不可同日
而語。當然也不否認，近十年來在與現代劇場及其他表演藝術，
包含由大陸來的團隊等互動下，已呈現不同的京劇劇場美學，
以及豐富多彩的歌仔戲表演。透過導演調度舞台能力，讓不同
的角色發揮所長並與不同的表演藝術結合，劇中多元性的思考
空間讓表演藝術超越演員唱、念、作、表的抒情意境等，均有
明顯的改進，足以證明專業技藝的可貴，以及融入現代化思辨
題材的必要。但是，這些表現尚未能全面化的影響存在的京劇
團或歌仔戲團，所以仍舊呼籲，假使劇團可以善用這些機會了
解觀眾需求、擬訂劇團經營走向，創造演出風格，開發新觀眾，
而藝人尊重自身的寶貴技藝，對專業性表現精益求精，則配合
政府日一優厚的輔助條件，相信京劇、歌仔戲又可以有另一波
的黃金時代。

3、鼓舞民間力量參與

　　既言戲曲生態環境，表示其為有機體之運作，政府執行政
策有其重要性，學者專家以及藝人劇團各司其職，而很重要的
仲介如民間的企業團體、傳播媒體更不能自身門外。七十年代
起如中華民俗基金會（1978 年-）、施合鄭民俗文化基金會（1980

年-）、新港文教基金會（1987 年-）協和藝術文化基金會（1989
年-）、辜公亮文教基金會（1989 年-）、聯合報文教基金會、
時報文教基金會等等的成立，帶動戲曲研究、兩岸戲劇交流，
以及戲曲文物出版，給予戲曲界一股新力量，報紙、雜誌提供
的評論版面更有著立即性的迴響，如表演藝術雜誌 1992 年創刊
以來戲曲的報導評介除了文化資產的累積功能外，在建立寶貴
的研究資訊，報紙類中僅民生報開闢民生劇評專欄，雖多為現
代戲劇的評論，偶有戲曲評論[47]，但文化版面相關之報導也不
少，作為一份與現實對話的資料，仍不失為助長戲曲進展的媒
介。另外亦有如建設公司、保險公司、航空公司、銀行界也依
不同質性、本身利益衡量加入贊助，也是達成助長戲曲發展因
素之一。

　　依據過去民間力量參與產生的效果，假使解嚴後大量電視
傳播媒體的出現能加入報導、轉播的行列，非文教類的企業團
體能更多的參與，而與歌仔戲相關的廟宇、宗祠，能認知到舞
台表演藝術的魅力，少量播放電影影片，回歸邀請歌仔戲團酬
神演出，則更可實質影響野台歌仔戲的存在。上述各項建議，
建立在整個社會以民主、自由為基礎的環境中，政策的擬訂牽
涉公共資源的分配，含政治意味或不可少，但避免黨派利益，
而以全民福祉為考量則仍是正確行政方式；專家學者不與資源

---

47 按民生報表演評論含現代戲劇、音樂、舞蹈、戲曲，戲曲評論 1996 年
　至 2000 年共計 7 篇，佔總數 225 篇中之 0.03%，曾參與評論者為林鶴
　宜、王安祈、劉慧芬、蔡欣欣、林茂賢、汪其楣。參照王亞玲〈台灣
　報紙的表演藝術評論之研究—以民生報為例〉，銘傳大學傳播研究所
　在職專班碩士學位論文，2001 年 6 月。

利益掛勾，重視學術尊嚴，當可塑造良好研究環境；劇團與藝
人不與世沉浮，迷戀舊習，可百尺竿頭更進一步；民間中介團
體洞察文化藝術爲無形寶藏，鼎力協助，那麼戲曲生態的蓬勃
指日可待。

附錄一

行政院部會機構掌理戲曲相關業務表

機構名稱	相 關 業 務 內 容
文建會	策劃辦理戲曲活動、巡迴校園、基層社區，鼓勵戲曲編導創作及示範演出，結合重要節慶、廟會辦理民俗曲藝活動，補助辦理各縣市文藝季，傳統藝術項目之探錄保存與傳習，辦理傳統藝術資源相關調查研究，兩岸戲曲交流，國際戲劇交流，推動一鄉一館充實鄉鎮展演場所，獎勵及委託製播文藝性廣播電視節目。
教育部	辦理青少年國劇欣賞活動，各級學校學生國劇競賽、推廣社會藝術教育、督導各地區文化中心，社教機構有關單位研究輔導民間藝術教育事宜，扶植全國性演藝團隊，建立傳統藝術人才培育管道，擴充社區藝術活動場所，開發兩岸及國際藝術交流管道，輔助全國性藝文、戲劇團體。 設國際文教處，辦理文化教育或藝術學術交流動。
新聞局	輔導及管理出版事業，輔導及管理廣播電視有關傳播事項。
內政部	設禮儀民俗科、宗教輔導科，辦理宗教民俗活動、擬訂民俗法令
外交部	參與「國際文化交流協調會報」補助民間藝術團體從事國際文化交流。
僑委會	世界各地華僑文教中心之宣慰僑胞藝文活動。
財政部	藝文團體演出減免稅法。
國防部	軍中藝文活動。
交通部	辦理民俗節慶觀光活動如「中華民藝華會」、「台北燈會」、「全國民俗才藝活動」。

附錄二

臺灣省政府臺灣省警備總司令部佈告 全省戒嚴內容

臺灣省政府臺灣省警備總司令部佈告

戒字第壹號

一、本部為確保本省治安秩序，特自五月二十日零時起，宣告全省戒嚴。

二、自同日起，除基隆高雄馬公三港口在本部監護之下，仍予開放，並規定省內海上交通航線（辦法另行公佈）外，其餘各港，一律封鎖，嚴禁出入。

三、戒嚴期間規定及禁止事項如左：

　㈠自同日起，基隆高雄兩港市，每日上午一時起至五時止，為宵禁時間，非經特許，一律斷絕交通，其他各城市，除必要時，由各地戒嚴司令官依情形規定實行外暫不宵禁。

　㈡基隆高雄兩市各商店及公共娛樂場所，統限於下午十二時前，停止營業。

　㈢全省各地商店或流動攤販，不得有抬高物價，閉門停業，囤積日用必需品擾亂市場之情事。

　㈣無論出入境旅客，均應遵照本部規定，辦理出入境手續，並受出入境之檢查。

　㈤嚴禁聚眾集會罷工罷課及遊行請願等行動。

　㈥嚴禁以文字標語，或其他方法散布謠言。

　　㈦嚴禁人民攜帶槍彈武器或危險物品。

　　㈧居民無論家居外出，皆須隨身攜帶身分證，以備檢查，
　　　否則一律拘捕。

四、戒嚴期間，意圖擾亂治安，有左列行為之一者，依法
　　處死刑：

　　㈠ 造謠惑眾者。

　　㈡ 聚眾暴動者。

　　㈢ 擾亂金融者。

　　㈣ 搶劫或搶奪財物者。

　　㈤ 罷工罷市擾亂秩序者。

　　㈥ 鼓動學潮，公然煽惑他人犯罪者。

　　㈦ 破壞交通通信，或盜竊交通通信器材者。

　　㈧ 妨害公眾之用水及電氣煤氣事業者。

　　㈨ 放火、決水，發生公共危險者。

　　㈩ 未受允准，持有槍彈或爆裂物者。

五、除呈報及分令外，特此佈告通知。

民國三十八年五月十九日

　　　　　　　　　　　主席兼總司令　陳　　誠

附錄三

文化資產保存法（第四、五章）

中華民國七十一年五月十八日立法院制定全文六十一條
中華民國七十一年五月二十六日總統公布施行
中華民國八十五年十二月三十一日增訂二條
中華民國八十六年一月二十二日公布
中華民國八十六年四月十八日修正四條
中華民國八十六年五月十四日公布
中華民國八十九年一月十四日修正六條增訂五條

第四章　民族藝術

第四十條　　（民族藝術之調查、採集、及整理）

　　教育部對於民族藝術應進行全面性之調查，採集及整理，並依其性質分別由教育部或地方政府指定或專設機構保存或維護。前項之調查、採集及整理，教育部得委託地方政府、團體或專家進行。

第四十一條　　（重要民族藝術）

　　教育部得就民族藝術中擇其重要者指定為重要民族藝術。

　　前項重要民族藝術喪失或減損其重要性時，教育部得解指定。

第四十二條　　（藝師）

　　教育部為保存、發揚及傳授技藝，對於重要民族藝術具有卓越技藝者，得遴聘為藝師；其遴聘辦法由教育

部定之。

第四十三條　（教育訓練）

對於民族藝術之傳授、研究及發展，教育部得設專門
教育、訓練機構或鼓勵民間爲之。前項專門教育或訓
練機構，得聘請藝師擔任教職；其設置辦法由教育部
定之。

第四十四條　（民藝保存）

政府對於即將消失之重要民族藝術，應詳細製作紀錄
及採取適當之保存措施，並對具有該項民族藝術技藝
之個人或團體給予保護及獎勵。

第五章　民俗及有關文物

第四十五條　（主管機關）

民俗及有關文物由地方政府保存及維護。

第四十六條　（調查、蒐集紀錄）

地方政府應主動調查與蒐集本地區具有特性之傳統民
俗及有關文物，作成紀錄，並指定或設立機構保管展
示之。

第四十七條　（輔導）

政府對於優良之傳統民俗，應加以輔導及闡揚。私人
或團體對闡揚優良傳統民俗有顯著貢獻者，應予獎
勵；獎勵辦法由內政部定之。

第四十八條　（獎勵）

私人所有之民俗有關文物捐獻政府或公開展覽者，得
予獎勵。

附錄四

國劇推展計畫

1989 年 11 月實施

壹、計畫緣起

　　國劇是集我國文學、美術、音樂、舞蹈、作表、特技於一爐之綜合藝術；內容豐富，風格獨特，故譽為「國粹」。惟目前國劇人口成長緩慢，有式微趨勢，識者引以為憂，故國劇之教育與推展工作實刻不容緩，爰特訂定本計畫，以作為今後推展國劇之準據。

貳、計畫目標

　　一、提高國劇藝術水準，培養國劇專業人才。

　　二、發揮國劇教化力量，促進文化建設。

　　三、輔助國劇團，開展國際文化交流。

　　四、照顧國劇從業人員，鼓勵創新與發展。

參、計畫說明

　　一、本計畫係綜合性、集體性之國劇推展計畫，中央各有關機關、省市、縣市政府及民間有關機構，應據以訂定部門性計畫配合辦理。

　　二、本計畫所需經費，由各主辦單位依預算程序分年編列支應。

　　三、為使本計畫切實執行，由行政院文化建設委員會統籌規劃、推動、協調及考評；其考評，由行政院文化建設委

員會邀請有關機關、學者專家辦理之。

肆、計畫項目暨辦理機關

一、加強國劇資料之蒐集、整理與運用：

(一) 建立具有傳統精神與現代劇場意識的國劇理論。〈主辦單位：教育部、文建會、協辦單位：國防部、文復會〉

(二) 鼓勵創作新戲並有系統的整理修編老戲。〈主辦單位：教育部、國防部、文建會、協辦單位：文復會〉

(三) 適時進行國劇發展現況調查研究工作。〈主辦單位：教育部、文建會〉

(四) 有計畫紀錄資深演員之絕藝以為薪傳。〈主辦單位：教育部、文建會、協辦單位：國防部、文復會〉

(五) 建立國劇專業人員人才資料以為運用。〈主辦單位：教育部、文建會、協辦單位：國防部、國劇學會〉

二、加強國劇人才培育：

(一) 統一劇校教育目標與設施標準。〈主辦單位：教育部、協辦單位：國防部〉

(二) 制定國劇專業課程研習內容。〈主辦單位：教育部、協辦單位：國防部〉

(三) 加強國劇師資培育與甄選，並提高教學成效。〈主辦單位：教育部、國防部、協辦單位：文建會〉

(四) 建立劇校國劇評鑑及演員檢覆制度。〈主辦單位：教育部、國防部、協辦單位：文建會〉

(五) 定期舉辦國劇團、各級學校國劇社、票房等國劇競賽，並擴大表揚，切磋技藝、發掘人才。〈主辦單位：國防

部、教育部、省市政府、協辦單位：文建會、文復會〉

(六) 訂定專業劇團中、長期演出計畫，以培育戲劇人才。〈主辦單位：教育部、國防部、文建會〉

(七) 適時辦理國劇專業人員觀摩研討活動。提供國劇演員進修機會。〈主辦單位：教育部、國防部、文建會〉

三、加強國劇推廣工作：

(一) 充實各地文化中心及社教機構國劇指導人才，主動推廣劇運。〈主辦單位：各縣市政府、協辦單位：教育部、文建會〉

(二) 建議在各大專院校中設置國劇選修課程，並在師範院校之音樂、舞蹈等有關課程中，增設國劇技藝之研習。〈主辦單位：教育部〉

(三) 利用假期，邀集中、小學音樂、舞蹈及對國劇有興趣之老師舉辦講習班，增進其對國劇之知識〈主辦單位：省市政府、協辦單位：教育部、文建會〉

(四) 適時辦理國劇研習班，提供大專青年及對國劇有興趣者研習，增加國劇人口。〈主辦單位：教育部、文建會、協辦單位：文復會、省市政府〉

(五) 延引有實學研究的演藝人才，籌設具有代表性的國劇團，配合觀光季節，定期公演。〈主辦單位：教育部、文建會、省市政府〉

(六) 協助社會及學校國劇社團之成立與演出輔導，並作有效支援。〈主辦單位：教育部、文建會、文復會、協辦單位：省市政府〉

(七) 開發國劇演出場所，使國劇有一固定而經常性的演出場

所。〈主辦單位：教育部、文建會、協辦單位：省市政
府〉

(八) 安排專業劇團赴各地巡迴公演。〈主辦單位：教育部、
國防部、文建會〉

(九) 邀集名角巡迴各地辦理國劇講習示範系列活動，有系統
的介紹國劇表演藝術。〈主辦單位：教育部、文建會、
協辦單位：國防部、省市政府〉

(十) 編印國劇欣賞系列叢書，提昇年輕觀眾觀賞國劇之興趣
與認識。〈主辦單位：文建會、協辦單位：教育部、國
防部〉

(十一) 製作國劇電視、電影及錄影帶節目，使透過駐外單位及
傳播媒體向國內外推廣國劇。〈主辦單位：文建會、新
聞局協辦單位：外交部、教育部、僑委會〉

(十二) 輔導國內劇團赴海外舉辦國劇公演以促進國際文化交流
流。〈主辦單位：教育部、國防部、文建會、協辦單位：
外交部、僑委會〉

四、研訂國劇專業人員獎勵與福利辦法：

(一) 訂定辦法，對從事研究、整理、創作、指導、演職人員
其有成就者，給予適當之獎勵。〈主辦單位：教育部、
國防部、文建會、人事行政局、協 辦單位：文復會〉

(二) 研究保障國劇從業人員之福利制度，以安定其生活。〈主
辦單位：教育部、 國防部、文建會、人事行政局〉

附錄五

地方戲曲推展計畫

1992 年 4 月實施

壹、依據

一、依據民國七十九年四月十四日行政院台文字第○七六五六號函核定之文化建設方案。

二、民國七十九年十一月八日至十日全國文化會議決議事項。

貳、中國傳統地方戲曲在我國文化上的重要性

中國傳統地方戲曲融合說、唱、演三種藝術於一體，除兼具其他文學類型之功能與特質外，更能藉由舞台藝術之呈現，將生動美妙之處展演出來。在娛樂設施缺乏的農業社會，它確實提供大眾娛樂的效果。由娛樂中，它反映當地民俗、宗教、藝術及文化的現象，並藉此教化民眾。然隨著時代的變遷，科技的進步，它所具有之功能漸不能符合年輕一代的需求，而漸被時代所淘汰。

因此，可藉由傳統地方戲曲資料之蒐集、整理與研究，評析其於社會、文化及藝術上之價值，開創戲曲文化藝術，賦予戲曲文化新生命；並透過演出、展示、推廣，加強民眾深入瞭解傳統戲曲藝術之內涵。如此，民族藝術與現代社會文化發展才能結爲一體，中國傳統人文倫理精神及固有文化才能恢復與振興，先人之智慧結晶才得以傳承。

參、地方戲曲現況分析

一、全省各地方戲曲劇團數量頗多，然散置各地，無專職

　　機構予以管理與輔導，且劇團本身多數缺乏管理與經
　　營之理念，導致劇團發展困難。

二、傳統藝師皆逾高齡，國內目前尚乏有系統培育地方戲
　　曲人才學校或研習班，且無適合各程度學生教材之編
　　寫，造成師資缺乏及曲藝無人承繼。

三、現階段在台灣，雖然有少數私人、文化中心；同鄉會、
　　戲劇研究或協進會、基金會等零星地進行地方戲曲之
　　蒐集、整理與研究，然並無統合中心加以整理，以致
　　於資料散置雜亂。

四、國內已有合乎國際標準設備的國家劇院，各縣市並有
　　文化中心表演舞台，然缺乏專屬地方戲曲專用之表演
　　場所，在各種客觀條件無法配合之情形下，更難發揮
　　其特色。

五、國內電影、電視節目均有正常宣傳管道，然地方戲曲
　　缺乏之系統的資訊管道，如：演出節目預先廣告介紹
　　無法傳達，影響演出效果。

六、目前國內雖有地方戲曲比賽，然只限少數傳統地方戲
　　曲〈只有台灣省政府教育廳每年主辦的歌仔戲、布袋
　　戲、客家戲比賽〉，且經由比賽選出之優秀團體及演
　　出者，並無計畫加以培訓，其技藝不僅無法精進，且
　　無法傳承。

七、國內地方戲曲劇團大多缺乏雄厚財力，劇團為求生存，
　　常降低其藝術品質以迎合觀眾品味。因此，必須尋求
　　企業界及財團支助，劇團才得以生存，並進而求曲藝
　　之進步。

肆、地方戲曲發展目標

一、規劃成立地方戲曲中心，以統合戲曲推展工作。

二、辦理地方戲曲人才培育，以傳承技藝。

三、籌設地方戲曲專業劇場，以擴大推廣空間。

四、建立地方戲曲宣傳管道，增進民眾認識戲曲機會。

五、擴大舉辦地方戲曲公演及比賽，以提昇戲曲展演藝術。

六、輔導各級機關團體學校成立地方戲曲社團，培養戲曲人口。

七、鼓勵工商企業、民間團體辦理地方戲曲活動，給劇團經營與管理注入活力。

伍、實施方案

一、成立地方戲曲中心，由文建會籌劃贊助一文化機構設立下設四組：

（一）　資料組：負責資料〈如：文字記載、服飾、樂譜、樂器、劇本等〉之蒐集、典藏、展示與推廣。

1.從中國方志、文獻及文集中檢索與蒐集有關地方戲曲演劇之資料。

2.整合國內同鄉會、戲劇研究會〈協進會〉、基金會、私人戲曲研究者、圖書館及文化中心所蒐集之資料。

（二）　研究組：負責調查、採集、整理研究與出版

1.藉由田野調查與比較研究，探討中國地方戲曲之來源，及發展遷中形成風格之背景與不同時期之運用，並因此發掘其與人文會之關係。

2.對劇團經營作個案研究與比較，深入瞭解傳統戲曲之經營與社會發展結合之方式，並檢討其營運問

題，尋求改進方法。

3.出版地方戲曲研究專書，蒐集彙整研究文章，並由專家撰寫研究論文。

(三)　學藝組：負責技藝傳承研習教材之製作。

1.製作教學錄影帶與錄音帶，邀請優秀藝人示範各類戲曲之舞台身段、表演方法與唱腔曲調。

2.選寫出版適合各程度讀者閱讀之地方戲曲、教材書。

(四)　演出組：負責有關演出之籌劃、設計與執行，及專業劇場之管理與營運。

1.策劃演出計畫，委託相關之優秀劇場負責表演事宜，所需經費由主辦機關全額負責。

2.負責輔導各專業地方戲曲劇場之管理及營運，並協助劇團演出。

二、辦理地方戲曲人才培育：

(一)　師資培訓班：培訓對象為戲劇比賽得獎之優秀藝人、劇團之優秀藝人及大專戲劇科系對地方戲曲有興趣之老師或學生。每年至少二期，每期至少二個月，對學員進行專業化理論與實務的訓練，以提昇師資品質，並儲存師資。

(二)　演藝人才培訓班：委託有規模之劇團、學校戲劇科系、或各戲劇學會定期辦理各類地方戲曲研習會，以介紹各類戲曲基本知識、特色等課程為主，另安排若干專業課程。

(三)　劇場管理與經營人才培訓班：每半年開訓一期，每期約三個月，對象為劇團之行政人員及負責人，課

程以西方劇場營運之知識爲主。於大專院校相關科
系或戲劇學校增設地方戲曲組。

三、籌設地方戲曲專業劇場：

㈠ 輔導現有之演出場所改進缺點，使其更有廣大用途。

㈡ 籌建專業劇場，在全省設置三處大型劇場，規劃改
建文化中心演藝廳，北、中、南三處之文化中心各
找一處，六處實驗劇場〈附屬於文藝之家〉。

四、建立地方戲曲宣傳管道：

㈠ 出版專刊，每月一期，內容涵蓋當月演出資訊〈包
括節目簡介〉、戲曲特色之介紹、研究文章、藝人
介紹等。

㈡ 與電視台合作，對於即將上演之節目，製作成類似
電影廣告之宣傳短片，在電視或公共場所放映。

㈢ 與廣播電台合作，邀訪傑出藝人，透過廣播傳達地
方戲曲之各項訊息。

㈣ 協調報刊、雜誌增闢地方戲曲報導之版面。

㈤ 舉辦類似「國劇列車」活動之系列講座及示範演出。

五、擴大舉辦地方戲曲公演及比賽：

㈠ 增加戲曲比賽項目，由原有之客家戲、歌仔戲、布
袋戲三項比賽增加至重要地方戲曲皆有比賽機會。

㈡ 荐選比賽得獎劇團參與文藝季節目演出及巡迴全省
公演。

㈢ 鼓勵縣市政府及輔助地方戲曲劇團定期辦理公演，

　　　　並輔導其出國演出。

　㈣　定期邀請大陸劇團來台公演，並赴大陸演出，藉此
　　　觀摩技藝與經營方式。

　㈤　在文化中心現有場地經常性長期演出。

六、輔導各級機關團體學校成立地方戲曲社團：

　㈠　輔導各級機關團體學校成立地方戲曲社團，帶動地
　　　方戲曲欣賞風氣。

　㈡　縣市文化中心與社教機構定期配合辦理地方戲曲活
　　　動，透過示範講解，培養民眾地方戲曲欣賞能力。

　㈢　贊助社團定期舉辦地方戲曲觀摩，競賽活動，提高
　　　國民參與活動之興趣。

七、鼓勵工商企業、民間團體辦理地方戲曲活動：

　㈠　鼓勵工商企業團體贊助地方戲曲演出，並配合員工
　　　福利措施，購票贈送員工及家屬觀賞。

　㈡　鼓勵民間團體贊助地方廟會、祭典演出地方戲曲。

　㈢　鼓勵工商企業團體認養地方戲曲劇團。

陸、配合措施

　　　由主管機關組成「地方戲曲輔導小組」，由相關部會
代表與學者專家組成，對各項推展方案進行審議與輔導，
俾有效推動。

柒、人力配合

　　　由主辦及協辦機關負責人事之調度及運用。

捌、工作項目與分工

項　目	具體內容及執行方法	主辦機關	協辦機關
一、成立地方戲曲中心	洽商一文化機構成立地方戲曲中心負責資料蒐集、調查、研究、整理、技藝傳承、教材製作。劇場之管理與營運知識之推廣。	文建會 教育部	省市政府 縣市文化中心 戲曲學會 同鄉會
二、辦理地方戲曲人才培育	〈一〉培訓地方戲曲師資、演藝人才及劇場管理與經營人才。 〈二〉於大專院校相關科系或戲劇學校增設地方戲曲組。	文建會 教育部	省市政府 縣市文化中心 劇團、學校 學術機構
三、籌設地方戲曲專業劇場	輔導現有之演出場所改進缺點。並籌建專業劇場。	文建會 教育部 省市政府	縣市文化中心
四、建立地方戲曲宣傳管道	出版專刊並製作電視廣播節目	文建會 新聞局	省市政府 縣市文化中心
五、擴大舉辦地方戲曲公演及比賽	荐選得獎劇團參與文藝季節目演出及巡迴全省公演。 〈二〉增加戲曲比賽項目。 〈三〉鼓勵縣市政府及輔助地方戲曲劇團定期辦理公演，並輔導其出國演出。 〈四〉定期邀請大陸劇團來台公演，並赴大陸演出，藉此觀摩技藝與經營方式。	文建會 教育部 省市政府 文建會	縣市文化中心 海基會

	〈五〉在文化中心現有場地作經常性長期演出。	陸委會	民間團體
六、輔導各級機關團體學校成立地方戲曲社團	〈一〉鼓勵各級機關團體學校成立地方戲曲社團。	教育部 文建會	國防部
	〈二〉縣市文化中心與社教機構定期配合辦理地方戲曲活動。	省市政府 縣市文化中心	文建會
	〈三〉贊助社團定期舉辦地方戲曲觀摩及競賽活動。	文建會 教育部	教育部 省市政府
七、鼓勵工企業、民間團體辦理地方戲曲活動	〈一〉鼓勵工商企業團體贊助地方戲曲演出，並配合員工福利措施，購票贈送員工及家屬觀賞。	經濟部	教育部、勞委會、文建會、省市政府
	〈二〉鼓勵民間團體贊助地方廟會、祭典演出地方戲曲。	省市政府	省市政府、教育部、文建會
	〈三〉鼓勵工商企業團體認養地方戲曲劇團。	經濟部	教育部 文建會

玖、經費預算與年度實施方法由各部會從其年度預算相關項下支應。逐年依據實需編列預算執行。

拾、實施期間奉核定後實施，按年度經常辦理。

拾壹、預期成果

　　一、各項地方戲曲資料將得以較完整地保存。

　　二、各劇團的營運與管理制度可獲改善。

　　三、地方戲曲專業人才不致流失，曲藝得以傳承。

　　四、擴展全民對各地戲曲的認識。

參考資料

一、政府出版刊物、文獻及報告

總統府,〈國軍國、豫劇隊現存問題暨研議改隸協調會：會議資料〉,
　　秘書長蔣彥士主持,1994 年 11 月 28 日 12 時至 14 時。

行政院,〈文化建設方案—國家建設四大方案之一〉,1990 年 2
　　月。

──,〈協商國軍各國劇團裁撤後,未來歸屬等問題新聞稿〉,行
　　政院第六組,1984 年 12 月 7 日。

──,〈繼續協商國軍各國劇團裁撤後,未來歸屬等問題：會議資
　　料及紀錄〉,行政院第六組,1984 年 12 月 23 日。

──,〈審查國立國光劇校、國立復興劇校暨國立國光劇團、國立
　　復興劇校附設國劇團整合改制一案會議資料及紀錄〉,1998
　　年 4 月 9 日。

國防部,〈協商國軍各國劇團裁撤後,未來歸屬等問題〉,軍事發
　　言人新聞稿,1994 年 11 月 28 日。

孫運璿,〈行政院孫院長六十八年言論集〉,台北市：行政院新聞
　　局,1979 年。

文建會,〈行政院文建會 72 年度至 88 年度施政計劃〉,1983 年──
　　1999 年。

──,〈行政院文建會 72 年度至 88 年度決算總說明〉,1983 年──
　　1999 年。

──,〈行政院文建會 72 年度至 88 年度工作報告〉,1983 年──

1999 年。

——，〈文化統計（80 年至 88 年）〉，1991 年至 1999 年。

——，〈加強文化及育樂活動方案〉，1983 年 7 月 30 日行政院 72 字第 14087 號函修訂。

——，《文藝座談實錄》，1983 年。

陳奇祿，〈行政院文化建設委員會工作報告：中國文化的傳承與創建〉，1983 年 12 月 21 日。

——，〈文建會 72 年度施政計劃〉，1982 年 3 月 10 日。

——，〈文建會 76 年度施政計劃〉，1986 年 3 月 1 日。

郭為藩，〈中國國民黨中央常會報告：現階段文化政策的輪廓〉，文建會印，1990 年 11 月 7 日。

文建會，〈國家六年計畫文化建設計畫案〉，1992 年。

申學庸，〈中國國民黨中央常務委員會專題報告：文化建設與社會倫理的重建〉，1993 年 10 月 20 日。

——，〈立法院第二屆第二會期教育委員會報告：行政院文化建設委員會工作報告〉，1993 年 12 月 8 日。

——，〈立法院第二屆第三會期教育委員會報告：行政院文化建設委員會專題報告〉，1994 年 6 月 9 日。

林澄枝，〈立法院第三屆第二會期教育委員會報告：行政院文建會工作報告〉，1996 年 10 月 7 日。

——，〈78 年文藝季節目冊〉，1989 年。

——，〈79 年文藝季專刊〉，1990 年。

——，《中華民國文化發展之評估與展望（77—81 年度），委託研究單位：二十一世紀基金會，1988 年—1992 年。

——，《中華民國表演藝術場地簡介》，1993 年。

——，《八十六年度表演藝術行政系列書籍：藝林探索 —— 環境

篇》，1998 年。

——，《文化白皮書》，1998 年。

鍾傳幸，《國劇之旅》，文建會，1990 年。

毛家華，《京劇二百年史話》，台北市：文建會，1995 年。

吳全成主編，《台灣現代劇場研討會論文集》，台北市：文建會，
　　1996 年。

文化環境工作室，《文化生活圈之調查研究——「縣市文化藝術發
　　展計劃」規劃研究報告：臺灣縣市文化藝術發展—理念與實
　　務》，台北市，文建會，1999 年。

國立傳統藝術中心籌備處，《傳統藝術研討會論文集》，1997 年。

——，〈歷年申請補助資料彙總——90 年度〉，1999 年。

——，〈民間藝術保存傳習計畫——京劇、歌仔戲歷年度經費〉，
　　1997 年 2001 年。

——，《兩岸戲曲回顧與展望研討會論文集（卷一，二）》，1999
　　年。

——，〈民間藝術保存傳習計劃第二期計劃—九十年度重要行政計
　　劃先期作業計劃，1999 年 1 月至 2000 年 12 月。

——，〈傳統戲劇保存類〉座談紀錄〉，2001 年 10 月 14 日。

——，〈民間藝術保存傳習計畫檢討座談會紀錄〉，2001 年 10 月
　　14 日。

教育部教育年鑑編纂委員會，《第四次中華民國教育年鑑》，台北
　　市：正中書局，1976 年。

教育部教育年鑑編纂委員會，《第五次中華民國教育年鑑》，台北
　　市：正中書局，1987 年。

教育部教育年鑑編纂委員會，《第六次中華民國教育年鑑》，台北
　　市：正中書局，1998 年。

教育部，〈立法院教育委員會第二屆第四會期：鄉土語言教學專案報告〉，1994 年 12 月 14 日。

教育部，〈國光藝校及劇團改隸專案小組會議資料：報告事項三〉。1995 年 4 月 25 日。

林恩顯，〈1990 年我國民間傳統技藝調查報告〉，台北市：教育部社教司，1990 年。

杜裕明編輯，〈鄉土藝術教育論壇〉，台北市：國立台灣藝術教育館，1998 年。

國立中正文化中心，《表演藝術年鑑（中華民國八十四年至八十八年）》，1995—1999 年。

國立國光劇團，〈暫行組織規程〉，1995 年 6 月 10 日行政院台 84 教字第 20659 號函核定。

——，〈國光三年〉，台北市：1998 年 8 月。

——，〈國立國光劇團、國立復興劇藝實驗學校附設國劇團兩劇藝團體整合改制戲劇文化中心計劃書〉，檔案資料，1997 年 8 月。

國立復興劇藝實驗學校，〈籌設「歌仔戲科」研究評估報告及第一至第五次會議紀錄〉，1990 年 4 月至 1992 年 9 月。

——，〈正式成立「歌仔戲科」籌備處，致教育部函〉，1993 年 7 月 6 日，（82）復人字第 306 號。

台灣省政府新聞處，《台灣光復四十年專輯——文化建設篇，教育文化的發展與展望》，1985 年。

——，《台灣光復四十年專輯—社會建設篇——邁向安定祥和福利社會之路》，1985 年。

——，《台灣光復四十年專輯——經濟建設篇——台灣經濟發展的經驗與模式》，1985 年。

台灣省文獻委員會，《台灣省通志》，台北市：台灣省文獻委員會，1971 年。

葛敬恩，《台灣省施政總報告》，收錄於陳銘鐘、陳興唐編「台灣光復和台灣光復後五年省情」，南京市：南京出版社，1947 年。

陳銘鐘、陳興唐編《台灣光復和台灣光復後五年省情》，南京：南京出版社，1947 年。

許瑞浩、曾品滄、薛月順，《戰後台灣民主運動史料彙編（一）從戒嚴道解嚴》，台北市：國史館，2000 年。

研考會，〈行政院所屬各機關年度施政計畫編審辦法〉，中華民國八十年十月九日行政院臺八十研綜字第五四九六號令修正發布。

瞿海源，〈文化建設與文化中心績效評估之研究〉，台北市：行政院研考會，1985 年。

中華發展基金管理委員會，〈兩岸表演藝術教育研討會論文集〉，台北市，1998 年。

立法院，〈立法院公報：第 66 卷至 88 卷教育委員會有關藝文政策以及京劇、歌仔戲質詢紀錄〉，1977 年——1999 年。

汪秀瑞，〈立法院公報—委員會紀錄〉，66 卷 42 期，1977 年 5 月 25 日。

──，〈立法院公報—委員會紀錄〉，72 卷 7 期，1983 年 1 月 12 日。

蔡讚雄，〈立法院公報—委員會紀錄〉，72 卷 7 期，1983 年 1 月 12 日。

張光濤，〈立法院公報——委員會紀錄〉，72 卷 36 期，1983 年 5 月 4 日。

——，〈立法院公報——委員會紀錄〉，75 卷 25 期，1986 年 3 月 26 日。

謝美惠，〈立法院公報——委員會紀錄〉，74 卷 53 期，1985 年 7 月 3 日。

林文棟，〈立法院公報——委員會紀錄〉，75 卷 25 期，1986 年 3 月 26 日。

蘇火燈，〈立法院公報——委員會紀錄〉，75 卷 25 期，1986 年 3 月 26 日。

傅晉媛，〈立法院公報——委員會紀錄〉，76 卷第 59 期，1987 年 4 月 2 日。

宣以文，〈立法院公報——委員會紀錄〉，77 卷第 105 期，1988 年 5 月 2 日。

彭百顯，〈立法院公報——委員會紀錄〉，79 卷 65 期，1990 年 8 月 15 日。

陳癸淼，〈立法院公報——委員會紀錄〉，82 卷 73 期，1993 年 12 月 22 日。

林正則，〈立法院公報——委員會紀錄〉，85 卷 50 期，1996 年 10 月 17 日。

盧修一，〈立法院公報——委員會紀錄〉，79 卷 65 期，1990 年 8 月 15 日。

蕭瑞徵，〈立法院公報—委員會紀錄〉，76 卷 14 期。

立法院，〈八十二年度中央政府總預算案討論〉，1992 年 4 月 11 日。

立法院，〈八十三年度中央政府總預算案討論〉，1993 年 5 月 6 日。

立法院，〈八十六年度中央政府總預算案討論〉，1996 年 5 月 1

日。

立法院，〈八十七年度中央政府總預算案討論〉，1997 年 4 月 17
　　日。

立法院立法諮詢中心，〈藝術教育法草案評估報告〉，委託立法院
　　藝術教育法草案評估小組，1995 年 6 月。

羅載光，〈請願書〉，1992 年 3 月 31 日立法院收文。

蘇桂枝，〈國光、復興兩校合併改制專家學者徵詢第一次會議：錄
　　音資料〉，1996 年 10 月 28 日。

——，〈充實鄉鎮展演設施調查資料彙整表〉，2002 年 3 月。

二、學位論文

王亞玲，〈台灣報紙的表演藝術評論之研究—以民生報為例〉，銘
　　傳大傳 播管理學院研究所在職專班碩士學位論文，2001 年。

林永芳，〈現階段文化政策執行之研究〉，國立中山大學學術研究
　　所碩士論文，1985 年。

——，〈海峽兩岸文化交流及文化發展政策之研究〉，國立台灣師
　　範大學三民主義研究所博士論文，2000 年。

高小仙，〈從三民主義文化建設論我國文藝發展——以 1950——
　　1990 年我國國劇發展為實例〉，政治作戰學校政治作戰研究
　　所碩士論文，1991。

侯剛本，〈台灣京劇教育與就業現況之研究〉，中國文化大學藝術
　　研究所，碩士論文，2001 年。

陳秀娟，〈台灣歌仔戲的演變過程——項人類學的研究〉，台大人
　　類學研究所碩士論文，1987 年。

黃才郎，〈文化政策影響下的藝術贊助——台灣一九五○年代文化
　　政策、藝術贊助與畫壇的互動〉，中國文化大學藝術研究所美

術組碩士論文，1992 年。

黃國禎，〈文化政策、認同政治與地域實踐——已九十年代宜蘭爲
　　例〉，國立台灣大學建築與城鄉研究所碩士論文，1998 年。

楊聰榮，〈文化建構與國民認同：戰後台灣的中國化〉，國立清華
　　大學社會人類學研究所，1991 年。

楊永喬，〈「明華園」歌仔戲團演藝實踐及經營研究〉，國立台灣
　　大學戲劇研究所碩士論文，2001 年。

劉先昌，〈論軍中劇隊在台灣京劇史上的影響——以陸光國劇對爲
　　析論範圍〉，文化大學藝術研究所碩士論文，1998 年。

蕭阿勤，〈國民黨政權的文化與道德論述〉，台灣大學社會學研究
　　所碩士論文，1991 年

謝筱玫，〈台北地區外台歌仔戲「胡撇仔」劇目研究〉，國立台灣
　　大學戲劇研究所碩士論文。

蘇昭英，〈文化論述與文化政策：戰後台灣文化政策轉型的邏輯〉，
　　國立藝術學院傳統藝術研究所碩士論文，2001 年。

三、書籍、期刊

王安祈，《傳統戲曲的現代表現》，台北市市：里仁書局，1996
　　年。

——，〈古道中闢蹊徑—雅音小集之於臺灣國劇發展〉，台北市：
　　復興 劇藝學刊，卷期：14，1993 年 12 月，頁 5——8。

——，〈文化變遷中台灣的京劇發展〉，表演藝術，卷期，第 27
　　期，1995 年 1 月。

——，〈試論京劇文士化的幾個階段〉，台北市：民俗曲藝，卷期：
　　94，頁 17—34，1995 年 5 月。

——，〈曲/戲迴旋路——文化變遷中臺灣的京劇發展〉，台北市：

表演藝術，卷期：27，1995 年 1 月，頁 5—10。

——，〈生態調整的關鍵〉，收錄於中華民國八十四年表演藝術年鑑，台北市：中正文化中心，1995 年，頁 98—107。

——，〈戲曲現代化風潮中的一些逆向思考——觀賞王吟秋「春閨夢」〉，台北市：表演藝術，卷期：42，1996 年 4 月，頁 94——95。

——，〈徽班印象〉，台北市：表演藝術，卷期：63，頁 79—82，1998 年 3 月。

——，〈竹林中的探險—觀《羅生門》戲曲演出〉，台北市：表演藝術，卷期：67，頁 73——77。

——，〈從傳統到創新的步跡足印：「戲曲改革」初期的「響馬傳」和「九江口」〉，台北市：表演藝術，卷期：69，1998 年 9 月，頁 79——83。

——，〈「探母」研討會〉，台北市：表演藝術，卷期：70，1998 年 10 月，頁 18—19。

——，〈慧眼別具——「北京京劇院」來台的劇碼選擇〉，台北市：表演藝術，卷期：81，1999 年 9 月，頁 80—83。

——，〈凝眸諦視——台灣京劇史照展〉，台北市：表演藝術，卷期：84，1999 年 12 月，頁 104—105

——，〈傳統與創新的迴旋折衝之路——臺灣京劇五十年〉，台北市：國文天地，卷期：15，1999 年 12 月，頁 4——11。

——，〈京劇理論發展史初探/兩岸戲曲回顧與展望研討會論文集卷一：〉，台北市：國立傳統藝術中心籌備處，1999 年，頁 206—237。

王海波，〈兩岸的京劇教育〉，台北市：交流，卷期：9，1993 年 5 月，頁 23—24。

王敬先，〈四十年來國劇發展的回顧〉，台北市：復興劇藝學刊，卷期 17，1996 年 7 月，頁 119—131。

——，〈國劇藝術的再生—從三軍國劇隊異動談起〉，台北市：社會教育年刊，卷期：47，1995 年 4 月，頁 44——46。

——，〈文化檔案與從前：我們曾是文化園丁/紀念文化局成立三十週年專輯〉，紀念教育部文化局成立三十週年專輯編輯委員會自行出版，1997 年，頁 181——187。

王嵩山，〈台灣民間戲曲研究總論一個人類學的初步研究〉，台北市：民俗曲藝 28 期，1984 年 3 月，頁 1——55。

——、江宜展，〈台灣民間戲曲的形式與意義：兼論傳統的轉型與現代發展〉，台北市：民俗曲藝 28 期，1984 年 3 月，頁 56——121。

——，〈傳統與塑形—對於民間劇場活動的一些思考〉，台北市：民俗曲藝 32 期，1984 年 11 月，頁 1——38。

王順隆，〈臺灣歌仔戲的形成年代及創始者的問題〉，台北市：臺灣風物，卷期：47，頁 39——54，1997 年 3 月。

王士儀，〈戲劇論文集：議題與爭議〉，台北市：和信文化，1999 年。

——，〈歌仔戲的興起：對田野調查的幾點看法〉，台北市：復興劇藝學刊，卷期：204，1997 年 7 月，頁 83——10。

王洪鈞，〈文化工程奠基/我們曾是文化園丁紀念文化局成立三十週年專刊〉，教育部文化局成立三十週年編輯委員會，頁 177——178，1997 年。

王振寰，《台灣的國家與社會：台灣新政商關係的形成與政治轉型》，台北市：東大圖書公司，1995 年，頁 71——114。

王雲玉紀錄、鄭雅麗整理，〈從廟會扮戲到劇場公演—傳統戲劇補

助座談會紀實〉，台北市：國家文化藝術基金會會訊，卷期：16，2000 年 4 月，頁 16——17。

毛知礪，〈臺灣戒嚴初期民主政論的初探(1949——1960)——以雷震與「自由中國」半月刊為例〉，台北市：國立政治大學歷史學報，卷期：13，1996 年 4 月，頁 107——133。

石齊平，《問題在哪裡？——我對劇變中台灣經社情勢的觀察與省思》，台北市：時報文化出版社，1988 年。

史　明，《台灣人四百年史——漢文版》，美國加州：蓬萊文化公司，1980 年。

老　憨，〈京劇在北京臺灣〉，台北市：復興劇藝學刊，卷期：11，1995 年 1 月，頁 89——102。

羊文漪，〈臺灣解嚴後當代藝術的眾聲喧嘩〉，台北市：傾向：文學人文季刊，卷期：12，1999 年，頁 169——184。

朱伯超，〈外行人談復興國劇〉，台北市：中華文化復興月刊，第九卷第二期，頁 96。

江日昇撰、吳德鋒標校，《台灣外誌》，上海市：上海古籍出版社，1986 年。

全國第三次文藝會談籌備委員會，〈全國第三次文藝會談實錄〉，中央委員會文化工作會編印，1982 年 12 月。

何　言，〈從文化傳承中創新——訪漢聲雜誌四巨頭〉，台北市：書香月刊，卷期：3，1991 年 9 月，頁 4——6。

何翠萍，〈人類學研究民間戲曲的意義〉，「民俗曲藝」第 30 期，1984 年，頁 18——38。

宋光宇，〈從文化的角度看當前教育問題〉，台北市：復興劇藝學刊，1997 年 1 月。

成大園，〈「雅音小集」能振興國劇嗎？〉台北市：當代雜誌第

41 期，1989 年 9 月 1 日。

呂訴上，《台灣文化論文集 3──台灣的戲劇》，台北市：中華文化出版事業委員會，1954 年。

──，〈國立北京大學中國民俗協會民俗叢刊──台灣電影戲劇史〉，台北市：東方文化書局，1961 年。

吳亞梅，〈台灣省地方戲劇比賽紀實──南區決賽〉，台北市：民俗曲藝第 42 期，1986 年，頁 127──134。

吳清山，〈解嚴以後教育改革運動之探討〉，教育資料集刊第二十輯，1998 年，頁 261──275。

吳若予，《戰後台灣公營事業之政經分析》，台北市：業強出版社，1992 年。

吳靜吉，〈七十二年文藝季刊：歌仔戲的新生命〉，台北市：行政院文建會，1983 年，頁 20。

──，〈文化消費者的素養與教育〉，收錄於「民國七十七年度中華民國文化發展之評估與展望」，文建會，1989 年，頁 109──132。

──，藝術，卷期：64，1998 年 4 月，頁 97──99。

吳紹蜜、王佩迪，《蕭守梨生命史》，台北市：國立傳統藝術中心籌備處，1999 年。

李豐楙，〈民間劇場三年雜感〉，民俗曲藝，第 32 期，1984 年 11 月，頁 33──38。

李貌華，〈戒嚴的實施〉，歷史月刊，第 23 期，1989 年，頁 89──90。

李樹良，〈影劇─國劇─戲劇的脈絡[國立臺灣藝術學院四十年來之發展]〉，台北市：藝術學報，卷期：57，1995 年 10 月，頁 3──16。

李殿魁，〈新京戲還是新歌劇？〉，台北市：表演藝術，卷期：61，
　　頁 74——75。

李孝悌，〈戲裡乾坤大——大陸主要戲曲劇種在臺灣的發展〉，台
　　北市表演藝術，卷期：33，1995 年 7 月，頁 30——35。

李雨生，〈我參加文化局工作點滴/我們曾是文化園丁紀念文化局
　　成立三十週年專刊〉，教育部文化局成立三十週年編輯委員
　　會，頁 177——178。

李亦園，《劇變與調適——1985 台灣文化批判》，敦理出版社，
　　1986 年。

——，〈若干文化指標的評估與檢討〉，收錄於「民國七十七年度
　　中華民國文化發展之評估與展望」，行政院文建會 1989 年 3
　　月，頁 33——73。

李浮生，《中華國劇史》，台北市：國防部振興國劇研究發展委員
　　會，1969 年。

沈清松，〈寄盼於未來將成立的文化部〉，台北市：中央月刊文訊
　　別冊，1997 年 8 月，頁 35——36。

——，〈談今後文化發展方向〉，台北市：文訊，1996 年 7 月，
　　頁 24—25。

——，〈總結經驗，探闢未來之道—兩岸文化交流十年的檢討與展
　　望〉，台北市：中央月刊文訊別冊，1997 年 7 月，頁 23—28。

沈清松主講、戴月華整理，〈文化發展的檢討與展望〉，台北市：
　　國立國父紀念館館訊，1996 年 6 月，頁 101——104。

邱坤良，〈中國傳統戲曲在台灣的發展〉，民俗曲藝，第 15 期，
　　1982 年 3 月，頁 34——43。

——，〈台灣的開發與戲曲活動的興起〉，民俗曲藝第 17 期，1982
　　年，頁 13。

──，〈傳統民間劇場的功能及其在現代社會的發展方向〉，民俗
　　曲藝，第 20 期，1982 年，頁 7。

──，〈近二十年來本土戲曲活動之評估與展望〉，收錄於「民國
　　七十九年度中華民國文化發展之評估與展望」，台北市：文建
　　會，1991 年，頁 95──128。

──，《舊劇與新劇：日據時期台灣戲劇之研究 1985—1945》，
　　台北：自立晚報社文化出版部，1992 年。

──，〈八十一年台灣藝文活動評估──以表演藝術爲例〉，收錄
　　於「民國八十一年度中華民國文化發展之評估與展望」，台北
　　市：文建會，1993 年頁 9──39。

──，〈八十四年的台灣民間戲曲/國立中正文化中心表演藝術年
　　鑑〉，1995 年。

──，〈台灣戲劇的快樂時光──「內台戲」的啓示與反省〉，台
　　北市表演藝術，卷期：77，1999 年 6 月，頁 95──98。

──，〈向消逝的海派文化中心──「今日世界」敬禮〉，台北市：
　　表演藝術，卷期：81，1999 年 9 月，頁 98──100。

林谷芳，〈鄉土教學的歷史意義──兼及可能局限的反思〉，台北
　　市：文訊，1996 年 4 月，頁 23──24。

──，〈從不同角度看文藝季的轉型〉，台北市：臺北市立社會教
　　育館館刊，，頁 11—15，1996 年 6 月。

──，〈戲.以及戲之外的─從戲劇的兩面性看「燕雲十六州」〉，
　　台北市：表演藝術，卷期：48，1996 年 11 月，頁 74──75。

──，〈台灣現代劇場研討會論文集：1986──1995 年政府文化
　　政策座談會〉，台北市：文建會，1996 年，頁 203—218。

──，〈本期專題:跨世紀文化建設紙上會議〈5〉──超越中心與
　　邊陲中原與本土的二分思考〉，台北市：文訊，1996 年 11 月，

頁 39──40。

──，〈兩岸文化交流的實相與虛相〉，台北市：表演藝術，卷期：54，1997 年 5 月，頁 72─75。

──，〈Tsou？鄒！──一個文化角度的反省〉，台北市：表演藝術，卷期：68，1998 年 8 月，頁 84─85。

──，〈文化基因庫的多元與美學位階的尊重〉，台北市：傳統藝術，1999 年 2 月，頁 12。

──，〈文化總統,非「文化事務」總統─檢驗總統候選人的文化性〉，台北市：新朝藝術，2000 年 2 月，頁 55──56。

──，〈文化發展方向──對新政府文化作為的幾點原則性提醒〉，台北市：臺灣月刊，2000 年 5 月，頁 22──23。

──，〈文建會國際／傑出演藝團隊扶植計畫執行成果研究案〉，中華民國民族音樂學會，2000 年。

林蘭陽，〈台灣省地方戲劇比賽紀實──北區決賽〉，台北市市：民俗曲藝第 42 期，1986 年，頁 116──122。

林勃仲、劉還月，《變遷中的台閩戲曲與文化》，台元出版社，1990 年 10 月。

林茂賢，〈歷歷滄傷不見桑─政治及社會遞變下的臺灣傳統戲劇〉，台北市：表演藝術，卷期：33，頁 23─29，1995 年 7 月。

──，〈臺灣的電視歌仔戲〉，台北市：靜宜人文學報，卷期：8，頁 33──41，1996 年 7 月。

──，〈臺灣最會哭的女人──歌仔戲苦旦廖瓊枝〉，台北市：復興劇藝學刊，卷期：19，1997 年 1 月，頁 11──15。

──，《福爾摩沙之美：台灣傳統戲劇風華》，台中市：文建會中部辦公室，2000 年。

林信華，〈臺灣文化政策與當代社會科學的對話〉，台北市：理論

與政策，卷期：88，1998 年 12 月，頁 191—206。

林本炫，〈對我國文化政策的省思〉，台北市：國家政策〈動態分析〉雙週刊，，頁 2—3，1994 年 1 月。

——，〈文化政策分析〉，台北市：國家政策(動態分析)雙週刊，卷期 135，頁 13—14，1996 年 4 月。

林顯源，〈由西方演員藝術理論探討中國戲曲的演員藝術〉，台北市：復興劇藝學刊，卷期：12，1995 年 4 月，頁 105——108。

——，〈Thomas Mann 之「試論劇場」一文對於中國傳統劇場的幾個應證〉，台北市：復興劇藝學刊，卷期：24，1998 年 7 月，頁 13——17。

林鋒雄，〈歌仔戲在臺灣地區的文化地位〉，台北市：藝術評論，卷期 6，頁 137—148，1995 年 12 月。

林　諍，〈地方戲團的紮根與興盛——歌仔戲傳承的新火種〉，台北市：鄉城生活雜誌，卷期：30，1996 年 7 月，頁 17——20。

林亞婷，〈值得捍衛的「文化淨土」——宜蘭的文化環境及來自政府、民間的推廣者〉，台北市：表演藝術，卷期：37，1995 年 11 月，頁 40——43。

林淇養，〈文學、社會與意識形態——國際「台灣本土文化」研討會論文〉，1996 年 4 月 20 日，頁 171——183。

林鶴宜，〈台北地區野台歌仔戲之劇團經營與演出活動/兩岸戲曲回顧與展望研討會論文集〉，台北市：國立傳統藝術中心籌備處出版，2000 年。頁 68——95。

——，〈都會型「廟會劇場」環境資源探論：以新世紀初台北地區的戲台和哥仔戲椅子會為觀察對象/2001 年海峽兩岸歌仔戲發展交流研討會〉，台北市：國立傳統藝術中心籌備處，研討會論文集（尚未出版）。

——，〈民間戲曲表演的環境與危機〉，文化視窗，1999 年 12 月，頁 6——12。

周慧玲，〈「國劇」、「國家主義」與文化政策〉，台北市：當代，卷期 107，1995 年 3 月，頁 50——67。

周月英，〈咱來傳唱自己的歌仔調——致力歌仔戲薪傳工作的廖瓊枝〉，台北市：廣告雜誌，卷期：21，1993 年 1 月，頁 51——55。

胡惠禎，〈兩岸歌仔戲學術研討會及實驗劇展〉，台北市：表演藝術，卷期：36，1995 年 10 月，頁 100—102。

——，〈不許戲斷弦——宜蘭地方戲曲的傳薪〉，台北市：表演藝術，卷期：37，1995 年 11 月，頁 44——46。

姜龍昭，〈電視播映平劇三十年來之演變〉，台北市：廣播與電視，卷期 56，1992 年 3 月，頁 100——111。

柯基良，〈傳統戲曲藝術的傳承〉，台北市：文訊月刊，卷期：95，1996 年 11 月，頁 29——30。

——，〈驀然回首〉「國光三年」，台北市：國立國光劇團，1998 年，頁 4。

柯三吉，〈環境保護政策執行之研究—墾丁國家公園的個案分析〉，台北市：五南圖書公司，1986 年。

徐正光、蕭新煌，〈台灣的國家與社會〉，台北市：東大圖書公司，1995 年。

徐亞湘，〈寶島第一京班——被遺忘的「宜人園」〉，台北市：表演藝術，卷期：28，1995 年 2 月，頁 50——52。

施如芳，〈歌仔戲電影所由產生的社會歷史〉，台北市：新聞學研究，卷期：59，1999 年 4 月，頁 23——40。

——，〈舞動歌仔戲的全才明星——小咪〉，台北市：表演藝術，

卷期 86，頁 56—57，2000 年 2 月。

——，〈拼作麻竹盛開花——河洛歌子戲團《秋風辭》〉，台北市：表演藝術，卷期：77，頁 34——36，1999 年 5 月。

是　非，〈台灣省地方戲劇比賽紀實——中區決賽〉，台北市，：民俗曲藝第 42 期，1986 年，頁 123——126。

紀慧玲，〈期待本土創作的啓航〉，中正文化中心表演藝術年鑑，頁，74——91，1996 年。

——，〈光復後的傳統戲曲演出環境〉，收錄於「八十六年度表演藝術行政系列書籍：藝林探索環境篇」，台北市：文建會，頁 39——44。

——，〈自築的神話國度—評國光劇團「媽祖」〉，台北市：表演藝術，卷期：66，1998 年 6 月，頁 84——87。

——，〈家國的幻滅與重建〉，台北市：表演藝術，卷期：69，1998 年 9 月，頁 41——45。

——，〈期待跨世紀接班人〉，台北市：表演藝術，卷期：69，1998 年 9 月，頁 84——86。

——，〈聖潔化的臺灣歷史——評「鄭成功與臺灣」〉，台北市：表演藝術，卷期：75，1999 年 3 月，頁 67——70。

——，〈囝仔轉大人——歌仔戲如何演繹史詩悲劇〉，台—北市：表演藝術，卷期：79，1999 年 7 月，頁 58——61。

——，〈本土化的迷思與難題——國光劇團〈廖添丁〉〉，台北市：表演藝術，卷期：84，頁 71—73，1999 年 12 月。

——，〈廖瓊枝：凍水牡丹〉，台北市，時報文化，1999 年。

——，〈國家「國劇」團的定位與迷思—體檢「國家戲劇藝術中心」成立案〉，台北市：表演藝術，卷期：87，2000 年 3 月，頁 52——59。

姜龍昭，〈電視播映平劇三十年來之變化〉，「廣播與電視」第 56 期，1992 年 3 月。

馬　森，〈戲劇與教育〉，台北市：表演藝術，卷期：66，1998 年 6 月，頁 100——101。

——，〈當代戲劇的歷史縱深〉，台北市：表演藝術，卷期：88，2000 年 43 月，頁 96。

——，〈當代戲劇的歷史縱深〉，台北市：表演藝術，卷期：88，2000 年 43 月，頁 96。

張道藩，〈我們所需要的文藝政策〉，仙人掌雜誌第十二號，頁 18——44。

張皓期、李立亨，〈先戲劇藝術教育，後戲劇專業教育〉，台北市：表演藝術，卷期：46，1996 年 9 月，頁 23——24。

張振宇，〈政治已經解嚴，文化還在戒嚴〉，台北市：新觀念，1998 年 12 月，頁 61。

韋洪武，〈立法院審查預算的角色分析(1987－1992)〉，台北市：國立政治大學學報，卷期：72(下)，1996 年 5 月，頁 157——183，

連德仁，〈臺語廣告詞之量的增加對國人母語學習的意義〉，台北市：商業設計學報，卷期：3，1999 年 7 月，頁 111——129。

侯剛本，〈試析九〇年代臺灣形成的兒童京劇〉，台北市：復興劇藝學刊，卷期：27，1999 年 4 月，頁 35——45。

敖鳳翔，〈國劇史話 －7－〉，台北市：復興劇藝學刊，卷期：14，1995 年 10 月，頁 67——82。

孫賢奇，〈批判或繼承─京津兩地京劇團台北市公演後的反思〉，台北市 表演藝術，卷期：81，頁 84——87

莊伯和，〈為民間劇場打氣〉，〈民俗曲藝〉第 32 期，1984

年 11 月，頁 39——44。

莊萬壽，〈臺灣本土文化之理論建構 (上)〉，台北市：北縣教育，
　　卷期：7，1995 年 3 月，頁 15——21。

——，〈臺灣本土文化之理論建構(下)〉，台北市：北縣教育，卷
　　期：8，1995 年 5 月，頁 64——67。

夏學理，〈公共利益、宣導與藝術觀眾開發之研究〉，台北市：空
　　大行政學報，卷期：2，1994 年 12 月，頁 159——172。

黃清河，〈台灣戲劇館開館典禮〉，台灣月刊，1990 年 7 月，頁
　　38。

黃麗如，〈老戲新詮的英雄悲歌—國光劇團《大將春秋》〉，台北
　　市：表演藝術，卷期：77，頁 31—33。

——，〈劇種行當放兩旁，做齣好戲擺中央——李小平爲《廖添丁》
　　做的導演功課〉，台北市：表演藝術，卷期：82，頁 31——
　　33。

——，〈帶領京劇跨過傳統與現代的紅海——回歸人性的京劇《出
　　埃及》〉，台北市：表演藝術，卷期：84，頁 14——15。

黃秀錦，〈野台高歌–劇團採訪〉，台北市：民俗曲藝，第 42 期，
　　1986 年，頁 84——88。

——，〈現階段歌仔戲劇團結構與經營之比較分析〉，台北市：民
　　俗曲藝，第 50 期，1987 年，頁 32——55。

——，〈祖師爺的女兒——孫翠鳳的故事〉，台北市：時報文化，
　　2000 年。

黃金鳳，〈台灣文化檔案（民國 85 年 2 月——民國 88 年 11 月）〉，
　　台北：表演藝術聯盟，1999 年。

黃志全，〈媒體藝術化,藝術媒體化——報紙公共服務與文化活動
　　推廣之間〉，台北市：表演藝術，卷期：53，1997 年 4 月，

頁 50—55。

黃俊傑，《台灣意識與台灣文化》，台北市：正中書局，2000 年。

郭為藩，〈現階段文化政策的輪廓〉，台北市：社教雙月刊，卷期：
44，1991 年 8 月，頁 12——20。

陳世慶，〈國劇在台的消長與地方戲的發展〉，「台灣文獻」第
15 卷，第一期，1964 年，頁 188。

陳芳明，〈我們需要另一個十年——為解嚴十週年而寫〉，台北市：
財訊，1997 年 7 月，頁 134——141。

陳其南，《關鍵年代的台灣——國體、法制與農政》，允晨出版社，
1986 年

——，〈非進行官僚行政的總體改造不可〉，台北市：新新聞周刊，
1997 年 5 月，頁 76。

——，〈首長位階仍處於弱勢，成立文化部的前途堪慮〉，台北市：
新新聞周刊，1997 年 6 月，頁 76。

——，〈基金會體制紊亂不堪，回頭吊死文建會也不稀罕〉，台北
市：新新聞周刊 1997 年 6 月，頁 76。

——，〈誰說沒有中央補助就辦不成文化活動？〉，台北市：新新
聞周刊，1997 年 7 月，頁 78。

——，〈臺灣解嚴十年，市民社會還在沈睡〉，台北市：新新聞周
刊，1997 年 7 月 20 日，頁 62。

——，〈看看當年的「民俗」大家應感到臉紅〉，台北市：新新聞
周刊，1997 年 10 月，頁 70。

——，〈人民逃避公共事務，小心被國家機器控制了〉，台北市：
新新聞周刊，1998 年 2 月，頁 80。

——，〈轉型期的文化環境〉，台北市：文建會文化視窗，2000
年 1 月，頁 12——19。

陳昱安,〈從野台到國家劇院——「明華園」歌劇團的興起與創新〉,
　　　台北市:中央月刊,1992 年 5 月,頁 44——50。

陳奇祿,〈文化建設的構想和展望〉,台北市:「民俗曲藝」,第
　　　11 期,1981 年。

陳淸風,〈歌仔戲的封建沙文本質〉,台北市:臺灣文藝(新生版),
　　　卷期:156,1996 年 8 月,頁 68——71。

陳紀瀅,〈紀念一位首創國劇學術的人——齊如老[齊如山]百零五
　　　誕辰獻文〉,河北平津文獻,卷期:19,,1993 年 1 月頁 160——
　　　166。

陳　宏,〈國劇也應該現代化了〉,台北市:社會教育年刊,卷期:
　　　43, 1991 年 3 月,頁 12——16。

陳龍廷,〈尋找臺灣戲劇的生命力——明華園歌仔戲的劇場特質初
　　　探〉,台北市:臺灣風物,卷期:43,,1993 年 3 月,頁 119——
　　　125。

陳建銘,〈野台鑼鼓〉,台北市:稻鄉出版社,1989 年。

陳坑耕、曾學,《百年坎坷歌仔戲》,台北市:幼獅文化事業股份
　　　有限公司,1995 年。

陳幸玉整理紀錄,〈教育文化政策檢討學術研討會紀翔〉,台北市:
　　　教育資料文摘,1992 年 6 月,頁 28——47。

陳品秀,〈走入臺灣藝術教育的迷霧森林〉,台北市:表演藝術,
　　　卷期:46,1996 年 9 月,頁 25——27。

陳映真,〈臺灣史瑣論〉,台北市:歷史月刊,卷期:105,1996
　　　年 10 月,頁 47—54。

許　仟,《歐洲文化與歐洲聯盟文化政策》,台北市:樂學書局有
　　　限公司,1999 年。

莫光華,《歌仔戲興盛與衰退之初探》,台北市:臺灣文獻,卷期:

44，1993 年 3 月，頁 155——170。

——，《臺灣歌仔戲論文輯錄》，台中市：臺灣省地方戲劇協進會，1996 年。

曹永和，《台灣文化論文集 1——荷蘭與西班牙佔據時期的台灣》，台北市：中華文化出版事業委員會，1954 年。

——、黃富三，《台灣史論叢》，台北市：眾文圖書公司，1980年。

曹駿麟，〈國立復興劇藝實驗學校發展史略—1—〉，台北市：復興劇藝學刊，卷期：3，1993 年 1 月，頁 99——108。

——，〈國立復興劇藝實驗學校發展史略—2—〉，台北市：復興劇藝學刊，卷期：4，1993 年 4 月，頁 97——113。

——，〈氍毹八十—曹駿麟戲劇生涯紀實〉，自行出版，1997 年。

梁小鴻，〈臺灣區各級學校學生國劇競賽剖析〉，台北市：府城藝苑，卷期 10，1994 年 12 月，頁 72——89。

焦　桐，〈台灣戰後初期的戲劇〉，台北市：臺原出版社，1990年。

——，〈戒嚴〉，台北市：臺北畫刊，1997 年 12 月，頁 45。

湯碧雲，〈新和興成立三十週年特刊：從野台戲邁入現代劇場〉，1969 年，頁 70。

游庭婷，〈從小戲盪到大戲，從傳統盪到現代——評「鞦韆架」〉，台北市：表演藝術，卷期：89，頁 80——82。

——，〈本土味，異國風，現代化？——「新編京劇」的回顧與省思〉，台北市：表演藝術，卷期：87。

游素凰，〈學、演相濡的新科苗——復興劇校歌仔戲科〉，台北市：表演藝術，卷期：49，1996 年 12 月，頁 20——21。

游源鏗，〈無政府狀態下的歌聲——臺灣老歌仔簡述〉，

台北市：表演藝術，卷期：7，1993 年 5 月，頁 10——15。

——，〈給我一個舞臺——歌仔戲的野臺怎麼變?〉，台北市：表演藝術，卷期：7，1993 年 5 月，頁 6——9。

游堅煜、鄭黛瓊、張誌偉，〈戲劇的踐行者人物專訪：與哈元章老師——席談〉，中國戲劇集刊，第三集，1982 年 6 月，頁 73——87。

楊俐芳，〈徐露與郭小莊對臺灣京劇傳承的貢獻〉，台北市：文訊月刊，卷期：89，1996 年 5 月，頁 39——41。

楊　照，〈後李登輝時代的到來——解嚴十年政經總觀察〉，台北市：財訊，1997 年 9 月，頁 126——133。

楊彥杰，《荷據時代台灣史》，台北市：聯經出版社，2000 年。

曾永義，〈民間劇場——爲行政院文藝季民間戲劇與技藝活動而寫〉，台北市：民俗曲藝，第 20 期，1982 年 10 月，頁 24——25。

——，〈台灣地區民俗技藝的探討與民俗技藝園的規劃（上、下）〉，台北市：民俗曲藝，第 48、49 期，1987 年，頁 8—31，頁 107——143。

——，《台灣歌仔戲的發展與變遷》，台北市：聯經出版事業公司，1988 年。

——，〈國劇的過去、現在與未來〉，收錄於「民國 79 年度中華民國文化發展之評估與展望」，台北市：文建會，1991 年 3 月，。

——，主持、胡惠禎記錄整理，〈新編國劇「阿 Q 正傳」評論座談會〉，台北市：復興劇藝學刊，卷期：17，1996 年 7 月，頁 61——70。

——，〈論說戲曲：台灣歌仔戲之近況及其因應之道〉，台北市：

聯經出版社，1997 年，頁 315——343。

——，《我國的傳統戲曲》，台北市：漢光文化公司，1998 年。

——，〈明清戲曲研討會論文集：從戲曲論說「中國現代歌劇」〉，台北市：中央研究院中國文哲研究所籌備處，1998 年，頁 1——27。

——，〈戲曲源流新論〉，台北市：立緒文化事業有限公司，2000 年。

曾淑柑，〈解嚴後臺灣中等教育政策發展之研究：1987——1997 年意識型態之反省〉，台北市：教育政策論壇，卷期：1，1998 年 8 月，頁 26——49。

彭懷恩，〈認識台灣——台灣政治變遷五十年〉，台北市：風雲論壇出版社，1997 年。

傅　謹，〈兩岸戲曲回顧與展望研討會論文集卷二：程式與現代戲的可能性〉，台北市：國立傳統藝術中心籌備處，1990 年，頁 64——69。

詹哲裕，〈民權、人權與文化建設〉，台北市：大航家企業出版，1999 年。

萬華欣，〈從外來流行文化反思本土文化的主體性建構與通俗化方向〉，台北市：歷史月刊，卷期：140，1999 年 9 月，頁 106——111。

當代傳奇劇場，〈十年傳奇〉，當代傳奇劇場特刊，1996 年。

鄭麗真，〈臺灣鄉土史教材及教學之現況——以國立復興劇校歌仔戲科為例〉，台北市：史聯雜誌，卷期：30，1997 年 12 月，頁 41——46。

鄭欽仁，《歷史文化意識對我國政策的影響》，台北市：業強出版社，1997 年。

漢寶德，〈我國藝術教育發展之障礙〉，台北市：復興劇藝學刊，
　　　卷期：18，1996 年 10 月，頁 1——4。

——，〈傳統戲劇教育的路線〉，台北市：表演藝術，卷期：61，
　　　1998 年 1 月，頁 98。

齊如山，《五十年來的國劇》，台北市：正中書局，1962 年。

劉美菁，〈由劇團看高雄市歌仔戲之過去、現在與未來〉，高雄：
　　　高市文獻，卷期：9，1997 年 3 月，頁 1——114。

劉培能，〈明華園歌仔戲團在此作場〉，台北市：表演藝術，卷期：
　　　7，1993 年 5 月，頁 16—23。

劉秀庭，〈歌仔戲最佳消費品牌—評明華園「燕雲十六州」〉，台
　　　北市：表演藝術，卷期：48，，1996 年 11 月，頁 76—77。

——，〈本地歌仔演藝初探——兼述歌仔戲的初期發展與影響〉，
　　　台北市：復興劇藝學刊，卷期：21，1997 年 10 月，頁 23—33。

——，〈陣痛與尷尬—評國光劇團之《大將春秋》〉，台北市：表
　　　演藝術，卷期：79，1999 年 7 月，頁 55—57。

——，〈「霹靂」啓示錄——霹靂布袋戲的跨媒體經營策略與台灣
　　　表演生態的發展趨勢〉，台北市：表演藝術，卷期：87，2000
　　　年 3 月，頁 44——47。

劉南芳，〈追求戲曲藝術的個性——臺灣歌仔戲發展上的幾個基
　　　礎〉，台北市當代，卷期：13，1998 年 7 月，頁 34——35。

——，〈臺灣野臺歌仔戲對現代劇場的新適應——從「雪梅教子」
　　　的改編 談起〉，台北市：復興劇藝學刊，卷期：24，1998 年
　　　7 月，頁 19——20。

——，〈電視劇乎？歌仔戲乎？——評《梨園天神》〉，台北市：
　　　表演藝術，卷期：78，1999 年 6 月，頁 50——51。

——，〈期待一片健康的「台灣本色」——評「台灣，我的母

親」〉，台北市：表演藝術，卷期：90，2000 年 6 月，頁
81——84。

劉厚生，《中國需要比較戲劇——代序，比較戲劇論文集》，北京
市：中國戲劇出版社，1988 年。

劉昌博，〈綻開的文藝花朵：我們曾是文化園丁/紀念文化局成立
三十週年專輯〉，紀念教育部文化局成立三十週年專輯編輯委
員會自行出版，1997 年，頁 57——88。

賴澤涵、馬若孟、魏萼，〈悲劇性的開端——台灣二二八事變〉，
台北市，時報文化，1993 年。

薛化元，〈臺灣自由主義思想發展的歷史考察(1949——60)：以反
對黨問題為中心〉，台北市：

思與言，卷期：34，1996 年 9 月，頁 241——286。

蔡欣欣，〈創新契機、盼活泉水〉，國立中正文化中心表演藝術年
鑑，1997 年，頁 76—95。

——，〈臺灣劇場歌仔戲邁向現代化的發展—以一九八○年到一九
九七年臺北市劇場歌仔戲演出為例〉，台北市：當代，卷期：
13，1998 年 7 月，頁 14——33。

——，〈國光「臺灣三部曲」之「鄭成功與臺灣」〉，台北市：國
文天地，卷期：14，1998 年 12 月，頁 75——77。

——，〈透過孩子的眼睛來看戲—談第二屆「出將入相——兒童傳
統藝術節」的四齣劇作，台北市：表演藝術，卷期：79，1999
年 7 月，頁 61——65。

——，〈顧盼台灣京劇歷史的容顏〉，台北市市：歷史月刊，1999
年 12 月，頁 83——88。

——，〈「解構與重整」的新紀元——打造歌仔戲的希望工程〉，
台北市表演藝術，卷期：87，2000 年 3 月，頁 38——43。

──，〈原漢「牽手」的文化角力──評「刺桐花開」〉，台北市：
　　表演藝術，卷期：88，2000年4月，頁61──63。

蔡依雲，〈台灣京劇新風情──從《媽祖》與羅生門看台灣新編京
　　劇的實踐〉，台北市：表演藝術，卷期：64，1998年4月，
　　頁18──21。

──，〈台灣傳統戲曲編導人才培養計畫〉，台北市：表演藝術，
　　卷期：64，1998年4月，頁20──21。

聶光炎，〈當傳統戲曲走入現代劇場〉，台北市：表演藝術，卷期：
　　81，1999年9月，頁96──97。

──，〈一個劇場設計者的體認與省思〉，台北市：表演藝術，卷
　　期：86，2000年2月，頁95──97。

鍾傳幸，〈戲曲,學以致用吧!〉，台北市：表演藝術，卷期：46，
　　1996年9月，頁19──22。

──，〈我們需要一套能學以致用的現代戲曲教育〉，台北市：復
　　興劇藝學刊，卷期：18，1996年10月，頁5──13。

──，〈一起來「探母」〉，台北市：表演藝術，卷期：70，1997
　　年12月，頁16──19。

鍾明德，〈十年傳奇──當代傳奇與繼續革命〉，當代傳奇特刊，
　　1996年。

鍾寶善，〈公營京劇團隊之回顧與展望──經由國立國光劇團之設
　　置與營運探究藝文政策與京劇團隊之走向〉，台北市：樂韻出
　　版社，1999年。

鍾義均，〈文化同仁的幹勁與成果我們曾是文化園丁/紀念文化局
　　成立三十週年專輯〉，紀念教育部文化局成立三十週年專輯編
　　輯委員會自行出版，1997年，頁25──30。

戴雅雯著、呂健忠，〈幻境牌坊啪啦響:當代臺灣劇場的京劇實驗〉，

台北市：中外文學，卷期：25，1997 年 1 月，頁 65——89。

顏綠芬，〈歌仔戲傳承在正規學校體制下之問題探討——以復興劇
　　校歌仔戲　科爲例〉，台北市：復興劇藝學刊，卷期：20，1997
　　年 7 月，頁 105——114。

蕭真美，〈大陸京劇發展與兩岸交流〉，中國大陸研究，第 36 卷
　　第 9 期，1993 年 9 月，頁 56——58。

蕭新煌，〈解嚴後社會與國家關係的重組〉，中國論壇，30 卷第 6
　　期，1990 年 6 月 25 日，頁 68——80。

蕭　靖，〈外行人談內行事——歌仔戲給我的印象〉，地方戲劇雜
　　誌第二期，1956 年 4 月 20 日，頁 4。

顧　曲，〈談電視國劇〉，「國魂」第 579 期，頁 31——35，1994
　　年 2 月。

──，〈兩岸國劇演出與交流〉，台北市：復興劇藝學刊，卷期：
　　7，1994 年 1 月，頁 83——86。

編輯部，〈如何讓國劇年輕起來─訪雅音小集負責人郭小莊〉，台
　　北市：聯合月刊，第八期，1982 年。

編輯部，〈兩岸文教交流簡表：1987 年 1 月——1996 年 12 月〉，
　　台北市：文訊別冊，1997 年 7 月，頁 31——44。

編輯部，〈歷屆民間劇場的回顧〉，民俗曲藝，第 44 期，1986 年
　　11 月，頁 67。

四、媒體報導：

丁洪哲，〈爲國家劇團催生〉，民生報，1980 年 2 月 14 日。

王惠萍，〈我們到底有沒有國劇政策〉，民生報，1988 年 1 月 4
　　日。

　　──，〈該用什麼方法活潑我們的國劇生態？〉，民生報，

1988 年 1 月 6 日。

王瑞伶，〈地方戲劇比賽教局將自己找評審〉，聯合報高雄報導 1992 年 9 月 19 日。

尹乃馨，〈大陸非文教類人事下月起凍結申請來台〉，聯合報，1994 年 6 月 17 日。

李漢昌，〈明華園歌仔戲團最近參加台北市政府民政局舉辦的溫馨台北情〉活動，聯合報，1993 年 2 月 29 日。

江武昌，〈金光戲也可以是好戲〉，中國時報，1993 年 8 月 5 日。

──，〈台上台下的天鵝宴〉，聯合報，1993 年 3 月 10 日。

──，〈台灣傳統戲曲學校的設立問題〉，聯合報，1996 年 9 月 23 日。

李福鐘，〈中共對台灣本土化提高警覺〉，聯合報，1996 年 4 月 15 日。

李登輝，〈1989 年元旦文告〉，聯合報，1989 年 1 月 1 日。

何明國，〈兩岸文化交流以社會菁英爲主體〉，聯合報，1995 年 7 月 8 日。

林谷芳，〈論歌仔戲的音樂性〉民生報，1994 年 9 月 17 日。

林茂賢，〈廢除地方戲劇比賽，也許觀摩更好〉，民生報「文化特餐」，1993 年 2 月 8 日。

邱坤良，〈誰打壓本土文化〉中國時報，1994 年 11 月 28 日。

邱婷等，〈三軍劇隊裁撤危機與轉機座談會〉，民生報，1994 年 11 月 28 日。

周玉蔻，〈經國先生向全球宣告解嚴的一刻〉，聯合報，1989 年 1 月 13 日。

周美惠，〈百年歌仔戲－明華園要打遍天下〉，聯合報，1994 年 10 月 13 日。

——，〈由文建會委託中華民俗藝術基金會整理的歌仔戲劇本渴望於 6 月份出爐〉，聯合報，1995 年 4 月 11 日。

——，〈國光與復興兩年內合併〉，聯合報，1996 年 9 月 17 日。

——，〈台灣戲曲專科學校成立〉，聯合報，1999 年 7 月 2 日。

——，〈設置國家歌仔戲團與民爭利？〉，聯合報，2000 年 1 月 15 日。

——，〈歌仔戲匯演大拼台〉，聯合報，2001 年 7 月 22 日。

林英喆，〈解嚴——祛除禁忌心魔開展發展活力〉，民生報，1989 年 12 月 18 日。

——，〈傳承地方戲曲文藝季重頭戲〉，民生報，1990 年 1 月 17 日。

林茂賢，〈民俗曲藝日趨凋零，惺惺相惜，免於惡質競爭，兩敗俱傷〉，民生報，1992 年 7 月 21 日。

——，〈歌仔戲樂園在宜蘭——是大公演還是大拜拜〉，聯合報 1994 年 3 月 20 日。

紀慧玲，〈國家國劇團組織草案出爐〉，民生報 1990 年 6 月 2 日。

——，〈歌仔戲復甦了嗎？京劇沒落了嗎？〉民生報，1994 年 2 月 24 日。

——，〈歌仔戲科班招生〉民生報，1994 年 3 月 18 日。

——，〈京劇搖藍孕育本土新生兒〉，民生報，1994 年 7 月 2 日。

——，〈野台名演員登堂入室有機會嗎？〉，民生報，1994 年 7 月 15 日。

——，〈歌仔戲似乎被時空變遷困住了〉，民生報，1994 年 9 月 15 日。

——，〈三軍劇隊難逃裁併〉，民生報，1994 年 10 月 8 日。

——，〈三軍劇隊裁撤問題步向跨部會階段了〉，民生報，1994

年 11 月 18 日。

——，〈關懷與請命——波波傳出〉，民生報，1994 年 11 月 18 日。

——，〈復興歌仔戲科展現——年教學成果〉，民生報，1995 年 7 月 20 日。

——，〈李總統接見從新加坡演出回來的蘭陽歌仔戲團〉民生報，1995 年 10 月 18 日。

——，〈歌仔戲學術研究步向顯學〉，民生報 ，1995 月 10 月 21 日。

——，〈兩岸歌仔戲交流醞釀更大步伐〉，民生報，1995 年 10 月 22 日。

——，〈傳統戲曲的前景與迷思〉，民生報 1996 年 10 月 15 日。

——，〈本土劇種分食京劇兩校合併大餅？〉，民生報，1996 年 11 月 14 日。

——，〈成立國立歌仔戲團弊多於利？〉民生報，1999 年 12 月 10 日。

——，〈反對聲浪淹沒"國家歌仔戲團"〉，民生報，2000 年 1 月 15 日。

曹韻怡，〈野台匯演欲提文化訴求〉，聯合報，1989 年 10 月 14 日。

——，〈朝八晚五攏是為著戲〉，聯合報 1994 年 3 月 20 日。

曹銘宗，〈新內閣文化施政的企圖心看得到〉，聯合報，2002 年 1 月 23 日。

郭漢辰，〈讓新新人類欣賞歌仔戲之美〉，中國時報，1997 年 7 月 31 日。

孫昭業，〈大學生熱戀歌仔戲—台大歌仔戲熱鬧滾滾〉，中國時報，

1993 年 8 月 12 日。

陳芳明，〈兩岸文化交流的虛相與實相〉，中國時報，1994 年 7 月 1 日。

陳　宏，〈軍中劇隊全力支援忠義劇展〉，大華晚報 1981 年 7 月 30 日

──，〈國劇不長進的原因何在？〉，大華晚報，1988 年 12 月 20 日。

陳桂芬，〈忠義劇展的推出，真能點燃國劇的香火嗎？〉，中國時報，1981 年 5 月 11 日。

陳積碩，〈民進黨議員宴請蘭陽劇團全體團員〉，聯合報宜蘭報導，1995 年 5 月 12 日。

游源鏗，〈歌仔戲樂園在蘭陽〉，聯合報，1994 年 3 月 20 日。

景小佩，〈顧正秋呼籲台灣梨園自重自省〉，聯合晚報，1988 年 7 月 17 日。

曾永義，〈精緻歌仔戲：從野台到國家劇院〉，聯合報，1993 年 3 月 10──12 日。

──，〈歌仔戲的重要課題〉，聯合報，1998 年 10 月 24 日。

──，〈缺憾還諸天地：我編寫京劇劇本〈鄭成功與台灣〉〉，中國時報人間副刊，1998 年 12 月 29 日。

黃寤蘭，〈國家劇團如何『無中生有』〉，聯合報，1980 年 10 月 21 日。

黃志全，〈兩廳院將成立內屬國劇團、國樂團〉，中國時報，1989 年 10 月 29 日。

黃秀錦，〈范巽綠催生傳統藝術學校〉，中國時報，1996 年 9 月 13 日。

──，〈合併改制三部曲〉，中國時報，1996 年 9 月 17 日。

──，〈國光藝校、復興劇校改制問題受挑戰〉，中國時報，1996年10月29日。

張道藩，〈我們所需要的文藝政策〉，仙人掌雜誌，第12號，頁17──46。

張必瑜，〈地方戲劇比賽，主辦單位虛應了事〉，聯合報，1990年1月15日。

張伯順，〈為國家國劇團催生〉，聯合報，1991年2月11日。

張茂桂，〈民主單行道──解嚴一年後的檢討與反思〉，聯合報，1988年7月18日。

湯碧雲，〈地方戲劇比賽形同虛設〉，中國時報，1981年3月6日。

遠　亭，〈地方戲劇的一些感觸〉，新生報，1978年1月31日。

楊汝春，〈陳癸淼要求國劇改稱平劇〉，聯合報1991年7月14日。

楊多青，〈地方戲劇協進會將向教育部請願要求落實輔導管理功能，爭取由地方戲劇協會核發演員證〉，聯合報，1991年7月18日。

楊金嚴，〈議員為本土民俗請命〉，聯合報，1993年4月8日。

廖雅欣，〈歌仔戲在原鄉〉，聯合報，1995年2月5日。

鄭榮興，〈一個開始一個希望──歌仔戲在復興劇校首度社科的價值與意義〉，中央日報，1994年7月2日。

鄭桂平，〈講起歌仔戲陳健銘如數家珍〉，中時晚報，1994年7月17日。

賴廷恆，〈台灣戲曲專校成立菊壇教育起新頁〉，1999年7月2日。

戴獨行，〈地方戲比賽情況熱烈──歌仔班積弊有待改

善〉，1975 年 10 月 21 日。

韓國瑜，〈國劇不容成絕響〉，聯合晚報聯合論壇，1994 年 11 月 20 日。

台灣新生報第九版，〈傳統戲劇的現代化〉，1984 年 7 月 27 日

中央日報，〈各方期待解嚴專題報導之一至五〉，1987 年 6 月 24 日 28 日。

自立晚報，〈面對解嚴的殷憂與沉思〉，李鴻禧，1987 年 6 月 29 日。

中國時報〈解嚴、開放黨禁與國安法的民意趨勢〉，民意測驗顧問 小組，1987 年 7 月 7 日。

聯合報系列專文，〈在戡亂體制下謀求解嚴的最大效用 1──6〉， 1987 年 7 月 8 日──13 日。

自由時報，〈解嚴後的政經調適及其發展座談會 1──4〉，1989 年 8 月 13──16 日。

青年日報社評，〈台灣地區解除戒嚴兩週年的省思〉1989 年 7 月 17 日。

聯合報專欄組，〈文化分與合，政治統與獨〉，1993 年 12 月 21 日。

聯新社訊，〈全省地方戲劇比賽，教廳訂定辦法〉，新生報，1961 年 9 月 27 日。

幼獅社，〈地方戲劇比賽，教廳訂定辦法〉聯合報，1966 年 9 月 26 日。

本報訊，〈改良地方戲劇，北市月底競賽〉，中華日報，1969 年 10 月 19 日。

本報霧峰電，〈地方戲劇比賽將分兩組舉行〉，中央日報 1973 年 9 月 19 日。

本報台中電，〈地方劇比賽頒獎典禮陳主席昨親自主持〉，新生報，
　　1970 年 1 月 28 日。

本報訊，〈國劇協會發表聲明〉，民生報，1994 年 11 月 23 日。

無名氏，〈港人籌辦京劇大展〉，聯合報 1988 年 4 月 7 日。

五、英文資料

Allen, John. "The Effects of Subsidy on Western European Theatre in the 1970s," in James Redmond (ed.), *Drama and Society*. Cambridge University Press, 1979, pp. 227-240.

Brockett, Oscar G. (ed.). *Studies in Theatre and Drama*. The Hague: Mouton, 1972.

Chang, Heui-Yuan Belinda. "A Theater of Taiwaneseness: Politics, Ideologies, and Gezaixi," *Theater and Drama Review* 41: 2, pp. 111- 120.

Castells, Manuel. *End of Millennium: The Information Age*. Oxford: Blackwell, 1998.

Escande, Isabelle. "The Theatre System of France," in H.Van Maanen and S.E.Wilmer (eds.), *Theatre Worlds in Motion*. Amsterdam/Atlanta: Rodopi, 1998, pp.194-222.

Gard, Robert. *Grassroots Theater: A Search for Regional Arts in America*. Madison: University of Wisconsin Press, 1999.

Guy, Nancy A. " Peking Opera as 'National Opera' in Taiwan: What's in a name?" *Asian Theatre Journal* (Honolulu) 12:1 (Spring 1995), pp. 85-103.

Hayman, Ronald. *British Theatre since 1955: A Reassessment*. Oxford University Press, 1979.

Hemmings, F. W. J. *Theatre and State in France 1760-1905*. Cambridge University Press, 1994.

Holm, David. *Art and Ideology in Revolutionary China*. Oxford University Press, 1977.

Idema, Wilt L. "Developments in the Study of Chinese Drama," in Clara Brakel (ed.), *Performing Arts of Asia*. Leiden: International Institute for Asian Studies, 1996, pp. 5-7.

——"Traditional Theatre in Modern Times: The Chinese Case," in C.C.Barfoot and Cobi Bordewijk (eds.), *Theatre Intercontinental: Forms, Functions, Correspondences*, pp. 11-24.

—— and Haft, Lloyd. *A Guide to Chinese Literature*. Ann Arbor:Center for Chinese Studies, University of Michigan, 1997.

Irjala, AuliandEikås, Magne. "State, Culture and Decentralization," in Ineke van Hamersveld and Nili van der Wielen (eds.), *Cultural Research in Europe 1996*. Amsterdam: Boekman Foundation & Circle, 1996, pp. 71-75.

Johnson, Irmgard. "What Happened to Peking Opera?" *Asian Affairs* (New York) 2: 6　(Jul.-Aug.1975), pp. 379-390.

Lavrijsen, Ria. *Intercultural Arts Education and Municipal Policy*. Amsterdam: Royal Tropical Institute of The Netherlands, 1997.

Mackerras, Colin P. The Rise of the Peking Opera, 1770-1870: Social Aspects of the Theatre in Manchu China. Oxford: Clarendon Press, 1972.

——The Chinese Theatre in Modern Times- From 1840 to the Present. London: Thames and Hudson, 1975.

Mundy, Simon. *Making It Home: Europe and the Politics of Culture*.

Amsterdam: European Culture Foundation, 1997.

Nestler, Kurt. "Financing the Arts in the Federal Republic of Germany: From the Viewpoint of a 'Land'," in John Myerscough (ed.), *Funding The Arts in Europe*. London: Policy Studies Institute, 1984, pp. 21-60.

Österreichische Kulturdokumentation (eds.). *Cultural Policy and Cultural Administration in Europe, 42 Outlines*. Vienna: Internationales Archiv für Kulturanalysen, 1996.

Perng, Ching-Hsi, "At the Crossroads: Peking Opera in Taiwan Today," *Asian Theater Journal* 6: 2 (1989), pp. 124-144.

Redmond, James. *Drama and Society*. Cambridge University Press, 1979.

Strinati, Dominic. An Introduction to Theories of Popular Culture. London: Routledge, 1995.

Schuster, J. Mark. "Thoughts on the Art and Practice of Comparative Cultural Research," in Ineke van Hamersveld and Nili van der Wielen (eds.), *Cultural Research in Europe 1996*.Amsterdam: Boekman Foundation & Circle, 1996, pp. 21-40.

Thompson, John B. *Studies in the Theory of Ideology*. Cambridge: Polity Press, 1984.

Tseng, Yung-li. "Peking Opera Stages Macbeth," *Free China Review* (Taipei) 37: 3 (March1987), pp. 2-5.

Van Maanen, Hans. "The Theatre System of the Netherlands," in H.Van Maanen and S.E.Wilmer (eds.), *Theatre Worlds in Motion*. Amsterdam/Atlanta: Rodopi, 1998, pp. 404-457.

Wang, Rachel. "Experiments in Educational Innovation [Peking opera]," *Free China Review* (Taipei) 40: 4 (Apr.1990), pp. 57-63.

Wichmann, Elizabeth. *Listening to Theater: The Aural Dimension of Beijing Opera*. Honolulu: University of Hawaii Press, 1991.

Williams, Raymond. *Marxism and Literature*. Oxford University Press, 1977.

Winkle, Edwin. " Cultural Policy in Postwar Taiwan," in Stevan Harrell and Huang

Chün-chieh (eds.), *Cultural Change in Postwar Taiwan*. Boulder: Westview Press, 1994.

Wilmer, S.E. "Decentralisation and Cultural Democracy," in H.Van Maanen and S.E.Wilmer (eds.), *Theatre Worlds in Motion*. Amsterdam/Atlanta: Rodopi, 1998, pp. 17-36.

國家圖書館出版品預行編目資料

國家政策下京劇歌仔戲之發展 ／ 蘇桂枝著 --
初版 --臺北市：文史哲，民 92
　　面；　公分
參考書目：面
ISBN 957-549-535-7 (平裝)

1. 戲劇 – 臺灣 – 歷史　2. 國劇　3. 歌仔戲

982.832　　　　　　　　　　　92022310

國家政策下京劇歌仔戲之發展

著　　者：蘇　　　　桂　　　　枝
出版者：文　史　哲　出　版　社
http://www.lapen.com.tw
登記證字號：行政院新聞局版臺業字五三三七號
發行人：彭　　　　正　　　　雄
發行所：文　史　哲　出　版　社
印刷者：文　史　哲　出　版　社
臺北市羅斯福路一段七十二巷四號
郵政劃撥帳號：一六一八○一七五
電話 886-2-23511028 · 傳真 886-2-23965656

實價新臺幣四八○元

中華民國九十二年 (2003) 十二月初版